die horen

Zeitschrift für Literatur, Kunst und Kritik

62. Jahrgang | Ausgabe **265**

Interessante Zeiten, könnte man sagen

Fragile. Europäische Korrespondenzen

Zusammengestellt vom Netzwerk der Literaturhäuser

Inhalt

Fragile. Europäische Korrespondenzen

Auf ein Wort

> Ich wuchs in einem Viertel auf, in dem es mehr Taubenzüchter als Menschen mit Pässen gab. Leidenschaftlich sprachen sie von ihren Brieftauben, die stundenlang über verschiedene Länder fliegen konnten und trotzdem in ihren Schlag zurückfanden.
> *Nikola Madzirov an Jan Wagner*

Im Flügelschlag der Brieftaube schwingt ein zentraler Gedanke der vorliegenden Europäischen Korrespondenzen mit, die wir als Netzwerk der Literaturhäuser im Frühjahr 2016 angeregt haben. Briefe wirken aus der Zeit gefallen. Ihre Inhalte entblättern sich – wider der vorschnellen, laut posaunten These – vielmehr langsam. Der Briefeschreiber tritt wie der Dichter einen Schritt zurück von den weitereilenden Massen, bemerkt der Lyriker Jan Wagner. Auch wenn diese vorliegenden Wechsel von Beginn an öffentlich adressiert waren, stellen sie eine bisweilen überraschende Nähe und Vertrautheit her. So schreibt der bosnische Schriftsteller Dževad Karahasan an seinen österreichischen Kollegen Karl-Markus Gauß: »Während der Belagerung Sarajevos waren Briefe für mich besonders wichtig, damals begriff ich, dass ein Brief viel mehr ist als ein Text und einen Brief zu erhalten ein wertvolles und aufregendes Ereignis sein kann«.

Die vorliegenden Korrespondenzen fragen nach der Doppelbedeutung des Wortes »fragil«. Was in Europa ist so kostbar, dass es geschützt werden muss? Was droht zu zerbrechen? Was steht auf dem Prüfstand? Was ist bereits zerstört? Wie finden wir uns – im Blick zurück und nach vorn – zurecht? Wie können, wie wollen wir leben? So ziehen sich Worte, Werte, Verletzungsgefahren, Versehrtheiten, Wunden und Risse, alte wie neue, innerliche und äußerliche durch viele der Briefe. Der ungarische Autor László Györi schreibt an Ingo Schulze: »Ich lebe seit 62 Jahren im selben Land, in derselben Stadt, seit etwa 37 Jahren sogar in derselben Wohnung – und habe Heimweh.«

Unter dem Titel »FRAGILE. Europäische Korrespondenzen« haben 28 Autor*innen diese doppelte Wortbedeutung in 14 europäischen Briefwechseln aufgegriffen. Vollständig nachzulesen sind sie auf www.fragile-europe.net, für den vorliegenden Band haben wir eine Auswahl zusammengestellt. »Wäre Fragilität doch etwas Persönliches wie in dem Song von Sting! Etwas rein Innerliches. Was für ein Luxus wäre das für die Menschen in der Türkei. Es gibt aber das Phänomen, als große Gruppe von Menschen gemeinsam zu zerbrechen. Diese Erfahrung machen ich und meinesgleichen gerade in meinem Land«, stellt die türkische Autorin Ece Temelkuran in ihrem Brief an Björn Bicker zermürbt fest.

Die Themen der Briefwechsel haben sich entwickelt aus der Geschichte des 20. und 21. Jahrhunderts, aus Erinnerungsspeichern, blinden Flecken und grellen, einschneidenden Ereignissen, aus der Dringlichkeit einer Beschreibung, einer Analyse, aus dem Wunsch, der eigenen Ohnmacht mittels Sprache eine Form zu geben und ihr etwas entgegen zu setzen: Die Autor*innen stellen ihre Linsen scharf und nutzen zugleich die poetische Kraft der Wölbungen und Spiegelungen für ihre Sicht auf die Versuchsanordnung Europa. Denn dieser »Versuch Europa«, die Herausforderung, ein nationenübergreifendes Gemeinschaftsmodell zu imaginieren und dieses langfristig zu stabilisieren, ist heute mehr denn je eine Anordnung von hoher Brisanz. »Wenn belarussische Schriftsteller eine Party geben, kommen in der Regel nicht die Götter, sondern Polizei, KGB und Feuerwehr – unter Berücksichtigung des Regimes ein durchaus überzeugendes Substrat des Göttlichen. Damals hat die Polizei ein zwei Seiten langes Protokoll über mich verfasst. ›Arbeitsstelle?‹, hatten sie mich gefragt. »Schriftsteller«, hatte ich geantwortet. ›Arbeitslos‹, trug der Hrodnaer Polizist in sein Dokument ein und erweiterte damit mein Weltbild um eine zusätzliche Facette«, so der belorussische Schriftsteller Viktor Martinowitsch an den Autor Georg Klein. Hier schreibt sich die Geschichte und Gegenwart ganz anders in die Leben der Menschen ein als in das westdeutsche Substrat von Björn Bicker »Ich bin in einer Familie aufgewachsen, in der immer alles fragil war, die Beziehungen, der Wohlstand, die Zukunft, die Vergangenheit. Meine Familie ist eine deutsche Nachkriegsfamilie – geteilt, zerhackt, verfressen, versoffen, aber durchweg mit dem starken Willen, alles besser machen zu wollen als die Eltern, die Großeltern, die Urgroßeltern.«

Beteiligt haben sich Autor*innen aus dem deutschsprachigen Raum, aus Ländern Westeuropas sowie aus Süd-, Mittel- und Osteuropa. Aber auch eine israelische Autorin richtet ihren ganz eigenen Blick auf Europa: »Schon viele Jahre begleitet mich dieses absurde Gefühl, dass ich mich in Europa sicherer fühle als in meinem eigenen Land, das dazu gegründet wurde, den aus Europa geflohenen Juden Schutz zu bieten. Und plötzlich habe ich auch in Europa Angst – ich denke manchmal, wie lächerlich das wäre, wenn mich der Terror ausgerechnet dort noch einmal treffen würde«, schreibt Zeruya Shalev an Annika Reich. Sie wiederum findet über die Geste des Schenkens, das Backen eines Kuchens den nötigen Halt für die Grenzüberschreitungen: »Ich saß da, schrieb die ersten Zeilen und plötzlich wollte ich Dir einen Kuchen backen. Das Kuchenbacken lädt Dich zu mir ein, es gibt unserer Abwesenheit einen Körper und mir genau den Halt, den ich brauche, um aus meiner Grenze heraus über Europa zu schreiben. Jetzt verstehe ich das: Der Kuchen ist für Dich, das Backen für mich.«

Diese Briefe nun, die über die Grenzen hin- und zurückgetragenen Augenblickskapseln, wie Jan Wagner sie nennt, sind für Sie!

Stefanie Stegmann für das Netzwerk der Literaturhäuser im Januar 2017

Jan Wagner — Nikola Madzirov

Die Städte, in die wir nicht zurückkehren, sind ein primäres Alphabet der Übersiedlungen. Solche Reisen sind ein normales Verteidigungssystem gegen die bekannten Landschaften der Zugehörigkeit. Oft wollen wir sagen, dass wir nicht zu dem Raum gehören, der zu jemandem oder einer historischen Realität gehört, sondern nur zu der Sprache, auch wenn sie möglicherweise schneller migriert als wir – von einem Zeichen in ein Symbol, von einem Befehl in ein Gebet. Jan und ich treffen einander in den Städten Europas, wo wir uns über die Zerbrechlichkeit der poetischen Realität unterhalten, über die Realität der menschlichen Zerbrechlichkeit. Wir sind in einem unterschiedlichen Europa aufgewachsen, auf Plätzen mit unterschiedlichen Denkmälern. Die Erinnerung war unsere Nähe.

Nikola Madzirov

Berlin, 28. 9. 2016

Lieber Nikola,
bei unserer letzten Begegnung, Du wirst Dich erinnern, saßen wir in einem lauschigen Biergarten im Westen Berlins, irgendwo zwischen Nollendorfplatz und Landwehrkanal, und genossen einen der letzten prachtvollen Tage des Sommers, ganz so wie die Wespen, die ihr nahendes Ende schon ahnten und wie angeschlagene Samurai um unsere Gläser torkelten. Wir waren zu dritt, denn ein gemeinsamer Freund aus China, der jedoch schon lange nicht mehr in seiner Heimat lebt, saß mit uns am Tisch, und irgendwie, wohl aus aktuellem Anlass, weil also einer von uns dreien bei einem Konsulat vorstellig zu werden hatte, begann unser Gespräch sich ums Reisen zu drehen, um die Beschaffung von Visa und sonstigen Dokumenten, und ich gestand, welchen Zauber seit jeher die Einträge in Reisepässen auf mich ausgeübt hatten, schon jene im ersatzweise ausgestellten Kinderpass mit dem labberigen gelblichen Papier und dieser kleinen mintgrünen Gebührenmarke in der Ecke, auf der man den Kopf des Freiherrn von Stein erkannte. Ich war, Du hast es sicher bemerkt, kurz davor, meiner Begeisterung die Zügel schießen zu lassen: Für diese seltsame Bürokratenmagie der Stempel in all den Pässen, die man jemals besessen hat, für die Vermerke, die Formen und Farben und Sprachen, die nüchternen grauen Vierecke einer frühen Spanienreise im Jahre 1983, die allerdings durch ein Wort

wie »fronteras« und die Zusätze »entrada« und »salida« an Feuer gewannen, dem Amtlichen einen Hauch Flamenco beizumischen schienen; für die peniblen Rechtecke und Ovale, diese seltsame Geometrielehre des Grenzverkehrs, mal meerblau, mal teerschwarz, mal blasser und gelegentlich kaum noch lesbar, hier für einen Rhombus von Beamtenhand, der wie ein Kinderdrachen an der krakeligen Unterschrift zerrt und den es über die Seite hinwegzufliegen drängt, dort für ein winziges gleichschenkeliges Dreieck, das 1978 irgendein »Immigration Officer«, ich vermute: aus England, in die untere linke Ecke gesetzt hat, ein überaus korrekt aufgeschlagenes kleines Pfadfinderzelt nach dem Musterbuch Baden-Powells; auf einer anderen Seite, in einem späteren Pass, ein Alpha, ein Epsilon, ein Rho, die, aber ja, auf einen griechischen Flughafen hinauslaufen, und das Feld dieser attischen Einreiseerlaubnis ist so wohlproportioniert wie der Grundriss eines Tempels, steht selbst seit Jahrzehnten beharrlich da wie ein Miniaturtempel, ruht auf den Säulen seiner griechischen Buchstaben. Auch ein Visum für die Vereinigten Staaten gibt es, auf den Seiten vor ihm und nach ihm umschwirrt von zahlreichen kleineren Stempeln der Deutschen Demokratischen Republik, die faltergleich zwischen Dunkelblau und Violett changieren, was entweder auf extravagante zweifarbige Stempelkissen oder auf qualitativ minderwertige Tinte schließen lässt, Stempeln von den Grenzübergängen Zarrentin und Staaken, von Griebnitzsee und Stolpe, vom Bahnhof Friedrichstraße und vom Brandenburger Tor. Dabei sind es, je näher das Ausstellungsdatum der Pässe ans Heute rückt, immer weniger europäische Länder, die auftauchen. Ein Stempel des Grenzübergangs Zgorzelec anlässlich einer weihnachtlichen Reise nach Polen, dann hier und da Einreisegenehmigungen aus Übersee, aus Australien und Kolumbien, aus Indien und Nicaragua, gelegentlich ein Stempel für Bosnien-Herzegowina, für Israel oder für die Ukraine sowie ein frostfarbener Visumsaufkleber aus Weißrussland. Am erstaunlichsten aber ist wirklich zu sehen, wie rar Europa sich in den letzten meiner Dokumente macht, festzustellen, dass der Pass trotz zunehmender Reisetätigkeit durch ein nunmehr grenzenloses Europa der Unionsstaaten geradezu unberührt wirkt, fast gänzlich frei ist von Farben, Formen, Kürzeln, Daten – und das, obwohl ich mich regelmäßig in Amsterdam und Kopenhagen, Dublin und London, Barcelona und Athen aufgehalten habe. Und eben deshalb, weil all diese Grenzüberschreitungen unsichtbar geworden sind, viele Grenzen ja keine mehr sind, bremste ich mich in just dem Augenblick, als ich am Biergartentisch zu schwärmen beginnen wollte – schwante mir doch, dass Du und unser chinesischer Freund dieses amtliche Dokument, den Reisepass, mit weniger Begeisterung, weit nüchterner, skeptischer betrachten könntet, dass die Stempel, die Bewilligungen, die Visa nur für mich verhätschelten Westeuropäer nostalgischen Zauber und die Anmutung von Fremde und Abenteuer haben, für so viele andere hingegen und, wer weiß, vielleicht auch für Euch weniger Freiheit denn Restriktion, ja Willkür bedeuten. Wirklich, lieber Nikola: Wenn wir beide gebeten würden, eine »Ode auf den Reisepass« zu verfassen, einen »Versuch über Pässe« – wir würden wohl zwangsläufig zu grundverschiedenen Ergebnissen kommen, jedes Detail aus einem ganz anderen Blickwinkel betrachten müssen, das misstrauische oder mürrische Mustern hinter der Glasscheibe, die haarige Hand, die das Dokument entgegennimmt, die Beamtin, die im Reisepass blättert, kurz aufschaut, blättert, sodann den unregelmäßigen Doppelschlag des Stempels zwischen Stempelkissen und Pass, während die Schlange langsam weiterrückt, und wieder, und wieder, und wieder, ta-*tam*, wie das Humpeln eines Holzbeinigen auf dem Oberdeck.

Wie leicht es doch ist, sich an unwahrscheinlichste Freiheiten zu gewöhnen, sie gar als selbstverständlich zu erachten. Mit welchem Recht also könnte man auf Leute herabblicken, die, jünger noch als man selbst, nie ein Europa mit Grenzen erlebt haben und das Fehlen jeder Kontrolle als Normalität empfinden? Eine europäische Union (ich sage ausdrücklich nicht: Europa) ohne Schlagbäume – welch ein Wunder das angesichts der Geschichte unseres Kontinents ist, muss man sich wohl immer wieder bewusst machen, darf sich dabei auch ruhig in den Arm kneifen. Ein heute Zwanzigjähriger hat nie in der Autoschlange am Brenner darauf gewartet, nach Italien weiterfahren zu dürfen, hat nie sein Schulfranzösisch bemühen und kurz hinter Offenburg ein paar Worte mit dem elsässischen Grenzbeamten wechseln müssen, um den Rhein zu überqueren, ganz zu schweigen von der deutsch-deutschen Grenze, die unüberwindbar und nicht wegdenkbar war und doch irgendwann zu bröckeln begann. An eben jenem Zarrentiner Übergang, der noch als Stempel in meinem Pass überdauert, hatte ich kurz zuvor bei meinem um zehn Jahre älteren und furchtlosen Schwager im Auto gesessen, der den säuerlichen Uniformierten, der uns mit der erhobenen linken Hand zu halten befahl und die Rechte großkaiserlich in die Jacke geschoben hatte, mit einem jovialen »Guten Morgen, Napoleon« begrüßte, was uns Stunden des Wartens und größtmögliche Aufmerksamkeit und Gewissenhaftigkeit bei der Demontage unseres Wagens bescherte.

Seltsam, dieses deutsche und fast nicht mehr gebrauchte, völlig aus der Mode gekommene Wort »Schlagbaum«, für das es auch im Mazedonischen eine Entsprechung geben muss, das im Französischen schlicht »barrière« und im Italienischen »barriera« heißt, im Englischen auch »turnpike«, wobei das »pike«, das ja auch »Hecht« bedeuten kann, nicht mit dem Fisch verwechselt werden darf; es handelt sich also nicht um einen zu wendenden oder sich windenden Hecht, sondern um einen Spieß oder zugespitzten Pfahl, »pike«, der sich beiseitedrehen oder anheben lässt. Das genau ist auch der Sinn des deutschen Worts, wobei die erste Silbe sich vom mittelhochdeutschen Verb »slahen« herleitet und hier so viel wie »zuschlagen, sich herabsenken, schließen« heißt. Natürlich findet man den Schlagbaum auch im Wörterbuch der Brüder Grimm, diesem unentbehrlichen Werk, in dem auf Abertausenden von Seiten die Geschichte und der Reichtum der deutschen Sprache bewahrt wird, das aber zugleich die Wandlungsfähigkeit dieser Sprache zeigt, auch die Einflüsse anderer Sprachen kenntlich macht, die Bereicherung und den steten Wandel, dem jede Sprache unterworfen ist und der sie doch erst lebendig macht, ob es sich um Anleihen aus dem Lateinischen, Französischen oder Niederländischen handelt. Wie immer bringt der Grimm schöne Beispiele, zitiert aus Schillers *Tell*, führt Hebbel an und Musäus, der die Liebe wunderbarerweise über den Schlagbaum hinwegspringen lässt wie über einen bloßen Strohhalm. Aber die Gewalt des Wortes »slahen« ist schon noch spürbar, die physische Drohung des Erschlagenwerdens, und das Wörterbuch merkt an, dass der Schlagbaum noch eine zweite Sache bezeichnet, nämlich auch »eine Falle für Raubthiere« sein kann, »ein schwerer Baumstamm, der auf einer Stütze ruht und den darunter durchpassierenden Thieren auf den Rücken schlägt und sie zermalmt«, Füchse zum Beispiel oder Dachse. Sodass also die Versehrungen, die eine Begegnung mit dem Schlagbaum nach sich ziehen kann, auch in der sich senkenden Schranke noch anklingen. Und wirklich: Welche Gefahren mit dem Überschreiten von Grenzen verbunden sind, ob sie nun unsichtbar in einem Meer verlaufen oder sich als Zaun manifestieren, können wir Abend für Abend in den Nachrichten sehen.

Wir schreiben einander ja Briefe zu einer Zeit, da Nationalismus und Engstirnigkeit plötzlich so *en vogue* scheinen wie lange nicht mehr, da auch in meinem Land eine Partei an Zulauf gewinnt, in deren Anfangsbuchstaben schon ein Schlagbaum querliegt und aus deren Reihen vor Kurzem unter anderem gefordert wurde, das Wort »völkisch« wieder in den Alltagsgebrauch zu überführen. Nur wenige Tage vor Beginn dieser Diskussion hatte ich, weil seit Wochen und Monaten derart belastete Wörter von interessierter Seite wiederholt werden und Eingang finden in die politischen Debatten, ins Feuilleton und ganz ohne Zweifel auch in die privaten Gespräche an den Küchen- und den Stammtischen, abermals Victor Klemperers *LTI* gelesen, seine Betrachtungen der *Lingua Tertii Imperii*, also der »Sprache des Dritten Reiches«. »›Volk‹ wird jetzt beim Reden und Schreiben so oft verwandt wie Salz beim Essen«, beobachtet Klemperer 1933, »an alles gibt man eine Prise Volk: Volksfest, Volksgenosse, Volksgemeinschaft, volksnah, volksfremd, volksentstammt …« Ich weiß nicht, wie sehr der Name Victor Klemperers außerhalb Deutschlands ein Begriff ist, lieber Nikola – er war Professor für Sprach- und Literaturwissenschaft in Dresden, wurde 1935 wegen seiner jüdischen Herkunft gezwungen, die Universität zu verlassen, und überlebte nur dank seiner nichtjüdischen Ehefrau, die sich weigerte, sich von ihrem Mann scheiden zu lassen, und die alle folgenden Schikanen und Demütigungen mit ihm durchzustehen bereit war. Vielleicht sind seine berühmten Tagebücher, in denen er diese zwölf lebensbedrohlichen Jahre beschreibt, sogar ins Mazedonische übersetzt worden? In seinen Texten zur *LTI* jedenfalls setzt sich Klemperer damit auseinander, welcher Art die Sprache war, die solche Taten vorzubereiten imstande war. »Und wenn nun«, fragt er, »die gebildete Sprache aus giftigen Elementen gebildet oder zur Trägerin von Giftstoffen gemacht worden ist? Worte können sein wie winzige Arsendosen: sie werden unbemerkt verschluckt, sie scheinen keine Wirkung zu tun, und nach einiger Zeit ist die Giftwirkung doch da.« Schwer vorstellbar, dass nicht auch heute der Hass und die Verachtung, die in die Wörter getröpfelt werden, ihren Ausdruck in hässlichen und verachtenswerten Taten finden. Die Brandanschläge jedenfalls sind so alltäglich geworden, dass sie fast nicht mehr zu zählen sind. Bei einem der letzten, ausgerechnet in Berlin, hatte der Täter vor dem Anreißen des Streichholzes die Aufforderung »Go to Home« auf die Wand der Flüchtlingsunterkunft geschmiert – im Grunde natürlich ein wunderbarer *germanism* und bizarr mit seinem Willen, weltläufig, jedenfalls international verständlich zu wirken, dabei aber auf fast rührende Weise falsch zu sein. Aber kann man von einem Brandstifter verlangen, korrektes Englisch zu verwenden? Und darf man darüber lachen? Sollte man vielleicht darüber lachen, damit einem das Lachen nicht vergeht?

Dass Worte weit mehr als eine simple Bedeutung, den Hinweis auf einen Sachverhalt oder Ding enthalten – wer wüsste das besser als Lyriker, die ja für gewöhnlich wenige Wörter benutzen, dafür jedoch mit allen Bedeutungsebenen dieser Wörter spielen, mit den Klängen und Anklängen, den Brüchen und Brücken, die also der Etymologie nachforschen, die geschichtlichen Ebenen des Wortes freizulegen versuchen, all die verborgenen Echokammern, deren Metier also das Abwägen, Feineinstellen, die Nuance ist. Freuden und Schwierigkeiten ohne Ende, die sich noch multiplizieren, wenn man Gedichte übersetzt, ein Gedicht von einer in die andere Sprache trägt, ihm sprachliche Grenzen zu überwinden hilft und dafür sorgt, dass ein fremdsprachiges Gedicht in der eigenen Muttersprache heimisch wird. Eine unserer ersten Begegnungen fand in Deiner Heimat statt, im mazedonischen Struga, und ich habe sehr deutlich vor Augen, wie wir eines warmen Abends zu sechst, mit nahezu allen jüngeren Teilnehmern des gerade dort stattfindenden Poesiefestivals, am gewaltigen Ohridsee saßen und die Sonne untergehen sahen, als irgendjemand, vielleicht warst sogar Du es, beiläufig erwähnte, er übersetze gerade die Gedichte des israelischen Dichters Jehuda Amichai – worauf eine Dichterin einwarf, sie ebenfalls, und ein Dritter sich einmischte, und plötzlich wurden Gedichte Amichais, den, wie sich herausstellte, alle gleichermaßen bewunderten, auf Mazedonisch, Deutsch, Englisch und Ukrainisch zitiert, dass es eine vielstimmige Freude war. Auf der anderen Seite des Sees, in der Ferne, begann Albanien, doch saßen wir natürlich auch wenig mehr als einen herkuleischen Steinwurf entfernt von Griechenland, wo Hölderlin seinen *Hyperion* als Eremit leben und auf sein Leben zurückblicken lässt, das er, übrigens in Briefen, wir mir jetzt einfällt, seinem Freund in Deutschland schildert: »O Bellarmin! wo ein Volk das Schöne liebt, wo es den Genius in seinen Künstlern ehrt, da weht, wie Lebensluft, ein allgemeiner Geist, da öffnet sich der scheue Sinn, der Eigendünkel schmilzt, und fromm und groß sind alle Herzen und Helden gebiert die Begeisterung. Die Heimat aller Menschen ist bei solchem Volk und gerne mag der Fremde sich verweilen.« Fast wie ein Kommentar zur Stunde liest sich das, auch wenn man von Helden heute kaum noch reden wollen wird, die besser im Epos oder einer vergangenen Epoche aufgehoben sind. Als ich vor Kurzem bei polnischen Freunden zu Besuch war und sie mir nachmittags ihre Stadt zeigten, begannen wir, was natürlich reiner Zufall war, auf dem »Platz der Helden«, spazierten über den »Platz der Freiheit« bis hin zum »Platz der Freundschaft«, wo unser Stadtrundgang endete, und so hatten wir ganz nebenbei einen Gang durch die europäische Geschichte und die Entwicklung unseres Kontinents unternommen, bis hin zum glücklichen Ende. So schien es mir jedenfalls an diesem Tag.

Dabei habe ich wirklich allzu leicht leben, reisen, reden und schreiben, denn Krieg und Diktatur blieben mir erspart, und aufgewachsen bin ich in einer der seltenen glücklichen, windstillen Phasen der Historie. Ein Grund mehr vielleicht, das Reisen nicht nur als Vergnügen, sondern auch als Verpflichtung zu begreifen – zum Lernen, zum Wertschätzen. Und so lehrreich wie heilsam ist es ja, aus der Distanz auf Europa zurückzuschauen, von den nachts wie Leuchtalgen funkelnden Hängen Medellíns oder vom riesigen Shanghai, in dem allein ein Drittel der deutschen Gesamtbevölkerung Platz fände. Am liebsten aber reiste man natürlich mit Seamus Heaney, den Du sicherlich genauso verehrst wie ich, in die »Republik des Gewissens«, der er ein langes, wunderbares Gedicht gewidmet hat, *From the Republic of Conscience*, in dem nach der Landung ein Brachhuhn zu hören ist, der alte Mann am Schalter verblüffenderweise Fotos von den Ahnen des Reisenden aus dem Mantel zieht, die Dame vom Zoll darum bittet, die traditionellen irischen Zaubersprüche gegen Stummheit und gegen den bösen Blick zu hören. Der dritte und letzte Teil des Gedichts klingt so:

I came back from that frugal republic
with my two arms the one length, the customs woman
having insisted my allowance was myself.

The old man rose and gazed into my face
and said that was official recognition
that I was now a dual citizen.

He therefore desired me when I got home
to consider myself a representative
and to speak on their behalf in my own tongue.

Their embassies, he said, were everywhere
but operated independently
and no ambassador would ever be relieved.

Ich verließ diese karge Republik
von keiner Last bedrückt; die Frau am Zoll
hatte darauf beharrt, mein Freigut sei ich selbst.

Der Alte erhob sich und fixierte mich:
Dies sei die offizielle Anerkennung
meiner jetzt doppelten Nationalität.

Er wünsche daher, dass ich nach meiner Heimkehr
mich als Beauftragten verstehen möge
und für sie das Wort in meiner Sprache ergreife.

Ihre Botschaften, sagte er, seien überall,
arbeiteten jedoch ganz unabhängig,
und kein Botschafter werde jemals abberufen.

Aus der Republik des Gewissens, übersetzt von Ditte und Giovanni Bandini

Da »relieve« ja beides bedeuten kann, »ablösen«, aber auch »erleichtern«, ahnt man: Dieses Amt ist durchaus eine Bürde. Noch schwieriger aber dürfte es sein, fürchte ich, sich überhaupt erst als Botschafter dieser erstaunlichen und notwendigen Republik zu qualifizieren. Man müsste vielleicht damit anfangen, selber Formeln gegen die Stummheit zu finden, auch die eigene, sich dem bösen Blick zu verweigern.

Nicht zuletzt zeigt ein Gedicht wie dieses natürlich, dass die herrlichsten, unvergesslichsten Reisen im Kopf stattfinden. Und für die benötigt man nicht einmal einen Pass.

Sei herzlichst gegrüßt:
Dein Jan

Berlin, im Dezember 2016

Lieber Jan,
sobald ich Deinen Brief erhielt, schlug ich meinen neuen Pass auf und betrachtete mein eigenes Gesicht mit anderen Augen, nicht jenen der Fotos auf Bucheinbänden oder im Familienalbum, die die Beständigkeit des Erbguts bestätigen sollen. Das Auge bleibt auch nach dem Tod geöffnet, auf dem Passfoto aber muss der Mund geschlossen sein, obwohl du gern schreien würdest, die Augen jedoch müssen weit geöffnet sein, als stünde man vor einem Gemälde von Bruegel. Das latente Lächeln auf dem Passbild sollte vor den Augen des Grenzpolizeioffiziers auf dem Flughafen meine Unschuld aggressiv betonen. Ich musste das erstarrte Gesicht des Hirsches vor den dynamischen Augen des Jägers sein. Passfotos waren Museen des Bemitleidens. Ich bin in einem Land geboren, wo das Bemitleiden eine Art zu lieben ist, wo man auf die Frage »Wie geht es Ihnen?« mit »Gott bewahre uns vor Schlimmerem!« antwortet. Ich wuchs in einer Stadt an einem Grenzübergang zwischen drei Staaten und vom Wind und dem ererbten Hass zerrissenen Flaggen auf. Die Stille der Angst war an den Grenzen am stärksten, wo Luftkrieg zwischen den verschiedenen staatlichen Radiosendern geführt wurde, und der Raum, der vom Rauschen zwischen zwei Radiosendern erfüllt war, war mein Zuhause. Ich wollte, dass mich niemand versteht, wünschte mir, die Sprachen nicht zu verstehen, wenn ich vor einem Grenzübergang stand oder vor der Stille an Brodskys Grab, nahe dem Wasser und der Zeit, die verfloss. Bei meiner ersten Reise nach Venedig verneigte ich mich vor der Lebendigkeit des Wassers und seiner Erinnerung, ich suchte Tizian in den Straßen und auf den Mauern der Kirchen, obwohl sein *Raub der Europa* längst auf die andere Seite des Atlantischen Ozeans übersiedelt war. Bevor ich mit dem mythologischen und später auch mit dem geopolitischen europäischen Narrativ konfrontiert wurde, war Europa für mich nur der Name der einzigen Schokoladenfabrik in Skopje vor dem Zerfall Jugoslawiens. Etwas Süßes. Später erzählte mir mein Großvater, der berühmteste Konditor und Kontrabassist der Stadt (andere gab es nicht), dass es dort in Europa auch *bittere Schokolade* gebe – ein Oxymoron,

das uns Kindern fremd war, die wir mit dem Puritanismus der staatlichen sozialistischen Ideologie aufgewachsen waren, dass Suppe nur salzig, Käse nur weiß und der Dichter nur herrlich sein kann wie auch der Staat. Seit bereits fünfzehn Jahren lebe ich außerhalb der Kontexte eines dauerhaften Zuhauses und der Geografien der Zugehörigkeit. Mein Zuhause waren die Flughäfen mit dem immer gleichen Geruch nach den Parfums aus den Duty-free-Shops; die Wartehäuschen an Bushaltestellen voller Obdachloser und Tauben; die sauberen, aber sterilen Hotelzimmer mit Balkons, die gerade groß genug für einen Vogel sind; die Zimmer für Writers in Residence voller Bücher, die den Geruch von Zigaretten und angebranntem Öl der vorhergehenden Schriftsteller aufgesogen haben; die Krankenhäuser, in denen die Stille Angst bedeutete und das Sprechen Schmerz … Auf den Wegen der Poetik der Ungewissheit traf ich Menschen, die um Brot und Aufmerksamkeit baten, doch auch reiche Fahnenträger des Übergangs vom Sozialismus zum Kapitalismus, die sich zwar Aufmerksamkeit erarbeiteten, aber in ihren Büros vor den improvisierten Altären mit kitschigen Ikonen um dauerhafte Wahrheit beteten. Ich wurde am helllichten Tag unerwartet und unerbittlich von ausländerfeindlichen jungen Leuten in Vilnius angegriffen, die den scharfen Geruch der Kriege nicht kennen; etwa zehn Tage lebte ich umringt von Paramilitärs und wohlgesonnenen Leguanen im Dschungel an der Grenze zwischen Kolumbien und Panama; einige Tage flohen wir vor den Kidnappern durch die Straßen von Bagdad, um uns herum junge Soldaten, deren Gesichter hinter den im Anschlag gehaltenen Sturmgewehren nicht zu sehen waren; ich wanderte durch die Dörfer in den Gelben Bergen Chinas, sah die Häuser mit kleinen Fenstern und offenen Dachböden; ich blickte auf die tiefen Himmel über Berlin und New York – Städte, in denen die Zeit nicht stirbt und nicht tötet; ich sprach mit den Imamen in Indonesien, die es liebten, sich mit Dichtern und Offizieren fotografieren zu lassen; ich ging durch die Straßen an der unsichtbaren Grenze im israelischen Haifa, wo der Staub auf den Schuhen für Israelis und Palästinenser gleichermaßen mythisch war; ich pflückte Granatäpfel am Checkpoint von Bergkarabach zwischen Armenien und Aserbaidschan, während ich die Reflexion vom Fernglas des Soldaten im Wachturm betrachtete; auf dem Platz der Verfassung in Mexico City las ich Gedichte über die Vergänglichkeit der Rückkehr, während auf der anderen Straßenseite Tausende von Menschen mit Kerzen in den Händen die Kidnapper darum anflehten, ihnen die verschwundenen Studenten zurückzugeben; in Istanbul lasen wir in einer unterirdischen byzantinischen Zisterne Lyrik, während die Touristen das Mundstück einer Wasserpfeife zwischen die Lippen nahmen und auf das Klicken des Fotoapparats warteten, bevor sie husten müssten; wir sagten Verse auf im Licht der aktiven Vulkane Nicaraguas und einige Hundert Meter von den Vierteln in

Mumbai entfernt, wo sowohl die Kinder als auch der Tod Hunger leiden. Aber immer kehrte ich nach Hause zurück, um zu sehen, wie mein Sohn schneller wuchs als meine Sehnsucht nach einem sicheren Heim, ich kehrte zurück in die Sprache meiner Kindheit, in die Wörter, die es mir erlaubten, durch die Zwischenräume und die verschiedenen Stillen zu reisen – die beiden Dinge, die mich erschaffen, während ich erschaffe. »Die Stille ist meine majestätischste, meine friedlichste, aber auch meine deutlichste Kriegserklärung oder Bekundung von Verachtung«, schrieb Derrida. In der Stille fühle ich mich sicher, trotz des lauten Geräuschs beim Stempeln des Passes als zivilisatorischem Zeichen, dass jetzt die Grenzen überquert werden können, die nach den Kriegen gezogen wurden. Vor ungefähr zwanzig Jahren streifte ich die Uniform über, weil der Staat sagte, ich müsse es tun. Ich war Soldat zwischen zwei Kriegen auf dem Balkan. Es ist einfacher, es so auszudrücken, als zu sagen, dass ich Soldat in Friedenszeiten war. Jetzt ist die Zerbrechlichkeit meine einzige Waffe. Lange Zeit war das Wort FRAGILE für mich ein Aufkleber auf den Pappkartons, in denen mein Vater Fernseher verkaufte oder Glasvitrinen, die die Leute mit haufenweise Tellern und Gläsern füllten, die sie nur verwendeten, wenn zu Hause Hochzeiten und Beerdigungen anstanden. Bevor ich mir das Alphabet der Bedeutungen aneignete, war FRAGILE für mich ein Zeichen für Unberührbarkeit, ein Synonym für Gefahr statt für Zerbrechlichkeit. Die Zerbrechlichkeit Europas ist gefährlich, lieber Jan, weil man sie nicht sehen kann, wie einen geborstenen Stein in einem Mosaik, das sich der Zeit und den Raubgräbern widersetzt. Ich liebe Europa wegen seiner imaginativen und wirklichen Weite, die es mir erlaubt, allein zu sein, wenn ich nicht in das Zimmer der engen geografischen oder literarischen Definiertheit zurückkehren will. Ich reise mit der Sprache dorthin, wo ich mir wünschen würde, dass wir uns mit einem Blick verständigen könnten, dem Blick auf die Schönheit oder den Himmel als Tiefe oder Symbol, diesen Himmelskontrapunkt aller Aggressionen, wie die Himmel Kurosawas in *Rashomon*. Europa ist aus Sprachen gebaut, und vielleicht ist es deshalb zerbrechlich, organisch, unbezähmbar. Vielleicht klinge ich romantisch naiv, doch ich denke, dass wir reisen, um Wörter, Steine, Staub, Hoffnungen zu transportieren. Der Tourist kommt oft in die Stadt, um zu übernachten, der Reisende, um wach zu bleiben. Ich begegne Dir in Städten mit Flüssen, in Städten mit Seen und Regen. Wie ist es, über die Dynamik des Wassers in den unbekannten Städten und in unseren Körpern zu sprechen? Wie ist es, die abgenutzten Metaphern über Brücken zu leben, wenn immer noch Mauern gebaut werden als vorübergehende Tätowierungen der Angst und Unsicherheit? Wir leben schon länger das Zuhause als dynamische Realität, als Baum, der die Wurzeln in die Luft streckt. In Paris war mein Zuhause der Gebäudekomplex

»Récollets«, einst Unterkünfte eines Klosters, später umgebaut zu einem Militärkrankenhaus – ein Raum, der durch die Zeiten den Widerstreit zwischen der Stille der Mönche und den Schreien der verwundeten Soldaten konserviert hat. In welcher Sprache haben die Mönche in »Récollets« wohl ihr Schweigegelübde abgelegt, in welcher Sprache haben die verwundeten Soldaten die Ärzte oder Gott beschworen? Stille ist nicht die Abwesenheit von Worten, sondern ein lang andauernder Versuch, etwas zu sagen. Mandelstam schrieb, dass die Exkommunikation aus der Sprache eine Exkommunikation aus der Geschichte sei. In diesen Zwischenräumen der Sprachen sind die Geschichten Totems trügerischer Anwesenheiten. Nomaden glauben nicht an Monumente, obwohl meine Flüchtlingsvorfahren den Schlüssel jedes verlorenen Zuhauses aufbewahrten, jeder Leere des Lebens. Doch die Leere hat keinen Anfang und kein Ende, so wie die wahren Helden keine Denkmäler haben, sondern nur Erinnerungen. Das Wasser erinnert mehr als die Museen, lieber Jan. In Paris lebte ich am Kanal Saint-Martin, der dazu vorbereitet wurde, um ein Mal in fünfzehn Jahren gereinigt zu werden. Man hatte ihn abgelassen, und das Fehlen des Palimpsests des Wassers deckte viele Gegenstände am Grund des Kanals auf: Fahrräder, Uhren, Fernseher, die in dem Kanal ohne Wasser nur wertlose Denkmäler des Alltäglichen waren. Die Uhr maß die Zeit nicht, der Fernseher übertrug die offenen Kriege nicht, das Fahrrad bewahrte die alte Luft zwischen den Speichen der Räder. In diesem neuen, um es wie Baudrillard zu sagen, »System der Dinge« verbarg sich die alternative Sprache der Stadt, jene außerhalb der Fotoapparate des kurzen touristischen Gedächtnisses. Die Seine sprach im Namen der Straßen und abgelassenen Kanäle, sie war die Träne in einem großen Auge der Menschlichkeit. Ich kehrte einige Male nach Paris zurück, um die Angst vor der vollkommenen Balance zwischen der Symmetrie der Monumente und der gezähmten Natur, zwischen den lächelnden Touristen vor dem Grab Jim Morrisons und den Blumen, die vor dem Bataclan niedergelegt wurden, zu überwinden. Wenn ich von Mazedonien aus reise, lande ich wegen der Vormachtstellung der Billigfluglinien in meinem Heimatland auf den abgelegensten Flughäfen Europas, und das brachte mich dazu, mir zu überlegen, dass das Entfernt-Sein billig ist, wenngleich schwer zu erreichen, vielleicht noch schwerer als das Nahe-Sein. Ich füllte meinen Pass mit Stempeln von Flughäfen, von denen ich nicht wusste, dass sie existieren, und die keine Namen großer Helden tragen, noch weniger solche von Literaten. Gleichwohl stand ich einmal vor einem riesigen Porträt von Rubén Darío an den Wänden des Flughafens in Managua, und der brasilianische Flughafen in Belo Horizonte trägt das semantische Gewicht des Namens von Carlos Drummond de Andrade. Ich kann mir vorstellen, wie die Struktur der Flughäfen, die Kafkas oder Borges Namen tragen, aussehen müsste, obwohl manchmal die Flughäfen selbst die Spannungen von beleuchteten Labyrinthen mit sich bringen, deren Wächter weder Fragen noch Antworten haben. In mir hallt noch immer das Geräusch des Stempelns in den Pass wider wie die Faust eines Generals, der auf die auf dem Tisch ausgebreitete Karte schlägt. Mallarmé nannte das weiße Feld rund um die Verse »umgebende Stille«, etwas, was auf den gefüllten Seiten meiner Pässe mit halb ausgebleichten Stempeln nicht existiert. Ich reise schon lang nicht mehr, um den Durst auf zu Hause zu vergrößern. Nostalgie wurde in Europa lange Zeit wie eine Krankheit behandelt, aber es gibt keinen Raum mehr, um krank zu sein, weil die Rückkehr nach Hause schneller ist als die Melancholie einer Ortsveränderung. Die Nähe und Entfernung der Städte, in denen wir gelebt haben, wird nicht nur darin gemessen, wie oft wir sie verlassen haben und wie viele Fahrscheine wir verwendet haben, sondern auch darin, wie oft unsere Rückkehr unvollendet geblieben ist. Berlin ist eine Stadt, in die ich nach jeder Reise nach Mazedonien zurückkehre, erschöpft von der idealisierten Kindheit und der aufgedrängten Schuld, die mich wie ein verwundetes Tier verfolgt. Berlin ist eine Stadt, in die man öfter zurückkehrt als man aus ihr fortgeht. Das abgeschlossene Fahrrad am Zaun eines Gebäudes, das seine Gestalt ändert, oder die vergessenen Fotos in den Fotoautomaten am Straßenrand erzählen, dass vielleicht jemand zurückkehren wird, während die Metallspitzen auf den Fensterbrettern die Tauben dazu zwingen, lange zu fliegen wie Engel ohne Fresken. Im Augenblick bin ich immer noch unterwegs zwischen Venedig und Berlin – so verkündet es die uniformierte Stimme der Stewardess, die sich die Stille für ihren Geliebten aufhebt. Aber vielleicht befinde ich mich zwischen zwei Kriegen, zwischen zwei Kolonnen von Migranten. Bevor ich reise, öffne ich den Koffer immer schnell, und mein Schatten ist schon eingepackt. Wenn ich nach Hause zurückkehre, erfolgt das Öffnen des Koffers langsam, so wie man den versiegelten Sarg eines Kriegsopfers öffnet. Und alles ist darin. Sogar der Schatten.

Dein Nikola

Berlin, im Dezember 2016

Lieber Nikola,

so sehr ich das betrübliche Thema im ersten Brief vermieden habe, will ich nun doch noch einmal leise über Großbritanniens Abschied jammern – auch deshalb, weil vielerorts jenes niederschmetternde britische Referendum vom Juni bereits als Selbstverständlichkeit, als schicksalhafte Gegebenheit gesehen und schulterzuckend akzeptiert wird, ich hingegen immer noch einen Stich verspüre, wenn mir einmal mehr bewusst wird, dass die schöne Insel sich plötzlich um ein paar Hundert gefühlte Seemeilen von uns anderen Europäern entfernt hat, dass sie weit in den Atlantik hinaustreibt und unser Kontinent ein bisschen einsamer scheint; auch will ich mich nicht zu jenen gesellen, die mit kaum verhohlener Häme die ersten üblen Vorzeichen begrüßen und den wirtschaftlichen Niedergang des Königreiches herbeisehnen, um sagen zu können: seht her, das habt ihr davon. Nein, mir ist einfach nur traurig zumute, auch wenn es ja wahr ist, dass ich nie in Großbritannien gelebt habe, lediglich auf der anderen Seite der irischen See, in Dublin nämlich, dass es sich also, denke ich darüber nach, vor allem um eine literarische Liebe handelt, um die eines Lesers und Übersetzers. Für mich setzt sich die britische Landschaft aus dem London von Charles Dickens, dem Yorkshire von Ted Hughes und dem Wales von Dylan Thomas zusammen, sie erhebt sich aus dem Lake District der Romantiker Wordsworth und Coleridge, wohin ich es nie geschafft habe, doch vielleicht, wer weiß, macht die Tatsache, dass ich eher poetische denn wirkliche Landschaften durchstreift habe, diese tiefe Zuneigung nur umso beständiger. Vor wenigen Tagen erst war ich in Winchester, im wirklichen Winchester, meine ich, in der Grafschaft Hampshire südlich von London zu Gast, und schon bei der Ankunft am Flughafen Heathrow, beim ersten Gewahrwerden englischer Dialekte und während der ganzen dann folgenden Bahnfahrt stieg etwas Wehmut ins Herz. Wie erst also musste es den Freunden in Winchester gehen, den alten und den neu gewonnenen, von denen nicht ein Einziger für den Austritt votiert hatte, die allesamt noch immer unter Schock zu stehen schienen, es nicht wahrhaben wollten. Das Thema ließ uns den ganzen Abend nicht los und begleitete uns über die Tage hinweg.

Auch Winchester ist, das weißt Du so gut wie ich, lieber Nikola, in literarischer Hinsicht nicht unbedeutend. Keats hat hier eine Zeit lang gelebt (Keats, der angesichts seines kurzen Lebens und seines allzu frühen Todes fast als Verkörperung von »fragility«, von Zerbrechlichkeit und Flüchtigkeit gelten könnte – »Here lies one whose name was writ in water«, lautet die berühmte und berührende Inschrift auf seinem römischen Grabstein unter Pinien), und auch Jane Austen hat in Winchester ihre letzten Jahre verbracht. Sie wohnte in einem Haus unweit der imposanten Kathedrale, in der noch heute ihr Grab zu betrachten ist, eine Platte im Boden, die sich von einem zu eiligen Besucher übersehen ließe und in der Austens Romankunst mit keiner Silbe erwähnt wird. Ich pilgerte früh am Sonntagmorgen dorthin, noch vor dem ersten Gottesdienst, und der Küster war so freundlich, mir trotz der noch unbesetzten Kasse Einlass zu gewähren, sodass ich ganz allein mit den Gräbern, mit dem jungen Licht in den Buntglasfenstern und den steinernen Heiligen im gewaltigsten aller englischen Kirchenschiffe stand.

Dass Winchester ausgerechnet die Stadt von Keats und Austen ist, war auch deshalb nicht unpassend, weil ich beider Namen mit meiner vorangegangenen Reise nach England verband, einer Reise nach Cambridge nämlich, wo ich anderthalb Jahre zuvor das hübsche Fitzwilliam Museum besucht und unter dem bordeauxroten Samt einer Vitrine vollkommen unvermutet zwei Handschriften entdeckt hatte. Eine davon war erschütternderweise das Blatt Papier, auf dem Keats, offenbar wirklich in einem Durchgang und ohne größere Korrekturen, mit nur wenigen Streichungen, seine *Ode to a Nightingale* niedergeschrieben hatte, unter einem Baum sitzend und dem Gesang eben jenes Vogels lauschend. Der andere Bogen war um einiges größer und, wie die zahlreichen Knickspuren zeigten, offenbar so oft gefaltet worden, bis er als winziges, viellagiges Papierpaket mit Wachs versiegelt werden konnte. Es handelte sich um einen Brief Jane Austens an ihre Schwester, verfasst während einer Rast auf einer Kutschfahrt durch England, ein langer, überbordender Brief mit einer insektenhaft zarten Handschrift, in dem, so weit ich sie zu entziffern vermochte, mit Eloquenz und Ausdauer lediglich zwei Themen verhandelt wurden – Austens Hut und die Tatsache, dass er die mühevolle Reise bislang ohne Fleck und Delle überstanden hatte, sowie das ausgezeichnete Roastbeef, das man während der besagten Pause verzehrte und dessen Qualität und Beschaffenheit mit vielen Worten beschrieben und gepriesen wurde. Kurzum: Es war ein herrliches Beispiel für die altehrwürdige Kunst des Briefeschreibens, die wir ja mit unserem kleinen Austausch wieder aufzugreifen versuchen – und der man sich vielleicht ganz allgemein wieder mit mehr Verve widmen sollte, tritt doch der Briefeschreiber, ganz wie der Dichter, einen Schritt zurück von der rasenden Hast und den weitereilenden Massen und hält für einen Augenblick die Zeit an, betrachtet, reflektiert, resümiert und wählt seine Worte mit so viel Bedacht, dass sogar das Flüchtigste Gewicht und Dauer erhält, selbst Hutmoden und Roastbeef zu Trägern einer Botschaft werden, weil sich dem Empfänger durch sie und ihre Beschreibung etwas mitteilt vom flüchtigen Moment und vom Gemüt des Absenders. Sollten wir nicht alle wieder mehr Briefe quer durch Europa schicken, mittels solcher Augenblickskapseln, über die Grenzen hin- und zurückgetragen, das Verständnis für einander und das Wissen umeinander derart vertiefen, dass ein Missverstehen kaum noch möglich wäre? Und wer weiß, ob nicht die Entwicklung so oder so, nach all den technischen Fortschritten, in einer gewaltigen, ironischen Kreisbewegung schon bald zurückführt zu einem längst vergessenen Nachrichtenwesen, zu den Brieftauben, deren leere Türme in ganz Europa, ich denke etwa an die schönen gemauerten *pigeonniers* im Süden Frankreichs, sich dann erneut mit Leben füllen? All die urzeitlichen Techniken sind ja gerade mal ein paar Jahre alt, und so sollte man aus der Mode gekommene Verfahren vielleicht nicht voreilig verlachen und vergessen. Ich jedenfalls habe vor ein paar Wochen, denn sicher ist sicher, meine alte Remington-Schreibmaschine aus der Kammer geholt und zum letzten verbliebenen Reparateur Berlins gebracht, einem älteren Herrn im Stadtteil Kreuzberg, dessen kleine Werkstatt voller Olivettis und Underwoods, Triumph-Adlers und Optimas steht, lauter gewichtige, eiserne, schweigende Geräte, die den gesamten Raum mit der bleiernen Schwere eines Lokschuppens füllen. Noch könne er mir ein paar Farbbänder anbieten, noch ließen sie sich bestellen, murmelte er durch seinen gewaltigen Schnurrbart und versprach, die verhärtete und unbrauchbar gewordene Gummiwalze schleunigst durch eine frisch gegossene zu ersetzen.

Und während er meine Remington entstaubte, die Mechanik und die Tausendfüßlertastatur mit Liebe und einem profunden Wissen neu justierte, war ich bereits von Winchester zum riesigen Flughafen Heathrow zurückgekehrt und fest entschlossen, noch eine Dose von jenem hervorragenden Earl Grey zu erwerben, eine Dose Schwarztee als Souvenir aus dem noch nicht ganz abtrünnig gewordenen Königreich, erhältlich in einem speziellen und mir schon bekannten Geschäft, das sich allerdings, wie ich wusste, in Terminal 4 und nicht wie ich in Terminal 1 befand. Zum Glück hatte man mir mitgeteilt, dass der hochmoderne Flughafenzug mich trotz der äußerst knappen Zeit sicher zum Teegeschäft und wieder zurück zu meinem Abfluggate bringen werde – nur stellte sich heraus, als ich beschwingt mit meinem Tee aus dem Laden trat, dass nicht ein einziger Wegweiser den Weg zurück zu meinem Abflugterminal wies, dass der hochmoderne Zug vielmehr nur in eine einzige Richtung zu reisen erlaubte und man mit dem Betreten seiner Waggons alle Brücken hinter sich abbrach. Ein Flughafenangestellter, der ein Herz aus Gold hatte, doch ebenso ratlos war wie ich (»It's my first day here, so sorry«), suchte mit mir nach möglichen Fuß- und Schleichwegen, erwog sogar, mir seine wertvolle Schlüsselkarte zu leihen, um mich auf unterirdischen Pfaden rechtzeitig zu meinem Flugzeug zu bringen, womit sein erster Arbeitstag jedoch auch sein letzter geworden wäre – und so blieb nur, den eingeschlagenen Weg weiterzugehen, den Flughafen ganz zu verlassen und noch einmal mit der leidigen Kontroll- und Filzprozedur zu beginnen, in der Gewissheit, dass ich das Flugzeug angesichts der langen Schlangen nicht mehr erreichen und mein Koffer ohne mich nach Berlin zurückfliegen würde. Aber, oh, Albion! – wie durch ein Wunder öffnete mir mein Päckchen Tee, das ich als eine Reliquie vor mir hertrug, alle Schranken, teilte der Earl Grey die Massen, nickte man anerkennend, sobald ich die Packung hob und zu erklären versuchte, warum ich ein zweites Mal durch die Sicherheitsschleusen eilte, lächelte, sagte, »Oh, you've bought some tea, haven't you?« und »Just go ahead, that's a very fine one you've got there«, gingen alle Türen wie von Zauberhand auf, und das zu meinem Glück *just in time*.

Man spricht so oft abschätzig von Flughäfen, bezeichnet sie als kalt und glatt und bar jeder Identität, als reine, limbushafte Nichtorte – dabei offenbarte sich mir in ihnen mehr als einmal die ganze Schönheit Europas mit seinen nationalen und regionalen Eigenheiten. Ich rede dabei noch gar nicht von der sprachlichen Vielfalt, der sich an jedem europäischen Großflughafen lauschen lässt – neben jener immerwährenden, universalen, blutdrucksenkenden Saxophonmusik im Hintergrund. Ich denke weniger an den erstaunlichen, überraschenden Einbruch des Literarischen in die banale Wirklichkeit, als ich hörte, wie am Pariser Flughafen Charles de Gaulle plötzlich ein Monsieur Godot ausgerufen und gebeten wurde, sich am Schalter zu melden, was mich um ein Haar auf den Weiterflug nach Südamerika verzichten ließ, denke schon eher an die Sicherheitsbeamten in Tegel, die kaum auf die Durchleuchtung des Handgepäcks zu achten schienen, die vielmehr, offenbar alle Besitzer eines Schrebergartens der Kolonien »Freundschaft« und »Gute Zeit«, gestenreich, lautstark und überaus dialektal und mit *icke* und *ditte* in den Austausch von Ratschlägen zur Pflege und Zucht von Strauchtomaten vertieft waren. Vor allem aber kommt mir jene Situation am Flughafen von Toulouse in den Sinn, nachdem ich Freunde in ihrem Landhaus bei Verfeil-sur-Seye besucht und gemeinsam mit ihnen einen zu Recht gerühmten Käseladen aufgesucht hatte, sodass in meinem Handgepäck vier prachtvolle Stücke von Reblochon, Èpoisses, Vieux Boulogne und Pont l'Eveque ruhten, dazu ein Roquefort sowie ein normannischer Camembert. »Öffnen Sie bitte Ihre Tasche, Monsieur«, sagte der kahlköpfige Beamte an der Sicherheitskontrolle, der streng war, aber doch weit weniger streng als mein Käse. »Parbleu!«, rief er aus und zuckte zurück, »das können Sie unmöglich mit an Bord nehmen«, worauf ich die Situation erklärte und auf den hohen Wert und die überragende Qualität meiner Einkäufe hinwies. »Lassen Sie mal sehen«, sagte er, schon freundlicher, und nahm alle sechs Stücke aus meiner Tasche heraus, während sich schon zwei weitere Beamte, ein junger und ein älterer, molliger, neugierig zu uns gestellt hatten, um zu sehen, was um Himmels willen da vor sich ging. Und nun wechselte der Reblochon von der Hand des Kahlen in die Hand des Molligen, nahm der Junge erst den Èpoisses und dann den Vieux Boulogne, um an ihnen zu schnuppern, bevor er den Èpoisses an den Kahlen und den Vieux Boulogne an den Molligen weiterreichte, der unterdessen am Pont L'Eveque herumdrückte und »très bon, très bon« murmelte; der kahlköpfige Beamte wog seinerseits den Roquefort in der Linken und den normannischen Camembert in der Rechten und ließ den Camembert zum molligen und den Roquefort zum jungen Beamten weiterwandern, der noch mit geschlossenen Augen den Duft des Reblochon tief in sich aufnahm; der Mollige wickelte inzwischen den Vieux Boulogne aus und der Kahle führte den Èpoisses zur Nase und rief so voller Inbrunst »Mon dieu!«, dass die anderen Reisenden sich nach uns umzudrehen begannen, und der Mollige schürzte anerkennend die Unterlippe und hob den normannischen Camembert ins gleißende Licht der Neonröhren, während der Junge den Kahlen bat, ein weiteres Mal am Èpoisses riechen zu dürfen und im Gegenzug den Reblochon anbot; der Kahle schnalzte mit der Zunge, schien den Vieux Boulogne mit dem Roquefort oder den Camembert mit dem Reblochon zu vergleichen, der Mollige gab seufzend den Pont l'Eveque an den Jungen weiter und der Junge rollte mit den Augen und rief »mais c'est formidable« und drängte schwer atmend dem Kahlen den normannischen Camembert auf, bis Reblochon und Èpoisses vielfach die Hände gewechselt hatten, alles zu einer einzigen, streng duftenden Choreographie geworden war, zu einem Käseballett, bis der Vieux Boulogne und der Pont l'Eveque alle drei Repräsentanten des französischen Staates zu spitzen Schreien des Entzückens hingerissen, in eine wahre Käseekstase hineingetrieben hatten, bis schließlich der Kahle, der Mollige und der Junge mit Reblochon, Èpoisses, Vieux Boulogne, Pont l'Eveque, Roquefort und normannischem Camembert in den bebenden Händen, mit vor Glück leuchtenden Augen, seltsam entrückt verstummten. »Monsieur«, sagte der Grenzbeamte entschlossen und gab mir meine Tasche zurück, »Sie fliegen« – und wie ich flog, lieber Nikola, von Europa nach Europa.

Ich grüße Dich herzlich,
Dein Jan

Berlin, 12. 12. 2016

Lieber Jan,
in dem Augenblick, als mich Dein Brief erreichte, mit Worten wie versetzten Edelsteinen von den Inseln, lief mein Visum für Großbritannien ab. In den langen Gutenachtgeschichten beschrieben meine Großeltern Inseln immer als Augen des Meeres und der Stille. Deshalb war die erste Reise nach England für mich eine Wallfahrt zur eigenen Entfremdung vom lauten Balkanerbe und der Auferstehung der Geschichten, die Tod brachten ohne Recht auf Auferstehung. Vielleicht sind wir am Flughafen aneinander vorbeigegangen, in der Schlange vor der Passkontrolle, die die Reisenden in *solche aus der EU* und *die übrigen* einteilt, so natürlich wie die Ikonographie der Grabsteine die Gebeine einteilt in katholisch, protestantisch, muslimisch, heldenhaft, vergessen ... Vielleicht haben wir am selben Tag Keats' Manuskripte eingesehen im Versuch, die Bewegungen seiner Hand zu rekonstruieren, so wie wir an der Passkontrolle ver-

suchen, unsere Unterschrift so gut wie möglich auf den Scannern mit den grünen und roten Leuchten zu imitieren. Großbritannien ist meine Insel der Ruhe, ein Ort, an dem ich meine Angst vor großen Gewässern und ebensolchen Ideen zähme. Dieses Auge des Meeres, über das viele zu gehen versucht haben. Ob Europa mit dem Weggang Großbritanniens einen Teil seines Horizonts verloren hat? Ist der zerbrechliche Spiegel Europas beschlagen, als die Insel wie ein Schiff zu den Koordinaten der Nichtzugehörigkeit davonsegelte? Oft stelle ich mir die Frage nach dem Wesen des modernen und modifizierten Nomadentums, das sich mehr auf eine statistische Veränderung der »Readymade«-Räume reduziert als auf das Schaffen von Räumen und ihr Verlassen. Mein archäologisches Bewusstsein erkennt Europa als ein Mosaik wieder, geschützt vor atmosphärischen Einflüssen, und das nomadische Bewusstsein sieht in allem einen Raum, der geschaffen werden muss. All diese Fragen werden durch die Nachttischlampe in meinem vorübergehenden Zuhause in Berlin beleuchtet – einer Stadt, in der Raum eine weite Erinnerung ist. Auch wenn ich ständig reise, antreffe und verlasse, kann ich nicht über tatsächliches Nomadentum sprechen, denn echte Nomaden nehmen nichts mit sich, wenn sie einen Raum gegen einen anderen eintauschen, doch ich nehme das Geschriebene mit – das, was ich außerhalb der Zeit und Orte der Kindheit schreibe. Aber der Rahmen der Kindheit ist zerbrechlich, lieber Jan, zerbrechlicher als rekonstruierte Amphoren oder geflickte Geschichten. Wenders wünschte sich, dass nur die Kinder die Engel in Berlin sehen könnten, doch in der Kindheit sind die ersten Dinge, die man lernt, die üblichen Konstanten der Zugehörigkeit: die Namen der Eltern, den Namen der Straße und der Stadt, damit man uns zurückbringen kann, falls wir verlorengehen (ein Verb, mit dem die Erwachsenen all unsere Fluchten benennen). Und danach lernen wir ein Leben lang, von Neuem einzig der Kindheit anzugehören. Meine Kindheit war voller Ansichtskarten mit fremden Handschriften auf der Rückseite und Briefmarken aus Staaten, die nicht mehr existieren. Die Briefmarkensammler waren Minotauren im geopolitisch dynamischen Labyrinth. Manchmal fuhren wir zum Dojransee, nur einige Kilometer von meiner Geburtsstadt Strumica entfernt, bloß um jemandem eine Ansichtskarte zu schicken, um den Raum der täglichen Vorhersehbarkeit auszuweiten. Heute quellen meine Schubladen über von nicht abgeschickten Ansichtskarten aus Städten, die ich besucht habe, und von eingelagerten Kühlschrankmagneten, die aneinander kleben wie Tauben in einer Dezembernacht. Ich denke dabei nicht an jene weiße Taube mit dem Ölzweig im Schnabel, die die Kinder immer noch neben die müde Sonne in der oberen Ecke zeichnen, eine Taube, an die mein Sohn zu glauben aufhörte, bevor er aufhörte an den Weihnachtsmann zu glauben oder den Beteuerungen in meinen Briefen, dass ich eines Tages für immer zurückkehren würde. Ich wuchs in einem Viertel auf, in dem es mehr Taubenzüchter als Menschen mit Pässen gab. Leidenschaftlich sprachen sie von ihren Brieftauben, die stundenlang über verschiedene Länder fliegen konnten und trotzdem in ihren Schlag zurückfanden. Das war ihr Europa – vielleicht das realste und sicherste aller Europas später im Leben. Wir lebten in einer Stadt nahe einer Grenze, und ihnen war die Idee von Grenzenlosigkeit so fern wie ein Horizont ohne Staatsflagge. Nach dem Fall des Kommunismus wurden ihre Zweifel ersetzt durch die metaphysischen Grenzen der eisernen Religionen. Ich weiß nicht, wohin die Tauben gehen, wenn ihr Züchter stirbt, ich weiß nicht, wohin die Worte dessen, der schreibt, gehen, wenn er aufhört, Briefe zu senden. Lotman sagt, der künstlerische Text strebe danach, sich dem Leben maximal anzunähern, weil er selbst nicht das Leben ist. Doch Briefe sind Leben, lieber Jan, Narben der Zeitschärfe, Reisende verspäteter Gefühle, Museen paralleler Geschichten. Briefe währen weniger lang als das, was sie in sich tragen, wie ein Schiff, das von der kostbaren Ladung, die es transportiert, überlebt wird. Die Museumswärter lehren uns, dass man Dinge erst wirklich erleben kann, wenn man sie aus der Ferne betrachtet, und ich weiß nicht, ob sie das predigen, um die Artefakte vor Beschädigung zu schützen, oder wirklich wegen der Intensität der Wahrnehmung. Das Schweigen nach jeder Reise war der einzige Brief, den ich mir selbst schickte. In der Armee zerriss man vor meinen Augen die Briefe, die an mich gerichtet waren. Das war eine ideale Übung, die dich lehrt, nicht länger an die Welt jenseits der Uniform zu glauben, alles zu hassen, was keine Waffe trägt. Hass ist Nahrung für Mauern, so wie sich Visa von Zweifel ernähren. An den Flughäfen ziehen die Beamten meinen Balkanpass noch immer zweimal durch den Scanner, so wie Verkäuferinnen im Einkaufszentrum die 100-Euro-Banknote argwöhnisch durch den Geldscheinprüfer neben der Kasse laufen lassen. Immer öfter nehme ich am Gepäckband meine Koffer mit einem roten Aufkleber darauf entgegen, der anzeigt, dass sie durch alle möglichen Sicherheitskontrollen gegangen sind. Ich würde mir wünschen, in diesen Augenblicken des Durchsuchens fremder Alltäglichkeit auf der anderen Seite der Wand zu stehen, um zu sehen, was es ist, das die Kontrolleure für verdächtig erachten, und was für sie normal ist. Ich bin mir sicher, sie hätten verschiedene Ansichten beim Definieren von Bedeutung und Funktionalität der Gegenstände. Danilo Kiš sagt, Literatur trachte nach dem Besonderen, um zum Allgemeinen zu gelangen. Welcher ist dieser besondere Gegenstand, der dich allgemein gefährlich macht? Flughäfen sind der Blutkreislauf unserer Erwartungen, sie sind Orte der Erholung für unseren Hunger nach Veränderung in der Welt. Leute, die verloren zwischen persönlichen und staatlichen Zeitzonen umherirren; Menschen, die wie Monumente dastehen, den Blick zu Anzeigetafeln mit Abflügen und Ankünften erhoben, als warteten sie auf ein Zeichen Gottes, dass das Flugzeug nicht abstürzen wird; schlafende Reisende, wie Embryos zusammengekauert auf dem Boden rund um die Steckdosen und die Ladegeräte ihrer Mobiltelefone – der Beginn einer neuen Heimatlosigkeit in den Zwischenorten, jenseits der selektiven Mechanismen der Stadt. Letzten Monat verpasste ich den Flug von Istanbul nach Kuala Lumpur wegen eines Chaos in der Zeitrechnung. Dies Jahr entschied die Türkei, zum ersten Mal nicht der europäischen Umstellung von Sommer- auf Winterzeit zu folgen, obwohl auf dem Telefon die automatische Umstellung der Zeitzone anzeigte, dass der Unterschied zwischen der zentraleuropäischen und der türkischen Zeit noch immer lediglich eine Stunde betrug, in Wirklichkeit aber waren es bereits zwei. Wir waren Opfer der staatlichen Zeitrechnung, nicht der Zeit selbst. Wir waren Sklaven der sich automatisch umstellenden Uhren, der triviale Beginn eines Gesprächs mit einem Unbekannten war uns fremd geworden: »Wie viel Uhr ist es?« Die Türkei entfernte sich symbolisch um eine Stunde von Europa, ohne die Satelliten davon zu unterrichten. Von Berlin aus reiste ich auch nach Barcelona, Vilnius, Riga und Venedig, doch ich habe nicht einen einzigen Stempel im Pass als Beweis für diese Flüge. Interne Flüge bekommen keine Stempel. Interne Welten hinterlassen keine Spuren. Wir brauchen Narben von außen, und was sind die staatlichen Stempel, wenn nicht Narben kanonisierter Geschichten und Erzählungen über mythische Besonderheit. Europa war und bleibt für mich immer ein natürliches Zuhause nach den Fluchten vor den großen Balkannarrativen über den Anfang der Welt und der Zeit, Fluchten vor der Monumentalität des Selbstmitleids, die in den Räumen, in denen ich aufwuchs, immer anwesend ist. Europa war eine Konstante der literarischen Sicherheit, in ihm fanden viele Autoren ihr Zuhause, die vor dem Schatten ihrer Kindheit flohen. Eroberer tauschen die Namen von Staaten und Städten aus, nicht aber von Kontinenten. Ich wurde in einem Staat geboren, wuchs in einem anderen auf, wer weiß, in welchem ich sterben werde, ohne mich je vom Fenster des Hauses der Kindheit wegbewegt zu haben. Darwisch erklärte von Paris aus, dass er nicht wisse, ob die Namen der Städte nach so vielen Eroberungen und Umbenennungen Teil der Geografie oder Teil der Sprachen seien. Mein Nachname Madzirov bedeutet »Heimatloser«, und es hat sich so ergeben, dass ich ständig reise, dass ich in Städten mit anderem Staub erwache, diesem Körper der Zeit, wie Brodsky schreiben würde. Wegen aller Kriege und der großen Armut, die den Balkan zu Zeiten des Osmanischen Reichs wie auch in der Periode der Balkankriege erfasste, blieben die persönlichen Namen das einzige Erbe. Der Name blieb eine Quelle für die Gestaltung des Bewusstseins und der Sehnsüchte. Mönche ändern ihre Namen, wenn sie in die Gemeinschaft eintreten, und hier ändert jeder Besatzer die

Namen von Flüssen und Straßen, doch die Leute leisten Widerstand, indem sie die Straßen bei ihren alten Namen nennen. Hast Du einmal Gedichte in einem Flugzeug geschrieben, lieber Jan, das Dich an Orte bringt, die Du nicht auszusprechen vermagst? Oder schweigst Du, so wie ich jedes Mal schweige, wenn ich an die Leichtigkeit denke, mit der wir in der Luft die Räume der Sprachen durchqueren, die wir nicht sprechen, die Kulturen, die wir nicht kennen. Juarroz schreibt in seiner *Vertikalen Poesie*, dass es gut sei, wenn der Schöpfer sich manchmal von seinem Werk erholt und auch das Werk von ihm, so wie die Rose sich von ihrem Gärtner erholt oder der Erlöser von seinem Kreuz. Die kreative Stille ist ein langer Dialog mit der Zerbrechlichkeit der Welt. Arvo Pärt erwähnte mir gegenüber in Tallin, dass er *Für Alina* in einer Periode nach einem drei Jahre andauernden kompletten Schweigen als Autor geschaffen habe, vielleicht um mich über meine schöpferische Stille hinwegzutrösten, die ich gegen Übersetzungen oder Spaziergänge durch fremde Schriften eintauschte. Ich möchte schweigen, wenn es laut ist, fliehen, wenn die Kontrolleure nach Hause zurückkehren, reisen, wenn die Piloten schlafen, Falten auf den Laken der ordentlichen Hotelzimmer hinterlassen oder Krümel unter nur einem Stuhl. Solche freiwilligen Übersiedlungen sind meist verbunden mit dem Zustand erzwungener Einsamkeit. Inwieweit ist es möglich, allein zu bleiben, lieber Jan, wenn man von den historischen und politischen Kontexten unseres Europas spricht? Was ist das für eine Idee von kollektiver Einsamkeit, die vor unseren Augen geboren und mit Mauern und Zäunen verteidigt wird? Wir wollen uns bewegen, gleichzeitig aber die Grenzen bewahren oder sie wie Ketten der Sicherheit um den Hals tragen. Wir wollen Briefe schicken, aber nicht zu Hause sein, wenn einer für uns kommt. Ich fühle mich heimischer in der Phonetik der Phrase »europäischer Dichter« als in der Phrase »mazedonischer Dichter«, weil Europa mehr als nur Geografie bedeutet oder eine historische Zelle, die Mutationen ausgesetzt ist. Bei der Rückreise von Mazedonien nach Berlin ließ ich meinen Laptop im Autobus der Linie 171 liegen, auf der Fahrt vom Flughafen Schönefeld zu meinem Zuhause in Kreuzberg. Eine halbe Stunde später hatte jemand den Computer gefunden, und er wurde mir zusammen mit allen Passwörtern und nicht veröffentlichten Gedichten und Essays darin zurückgegeben. Ich weiß nicht, wem ich für diese stille Menschlichkeit danken soll. So wie ich nicht weiß, wem ich vergeben soll, wenn eines Tages jemand beladen mit einigen Kilogramm Sprengstoff an mir vorbeigeht. In Zeiten von Sicherheitskameras ist Unsichtbarkeit Status einer privilegierten Identität – sowohl wenn man hilft, als auch wenn man tötet. Wir leben in Zwischenwelten, in denen die einzige Art, die Kontrollen zu umgehen, ist, selbst zum Kontrolleur zu werden. Oder den Pass für immer zu verlieren.

Dein Nikola

Berlin, 23.12.2016

Lieber Nikola,
ich schreibe Dir kurz vor Weihnachten und kurz nach dem Anschlag auf Berlin, die Stadt, in der wir beide leben, Du seit Kurzem, ich seit nunmehr über zwanzig Jahren. Was soll man sagen? Vielleicht, denke ich, muss man in Zukunft versuchen, noch ein bisschen freundlicher zu sein, all dem Grauenerregenden zum Trotz, sollte man sich bemühen, dem ganz und gar Unsäglichen mit beharrlicher Offenheit und Zugewandtheit zu begegnen. Wenn ich durch die Berliner Straßen gehe, mit den öffentlichen Verkehrsmitteln fahre, so scheint mir, dass eben diese Mischung aus Trotz und Freundlichkeit, ein sich Besinnen auf Nachsicht und Güte von sehr vielen Mitmenschen als das Mittel der Wahl empfunden wird. In Neukölln trägt ein junger Mann einer älteren türkischen Dame ihren rotbraun karierten Hackenporsche eine Treppe hinunter. In der U-Bahn bieten gleich drei ausgekochte Neuköllner Tattoo-Gören der jungen Mutter, der eine Flasche Milch im Rucksack ausgelaufen ist, ein Päckchen mit Papiertaschentüchern an. Gerüchte von lächelnden Busfahrern machen die Runde. Und gestern Nacht auf der Geburtstagsfeier eines Freundes sangen achtzig Gäste ohne zu Murren und mit leuchtenden Augen Leonard Cohens *Hallelujah*. Mir selbst geht derweil ohne Unterlass Peter Rühmkorfs Zeile »Bleib erschütterbar und widersteh« im Kopf herum.

Es war, blickt man auf all die politischen und gesellschaftlichen Entwicklungen zurück, wahrlich kein gesegnetes Jahr; nein, man muss schon sehr gründlich suchen, um einen Glanz, etwas Erfreuliches auszumachen. All das wird zweifellos in die kommenden Gedichte Eingang finden – auch in solche, die den direkten Kommentar zu aktuellen Geschehnissen vermeiden, und ich gebe gern zu, dass ich das Gedicht, das eine Antwort geben will, einen Rat zu wissen behauptet, das auf einen Anlass und einen politischen Umstand gemünzte Gedicht, immer mit Skepsis betrachtet habe, so sehr auch mir die großen und gelungenen politischen Gedichte vertraut sind, die es in allen Sprachen und zu allen Zeiten gegeben hat. Ein Gedicht ist kein Leitartikel, doch bedeutet das keinesfalls, dass es weltabgewandt wäre, seiner Zeit ganz bewusst den Rücken kehrte. »Der Dichter ist ein hochempfindliches Instrument, dazu geschaffen, alles zu registrieren, was ihn intellektuell interessiert oder emotional berührt. Wenn ihn beispielsweise ein Gaszähler berührt oder, sagen wir, marxistische Dialektik ihn interessiert, dann soll all das in seine Lyrik einfließen. Er wird seiner Bestimmung als Dichter gerecht, wenn er diese Dinge unverfälscht und mit so viel Musikalität, wie ihm möglich oder dem Thema angemessen ist, registriert.«, sagte Louis MacNeice, der nordirische Dichter, den ich während meiner Zeit in Dublin las und übersetzte, in einem Gespräch. Als dieses empfindliche

Instrument, das er ist, wird ein Dichter alles um sich herum aufnehmen, die Schönheiten wie die Schäbigkeiten, die Niedertracht und die Größe, all die Schrecken, die wir Tag für Tag in der Zeitung zur Kenntnis nehmen müssen, doch verarbeitet ein Gedicht all das auf gänzlich andere Art und Weise als ein Kommentar. Ein Gedicht über Waldbeeren muss mitnichten einem Rückzug in Waldeseinsamkeit gleichkommen; es signalisiert lediglich, dass dem Kleinen und Unscheinbaren zugetraut wird, das große Ganze in sich zu bergen, es im sinnlichen Detail zu verankern. Ein gelungenes Gedicht über, sagen wir, ein Glas Wasser, wird dem Glas Wasser mit allen Sinnen gerecht zu werden versuchen, es mit allen poetischen Mitteln und Geduld zu erkunden wissen, doch zwangsläufig immer über das Glas Wasser hinausgehen – sodass ein Gedicht über ein Glas Wasser mehr von unserer Zeit und ihrer Zerrissenheit, mehr von unseren Ängsten und Hoffnungen enthalten kann als eine noch so gelungene und lesenswerte politische Analyse, die es, als hochkonzentrierte bildliche und gedankliche Essenz, überdauern wird, um Jahre oder gar Jahrhunderte später einem Leser als Schlüssel zu seiner Zeit zu erscheinen.

Verzeih die Abschweifungen, lieber Nikola, und lass mich stattdessen anmerken, dass das ablaufende Jahr auch jenes war, in dem meine angeheiratete schwäbische Großmutter ihr Haus, in dem sie über Jahrzehnte gewohnt und zu sommerlichen Geburtstagsrunden mit Kaffee und Bienenstich geladen hatte, verließ und in ein Pflegeheim zog, an dem sie, eine beruhigende Meldung immerhin dies, Gefallen findet. Man hatte zuvor ihren Keller ausgeräumt und Hunderte, Aberhunderte von Weckgläsern beseitigen müssen, war doch das Einmachen und Gelieren von Obst und Gemüse eine der Konstanten im Leben der Großmutter – Apfelmus und Rhabarberkompott, Gurken in Essig und mit Senfkörnern und Dill, eingelegte Mirabellen und Johannisbeergelee, Brombeermarmelade und marinierte Pilze, alles akkurat versehen mit Etikette und Jahrgangsvermerk, mit Schnörkelchen und Blümchen und Schleifen, auf jedem bauchigen Glas ein sorgfältig mit der Hand beschrifteter Aufkleber, wobei die meisten Schätze ihr Verfallsdatum wohl schon vor Äonen überschritten hatten und ungenießbar geworden waren. Ich selbst habe diese sagenhaften Gewölbe nie betreten, doch stelle ich mir den Keller unter diesem schwäbischen Großmutterhaus als ein riesiges, als ein schier unermessliches Archiv von geradezu Borges'schen Dimensionen vor, als ein weitläufiges Labyrinth aus Eingewecktem und voller mysteriöser Kanopenkrüge. Und es ist ja so, jedenfalls möchte ich das glauben, dass die Großmutter neben und mit all den Pfirsichen und Pflaumen, den sauren Kürbissen und dem Spitzkohl auch Jahr um Jahr mit Geduld und Umsicht konserviert hat, mit jedem Glas ein Stück ihrer eigenen Geschichte und ein Stück deutscher Zeitgeschichte in die unendlichen Regale im Schummerlicht ihres Kellers gestellt hat: Die Jahre nach der Flucht, nach dem Kriegsende, die Geburt der ersten Tochter, die Hochzeit und den Tod des Ehemannes, die ersten Schritte der Enkel. Luftdicht abgeschlossen und nur für wahre Kenner herauszuschmecken: Brandts Kniefall in Warschau, das Aufbegehren der 1968er, der Bau der Mauer und ein Stockwerk höher und viele Regale später der Fall der Mauer; der Deutsche Herbst wird eine verblüffende Schärfe im Nachschmecken gehabt haben, die friedliche Revolution ein Aroma, das man noch lange am Gaumen spürte, die radioaktive Wolke Tschernobyls wird matt und giftig im Quittengelee des Jahres 1986 geleuchtet haben. Und das Jahr, das nun zu Ende geht? Es hätte, vermute ich, die Farbe von schwarzen Johannisbeeren und Kirschen und wäre doch ohne jede Süße. Man muss auf die nächste Saison und eine hellere, schönere Ernte hoffen – Dir jedenfalls wünsche ich ein gesundes und gutes neues Jahr, erschütterbar, aber nicht fragil.

Ich grüße Dich herzlich:

Dein Jan

Berlin, 28. 12. 2016

Lieber Jan,
die Kälte lässt unsere Haut und die Fassaden der peripheren Gebäude immer mehr aufplatzen und dringt in unsere Knochen ein wie eine Stille, über die niemand sprechen will. Ich erinnere mich an die Verse unseres gemeinsamen Freundes John Burnside: »Wenn der Sommer ein Gespräch ist, dann ist der Winter ein Gedanke.« Der Gedanke erstarrt im Angesicht der Angst, nicht angesichts der Temperaturen der winterlichen Kälte. Mich erschreckte die Vielzahl von Nachrichten mit dem Inhalt »Geht es Dir gut?«, die ich erhielt, ohne zu wissen, dass nur eine halbe Stunde zuvor der schreckliche Anschlag auf den Weihnachtsmarkt am Ku'damm erfolgt war, der im Kopf der Terroristen, einer Initiation gleich, das Feiern der Geburt des Geistes (als ein postmodernes Amalgam aus dem Biblischen und Konsumatorischen) in eine Plattform des körperlichen menschlichen Todes transformieren sollte. Die Plätze sind zu modernen Opferaltären geworden. Aus zeitlosen Zonen zum Austausch von Neuigkeiten und um sich zu verlieben, über Räume, die ideal für die luftigen Fundamente der reisenden Zirkusse sind, wurden die Plätze zu offenen Orten der öffentlichen Angst und des Misstrauens gegenüber der Zugehörigkeit zu jemandem. Der ausgestopfte Wal László Krasznahorkais und Béla Tarrs war die letzte Zahmheit, wenngleich eine literarische oder filmische, die ich auf den Plätzen erkannte, inmitten der Feuer der menschlichen Kälte. Wir sehen, wie die politischen Grenzen verschwinden, aber das Klaustrophobe der persönlichen Räume

politischen und menschlichen Vertrauens wächst. Und es gibt nichts Schmerzhafteres als den verspäteten Schmerz, als die stille Trauer angesichts der persönlichen Machtlosigkeit, den Weg der Welt zu verändern. Gewöhnlich hält mich die Schlafapnoe wach, auch wenn ich denke, ich schlafe. So wie Amichai sagt, dass die Zeit nicht in der Uhr steckt und die Liebe nicht im Körper, steckt auch der Traum längst nicht mehr in meinen geschlossenen Augen, oder anders gesagt – die meisten brauchen Sauerstoff, um wach zu sein, ich brauche ihn zum Träumen. In der Nacht nach dem Anschlag hielt mich nicht nur die Sehnsucht nach Luft wach, sondern auch der Gedanke, dass du, wenn niemand nach dir fragt, ganz allein mit der persönlichen Angst vor der Nutzlosigkeit bleibst, deiner einzigen treuen Geliebten, doch wenn alle plötzlich fragen, ob es dir gut geht, bekommst du es mit der Angst zu tun, mit der Angst vor der Zugehörigkeit zu einer Menschheit, die tötet, um sich ein Stück Ewigkeit zu erkaufen. Die Antwort, lieber Jan, versuchte ich bei Brodsky zu finden: »Das Leben – so wie es ist – ist kein Kampf zwischen Gut und Böse, sondern vor allem einer zwischen dem Bösen und dem Entsetzen. Und die Aufgabe des Menschen heute reduziert sich darauf, im Reich des Bösen gut zu bleiben und nicht selbst Träger des Bösen zu werden.« Wie soll man die menschliche Kälte gegen jene der Jahreszeiten tauschen, die die Pflanzen tötet, um sie unserem Zugriff zu entziehen? Wie soll man die zeitweilige Vollkommenheit der Schneeflocke gegen die unvollkommene Struktur der Amplituden unserer Gefühle tauschen? Ich wuchs in einer kleinen Stadt auf, in der die Jahreszeiten unendlich wichtig waren und mit einer mythischen Ritualität erwartet wurden, die Eliade »ewige Wiederkehr« nennen würde. Hausgemachter Ajvar, eingelegte Salate und Marmeladen im Herbst, sogar in den Zeiten der postkommunistischen Expansion von Supermärkten, als man all dies in den verführerisch beleuchteten Regalen mit dem Etikett »Bio-Nahrung« finden konnte, waren mehr ein symbolisches Ankündigen des Winters als ein verlängertes Echo des Hungers. Oder vielleicht war es nur ein erneuerter Drang, wieder friedlich zu leben, mit dem Bewusstsein, riesige Essensvorräte im Keller zu haben, falls Krieg kommen sollte, auf den uns die kommunistische Partei so lange vorbereitet hatte, durch simulierte Luftalarme und das systematische Laufen hin zu den unterirdischen Bunkern, in denen heute Champignons gezüchtet werden. Der Kriegsfall trat bedauerlicherweise ein, und das Essen in den Kellern blieb ein Gelöbnis der Flüchtlinge, dass sie eines Tages zurückkehren würden, bevor das Haltbarkeitsdatum abgelaufen wäre. Der kleine Schlüssel für das Vorhängeschloss an der Kellertür war semantisch größer als die Schlüssel ihrer neuen Häuser in den großen Städten. Der Wunsch nach Rückkehr ist älter als das Fortgehen, lieber Jan. Kavafis kehrte einige Male nach Alexandria zurück in Erwartung, dieselbe Stadt zu sehen, obwohl weder er noch die Stadt mehr dieselben waren. Orhan Pamuk stellt ihn sich als zurückgekehrten Alten vor, der durch die bekannten Straßen der alternden Stadt spaziert wie ein vereinsamter Ortsansässiger, der sich seiner Provinzialität vollkommen bewusst ist und sein Wissen zu einer Art Weisheit macht. Meine Großmutter goss ein Glas Wasser hinter mir aus, wenn ich auf Reisen ging, auf dass meine Reise so sanft dahinfließe wie ein Fluss, und gab mir ein Glas Wasser zu trinken, wenn ich zurückkehrte, als wäre die Rückkehr ein Akt der Aufnahme der Welt in sich selbst. Cristian Mungiu betont in *Jenseits der Hügel*: »Jener, der fortgeht, und jener, der bleibt, sind nicht mehr dieselbe Person.« Wir akkumulieren, um jedes Fortgehen schwerer zu machen, ermüdet von den migrantischen Narrativen der europäischen Geschichte. Wenn jemand stirbt, sagen wir, dass *er uns verlässt*, als würden wir eingestehen, dass jener, der nicht mehr da ist, sich immer noch auf Reisen befindet, doch wir sind die, die starr vor Angst vor dem Fortgehen dastehen. Meine Großmutter bewahrte sorgfaltig meine Dokumente mit abgelaufenem Gültigkeitsdatum auf, als Akkumulation der Identität, die durch die verschiedenen erobernden Staaten erschaffen wird; über Jahre hinweg lagerte sie die Kleidung, in der sie beerdigt werden wollte, nur von Zeit zu Zeit öffnete sie den Schrank in unserem Beisein, damit wir es nicht vergaßen. Ich beerdigte sogar selbst die Spielsachen, an denen ich das Interesse verloren hatte, wobei ich mehr an die noch nicht geborenen Kinder dachte als an die lebenden. Die ursprünglichen Akkumulationen sind an die Angst vor dem Verschwinden geknüpft, aber danach werden sie zu Waffen der Dominanz. Die Akkumulation des historischen Hasses zwischen dem Osten und dem Westen verschob die Grenzen des menschlichen Glaubens an die große europäische Idee. Heute glauben wir mehr an ein Europa ohne Grenzen als an ein Europa ohne Himmelsrichtungen. Denken wir nur an Milan Kunderas Essay *Die Tragödie Mitteleuropas* vor mehr als dreißig Jahren, in dem er Mitteleuropa als verdichtete Version Europas selbst mit seiner ganzen kulturellen Vielfalt betrachtet, ein kleines voreuropäisches Europa im Gegensatz zum historisch in ein westlich-katholisches und östlich-byzantinisch-orthodoxes geteilten Europa. Die offenen europäischen Grenzen heute brechen die Vorhängeschlösser der Angst vor dem Fortgehen auf, aber die Himmelsrichtungen machen den Menschen Angst vor der Rückkehr. Nach Osten zu reisen klingt nach New Age-Romantik und spirituell, aber in den Osten zurückzukehren klingt apokalyptisch. Jetzt reisen wir nur mit einer Zahnbürste in der Tasche, und der Reisende mit jungfräulichem Pass oder einem Koffer, dessen Maße die für Handgepäck übersteigen, ist ein verdächtiger Schmuggler gefährlicher lokaler Werte und einer definierten Zugehörigkeit. Im Unterschied zu mittelalterlichen Städten besitzen zeitgenössische Städte mehr Eingänge als es Himmelsrichtungen gibt, so wie wir mehr Schlüssel in der Tasche haben als Orte, die wir Zuhause nennen. Die Überbleibsel ehemaliger Stadtmauern und riesiger Tore durchschreiten wir in der Hoffnung, dass sich gerade jetzt auf der anderen Seite der imaginären Schwelle etwas verändern wird, während diejenigen, die heute die neuen Mauern bauen, sagen, es sei nur vorübergehend, und die Möglichkeit ausschließen, dass diese Mauern zu archäologischen Tatsachen kollektiver Dummheit werden. Und trotz allem, die menschliche Faszination von der Angst ist eine dominante Sprache, um Anwesenheit zu bekräftigen. Wir fragen einander »Geht es dir gut?«, doch wir denken »Bist du anwesend?«. Ich wünsche Dir Licht im Neuen Jahr, lieber Jan, und dass wir das Gehen auf dem zerbrechlichen Eis der gefrorenen Tränen des Jahres, das hinter uns liegt, vergessen. Dass wir einen Weg finden, lautlos die Zeit zum Tode zu verurteilen, weil sie uns langsam alle umbringt.

Dein Nikola

Berlin, 31. 12. 2016

Postscriptum an Nikola Madzirov

versuch über pässe
für Nikola Madzirov

der pass des unkrauts ist das unkraut,
ein kirschkern, über die grenze gespuckt,
darf wurzeln schlagen.

und wir, aus allen vier himmeln gefallen,
zerknittert, wie soeben geschlüpft
in der ankunftshalle, am arm, im jackett
die schalenreste der zeitung von gestern;

weiter vorne, am ende der schlange,
wandert ein großes einbein umher,
der holzstumpf eines stempels zwischen kissen
und blatt, ta-*tam*, ta-*tam*.

die wolke schmuggelt den regen,
der maulwurf sein schwarz.

dort landen sie auf der hand des beamten,
große falter in rot und blau und grün,
sitzen auf ihrer haarigen bleichen blüte
und öffnen die flügel, saugen
den nektar der gewissenhaftigkeit.

der pass des unkrauts ist das unkraut,
der pass des rauchs ist der rauch.

Die Briefe von Nikola Madzirov wurden von Alexander Sitzmann aus dem Makedonischen ins Deutsche übersetzt.

Antje Rávic Strubel — Lena Andersson

Stockholm 2013. Ich war zu Besuch bei einer Freundin, es schneite, und ich wollte mit ihr skilanglaufen gehen. Sie hatte keine Ahnung, wo es in der Gegend Loipen gab. Aber kein Problem, sagte sie, ich kenne eine Schriftstellerin, die früher Skilanglauf als Leistungssport betrieben hat. Die wird es wissen. Meine Neugier war entzündet. Jemand, die wie ich schrieb und das Langlaufen liebte? Ich bestellte mir Anderssons jüngste Bücher. Der Roman Willkürliche Inbesitznahme, *der sie berühmt machte, war gerade erschienen. Ich las mich fest. Als ich aufhörte zu lesen, nahmen wir die Langläufer und zogen los. Das Loipengebiet, das Andersson empfohlen hatte, war mit dem Bus in einer halben Stunde zu erreichen. Es lag am Stadtrand. Die Hügel einer Schneelandschaft gruppierten sich um einen zugefrorenen See. Im Eis hielt man mit einem Motor ein großes Loch für Winterbader offen. Zum Aufwärmen gab es eine Sauna. Eine gewalzte Skatingbahn führte über die glatte Fläche des Sees, die Loipen waren scharf hineingefräst in den frischen Pulverschnee, es gab Anstiege und Abfahrten, mir gefiel das alles gut. Mir gefiel auch Anderssons Sprache so, dass ich sie kennenlernen wollte. Mit diesem Projekt bot sich eine Gelegenheit.*

Antje Rávic Strubel

Rheinsberg, Ende Mai

Liebe Lena Andersson,
ich schreibe Dir aus Rheinsberg, einem kleinen Ort im nördlichen Ostdeutschland, wo ich einige Monate ein Zimmer mit Ausblick für mich allein habe. Rheinsberg, vom tiefen Grün Ruppiner Seen und Wälder idyllisch umwachsen,

ist eines jener Städtchen, die nur am Wochenende geöffnet zu haben scheinen. Dann nehmen Berliner in Ausflugslaune die Cafés an der Seepromenade in Beschlag, um gebratenes Zanderfilet oder Schwedeneisbecher zu bestellen; dieses früher so begehrte Eis mit Apfelmus und Eierlikör. Schwedenbecher ist eine Erfindung einfallsreicher DDR-Gastronomen. Heute wissen nur noch wenige von diesem speziellen Geschmack der Sehnsucht, einer Sehnsucht nach dem unerreichbaren, besseren Land. Und für die wenigen ist die Sehnsucht der Ernüchterung gewichen.

Treibt die Ausflügler das Verlangen nach Geschichte um, beschauen sie sich das Rokoko-Schlösschen, wo der junge Friedrich II. glücklich musiziert, diskutiert und sich mit hübschen Lakaien und schlanken Hunden amüsiert haben soll. Manche halten vor den großen Tafeln inne, auf denen die Route des Todesmarsches aus dem KZ Sachsenhausen abgebildet ist. 1945 hörten die Rheinsberger das Schlagen von Holzpantinen der todgeweihten Häftlinge auf dem Kopfsteinpflaster vor ihren Fenstern.

Kaum ein Ausflügler verirrt sich in das Wohnviertel, das bis heute nur KKW-Siedlung heißt. Dort stehen DDR-Plattenbauten, in denen ab den 1960er Jahren Menschen wohnten, die im nahegelegenen Kernkraftwerk arbeiteten.

Ich sitze im Marstall und schaue auf den symmetrisch angelegten Park mit Flüsschen. Das Flüsschen heißt Rhin, und seine Farbe erhält es vom Laub der Bäume am Ufer. Im Augenblick hat das Wasser das frische Grün der Kastanie, die sich in ihm spiegelt.

Das Sonnenlicht fällt, vom Laubwerk gesiebt, flackernd auf eine Holzbrücke. Gestern ging ein junges Paar mit Kinderwagen über die Brücke. Sie hatten es nicht eilig. Am gegenüberliegenden Ufer blieben sie stehen und setzten das Kind zum Krabbeln ins Gras. Der Mann zündete sich eine Zigarette an. Als er sie bis zu den Fingerkuppen hinuntergeraucht hatte, schnippte er die Kippe in den Fluss.

Es ist ein von der Stiftung Preußische Schlösser und Gärten gepflegter Park. Selbst die Steinchen auf den Wegen haben sich eingefunden in die ästhetische Doktrin. Im Lustgarten liegen sie in der verordneten Distanz zueinander. Das Grün des Wassers ist gnadenlos klar.

Ich würde es nie wagen, in dieses Wasser etwas hineinzuwerfen. Ich traue mich nicht einmal, hineinzuspucken. Claire traute sich. Claire ist die Hauptfigur aus Kurt Tucholskys Debütroman *Rheinsberg. Bilderbuch für Verliebte*. Claire und Wölfchen überqueren den Rhin ebenfalls auf einer Holzbrücke. Auch für sie flackert das Licht. Sie haben Zeit. Sie sind jung, sie sind auf Landpartie, sie sind verliebt. Und dann spuckt Claire mit Schwung ins Wasser. Sie spuckt auf den aufflammenden Nationalismus im Wilhelminischen Staat. Sie spuckt auf die Militarisierung und das patriarchale, verspießerte Kleinbürgertum. Das war 1912.

Würde ich es ihr gleich tun, würde ich auf den aufflammenden Nationalismus spucken und auf die schleichende Brutalisierung in Köpfen von Leuten, die ihr eigener Stumpfsinn so anödet, dass sie ihn mit rassistischer, sexistischer und rechtsextremer Tunke überziehen. Aber ich spucke nie. Ich bin mir sicher, dass ein Parkwächter auftauchen und mich auffordern würde, das sofort wegzumachen, andernfalls hätte ich für die Verunreinigung des Wassers eine Geldstrafe zu entrichten.

Das Paar mit Kinderwagen wusste davon nichts. Sie waren keine Ausflügler. Das schrille Leuchten der Kippe fiel ihnen nicht auf. Sie hatten auch kein Auge für Farbe und Klarheit des Rhins. Es schien, als wären die Sinne, die für die Wahrnehmung von Schönheit zuständig sind, tief im Inneren sicher weggeschlossen.

Sie gehörten zu denen, die vor Kurzem in die KKW Siedlung gezogen sind. Oder in eine der Platten in der Mariefredstraße, diese fünfstöckigen, schmutziggrauen, austauschbaren Riegel mit mehreren Hauseingängen, von denen einige nach der Wende pastellfarben angemalt wurden. Man kann durch die Riegel hindurchgehen. Wer sich nicht darin aufhalten will oder auf der Flucht ist, geht vorn hinein und hinten hinaus, wie im Slapstick der Stummfilmzeit, wo die Figuren, sobald sie ein Haus betreten, wieder herausfallen.

Hinter den Häusern gibt es Wäscheplätze mit eisernen Wäschestangen, an denen ein paar Tücher trocknen.

In so einem Plattenbau bin ich aufgewachsen.

Auf solchen Wäscheplätzen habe ich Socken und Nickis (T-Shirt ist ein Begriff aus der Zeit nach dem Kalten Krieg) mit hölzernen Klammern auf Leinen geklemmt. Eine syrische Autorin, die in Berlin Asyl bekommen hat, schrieb in einer Kolumne der *taz*, sie vermisse Wäscheleinen. In Aleppo seien Dächer und Balkone mit flatternder Wäsche geschmückt. In ganz Berlin dagegen hänge niemand seine Wäsche draußen auf. Für sie symbolisieren Wäscheleinen einen anderen Ort, für mich eine andere Zeit.

Der Hausflur hallt von Schritten und Stimmen. Das unverkennbare, dumpfe Dröhnen, ein Echo des Körpers, wie es nur Fertigbetonplatten werfen. Als solle man nicht vergessen, dass noch der Beton jedes Geräusch registriert, macht das Echo aus der kleinsten Bewegung irrsinnigen Lärm. Es riecht nach Rauch, Schweiß, Bratkartoffeln, Parfüm, Schuheinlagen, Angst, dieser Geruch, dieser GERUCH menschlicher Ausdünstungen, die tief in der nachgedunkelten Rauhfasertapete eingelagert sind.

Ein Streit dringt durch eine Wohnungstür aus Pressspanplatte gnadenlos ins Treppenhaus, Deutschrock, Babygeschrei. Irgendwer beobachtet mich. Irgendwer beobachtet einen in solchen Plattenbauten immer, meistens vom Erdgeschoss aus, wo der Hauseingang wie ein Revier bewacht wird. Und da ist er, mein Beobachter, sitzt mit nacktem Oberkörper auf dem Balkon, wie er schon seit Jahrzehnten dort gesessen hat. Ein salzfarbener Kopf, der bis zu den Augen über die Brüstung ragt, sodass das Geschehen auf der Straße reibungslos verfolgt werden kann. Meistens geschieht nichts.

Später geht das junge Paar mit Kinderwagen am Erdgeschossbalkon vorbei zum nächsten Eingang. Sie nehmen das Kind aus dem Wagen, stehen dann eine Weile auf dem Treppenabsatz. Der Tag ist noch lang, und sie sind hier, um zu warten.

Sie warten auf Sozialversicherung, auf Krankenversicherung, auf die Arbeitserlaubnis, auf das Ende eines ganzen Krieges. Den Mann auf dem Balkon nehmen sie nicht wahr. Vielleicht sind sie auch ans Beobachtetwerden gewöhnt. Es macht nichts, dass einer »auf Posten« alles registriert, so wie es nichts macht, in einem hallenden Plattenbau zu warten, solange das Haus ein Haus ist.

»... Ich fühle mich verdammt dazwischen, und da sitzt man auf die Dauer nicht gut«, schrieb Kurt Tucholsky über so ein Warten 1934.

Sein Gesamtwerk steht in meiner Stadtschreiber-Wohnung im Schloss. Ein mintgrünes Taschenbuch versammelt: *Briefe aus dem Schweigen 1932–1935*, die er in seinen letzten Lebensjahren aus Schweden an eine geliebte Züricher Ärztin schrieb. Da hatten ihm die Nazis die deutsche Staatsbürgerschaft schon aberkannt. Schweden hatte ihm noch keinen offiziellen Status zuerkannt. Sogar mit einem Ausländerpass ließen sich die Behörden Zeit. Er saß fest. Die letzten Jahre seines Lebens verbrachte er als Staatenloser in Hindås. Die Briefe sind unterzeichnet mit »Fritzchen, aufgehörter Deutscher«.

Tucholsky hatte ein schwieriges Verhältnis zu diesem Vorkriegsschweden. Die Menschen wirkten auf ihn kindlich und selbstgefällig. Was in den Zeitungen stand, erschien ihm von unbedeutender Harmlosigkeit. Eine Harmlosigkeit, die gefährlich wurde, sobald sie sich als Freundlichkeit gegenüber Hitlerdeutschland äußerte, ja als Sympathie für die Nazis. »Die Idee der demokratischen Freiheit ist hier im Absterben, hier wie anderswo. Sie wird nicht abgelehnt, sie interessiert nicht mehr. Tipp an, sie fällt.«

Im Plattenbau mit Wäscheplatz, in der Dreiraumwohnung mit Balkon, den mein Vater verglaste, damit ich einen eigenen Platz für meinen Schreibtisch hatte, und wo man im Flur aufpassen musste, was man sagte, damit nichts Falsches an die Erdgeschossohren drang, wuchs ich mit einem anderen Schwedenbild auf.

Schweden war ein phantastisches Land. Ein Land, in dem gleich und frei und offen gelebt wurde. Sozialismus ohne Diktatur.

Noch immer sehe ich sie stehen. Am Ufer der Ostsee. Auf der Mole. Am Leuchtturm in Sassnitz. Am Strand. Menschen in DDR-Niethosen. Wie sie die Augen abschirmen und den Fähren nachschauen. Fähren, die über die Ostsee fuhren, nach Trelleborg und weiter. Ich sehe sie aufs Meer hinausschauen, der Schwedenfähre nach, die aus dem Sassnitzer Hafen auslief. Die Fähre fuhr in greifbarer Nähe vorbei, Reling, Rettungsboote und Oberdeck waren für das bloße Auge sichtbar. Die Blicke aber waren auf Unsichtbares gerichtet: die Fähre verband das schnöde Hier mit einem Traum, mit der anderen Seite der Welt, mit dem Westen. Sie war real und irreal zugleich und entzündete Wahnvorstellungen. Die Menschen winkten den Fähren nach und malten sich aus, wie es wäre, in einem Werkzeugkasten in den Maschinenraum geschmuggelt zu werden, als Matrose verkleidet an Bord zu gehen oder sich, an den Unterboden eines LKW gekettet, als Frachtgut verladen zu lassen. Manche übten sich im Weitspucken. Einmal, hofften sie, würde die Spucke die Bordwand treffen, hängenbleiben, und das Ungeheuerliche würde geschehen: Die Spucke würde in weniger als fünf Stunden das ersehnte Ufer erreichen. Ihre Spucke. Ein Teil ihrer selbst.

Die Fähren zogen schmerzhaft langsam dahin. Sie standen noch lange am Horizont, bevor sie verschwanden. Mit ihnen verschwanden teurer Sekt und glitzernde Pools auf dem Oberdeck, coole Musik, glänzende Zeitschriften und Düfte, die schwindlig machten und in der salzig-öligen Ostseeluft beinahe zu wittern waren. Es verschwanden lässige Kellner, lässige Eltern, rosenlippige Mädchen und schmalbrüstige Jungs, und vor allem eines: echte Jeans. *Stonewashed.*

Erst, als auch die letzte Fähre hinter dem Horizont verschwunden war, hinter der unsichtbaren Grenze, die zwischen der Mole und dem fernen gelobten Land verlief, war man nicht mehr sicher, dass es alles das auch tatsächlich dort gab. Was dann kam, glich so sehr dem Nichts, dass man sich sagte, die Sehnsucht lohne nicht. Vielleicht waren auch die Fähren nur Gaukelei, Hitzebilder der Ostseeluft. Dieser Gedanke war tröstlich. Allerdings hielt er nicht lange, weil er so durchschaubar war. Sogar der Trost schmeckte schal.

Ich sehe sie stehen.

Ich selbst stand auch da. Vierzehn-, fünfzehnjährig. Aber ich war zu jung, als dass alle diese Erinnerungen meine eigenen sein könnten. Erinnerungen an ein Schweden im Kopf, das in einem gleißenden Licht erschien. Ein Licht, das die Häuser leuchten machte und die Menschen gerecht, die wohlhabend und gesund waren wie ihre Wälder, es gab ABBA und Lachs; ein Luxus, der meine Vorstellungskraft gänzlich überstieg.

Waren die Fähren verschwunden, gingen die Menschen in ein Café an der Mole und versuchten, das Verlangen mit einem Schwedeneisbecher zu stillen. Aber auch Schwedeneisbecher gab es nicht immer.

Wie heute an anderen, südlichen Ufern gestanden wird, den Blick sehnsüchtig und angstvoll aufs Meer gerichtet, gehört zu den Dingen, die ich nicht beschreiben kann.

Ein paar Auffälligkeiten:

Das Mittelmeer und die Ostsee sind beides Binnenmeere des Atlantischen Ozeans.

In den Platten von Rheinsberg – der KKW-Siedlung, der Mariefredstraße – warten Syrer darauf, dass man sie reinlässt nach Deutschland, während ich in der DDR darauf gewartet habe, dass man mich rauslässt, nach Schweden, wo Tucholsky wiederum bis zu seinem Freitod darauf wartete, dass man ihn reinließ, und wo er in Mariefred begraben wurde, der heutigen Partnerstadt Rheinsbergs.

Während ich Tucholskys letzte Briefe lese, schreibe ich Dir nach Schweden, von dort, wo Tucholsky sein Debüt über glücklich Verliebte ansiedelte, weil mir Dein Roman über eine unglücklich Verliebte hundert Jahre später so gefällt.

Und der Satz hängt mir im Kopf von der *Idee der demokratischen Freiheit, die im Absterben ist*. Wäre nach dem Ende des Kalten Krieges nicht auch das Ende der Geschichte ausgerufen worden, würde ich fürchten, dass sie mir mit ihrer ganzen herrlichen Wucht und dem Stumpfsinn der »Wutbürger« ins Gesicht schlägt – in Deutschland, in Schweden, beinahe überall in Europa, *hier wie anderswo*. Die Idee der demokratischen Freiheit *wird nicht abgelehnt, sie interessiert nicht mehr. Tipp an, sie fällt.*

Aber vielleicht ist es bloß das Flackern, dieses Flackern des vom Laubwerk gefilterten Lichts, das gespenstische Schatten an die Schädeldecke wirft ...

Herzliche Grüße,

Antje Rávic Strubel

Stockholm am 6. Juni 2016

Liebe Antje Rávic Strubel,

als ich mich hinsetzte, um Deinen Brief zu beantworten, schaute ich als Erstes Rheinsberg auf der Landkarte nach. Diese kleinen deutschen Orte besitzen für mich eine eigene suggestive Kraft. Im Sommer 1985 reiste ich als Fünfzehnjährige mit meiner Mutter und meiner Tante mit einem Charterbus von Stockholm nach Wien und zurück. Wir fuhren auf dem Hinweg durch Westdeutschland und auf dem Rückweg durch die Tschechoslowakei und Ostdeutschland, via

Ostberlin, wo wir in einem Fünfsternehotel übernachteten, das so luxuriös war, wie ich es, an Jugendherbergen gewohnt, noch nie erlebt hatte.

Ich entwickelte eine starke und lebhafte Beziehung zu diesen kleinen deutschen Städten mit ihren Namen, die die Phantasie entzündeten, Orte, die beladen waren mit Geschichte und Leid, anders als Städte in Schweden, wo es kleine, triste Ortschaften gab, in die ich an den Wochenenden fuhr, um an Wettkämpfen teilzunehmen, im Winter im Skilanglauf, im Sommer im Radfahren.

Auf dem Weg durch Westdeutschland kehrten wir im Gasthaus eines Dorfes ein, das es in Schweden so nicht gab, aber in Deutschland überall. Das Dorf war auf eine Art alt, wie es schwedische Dörfer nie gewesen zu sein schienen. Und ich erinnere mich an das enorme, weiche und fluffige Federbett, das, wie ich feststellen würde, hierzulande Standard war. Es war wie ein Traum, sich unter diese deutschen Decken zu legen. Damals und auf späteren Reisen bemerkte ich eine auffällige Standardisierung, die ich von Schweden nicht kannte. Wohin wir auch kamen, überall lag exakt das gleiche dunkle Brot morgens im Brotkorb und die gleichen hellen *Brötchen*, das gleiche Ritual, wenn die Servicekraft fragte, ob man Kaffee oder Tee haben wollte. Schinken, Käse, ein kleines Schälchen Butter und ein kleines Schälchen Marmelade. Immer das Gleiche. Ich mochte das. Zu Hause in Schweden gab es bewusste Routinen dieser Art im Alltagsleben nicht; die Welt wurde jeden Tag neu erfunden.

Das war die Folge des schwedischen 20. Jahrhunderts, dem Jahrhundert des Moderne-Projekts und dessen Mittelpunkt: Das Alte sollte in Schutt und Asche gelegt und Neues geschaffen werden, alles, was neu war, war besser als das, was alt war, das gestrige Frühstücksritual musste morgen ein anderes sein. Routinen und Traditionen waren ein Zeichen dafür, dass man noch nicht gebrochen hatte mit einer erstarrten Vergangenheit. In den hoffnungsvollen Fortschrittsbewegungen gab es keinen Platz für das Kleine und Geringe, das scheinbar Kleinbürgerliche und Häusliche, das innerhalb des großen Projektes, den Menschen zu befreien, als unwichtig abgetan wurde, und Rituale und der Standard von Brotkörben und Frühstück gehörten zu dem, was den Menschen an das Geringe band. Ansonsten war Standardisierung ein typisch schwedisches Merkmal, aber mehr in Bezug auf die großen Dinge wie Krankenversicherung und Ausbildung, gesunde Zähne und Lebensbedingungen, als auf kleinbürgerliche Tugenden und Alltäglichkeiten.

Was ich auf meiner ersten Reise durch Westdeutschland wahrnahm, habe ich später auch in Frankreich bemerkt, eine Standardisierung im Alltagsleben, die auf gewisse Weise anerkennt, dass die Welt sich nicht auf beliebig viele verschiedene Arten und Weisen formen lässt und dass das Leben etwas Konkretes ist, nichts Abstraktes. In Schweden glaubten und glauben wir bis heute, dass es möglich ist, alles zu verändern, dass der Mensch selbst über sein eigenes Schicksal bestimmt und einzig die Phantasie Grenzen setzt. So bleibt alles willkürlich und im Ungefähren. Nichts erhält wirklich Bedeutung oder Gewicht. Wir sind ja doch auf dem Weg zu etwas anderem und Neuerem, Besseren.

Die Reise fand im August statt. Von Wien habe ich die Farbe der frischen Aprikosen in Erinnerung und Speisen, die ich nie zuvor gekostet hatte. Es lag Wärme in der abendlichen Luft, die mir neu war. In Schweden waren die Sommerabende kühl, unabhängig davon, wie warm es tagsüber gewesen war. Einige Nächte im Jahr, manchmal nur jedes dritte Jahr, geschieht es, dass es »südländisch warm« ist, die Luft wie Baumwolle und nicht zu spüren. Da sagen wir zueinander: »Was für ein Abend! Die Gelegenheit muss man nutzen.«

Mich bedrückt alles, was bedeutet, dass man »die Gelegenheit nutzen« muss. Ich mag den Alltagstrott, nicht die Ausnahme. Die sogenannten Höhepunkte des Lebens und der einzige warme Abend des Sommers beunruhigen mich. Sie gehen zu Ende, und wenn etwas zu Ende geht, bedeutet das Wehmut und ein unnötig überreiztes Gemüt.

Auch die kohlschwarze Dunkelheit, die zur Wärme hinzukam, stach als Besonderheit hervor. Noch heute erstaunt mich das Zusammentreffen von Dunkelheit und Wärme, sobald ich Richtung Süden reise. Im Augenblick haben wir die Zeit der hellen Nächte in Schweden, Tage, die nie zu Ende gehen, die einfach andauern, ungeachtet des menschlichen Schlafbedürfnisses.

Danach fuhren wir also durch die Oststaaten nach Hause. So nannten wir sie. Dort hinterm Eisernen Vorhang gab es keine Demokratie, wusste ich, aber was das bedeutete, wusste ich nicht, auch hatte ich keine Vorstellung von der Marktwirtschaft, die es ebenfalls nicht gab. Ich suchte nach den kleinsten Zeichen von Unfreiheit, Armseligkeit und Diktatur und sah sie sogar dort, wo sie gar nicht waren. Ich war eine ungerechte Beobachterin. In Prag trafen mich der Anblick der dunklen Schaufenster und die Tatsache, dass die Glasscheiben schmutzig waren. Es war die Abwesenheit von Kommerz, was ich sah, ein Mangel an Lust und dem Bedürfnis, seine Waren in vorteilhaftem Licht zu zeigen. Nichts leuchtete und blinkte. Alles war genauso grau, wie man mir gesagt hatte, ein Zustand und eine Farbe, von denen ich geglaubt hatte, sie wären eher metaphorisch als tatsächlich so.

Nach Prag kamen wir in die DDR. Für mich war es das Land großartiger Athletinnen, die das machten, wovon ich träumte, sie gewannen bei großen Meisterschaften. Kein anderes Land hatte solche Sportlerinnen, vielleicht mit Ausnahme der Sowjetunion. Die DDR, das war für mich Marita Koch und Marlies Göhr, Silke Gladisch und Barbara Petzold. Diese Frauen waren echte Vorbilder, muskulös und kraftvoll, ohne diese Kraft mit Lippenstift, Nagellack und koketten Frisuren kompensieren zu müssen. Ich fühlte mich ihnen merkwürdig nah, trotz der großen Entfernung. Sie machten das Frauentheater nicht mit, sie waren vor allem Sportlerinnen. So sah für mich als Kind und Jugendliche die DDR aus.

Später wurde das systematische Doping aufgedeckt, aber die Erinnerung an Marita Koch, die die 400 Meter in 47,60 Sekunden läuft, lebt trotzdem auf der Netzhaut weiter. Der Sprint ist gelaufen worden, das Publikum hat es gesehen, und das kann man nicht vergessen, egal, wie viel Testosteron der Staat in sie hineingepumpt hat. Sie lief diese unglaubliche Zeit. Ich erinnere mich noch an den Endspurt, ihre Oberschenkel, als die Beine auf die Tartanbahn trommelten, an das blaue Trikot.

Was hast Du für ein Verhältnis zu diesen Sportlerinnen und Ereignissen?

Als ich in meiner Jugend an Skilanglaufwettkämpfen teilnahm, gab es in meinem Skiklub einen Trainer, der den Sozialismus wohl idealisierte und, nachdem ich als Zwölfjährige die nationalen Jugendmeisterschaften gewonnen hatte, zu mir sagte: »Wenn wir jetzt in Ostdeutschland wären, würde man dich am Schopf packen und in ein staatliches Programm stecken. Du würdest alle Ressourcen bekommen, die du bräuchtest.«

Ich glaube, es gab eine beträchtliche Anzahl von Menschen in Schweden, die Ostdeutschland im Stillen bewunderten. Sie waren möglicherweise der Auffassung, dass es dort die wahre Sozialdemokratie gab; bei uns war sie nur ein sinnloser Versuch, den Kapitalismus zu bremsen. Viele glaubten weiterhin, dass der Ausgang zwischen den Systemen offen war und der Rationalismus, auf den Ostdeutschland gründete und den es mit der schwedischen Sozialdemokratie gemein hatte, schließlich siegen würde, einfach weil er etwas Vernünftiges und Sachliches war. Aber genau das war er nicht. Vernunft ohne die Einsicht, wie Menschen funktionieren, ist keine Vernunft.

Wir machten in Dresden Halt, und während wir in einem feinen Restaurant saßen und uns von flinken Kellnern ein Drei-Gänge-Menü serviert wurde, erfuhr ich von den Terrorbombardierungen 1945. Ich war wie eine der Figuren aus Ionescos Theaterstück *Die kahle Sängerin*, denn ich dachte die ganze Zeit, jetzt sitze ich also in einem DDR-Restaurant und bekomme ein DDR-Drei-Gänge-Menü serviert von flinken DDR-Kellnern. Mir war extrem bewusst, dass ich mich in einem anderen politischen System befand, und ich vermutete, dass die Ostdeutschen aufgrund dieses politischen Systems eine ganz andere Art von Menschen waren. Als Vorspeise gab es Suppe. Als Nachspeise Torte. An das Hauptgericht kann ich mich nicht erinnern. Die großen Tortenstücke, die überall thronten, passten nicht zu einem so gefährlichen und unmenschlichen System wie einer sozialistischen Diktatur. Ich konnte mir nichts Menschenfreundlicheres vorstellen als Torte, und die Torten schienen ein natürlicher Teil des Lebens in Ostdeutschland zu sein. In meiner Familie tranken wir bestimmt jeden Nachmittag Kaffee mit süßem Hefegebäck und Keksen und Rührkuchen in allen möglichen trockenen Varianten, Sahnetorte aßen wir nur zum Geburtstag oder zu anderen besonderen Anlässen. Hier aber gab es sie überall. Ich liebte diese großen Oststaatentortenstücke, schon ihr Anblick bezauberte mich.

Ich habe im Laufe des Lebens viel über die Themen Freiheit und Zwang, staatliche Lenkung und die Wurzeln des Totalitären nachgedacht und mich wirklich bemüht zu verstehen, worum es geht und wovor man auf der Hut sein muss. In der Theorie war mir das vollkommen klar, aber wie es ist, täglich in einem geschlossenen System ohne individuelle Rechte zu leben, in dem der Staat alles ist, das habe ich nie ganz begreifen können. Du erwähnst, dass man gezwungen war, leise zu sprechen, sodass niemand im Haus hören konnte, was man sagte. Worin genau bestand das Gefährliche, das man hätte sagen können? Welcher Art waren solche Äußerungen? Was waren die verbotenen Gedanken und Worte? Was passierte, wenn man sie aussprach? Wie beeinflusste das den Umgang zwischen Kindern, in der Schule? Bewachtet Ihr einander auf die gleiche Weise wie die Erwachsenen?

Manchmal bekomme ich im Schweden von heute einen schwindelerregenden Eindruck davon, wie die Atmosphäre damals gewesen sein muss. Auch hier und heute haben wir Angst davor, ausgestoßen zu werden, gebrandmarkt zu werden, isoliert, und alles zu verlieren, wenn unser Umfeld sich wegen eines falschen Standpunktes von uns distanziert wie von einer Aussätzigen, um die eigene Haut zu retten, und der sachliche Gehalt und die Wahrheit sich ganz dem Bedürfnis unterordnen, zu zeigen, dass man den richtigen Standpunkt einnimmt und nicht aufhört, sich von Schlechtigkeiten freizumachen. Es ist leicht vorstellbar, wie bereitwillig viele Menschen unerlaubte Ansichten und Äußerungen melden würden, wenn wir eine staatliche Gedankenpolizei hätten, nicht nur eine Selbstzensur und den Schandpranger der Medien, wie es jetzt der Fall ist.

Der Stadtteil, in dem ich wohne, heißt Tensta und ist ein Vorort im Nordwesten Stockholms. In diesem Vorort wuchs ich auf, und im Alter von 16 Jahren verließ ich ihn. Vor drei Jahren bin ich dorthin zurückgezogen und wohne jetzt mit meinem Lebensgefährten in einer schönen und geräumigen 70er-Jahre-Wohnung, die von außen mit solidem Beton verkleidet ist. Das Viertel entspringt dem Social Engineering und ähnelt sehr den Häusern in der Karl-Marx-Allee in Ostberlin. Hier bezeichnet man das oft als Oststaatenarchitektur. Das bedeutet, dass die Häuser funktionell und grau sind und von außen menschenfeindlich aussehen. Aber die Wohnungen sind schön und vor allem billig. Von

Arbeits-, Ess- und Wohnzimmer aus sehe ich auf einen dicht belaubten Park. Das Ostdeutsche am Viertel ist nicht allein der Beton, die rechten Winkel und die Gleichheit der Häuser, sondern dass alles rationalistisch und geplant ist (aber nicht vernünftig oder auch nur rational).

Als man nämlich diese Viertel in stabilem Beton und die sorgfältig durchdachten Grünanlagen schuf, stellte man sich die Bedürfnisse der Menschen in der Phantasie vor, anstatt den Ort entsprechend der Bedürfnisse wachsen zu lassen, die sich im Alltag manifestieren. Eine antibürgerliche Ideologie und ein pädagogischer Eifer hatten Vorrang vor den alltäglichen Bedürfnissen. Deshalb gab man der sogenannten Volkszahnpflege, »Folktandvården«, den besten Platz im Zentrum von Tensta. Zahnärzte: eine Institution, die die meisten einmal im Jahr aufsuchen, die nicht zum Alltag gehört, den das Social Engineering von Kleinbürgertum und Krämertum befreien wollte. Neben der Volkszahnpflege lagen die Bibliothek und das Sozialamt. Kommerz und Handel sollten nicht gefördert, sondern aufs Notwendigste beschränkt werden. Dieses Social Engineering ist wirklich ein faszinierendes Phänomen, im 20. Jahrhundert verankert wie in einem historischen Museum.

Ich schreibe das am schwedischen Nationalfeiertag, dem 6. Juni. Wir kämpfen mit unserem Selbstbild. Heute Morgen im Frühstücksfernsehen sprach ein Moderator davon, dass wir »Schwedens Geburtstag« feiern. In einer anderen Sendung heute Abend hat ein Koch das Rezept der erst dreißig Jahre alten »traditionellen« Schwedentörtchen mit Mandelboden und Erdbeeren abgewandelt, damit sie zur neuen Vielfalt passen. Der Boden war jetzt von Baklava inspiriert und aus Pistazie und Rosenwasser. Nächstes Jahr ist dieses Gebäck sicher wieder anders, denn das einzig Bleibende an diesen Versuchen ist der immer neue Entwurf.

Niemand weiß, warum wir den 6. Juni feiern, es hat etwas mit der Einführung der Erbmonarchie von 1523 zu tun und dem Sturz derselben Dynastie 1809 und mit einem Reichstag in Arboga im 15. Jahrhundert, alles geschah offenbar an diesem Datum, und niemand weiß, was wir davon ausgewählt haben oder warum, am wenigsten ich. Wesentliches lässt sich nicht herbeikonstruieren. Die Welt ist im Grunde organisch, nicht anorganisch. Schweden hat keinen Nationalfeiertag, weil wir nie kolonialisiert oder okkupiert waren. Wir können uns nicht über einen Moment definieren, in dem wir unabhängig geworden wären. Deshalb fehlt eine natürliche Notwendigkeit zu so einem Tag. Die Moderne war unsere nationale Idee. Dazu gehört, sich alles Alten zu entledigen, inklusive Essgewohnheiten und Routinen. Deshalb stehen wir unbeholfen und ratlos vor solchen Fragen. Wir treiben einfach weiter und entwerfen neue Sachen, die sich morgen schon alt anfühlen.

Ich selbst bin, wie gesagt, nicht so sehr fürs Feiern von irgendwas. Und die Nationalstaaten, glaube ich, sind im Aussterben begriffen. Dieses aufgesetzte, neu zum Leben erwachte Feiern, diese aufblühenden Nationalgefühle in einem europäischen Land nach dem anderen sind bloß Todeszuckungen, eher Reaktionen auf eine grundsätzliche Tendenz als die grundsätzliche Tendenz selbst.

Grüße,
Lena Andersson

Mitte Juni, Rheinsberg

Liebe Lena Andersson,
beim Lesen Deines Briefes musste ich daran denken, dass ich mich in Schweden sofort mehr zu Hause fühlte als im ehemaligen Westdeutschland. Das hat vielleicht mit der Idee zu tun, Dinge jederzeit ändern zu können und sich neu zu entwerfen, die mir ausgesprochen gut gefällt.

Einige Zeit besaß ich ein Haus in Värmland, eine etwas heruntergekommene Villa, die einmal eine Pfarrerswohnung, später eine Tankstelle gewesen war. Es überraschte mich, drei weiße, wunderschöne originale Jugendstilkachelöfen darin zu finden. Schon eine dieser Kacheln hätte in Deutschland ein Viertel des Hauspreises gekostet. Als ich auf der Suche nach Stühlen war, fuhr ich nicht zu Ikea, sondern ging in die vielen »Antik«märkte, die im Sommer in jedem Städtchen und jeder Scheune aufmachen, begleitet von Blechblasmusik (was auf mich wirkte wie eine beliebte sommerliche Routine, eine Tradition des Alltags, zu der auch Kaffee und Kanelbullar gehören).

Neben Trödel werden die schönsten Antiquitäten verkauft, gut erhalten und oft sogar bezahlbar. Ich fand einen Stuhl, der vom Moderne-Projekt des 20. Jahrhunderts noch unberührt war.

Auch manche Privathäuser hatten einfach ein »öppet«-Schild vor die Tür gestellt. Man verkaufte, was im Wohnzimmer nicht mehr gebraucht wurde. Dieses antike Aufgebot allerorten verdeutlichte für mich eine historische Besonderheit: Die ungeheuren Mengen an Trödel, Schmuck und Antiquitäten erzählten davon, dass nichts zerbombt, verbrannt, vernichtet wurde. Manches mochte über die Jahre ausrangiert worden sein, aber brennende Erde gab es in Schweden seit 500 Jahren nicht mehr.

In Deutschland hätte ich mir diesen edlen Stuhl nicht leisten können.

Die Bezahlbarkeit antiker Möbel und Kachelöfen erzählt auch davon, was Du beschreibst; das Alte ist nicht so viel wert. Und: Man scheint sich problemlos von Gegenständen des Alltags trennen zu können. Mich hatte beeindruckt, dass Häuser oft mitsamt der Möbel zum Verkauf standen, Käufer erhielten die Geschichte der ehemaligen Bewohner inklusive.

Bei einem Umzug in Deutschland stellen wir am neuen Ort im Grunde nur die alte Ordnung wieder her, platzieren Couch und Spülmaschine exakt so wie zuvor, könnten also in aller Ruhe vergessen, dass wir uns überhaupt vom Fleck bewegt haben, würde nicht von draußen störend ein fremder Dialekt hereindringen. In Schweden vollzieht man den Ortswechsel auch innerhalb der Räume nach; man richtet sich komplett neu ein. Wer auf diese Weise umzieht, muss nicht nur weniger mitschleppen, sondern wechselt neben dem Ort in bestimmter Hinsicht auch das Leben.

Sich von Altem zu trennen, funktioniert aber nur, wenn man ein »öppet«-Schild vor die Tür stellen kann. Wer gezwungen ist, es zurückzulassen, wem es weggenommen oder zerstört oder wer enteignet wurde, hält am Alten nur umso stärker fest.

Deutschland hatte auch mal ein Moderne-Projekt, wir lagen da mit Schweden ziemlich gleich auf. Aber die großen Köpfe dieses Projekt wurden in die Emigration getrieben (wovon die amerikanische Filmindustrie und Kaliforniens Architektur profitierten) oder in Konzentrationslagern ermordet.

Was nach dem Krieg übrig blieb, war verseucht bis in die Sprache hinein. Aber an etwas muss der Mensch sich festhalten. So marschierte der Osten vorwärts in eine neue Diktatur, der Westen geradewegs ins Kaiserreich zurück, mit allem, was es an patriarchalen Gepflogenheiten und verspießerten Mustern zu bieten hatte. Überholte Rituale wurden aufpoliert und mangels Alternativen und Phantasie heftigst gepflegt.

Dieses starre, dumpfe Festhalten äußert sich trotz 68er-Rebellion noch heute manchmal, auch in jenem unsäglichen Frühstück, das Dir Deine unbelastete Wahrnehmung so liebenswert alltäglich erscheinen ließ: immer dieselbe Auswahl an Käsebutterwurstmarmeladenstullen. Und dass ja kein Spitzendeckchen verschoben wird! Schon dem Wunsch, die Käsesorten zu ändern, wird der Riegel vorgeschoben: »Wieso? Das haben wir immer schon so gemacht.« Immer schon. Eine Formulierung, die mich schreckt. Wenn ich Dich richtig verstehe, gibt es bei Dir jedoch eine Sehnsucht nach Unumstößlichem, Unveränderbarem. Woher kommt das? Und sind nicht *påtår*, auf Deutsch würde man dazu »Kaffee satt« sagen, und das Knäckebrot, das in jedem Restaurant zum Getränk gereicht wird, dem deutschen Frühstückseinerlei ähnlich?

Vielleicht hat mein unerklärbares Zuhause-Gefühl auch damit zu tun, dass Dir Marlies Göhr und Marita Koch noch etwas sagen. Das dürfte für einen großen Teil der hiesigen Bevölkerung nicht gelten. Wenn ich Deinen Brief lese, wird mir klar, wie viel ich von dem, was meine Kindheit und Jugend geprägt hat, aufgegeben habe, auch, weil ich mich so sehr bemüht habe, das Referenzsystem dieses anderen Deutschlands zu verstehen. Nach dem Fall der Mauer galt es ja ebenfalls, sich neu zu entwerfen, Altes zurückzulassen, und ich wollte nichts als das. Spät erst fiel mir auf, dass statt eines neuen Entwurfs etwas anderes Altes übernommen werden sollte.

Ein einfaches Beispiel ist 1968. Früher dachte ich an die Niederschlagung des Prager Aufstands durch sowjetische Truppen. Jetzt denke auch ich an die Studentenbewegung aus Frankfurt/Main. Kommt in der öffentlichen Debatte die Rede auf '68, sind westdeutsche Studenten gemeint, die gegen ihre Eltern und das Schweigen in der Nachkriegszeit rebellierten, und nie jene Menschen, die zur gleichen Zeit unter Lebensgefahr eine Diktatur stürzen wollten. Um die gealterten Rebellen wird viel Wind gemacht, die heute wichtige Posten besetzen und einen Teil dessen repräsentieren, wogegen sie einmal aufbegehrten. Von den Initiatoren des Prager Frühlings hört man kaum. Dabei hätte die Gesellschaft, in die ich sechs Jahre später hineingeboren wurde, damals eine bessere Richtung einschlagen können.

An den Rekordlauf von Marita Koch kann ich mich nicht erinnern. Aber ich weiß, dass ich mir als Elf-, Zwölf-, Dreizehnjährige bei jedem Leichtathletikwettkampf zu Kreis- oder Bezirksmeisterschaften vorstellte, ich wäre Marlies Göhr oder Heike Drechsler. In der dritten Klasse kamen Sportfunktionäre an unsere Schule, um die Sportlichsten unter uns für die KJS zu rekrutieren. Hätten meine Eltern es nicht verhindert, weil sie wussten, dass dort nicht nur Körper getrimmt, sondern auch Gehirne gewaschen wurden, wäre ich wohl auf jener Kinder- und Jugend-Sportschule gelandet, in der Dich Dein Trainer so gern gesehen hätte.

Es war leicht, sich mit Göhr oder Drechsler zu identifizieren. Verzaubert war ich von einer anderen: Florence Griffith-Joyner. Denn dass die DDR-Athletinnen gewannen, war keine Überraschung. Sie waren Rennmaschinen, die von klein auf militärisch aufs Siegen abgerichtet wurden. Griffith-Joyner aber tanzte über die Tartanbahn und gewann wie nebenbei. Sie lächelte sogar auf der Ziellinie. Sie kam mir unwirklich vor, oder besser: Sie repräsentierte eine verlockende Wirklichkeit, in der man ein Exot mit langen Fingernägeln sein durfte, bunt und gebogen wie Papageienschnäbel, in der man glitzernde, schrille Laufanzüge tragen durfte, die nur ein Hosenbein hatten. Das andere Bein war nackt, um noch deutlicher die kräftigen Muskeln auszustellen und der Höchstleistung zugleich die Anstrengung zu nehmen, weil es den Lauf wie eine Show erscheinen ließ. Diese Frau war ein spielerischer Selbstentwurf. Im Osten konnte schon eine wilde Frisur Anlass für den schwerwiegenden Vorwurf sein, man wäre ein Rowdy, ein Tramper, ein »verkommenes Subjekt«, beeinflusst vom

Klassenfeind. Das hätte man auch einer Weltrekordhalterin nicht durchgehen lassen.

Über Weiblichkeitsbilder dachte ich damals nicht nach. In der 9. und 10. Klasse mussten wir zur »Produktiven Arbeit« ins Autowerk, und das Öl der Bohr- und Drehmaschinen klebte unter den Nägeln der Mädchen wie denen der Jungs. Geschlechterklischees, die es natürlich gab, kamen mir affig und langweilig vor, das klassische Rollenmodell so altertümlich wie Seejungfrauen und Könige. (Es entbehrt übrigens nicht einer gewissen Ironie, dass die schwedische Gesellschaft, in der, wie Du schreibst, das einzig Beständige die Veränderung ist, sicherheitshalber ihren König behält!) Heute kenne ich den enormen Druck, unter dem diese Weiblichkeiten und Männlichkeiten endlos reproduziert werden, über die sich Gesellschaft organisiert, schließlich »haben wir das immer schon so gemacht!«

Was mich interessiert: Du und ich haben uns damals zu dem hingezogen gefühlt, was uns fern war, was wir aus unserem Alltag nicht kannten. Und was wir nicht kannten, waren zwei Sportlerinnen, die beide – so gegensätzlich sie auch waren – die Geschlechterdoktrin unterliefen. Marita Koch brachte die Eindeutigkeit des binären geschlechtlichen Koordinatensystems durcheinander, indem sie ohne Weiblichkeitsattribute auskam, und Florence Griffith-Joyner, indem sie genau diese Attribute so übertrieb, dass sie wie »drag« wirkten; ein muskulöser Körper, dem Weiblichkeit so schrill übergezogen wurde, dass er männlich aussah im Aufzug einer Frau.

Ich würde gern erfahren, was Du dazu denkst. Das Schweden der Siebzigerjahre stelle ich mir eigentlich schon sehr offen und emanzipiert vor. Aber offenbar hattest Du das Gefühl, unter einem Anpassungsdruck zu stehen?

Lass mich zum Schluss noch auf Prag eingehen und auf ein Beispiel, das Deine Frage nach dem beantwortet, was man im Osten besser nicht erzählte. Meine Mutter arbeitete bei der Fluggesellschaft Interflug. Mitarbeiter der Interflug bekamen drei Freiflüge für sich und ihre Familie pro Jahr. Da es nicht viele Orte gab, die man hätte ansteuern können, flogen wir einmal jährlich in einem halb leeren Flieger nach Prag und Budapest. Budapest wurde bald zu teuer. Ungarn begann in den 80er Jahren, sich dem Westen zu öffnen, woraufhin es Coca-Cola gab und der Wechselkurs stieg.

Was das Reisen betrifft, war ich privilegiert in einem Land, in dem die meisten Menschen innerhalb der Grenze in staatlichen Ferienheimen Urlaub machten. Aber das Privileg hatte seinen Preis. Als Interflug-Angestellte durfte meine Mutter keine Westverwandtschaft haben, sonst hätte sie die Arbeitsstelle verloren. Sie war in der Wirtschaftsplanung. Sie flog nicht als Stewardess um die sozialistische Welt, wo der Staat sie bei einer Zwischenlandung im kapitalistischen

Ausland an den Feind hätte verlieren können. Man schien zu fürchten, der tägliche Anblick von Rollfeld und Fliegern könne das Fernweh der Belegschaft so steigern, dass alle mit Bezugsperson im Westen in selbigen »rübermachten«, wie der Volksmund sagte.

Der Bruder meiner Mutter, der in Bayern lebte, uns Pakete schickte und heimlich traf – beispielsweise in Prag –, musste verschwiegen werden. Er war das Geheimnis, das ich seit dem sechsten Lebensjahr im Wissen darum besaß, dass etwas Schreckliches passieren würde, wenn es aufflog.

Die DDR mag, wie Du sagst, auf Rationalismus begründet gewesen sein. Aber ein Großteil des Lebens war irrational. Es gab Mitschüler, die prahlten damit, dass sie Westverwandte hatten. Westklamotten waren ein Statussymbol, obwohl es das Wort noch nicht gab. Ich dagegen hatte Angst, mit einer coolen Jeans in die Schule zu gehen und dachte mir aberwitzige Geschichten aus, wo ich diese Hosen oder Schuhe her haben könnte. Man hätte leicht den bayerischen Bruder entdecken können – hätte die Nachbarin, die auf ihrem Kissen im offenen Fenster des Erdgeschosses die Straße besser im Blick hatte als jede Kamera, etwas mitbekommen und es weitergetratscht, hätte ich mich in der Schule verplappert, hätte meine Freundin ihren Verdacht jemals laut geäußert oder hätten meine Eltern auch nur irgendeine Charakterschwäche gezeigt – Alkohol, Unpünktlichkeit, Aufmüpfigkeit, eine außereheliche Affäre – und sich vor der Parteileitung ihrer Arbeitsstelle dafür verantworten müssen, hätte man daraufhin begonnen, im Familienleben herumzubohren. Man hätte uns folgen können, wenn wir diesen Bruder heimlich trafen. Aber bei der netten, unauffälligen Familie schaute niemand genauer nach. Ich weiß bis heute nicht, ob meine Mutter andernfalls tatsächlich »in der Produktion«, am Band, gelandet wäre. Angst ist die beste Kontrolle.

Vielleicht liegt es an diesen Erfahrungen, dass ich Deine Zuversicht, die nationalistischen, anti-demokratischen Tendenzen in ganz Europa wären Todeszuckungen, nicht teilen kann. Wenn ich es versuche, habe ich den deutschen Bundespräsidenten Joachim Gauck im Ohr. Er sagte neulich sinngemäß, dass unsere Demokratie stark sei und Zeiten der Unsicherheit locker wegstecken könne. Es sollte klingen wie eine Tatsache. Aber ich kann nicht vergessen, dass Gauck von Haus aus Pastor ist. Pastoren aber wollen die Gemeinde im Glauben bestärken. Allein das gibt mir zu denken …

Sei herzlich gegrüßt,
Antje Rávic Strubel

Stockholm, 26. Juni 2016

Liebe Antje,
jetzt, da ich diesen Brief beginne, sind zwei Tage vergangen, seit das Ergebnis des britischen Volksentscheids zur EU bekannt wurde. Du hast vielleicht recht, und die nationalpopulistischen und auf Gefühlen gründenden Strömungen, die Europa durchdringen wie Bakterien der Unzufriedenheit, sind etwas, womit wir in Zukunft lange Zeit leben müssen. Sie sind vielleicht keine Todeszuckungen des Projekts homogener Nationalstaaten des 20. Jahrhunderts, keine Reaktion und zeitweilige Bremse der Freiheit, wie ich glaube, sondern die neue Richtung, die die westliche Welt für sich absteckt; es ist womöglich diese Richtung, die sich die meisten Menschen tatsächlich wünschen und tatkräftig anstreben. Ich möchte nicht glauben, dass es so ist, aber Du kannst recht haben.

Ein mündiger Mensch zu sein, ist schwer und fordernd; ein Kind zu sein, ist ein Idealzustand für viele, mit strengen Eltern als eine Art Machthaber, die für Ordnung sorgen in Bezug auf einen selbst und andere und einem die Koffer und Lunchpakete packen. Ich dagegen bin so froh, aus der Kindheit heraus zu sein, dass ich niemals selbst Kinder haben wollte. Ich möchte kein Vormund sein, und niemand soll über mich die Vormundschaft besitzen. Gleichberechtigte Freiheit ist mein unerschütterliches Ideal, und diese britische Volksabstimmung entstammt einem anderen Ideal.

Es war zutiefst unverantwortlich von David Cameron, sie herbeizuführen. Referenden sind und waren nie ein gutes demokratisches Instrument. Diese Art der direkten Beschlussfassung ist für kleine übersichtliche Versammlungen und Fragen gedacht, die kleine übersichtliche Entscheidungen betreffen und nicht allzu viele Menschen berühren. Aber es lässt sich ebenso gut feststellen, dass ein Abkommen, aus dem man sich nicht zurückziehen kann, zu groß ist, um daran beteiligt zu sein.

Eine ehrgeizige Politik hat die Wohlfahrtsstaaten des 20. Jahrhunderts bestimmt, geprägt von demokratischen Wahlen, bei denen es darum ging, dass die Parteien einander mit Versprechungen überboten, was sie alles für die Menschen regeln wollten. Der Irrtum dieser Politik liegt darin, dass die Politiker redeten, als wären die existenziellen Probleme politische; als könnte alles mithilfe bestimmter Maßnahmen und staatlicher Regulierung geordnet werden. Früher beteten die Menschen zu Gott, jetzt beten sie zu Politikern und werden ermutigt, es zu tun. Gott gibt es nicht, er kann uns demzufolge auch nicht helfen, die Politiker wiederum haben einmal versucht, ein System zu schaffen, mit dem sie alles im Leben glaubten kontrollieren zu können, inklusive der existenziellen Probleme, und dieses System bekam den Namen DDR. Es war eine logische Folge des Traums, alles ließe sich steuern.

Ich glaube, dass ein Referendum, das die Frage stellte: »Wie stehen Sie zum Leben in seiner gegenwärtigen Form – sind Sie dafür oder dagegen?«, eine lautstarke Austrittsforderung zur Antwort bekäme.

Schon jetzt lässt sich erkennen, dass der Brexit einer Scheidung ähnelt, bei der ambivalente Gefühle im Spiel sind. Der getäuschte und verschmähte Teil, die EU, möchte den Unzufriedenen so schnell wie möglich aus dem Haus haben. Er soll seine Sachen zusammenpacken und sich nie mehr blicken lassen, während es dem, der sich scheiden lassen will und der in all den Ehejahren immer mehr Freiheit und weniger Genörgel um Wäsche und Abwasch verlangt hatte, nicht mehr gefällt, dass es so schnell geht mit dem Unterschreiben der Scheidungspapiere. Das kann doch ein bisschen warten? Er wollte ja nur gegen die Beengtheit in der Beziehung protestieren. Vielleicht kann man ja noch eine Weile zusammen wohnen bleiben, bis er eine neue Wohnung und einen neuen Partner gefunden hat? Vielleicht kann man ja weiterhin zusammen Weihnachten feiern? Auch Ostern wäre schön. Und sonntags mit den Kindern zusammen Kaffee trinken? Man muss ja nicht gleich so drastisch sein. Man wollte ja nur mal seine Meinung sagen. Und der Binnenmarkt war doch gut, und man kann doch auch weiterhin einen freien Verkehr von Waren und Kapital haben, aber ohne die Osteuropäer, die sich genauso frei bewegen wie das Geld? Vielleicht kann man sich sogar weiterhin sehen und manchmal miteinander schlafen, aber ohne all die praktischen Dinge?

Das Leben besteht aus einer Anzahl von Strukturen. Es gibt nicht beliebig viele. Das Kleine gleicht dem Großen, alles hat seine Formen, und von denen kommen wir nicht los. Das meinte ich, als ich über die Standardisierung in Schweden schrieb, die es auf großer Ebene gibt, aber nicht im Kleinen, obwohl alle dennoch quasi versehentlich in ähnlicher Weise lebten. Das hat mit unserer homogenen Gesellschaft zu tun. Wir waren homogen, ohne uns richtig im Klaren zu sein über unsere Alltagsroutinen, ohne richtig anwesend zu sein in diesem täglichen Leben, sondern wir lebten ein wenig aufs Geratewohl, auf dem Weg zur nächsten großen Reform, die uns besser machen würde. Wir bauten uns nicht sorgfältig ein Leben von unten her auf, weil es für uns von oben her gebaut wurde.

Das war es, was ich mit dem deutschen Frühstück und den bürgerlichen Routinen in Frankreich meinte und damit, dass wir jeden Tag alles neu erfanden. Wir vergaßen den Wert von Struktur und Routine. Nicht so, dass wir tatsächlich jeden Tag alles neu erfanden, wir lebten nur in der Erwartung von etwas Besserem und Größerem als Frühstückskörbchen und gleich aussehenden Brasserien an jeder Straßenecke. Die Erfindungsgabe war durch politische Vereinheitlichungsmaßnahmen wie auch durch soziale Sicherheiten ziemlich gedämpft, aber wir hatten und haben auch keine ausdrückliche Vorstellung von den Notwendigkeiten des Alltags. Natürlich nehmen wir den Alltag gezwungenermaßen hin, und so war es auch zu Zeiten des Volksheims, aber was fehlte, war die Einsicht, dass es sich dabei um das Leben handelte. Das Leben spielte sich nicht, wie wir annahmen, im Reichstag ab, sondern im Alltag. Ich trage natürlich etwas dick auf, übertreibe und verallgemeinere, aber in dem, was ich wahrnehme und behaupte, steckt ein Körnchen Wahrheit.

Mir erscheint nicht das Beständige und Unveränderliche anziehend, wie Du schreibst, sondern die Einsicht, dass es unmöglich ist, Strukturen dadurch aufzubrechen, dass man sich ihrer entledigt. Das Leben beruht auf biologischen Grundlagen, und der Mensch steckt in Routinen und Strukturen. Er kommt von ihnen nicht los, also kann er sich ebenso gut darüber klarwerden. Wenn er sich keine Strukturen zulegt und sie nicht bejaht, wird die Struktur selbst das für ihn übernehmen. Auch keine Struktur zu haben, ist eine Struktur. Sogar Zügellosigkeit hat ihre Zügel und ihre Logik. Für das Individuum wie für das Kollektiv ist es verwirrend, wenn man für sich selbst nicht geklärt hat, dass das Leben in bestimmter Hinsicht ist, wie es ist.

Ich bin äußerst fasziniert davon, dass das Leben und die Bedingungen der Menschheit in so hohem Maß sowohl auf ständiger Bewegung als auch auf Stetigkeit beruhen, dass sich alles Neue nach Mustern ordnet, die es immer schon gegeben hat. Ich betrachte die Dinge wertfrei, eher deskriptiv als normativ. Ich schätze Tradition nicht um der Tradition Willen und bewundere die rastlose Psyche, die voranstrebt und Neues erfindet. Aber mir ist auch bewusst, dass wir uns im Kreis bewegen, und dafür bin ich genauso dankbar wie dafür, dass dem Menschen die Veränderung innewohnt (was zur Folge hat, dass das Leben nicht ewig währt). Denn wenn wir in der Veränderung nicht wiedererkennbar blieben, könnten wir die Probleme nicht so verstehen wie die Schriftsteller, Forscher und Philosophen, die von der Antike bis heute darüber nachdachten und nachdenken. Ich schätze die Beständigkeit und bin zugleich froh, dass sich alles weiterentwickelt und verfeinert hat, was von der menschlichen Hand berührt wurde. Ich huldige sowohl dem Veränderlichen als auch der Stetigkeit und glaube, dass es am besten ist, wenn gleichberechtigte, freie Individuen zusammenwirken, um diese besondere Begabung des Menschen umzusetzen: sowohl Natur als auch Kultur zu sein – und einen Verstand zu besitzen, der die Nuancen dazwischen erkennt.

Es ist interessant, wenn Du von Florence Griffith-Joyner schreibst, dass sie Dich als junge DDR-Bürgerin durch Extravaganzen anzog, die in Deinem Land nicht erlaubt waren und alles betrafen, was sie in Angriff nahm. Sie stach heraus, während bei Euch nicht einmal eine Frisur herausragen durfte, weil

Frisuren Zeichen sind und Zeichen eine Sprache, ein Kommunikationswerkzeug, Bedeutungsträger. Es ist ein spannender Gedanke, dass das Zurschaustellen und die Show in allem, von den Nägeln und Haaren bis hin zu den Laufanzügen von Griffith-Joyner, eine Art und Weise war, die Anstrengung zu verbergen, während sie bei Euren Sportlern in denselben Disziplinen nicht verborgen, sondern gerade gezeigt werden sollte. Ich glaube, das hat mit der Vorstellung von Echtheit und Lüge zu tun und besonders damit, inwiefern die eigene Gedankenwelt auf Platon beruht oder auf dem Relativismus der Sophisten. In einem System, in dem man meint, die Wahrheit zu kennen, wie im Kommunismus oder bei Platon, muss man keine neuen Frisuren ausprobieren und darüber Neues entwerfen, weil das, was gesagt werden muss, bereits gesagt und ausgemacht ist. In einem eher relativistischen oder postmodernen System, in dem jeder Einzelne mit sich ausmachen muss, was wahr ist, wie im amerikanischen, kann und muss man sich über die Abweichung und das Zurschaustellen ausdrücken. Die Anstrengung zu verbergen, aber die Überlegenheit zu betonen, gilt der einen Weltanschauung als Tugend; Anstrengung zu zeigen und mehr noch, zu zeigen, dass sie zu einem Erfolg führt, der gerecht und tolerierbar ist, und die Abweichung von der Gruppe herunterzuspielen, die mit der Leistung einhergeht, gilt der anderen Weltanschauung als Tugend.

Meinem eigenen Naturell entsprechend halte ich die Begriffe von »echt« und »falsch« für relevant und denke, dass das Zurschaustellen und die Show meistens dem Wesentlichen im Weg stehen. Aber ich bin auch zu großen Abstrichen bereit, um in einer Welt zu leben, in der beide Gesinnungen anerkannt sind und in der es möglich ist, zwischen ihnen zu wählen. Etwas persönlich zu bevorzugen, ist nicht dasselbe, wie zu wünschen, dass alle genauso sein mögen wie man selbst, im Gegenteil. Erst im Verhältnis zu anderen Gesinnungen begreift man die eigene, und im Verhältnis zu anderen Lebensweisen wird einem die Daseinsform bewusst und gegenwärtig, die am besten zu einem passt.

Ich hoffe und glaube, dass Europa und die Welt auf dem Weg zu einer Gesellschaftsform sind, in der die bevorzugte Lebensweise des einen nicht als Forderung an den anderen verstanden wird, und ich meine, dass man allgemein Respekt erweisen soll (wenn sich auch solcher nicht einfordern lässt), auch angesichts einer Haltung, die von anderen abgelehnt wird und tatsächlich selbst dann, wenn diese Haltung als Herabwertung anderer zu verstehen ist.

Du fragst Dich, ob ich als Kind und Jugendliche in Schweden einen Anpassungsdruck an weibliche Normen spürte. Vermutlich. Ich erinnere mich, wie es mich quälte, dass von einem Mädchen erwartet wurde, Rock tragen, um schick auszusehen, und dass von ihr erwartet wurde, auf eine Weise anders als ein Junge zu sein, die mir nicht gefiel. Aber ich ignorierte es weitgehend und kann mich nicht erinnern, dass es mich hemmte in dem, was ich wollte. Ich machte das, was sich für mich natürlich anfühlte innerhalb des Rahmens der begrenzten Freiheit, die man als Kind unabhängig vom Geschlecht hat. Aber zweifellos gab es eine Erwartung, zu der man sich verhalten musste, indem man sich an diese Erwartung anpasste, oder in Form der Revolte. Doch ich war sicherlich weniger davon beeinflusst als die meisten Mädchen, weil ich als mein wichtigstes Betätigungsfeld den Sport hatte, wo Muskeln verlangt wurden und typisch weibliches Verhalten ungünstig für den Wettkampf war.

Herzliche Grüße,
Lena

Anfang Juli, Potsdam

Was aber, liebe Lena, wenn das Glitzerkostüm von Florence und Maritas strenges Blau beides das Wesentliche sind? Nichts wird verborgen, alles ist da. Ist nicht das eine wie das andere ein Zurschaustellen (artisteri), nur von jeweils unterschiedlichen Dingen, abhängig vom System, das sie repräsentieren? Die eine ist so echt wie die andere. Koch stellt mit ihrem kämpferischen Antibiotikakörper und dem selbstverleugnerischen Aufgehen in der Mannschaft den Sozialismus zur Schau, Griffith-Joyner mit ihrem tänzerischen Transkörper und der Verherrlichung der Einzelleistung den Kapitalismus, kollektivistische Wahnvorstellung von Überlegenheit versus individualistische Wahnvorstellung von Überlegenheit. Danach gehen sie zusammen ein Vitaminwasser trinken, und nichts fällt von ihnen ab, sie häuten sich nicht, kein »wahres« Gesicht kommt zum Vorschein (vielleicht ein erschöpftes). Beide stellen Wirklichkeit her, und »echt« oder »unecht« trifft für mich als Beschreibung nicht zu, weil die Wirklichkeit, in der wir stecken, immer echt erscheint. Sie beruht auf Strukturen, wie Du auch schreibst, die von Menschen konstruiert, also veränderbar und gefährdet sind; inklusive der Kategorien von richtig und falsch und worauf sie – zeit- und gesellschaftsabhängig – angewendet werden. Das kollektivistische Wertesystem meiner Kindheit und Jugend ließ sich erstaunlich problemlos in ein individualistisches umwandeln, was sich – beängstigenderweise – ebenso problemlos in ein radikalreligiöses oder nationalrassistisches Wertesystem umwandeln lassen dürfte. *Surface is an illusion, but so is depth*, wie David Hockney so treffend formulierte.

Beim Lesen Deines Briefes fragte ich mich, ob wir als Schriftstellerinnen, die wir uns hier im geschützten Raum Sorgen machen und Cameron kritisieren, auf irgendetwas Einfluss nehmen können. Joan Didion schrieb: »Wenn ich daran glauben könnte, dass es das Schicksal der Menschen auch nur im geringsten beeinflussen würde, auf die Barrikaden zu gehen, dann würde ich auf diese Barrikaden gehen, und häufig wünsche ich mir, ich könnte daran glauben, aber es wäre nicht ganz ehrlich zu behaupten, ich verspräche mir davon ein Happy-End.«

Du warst Leistungssportlerin und kamst danach zum Schreiben. In deinem jüngsten Roman *Utan personligt ansvar* stieß ich auf eine Stelle, wo es sinngemäß heißt, Ester, die Hauptfigur, habe den Sport an den Nagel gehängt, als sie verstanden habe, dass das Denkvermögen keiner genialischen Veranlagung entspringe, sondern ebenso trainiert und verbessert werden könne wie die körperlichen Fähigkeiten. Abgesehen von der Frage, ob das dem ähnelt, wie Du Schriftstellerin geworden bist, würde mich interessieren, ob Du glaubst, dass das auch für Gesellschaften gilt. Ob Gesellschaften also langfristig verbesserungs- und lernfähig sind.

Ich habe in letzter Zeit den Eindruck, es ist der schlichteste menschliche Reflex, wabernder Instinkt, was da zurück an die Oberfläche gespült wird. Schließlich muss ja mal Schluss sein mit dieser ewigen, anstrengenden Reflexion darüber, welches Fleisch wir essen dürfen, Menschen mit welcher Hautfarbe, welchen Geschlechts, welcher Glaubensrichtung, welcher Sexualität wir wie bezeichnen dürfen oder nicht, Schluss mit dem ewigen Diskutieren, Zermartern und Hinterfragen; ein Mann soll ein echter Mann sein (wie ich gestern Abend wieder in einem Café hörte, wo man die Fußball-EM diskutierte und schnell ausgemacht hatte, wer unter den Deutschen, Franzosen, Isländern eindeutig wie ein Schwuler aussah), meine Heimat soll eine wahre Heimat sein, nämlich mir allein gehören mit allen Steakrestaurants, die reinpassen, egal ob das Rind geschunden wurde oder nicht.

Das Barbarische, was da hochkocht, findet zeitgleich mit einer bis zur Ornamentik gesteigerten Hochkultur statt. Fatal, sollte der Barbar auch ein Reflex auf die ornamentalen gedanklichen Verrenkungen sein! In dem Netzwerk gebildeter, liberaler Damen, dem ich angeschlossen bin, gibt es durchaus die Meinung, dass Ganzkörperverschalungen, unter denen Frauen zu einem Nichts verschwinden, akzeptabel sind, und erst neulich kam von dort eine Begründung, warum Männer, die Frauen nicht die Hand geben, irgendwie doch auch vernünftig handeln.

Scheint es da nicht schlichtweg irrelevant zu werden, wie sehr eine Gesellschaft bis in die Tiefe hinein Demokratie trainiert hat? Ob in Mitteleuropa, Großbritannien, Skandinavien oder den USA, überall soll eine klare Linie her. Dem einen Prozent der Weltbevölkerung, das das Kapital und damit die Macht gerade unter sich aufteilt, kommt das sehr gelegen; eine Masse, die freiwillig das Denken an den Nagel hängt, lässt sich leicht beherrschen.

Joan Didion hätte gesagt: Das Herz der Finsternis liege nicht in einem Fehler der gesellschaftlichen Ordnung, sondern den Menschen im Blut. Wenn es den Menschen bestimmt sei, Fehler zu machen, sei notwendigerweise jede gesellschaftliche Ordnung fehlerhaft. Ihr und dem Kulturpessimisten Joseph Conrad zufolge ist gesellschaftliches Engagement fruchtlos.

Die Konsequenz, die Didion daraus zieht, finde ich interessant: Angesichts einer grundsätzlichen Sinnlosigkeit erklärt sie die Offenlegung eines unsauberen Denkens zur moralischen Pflicht. Die hohlen Idealisierungen, den Selbst- und Fremdbetrug unserer Reden, die Verlogenheiten öffentlicher, medialer, politischer Diskurse und unsere Sucht, uns mit Heilsversprechen und Illusionen über die grundsätzlichen Unzulänglichkeiten des Daseins hinwegzutäuschen, gelte es zu entlarven, die Sprache selbst also zu sezieren, um zu zeigen, wie sie gebraucht und missbraucht wird und sich den gesellschaftlichen Zweckmäßigkeiten anschmiegt.

Für mich bleibt die Frage: Wie weit sollten wir uns als Schriftstellerinnen einmischen? Und: Tun wir das als Privatpersonen, die einen privilegierten Zugang zur Presse und Öffentlichkeit haben, oder tun wir das in unserer Literatur? Selbst wenn wir Didions Verpflichtungserklärung folgen, hätte das eine Wirkung? Und wie weit darf eine Einmischung gehen, ohne dass wir uns funktionalisieren lassen? Verhält es sich da nicht so, wie Hjalma Söderberg es einmal formulierte: »Es ist nämlich mit der Wahrheit wie mit der Sonne. Ihr Wert hängt für uns einzig und allein von der richtigen Distanz ab.«

Solange Literatur eine gesellschaftliche Randerscheinung ist, kann sie immerhin ein Spielplatz sein, ein Ort, an dem die Grenzen der Wirklichkeit mithilfe der Erfindung verwischt und neu gestaltet werden. Und das eigene Leben zu erfinden, sodass es einem auf ureigene Weise gehört, zählt für mich zu den aufregenden Momenten, die die Literatur der Realität voraushat. Aber auch solche Spielplätze können natürlich jederzeit in die Bredouille geraten, verteidigt werden zu müssen …

Was denkst Du?

Herzlich, Antje

Öland am 26./27. Juli 2016

Antje!

Ja, mein Weg zur Schriftstellerin war der gleiche wie der meiner Romanfigur Ester Nilsson. In der Kultur, in der ich aufwuchs, wurden Schriftsteller als eine besondere Spezies betrachtet und beschrieben, sie waren anders, unerreichbar, ätherisch, beseelt, im Besitz magischer Kräfte, nicht in Kontakt mit dem Leben, wie ich es kannte. Der Geniekult war so groß wie die dazugehörigen Mystifikationen rund ums Schreiben.

Nach und nach beschloss ich, oder verstand, dass es sich beim Schreiben um mühsame, harte Arbeit und Plackerei handelt, etwas, worin man sich üben muss, um besser zu werden, ebenso selbstverständlich, wie man davon ausgeht, dass Sportler hart trainieren, um die eigenen Mittel beherrschen zu lernen. Aus diesem Grund habe ich, seit ich Schriftstellerin wurde, alles getan, um das Schreiben zu entmystifizieren, nichts Unklares zu schreiben, was ich selbst nicht durchdringe oder sinnvoll wiedergeben kann. Schreiben und Lesen sind phantastisch, eine Bereicherung, aber daran ist nichts Seltsames, nichts Unbegreifliches, sondern beides ist notwendig fürs abstrakte Denken, diese menschliche Besonderheit, und eine wirkungsvolle Art und Weise, sein Wissen und die eigenen Beobachtungen in Zeit und Raum verfügbar zu machen.

Du fragst Dich, ob Gesellschaften auf eine ebensolche Weise besser werden können, durch Training, Anstrengung und indem das Magische und das Mystische entthront werden. Das denke ich tatsächlich, und so war es ja auch in den letzten Jahrhunderten. Der Respekt für die Rechte eines jeden Menschen ist mit der Zeit dramatisch gestiegen, und die Gewalt hat abgenommen, sagt die Statistik – auch wenn es im Augenblick nicht so scheint. Gesellschaften können besser werden, vorankommen, wenn wir »voran« als einen Zustand reduzierter Gewalt, geringeren Zwangs und größeren Respekts für die Wünsche der Einzelnen definieren. Aber das kann nur über die Einzelnen selbst geschehen. Gesellschaften sind nichts anderes als Individuen, die erkennen, welche Institutionen, Spielregeln und wie viel an gegenseitigem Respekt es für ein gemeinsames Miteinander und für die Zusammenarbeit der Menschen braucht. Sobald der Gedanke des gegenseitigen Respekts und des Respekt für jeden Einzelnen in unseren Köpfen Wurzeln geschlagen hat, verändert das unser Handeln in der Tiefe.

Diese Zeilen schreibe ich auf Öland, einer Insel vor Schwedens südlicher Ostküste. Die Sonne scheint jeden Tag, Schweden liegt im Urlaubsdämmer. Auf unserem Grundstück leben einige Amselfamilien, die im Gras nach Würmern suchen. Es gibt auch Kleiber und Eichelhäher, Ringeltauben und Rotkehlchen und viele andere Arten. Eichhörnchen jagen sich im Garten. In Kalmarsund glitzert das Wasser. Es ist schön, es ist idyllisch. Wenn es die Nachrichten nicht gäbe, würde alles sehr friedlich aussehen. Aber in diesem Sommer hört der Schrecken nicht auf. Vier Terroranschläge in Deutschland in nur einer Woche und gestern ein weiterer in Frankreich, die Enthauptung eines 86-jährigen Priesters. Ich frage mich, welche Vorstellungen sich die Täter von ihrem Feind machen, was sie sich eingeredet haben, um in der Lage zu sein, einen solchen

Terrorakt auszuüben. Niemand macht etwas Derartiges, ohne es rechtfertigen zu können, was also hat der Feind, den sie so willkürlich angreifen, ihrer Meinung nach getan, um so groteske Handlungen motivieren und legitimieren zu können? Es wäre interessant, irgendwann einen der Täter dazu hören zu können. Jeder Mensch motiviert ja seine Handlungen auf irgendeine Weise, aber da die Polizei die Täter jedes Mal erschießt, wie die Kommissare im Fernsehkrimi, hören wir ihre Erklärungen nie, was bedauerlich ist.

Es scheint uns, als befänden wir uns in einem Dampfkochtopf, von dem erst der Deckel fliegen muss, bevor sich die Menschheit wieder vereinen, zur Vernunft kommen und in eine ruhige Phase übergehen kann.

Du erwähnst die Verantwortung der Schriftsteller. Meiner Auffassung nach sollten Schriftstellerinnen und Schriftsteller das tun, was sie können. Sie sind nicht zu irgendetwas verpflichtet. Von Politik verstehen sie nicht mehr als andere. Möglicherweise schreibt man aus Interesse daran, wie Sprache und Handeln zusammenhängen oder um die Manipulationen der Sprache nachzuweisen und zu dekonstruieren oder weil man das Leben der Menschen mit größerer Aufmerksamkeit beobachtet. Manche Schriftsteller sind geschickt darin, vom Persönlichen aufs Allgemeine zu schließen oder jedenfalls auf das, was für viele relevant ist. In der öffentlichen Debatte sollte es um etwas anderes gehen als um das Subjektive; sie ist kein privates Tagebuch. Da sollte es um etwas gehen, das mehr Menschen betrifft als nur mich selbst. Und dazu können Schriftstellerinnen eventuell beitragen. Für mich ist es nur natürlich, mithilfe des Schreibens die Dinge zu kommentieren, die mir auffallen, vorausgesetzt, sie haben für mehr Menschen Gültigkeit als nur für mich. Aber es spielt keine Rolle, in welcher Form das geschieht, solange sie für die Allgemeinheit zugänglich ist. Wissen gilt es zu teilen. Es ist dazu da, es mitzuteilen, und schlicht nichts, wenn man es allein besitzt.

Grüße,
Lena

Visby, Mitte August

Liebe Lena,
Dein Brief erinnerte mich an eine Äußerung von Rosa Luxemburg, auf die ich als Jugendliche stieß. Damals machte sie mir den Unterschied zwischen einem Ideal und einer Ideologie klar: »Freiheit ist immer Freiheit der Andersdenkenden.« Später, in den 1990er Jahren, war ein Satz wie dieser out, schien überholt, selbstverständlich. Und nun steht Freiheit wieder zur Diskussion, ihre Beschneidungen und Einschränkungen, ihr Erhalt in einer offenen Gesellschaft. Obwohl es für die meisten immer noch selbstverständlich ist, anderen nicht mit

Zähnefletschen und Mordgelüsten zu begegnen, ist eines der Themen, über die wir unsere Vorstellungen von Freiheit in Schweden wie in Deutschland derzeit am häufigsten verhandeln, der Respekt. Auch Du sprichst davon. In Deinem zweiten Brief forderst Du Respekt sogar gegenüber Haltungen ein, die andere Menschen herabwürdigen, sie abwerten.

Das beschäftigt mich, auch hier in Gotland, während meiner langen Läufe auf Visbys Kalksteinklippen und am Strand – einer dieser wunderbaren nordischen Strände, die selbst in der Hochsaison nicht überfüllt sind und genügend Platz im Sand bieten, den Freiraum der anderen zu respektieren.

Was ich respektiere, erkenne ich an, und ich füge mich den Konsequenzen. Ich laufe am Strand noch ein paar Meter weiter, obwohl ich Luftmatratze, Handtücher, Buch, Windschutz und Getränk zu schleppen habe.

Sich fügen: bei bestimmten Dingen unvermeidlich. Die Gezeiten. Die eigene Vergänglichkeit. Bei anderen Dingen sogar erwünscht wie bei den Entscheidungen geliebter Menschen. Sich aber in das sprichwörtliche Schicksal zu fügen, wenn es von der Willkür anderer abhängt? Ist es nicht persönliche Willkür, die Lebensweise anderer herabzuwürdigen?

Vor einigen Jahren hatte ich die Gelegenheit, an einer Reise des Außenministers nach Abuja teilzunehmen. Während der »Chef«, wie ihn seine Mitarbeiter sportlich nannten, zu politischen Gesprächen verabredet war, traf die Kulturdelegation, zu der auch ich gehörte, KünstlerInnen, NGOs, JournalistInnen und besichtigte Sehenswertes. Vor der nigerianischen Nationalmoschee empfing uns ein freundlicher Mensch – nein, nicht einfach »Mensch«. Er war ein Mann, jedenfalls wies er sich mit seinem Handschlag als solcher aus: Nachdem er dem deutsch-nigerianischen Rapsänger zu meiner Linken die Hand geschüttelt hatte, rückte er mit seinen sanft geöffneten Fingern nahtlos an mir vorbei zum Diplomaten rechts von mir.

Nicht einmal sein Blick streifte mich. Da musste sehr viel Horizont an meiner Stelle sein, eine Lücke zwischen Rapper und Diplomat, leerer weißer Raum, aus dem meine grüßend ausgestreckte Hand ungesehen herausragte.

Ich trug an diesem Tag eine helle, weite Hose und eine Bluse, langärmelig, gebügelt, frisch, kein Schmutzstreifen, kein Fleck, vielleicht war sie ein wenig overdressed für die nigerianische Hitze. Und doch wollte ich im Erdboden versinken vor Scham. Als wäre etwas Verbotenes an mir, als stünde ich nackt da. Der Rapper hatte nichts bemerkt, dem Diplomaten schien es eng zu werden in der Haut, er ruckte an seiner Krawatte herum, die ihn als Mann auswies, als würde sie scheuern, als schämte auch er sich, vielleicht dafür, dass ihm die besondere Wertschätzung schmeichelte, die ihm auf diese Weise zukam. Oder schämte er sich schon für mich?

Oben auf der Klippe mit Blick weit über die Ostsee, auf dem *Galgberget* mit den steinernen Säulen, wo im Mittelalter die Mörder, Diebe und Ehebrecher gehängt wurden, sodass man sie in ganz Visby tagelang als abschreckende Beispiele sah, wird mir klar, dass man, um Respekt zu haben, dazu in der Lage sein, sich zuweilen also erst Respekt verschaffen muss. In Abuja war es irrelevant, ob ich die Gesinnung dieses Mannes respektierte oder nicht. Dazu hätte ich als Mensch wahrnehmbar sein müssen.

Sich den Konsequenzen einer Haltung zu fügen, die andere abwertet, kann zur Selbstabschaffung führen. Solange ich also eine Stimme habe, werde ich herrlich respektlos sein gegenüber allem, was mich unsichtbar machen, vernichten will.

Es ist schön Anfang August auf der Insel Gotland. Öland ist nicht weit von hier, das Wetter so, wie Du es auch erlebt hast. Ein ungewöhnlich warmer Sommer. Eine Frau, die gestern ein Thermometer in die Ostsee hielt, dachte, es sei kaputt, weil es unwahrscheinliche 25 Grad Wassertemperatur anzeigte.

Auf Inseln denkt man vom Wasser her. Das Wasser gibt den Rhythmus vor mit Gezeiten, Strömungen, Winden, wechselndem Licht. Es ist die Verbindung zur nächsten Küste. Man lebt von dem, was das Meer bringt, an Neuem, an Fremdem, denkt stärker in Übergängen, wo das Land ins Meer, das Meer in den Horizont übergehen. Von Gotlands Ostküste aus kann man beinahe Lettland sehen. Die Ostsee stellt die Verbindung beider Küsten her, die ebenso weit oder nicht weit voneinander entfernt sind wie die Westküste Gotlands vom schwedischen Festland. Denke man eine Landkarte vom Wasser aus, schreibt Robert MacFarlane, Autor von den britischen Inseln in seinem Buch *Alte Wege*, lösen sich Staatsgrenzen wie von selbst auf.

MacFarlane ist meine Sommerlektüre, und mir gefällt die sanfte Intervention, die seine kluge, essayistische Erkundung alter Pfade ungewollt in die hysterisierte EU-Debatte unternimmt. Denke man sich die Landflächen einer Landkarte leer, wie zuvor das Meer, überziehe dieses aber mit Seewegen und Meeresstraßen, verändere sich der Blick auf Europa radikal; das Zentrum werde leer, die Peripherie zentral. »Die nach außen gerichteten Küstensiedlungen – von den Shetland- und den Orkney-Inseln bis hinunter nach Galicien – gehören nicht mehr zu bestimmten Staatsgebieten, vor denen sie zufällig im Meer liegen, sondern werden zu einem eigenständigen atlantischen Gebiet, das Kultur, Technologien, Handwerkspraktiken und Sprachen teilt. Ein verstreuter abendländischer Kontinent … vereint durch die gemeinsame Anrainerschaft an ein und denselben Ozean.«

Kulturelle Identitäten werden MacFarlane zufolge über Jahrhunderte hinweg aus der Landschaft geschmirgelt. Denken, Fühlen und Handeln prägen sich an den

Küsten oder auf Inseln anders aus als im Inland oder in den Bergen. So verbindet nicht abstrakte Nation, sondern das tiefe, konkrete Erlebnis ähnlicher geologischer und botanischer Beschaffenheiten die Menschen. Wie schnell sich da auch ein »echter Brite« in die landschaftliche Färbung hinein auflöst, die ihn durchzieht …

Ich laufe durch wilden Wachholder, an Ebereschen und Schlehen vorbei, am Wegrand Frauenschuh und wilde Orchideen, über Gras, Sand und helles Gestein, dieser wettergeschliffene Boden, der sich mir eingeschrieben hat, seit ich zum ersten Mal hier war. Ich liebe den Geruch nach Salzwasser, von der Sonne aufgewärmtem Tang, Wachholder und Kalkstein, der zugänglichsten aller Gesteinsarten, mit einer Oberfläche, die beinahe weich ist, wenn ich mit der Hand darüber streiche. Und doch trotzt dieser Stein dem nördlichen Klima so, dass Visbys imposante Stadtmauer seit dem Mittelalter nicht zerbröselt, sondern fast vollständig erhalten geblieben ist.

Vielleicht ist es kein Zufall, dass ausgerechnet die Bewohner einer Kalksteininsel das Prinzip von *undfallenhet* seit Jahrhunderten verinnerlicht haben. Nachgiebigkeit und die Fähigkeit zu verhandeln und Kompromisse zu schließen, sind Eigenschaften, die mit diesem Gestein zu korrespondieren scheinen. Dahinter steckt eine Formbarkeit, die zugleich Ausdruck einer inneren Stärke ist, weil sie Respekt gegenüber dem Ansinnen anderer voraussetzt, auch wenn es nicht den eigenen Interessen entspricht. *Undfallenhet*, was, wie mir scheint, einst von Gotland aus ins Bewusstsein der gesamten schwedischen Gesellschaft gesickert ist, hat dafür gesorgt, dass Visby eine der wenigen mittelalterlichen europäischen Städte ist, die nie zerstört wurden. Aber das wirst Du besser wissen als ich.

Auf den Klippen wurzeln Kiefern; niedrigwüchsige, knorrige Bäume, die mich an die Landschaft erinnern, in der ich aufwuchs, obwohl die Kiefern Brandenburgs in Reih und Glied und dünn wie Spargel in die Höhe schießen. Und wenn ich über die sandigen brandenburgischen Waldwege laufe, rufen diese Kieferngettos wiederum den Vergleich mit Gotland auf. Denn nicht nur die Landschaft der Kindheit hat mich geprägt. Oder anders; geprägt hat mich, was ich als junge Erwachsene nördlich der Ostsee fand. Und erst diese Prägung brachte überhaupt ein Bewusstsein für so etwas wie eine Kindheitslandschaft hervor. Man vergisst nur schnell, wie vielfältig und ungeordnet die Einflüsse sind, wenn man immer vom Ursprung her denkt, wenn der Herkunft eine solche Bedeutung beigemessen wird.

Dabei überlagern sich landschaftliche Prägungen, so wie Sprachen, Fragmente unterschiedlicher Glaubensrichtungen und Überzeugungen, verschiedenerlei Begehren und Vorstellungen vom eigenen Körper einander in einem einzelnen Menschen überlagern, widersprechen und ergänzen. Man ist nie nur das eine oder das andere, sondern vieles zugleich. Zu Kalkstein und Wachholder dieser besonderen Insel jedenfalls habe ich eine »tiefe, beständige Bindung«, wie MacFarlane sie auch bei erinnerten Landschaften sieht, die intensiver werden könne, je ferner man ihnen sei.

Jene blinde Besessenheit, die Terroristen, aber auch Autokraten zu eigen ist, dürfte Menschen mit einem Gespür für die komplexe Beschaffenheit ihrer inneren Landschaften grundsätzlich fremd sein.

Die Rechtfertigungen dieser Täter von Paris, München oder Brüssel interessieren mich nicht so sehr wie Dich. Das liegt wohl daran, dass ihre Motive schnell auf das eine oder das andere von genau zwei Erzählmustern zusammenschnurren, und da sind wir historisch gesehen nicht vorangekommen: Entweder hält ein Gott, egal welcher Machart, oder eine Ideologie die Befugnisse zum Töten bereit, oder es ist die jahrtausendalte Saga von den Entrechteten, die sich an einem bösen, übermächtigen Imperium rächen wollen, welcher Gestalt auch immer.

Außerdem kommt es mir so vor, als ob wir unentwegt mit Täterprofilen und psychologischen Studien und Befragungen zu Motiven und Begehren der Täter beschäftigt sind. Möglicherweise ist das allerdings die spezifische Herangehensweise einer Gesellschaft wie der deutschen, die vor nicht allzu langer Zeit selbst ein Täterprofil besaß.

Aber da es Dich interessiert: Ich vermute, dass Breivik in seiner menschenrechtsgetreuen Zelle schon an seinen Memoiren schreibt. Und die Aussagen und Briefe der beiden Mörder, die 1959 in Kansas eine Familie abschlachteten, reizten Truman Capote zu dem kühnen Unterfangen, einen nichtfiktionalen Roman zu schreiben. *In Cold Blood / Kaltblütig* bezieht sich zu einem großen Teil auf den O-Ton der Täter, zu denen Capote noch in der Todeszelle Kontakt hatte; natürlich in bearbeiteter Form, wodurch er schließlich den Zustand einer ganzen Gesellschaft spiegelte. Das Literarische halte ich aber auch für aussagekräftiger als das sogenannte Authentische, das sich schnell in Floskeln und Plattitüden erschöpft.

Sei herzlich gegrüßt!
Antje

Stockholm, den 27. September 2016

Hej Antje,
schon als ich Deinen letzten Brief erhielt, habe ich mich gefragt, was Du damit meinst, dass ich »Respekt einfordere gegenüber Haltungen, die andere Menschen abwerten«. Ich habe meinen zweiten Brief daraufhin durchsucht, aber

nichts gefunden. Was ich fand, ist ein Abschnitt darüber, dass ich mir ein Europa erhoffe, in dem die Präferenz der einen nicht als eine Forderung an die anderen verstanden wird; außerdem ein Europa (und eine Welt), in der man Respekt für eine Präferenz haben *kann*, die andere abwertet, aber nicht allgemeinen Respekt für den eigenen Standpunkt einfordern kann.

Wie kann das so verstanden werden, als würde ich Respekt einfordern gegenüber Haltungen, die andere geringschätzen? Es gibt einen Unterschied zwischen dem Recht, einen Standpunkt zu pflegen, und dem Standpunkt als solchem.

»Das, was ich respektiere, erkenne ich an«, schreibst Du, und darauf können wir uns einigen. Ich erkenne an, dass die anderen die Welt nicht so sehen wie ich, und ich erkenne ebenfalls das Recht darauf an, Propaganda für Haltungen zu betreiben, die ich nicht schätze. Du sprichst außerdem davon, dass man sich Konsequenzen füge, sobald man etwas respektiere und es damit anerkenne. Die Konsequenzen einer Gesellschaft von Menschen, die die unterschiedlichsten Präferenzen und Werte haben, ja, denen füge ich mich, allein schon aus reinem Selbsterhaltungstrieb, schließlich können beim nächsten Mal meine Präferenzen an der Reihe sein, verboten oder gebrandmarkt zu werden. Aber ich sehe nicht, dass es dasselbe ist, wie sich Konsequenzen zu fügen, die daraus resultieren, dass eine abwertende Haltung Verbote entsprechend ihrer Idee generieren kann.

Ebenso wenig wie sie mein freies Denken und die Formen, in denen es sich äußert, verbieten können, kann ich ihr Denken verbieten. Diese Konsequenz scheint mir die einzig plausible zu sein. Zieht man keine klare Linie zwischen Reden und Handeln, gibt es keine Freiheit in einer Gesellschaft.

Zur Freiheit. Aus Deinem Zitat von Rosa Luxemburg »Freiheit ist Freiheit der Andersdenkenden« geht nicht hervor, ob sie der Aussage kritisch gegenübersteht oder ob sie sie als Spiegel dessen sieht, was für sie wahr ist und sein wird. Ich weiß nicht, ob sie mit dieser Aussage Freiheit infrage stellt oder sie verteidigt. Aber abgesehen davon ist es tatsächlich schwieriger für eine Gesellschaft, die freie Meinungsäußerung Andersdenkender zu garantieren, als die der Mehrheit. Wenn alle der gleichen Auffassung wären und ähnliche Einstellungen hätten, wäre es nicht nötig, Meinungsfreiheit zu thematisieren und sich damit auseinanderzusetzen.

Um genau diese Einstellungen der Andersdenkenden geht es mir. Problematisch daran ist, dass die, die anders denken, selten jene sympathisch finden, die sie als solche bezeichnen, ohne sie aus dem Weg zu räumen, und die intellektuelle Anstrengung besteht darin, dennoch ihr Recht, sich zu äußern, zu respektieren und miteinander umzugehen, anstatt sie als sanitäre Unannehmlichkeit zu sehen, die beseitigt oder unter den Teppich gekehrt werden muss.

Ich glaube nicht, dass man den Begriff der Freiheit so verkomplizieren muss, wie es gern getan wird. Freiheit ist die Gleichheit vor dem Gesetz, sie bedeutet gleiche negative Rechte gegenüber dem Staat und den anderen Staatsbürgern plus die Tatsache, dass meine Rechte keine Einschränkung deiner ebenso großen Rechte darstellen dürfen. Es gibt eine fundamentale Formel für die normative Auslegung menschlicher Interaktion, die weit gefasst ist, auch wenn die Auslegung von Rechten nie einfach ist. Sie beruht auf der Freiheit von Zwang und Gewalt.

Ich stolpere über Deine Auffassung von *undfallenhet* in diesem Zusammenhang. Dass Kompromiss und Verhandlung *undfallenhet* ausmachen sollen, was doch im Wesentlichen ein negativer Begriff ist. (*undfallenhet* hat ein breites Bedeutungsspektrum: Nachgiebigkeit, Rücksicht, Fügsamkeit, Gefügigkeit, Wendigkeit, Entgegenkommen; Anm. d. Übers.) In einer Verhandlung ist man zu zweit, und somit scheint es mir, dass *undfallenhet* die Voraussetzungen nicht erfüllt, auch wenn *undfallenhet* die Folge einer Verhandlung sein kann. Kompromisse zu schließen und zu verhandeln ist im Gegenteil der Erkenntnis geschuldet, dass man nicht allein auf der Welt ist, sondern Rücksicht auf die Rechte der anderen nehmen muss.

Dem bist Du auf der Spur, wenn Du schreibst, dass man die Ansprüche der Gegenseite respektieren muss, auch wenn sie nicht mit den eigenen Interessen übereinstimmen. Das ist so wahr, wie es gesagt wird, aber es bedeutet nichts anderes, als Mensch unter Menschen zu sein. Also ist es doch nicht *undfallenhet*, zu verstehen, dass die anderen Rechte haben, Wünsche und Präferenzen, die in Konflikt mit den eigenen stehen, und man aus diesem Grund nicht alles durchsetzen kann, was man will!?

Interessant, was Du über Landschaft schreibst, über geologische und botanische Gegebenheiten als Basis einer emotionalen Identität. Ich teile Deine Auffassung, dass Identität durch die unterschiedlichsten Dinge geformt wird, und Landschaft gehört möglicherweise dazu. Es gibt eine bestimmte Art der Vegetation, die ich sofort als schwedische erkenne, wenn ich sie auf einem Bild sehe, und die mir vertraut ist. Und die Landschaft der Provence beispielsweise mit ihren rollenden Hügeln und dem schönen lila Lavendel ist zweifellos schön, aber zugleich fremd. Nicht auf sie ist mein Blick seit der Kindheit gefallen. Und erwachsen zu werden, heißt zu begreifen, dass man kein Kind mehr ist.

Aus irgendeinem Grund haben wir in diesem Briefwechsel ein paar Verständnisschwierigkeiten. Ich würde nie das Authentische dem Fiktiven vorziehen, wenn ich sage, dass mich die tatsächlichen Beweggründe eines Terroristen beschäftigen, die, mit denen er sich vor sich selbst rechtfertigt, die er mit seinem Gewissen vereinbart und die ihn dazu bringen, gegen alle Konventionen und Vereinbarungen bezüglich menschlichen Verhaltens zu verstoßen. Und wenn ich das sage, meine ich selbstredend *jenseits von Floskeln*. Natürlich weiß ich, dass Terroristen an Gott und die Schrift glauben. Aber das ist bloß der Anfang. Von da aus gilt es weiterzugehen, tiefer einzudringen in die Auseinandersetzung, die er mit sich selbst führte, die erst mehr Raum einnahm, bevor er zur Tat schritt und sich entschloss, sich aus der menschlichen Gemeinschaft auszuschließen.

Ebenso bin ich daran interessiert, wie die Kommunisten in der DDR über das dachten, was sie geschaffen hatten, jenseits der Parolen, wie sie sich im tiefsten Inneren motivierten angesichts der Zielkonflikte, von denen sie wussten und deren Resultat sie mit eigenen Augen sehen konnten.

Zu erkennen, wie das Weltbild des Hasses oder die Praktiken des Totalitären aussehen, bedeutet nicht, sie zu akzeptieren. Und Fiktion beinhaltet ebenso viele Floskeln wie alles andere. Es gibt keinen Gegensatz zwischen dem Schreiben eines Romans über einen Terroristen, der dessen Beweggründe begreiflich macht (Mohsin Hamid ist das gut gelungen), oder dem Führen eines umfassenden Interviews. Fiktion, wie ich sie sehe, ist nicht auf diese Weise abgegrenzt. Eine authentische oder alltägliche Äußerung kann zu Literatur werden, wenn die Form oder der Kontext wechseln.

Eines der faszinierendsten Dinge, die es gibt, ist das Lesen von Polizeiverhören. Das kann große Literatur sein, auch wenn das nie die Absicht war, weil sich alles um Zusammenhänge, Generalisierbarkeit und Gültigkeit dreht und den Interessen und Wahrnehmungen der Leser entgegenkommt.

Hoffentlich konnte dieser Brief klarer machen, was vorher unklar war.

Herzliche Grüße!

Lena

Potsdam, Ende Oktober 2016

Noch ein Letztes, liebe Lena, obwohl unser Briefwechsel beendet sein sollte.

Die veranschlagte Länge haben wir längst überschritten. Im literarischen Schreiben halte ich viel von selbst auferlegten Regeln und Formvorgaben. Grenzen sind nötig, um sie überschreiten zu können, sagte schon Gertrude Stein, die die amerikanische Literatur in die Moderne und mich oft in helle Begeisterung versetzte. Bei Briefen ist das schwieriger. Hier ermöglicht gerade die Offenheit das Unwägbare, den lebendigen Austausch. Zwischenfragen und Widerspruch setzen voraus, dass der Schreibfluss nicht begradigt ist wie die Havel.

Mit dem Ende unserer Briefe bin ich jedenfalls nicht glücklich. Wie geht es dir?

»Tricky« war das Wort, das jemand auf der Frankfurter Buchmesse aufwarf, als ich am Stand des Fernsehsenders *arte* mit zwei Kolleginnen das Projekt »Fragile« vorstellte. Das sollte heißen, dass wir uns mit diesen Briefen ganz schön was vorgenommen haben. Stimmt. Der Versuch, öffentliches Sprechen als privaten Briefwechsel zu inszenieren, ist tricky. Der Gestus des Briefes ist ein intimer, der öffentliche Austragungsort macht den Brief jedoch auch zu einem Essay, der nicht adressiert und auf Antwort aus ist. Schon die Form unseres Schreibens ist hybrid.

Tricky ist auch, dass wir beim Schreiben, wie Kathrin Röggla sagte, »zur Langsamkeit zurückfinden müssen«, aber zugleich Ereignisse thematisieren, die im Tempo einer sich zusehends beschleunigenden Gegenwart geschehen.

Tricky ist, dass Du und ich uns noch nie begegnet sind. Wir haben kein Gespür für die Mimik, die Körpersprache, die Art der Betonung, den Klang der Stimme, die das Gesagte noch in der Vorstellung einfärben können, ich habe keine Ahnung, ob Du an Stellen lachen würdest, die ich aus Unkenntnis für ernst halte.

Mit Sezierfreude kommentierst Du politische und gesellschaftliche Ereignisse in einem Land, das mir mit seinen flachen Hierarchien, den geringen Klassenunterschieden und einem offenen, weitgehend gleichberechtigten Zusammenleben – auch ein Ergebnis des »Moderneprojekts« – anziehend erschien und nun innerhalb weniger Jahre die Schotten so dicht gemacht hat, dass eine menschenverachtende Partei wie die Schwedendemokraten mit 13 Prozent ins Parlament einziehen konnte. Das war und ist mir noch unheimlicher als der sonstige Rechtsruck in Europa.

Die Dringlichkeit, Dir noch einmal zu schreiben, rührt unter anderem daher, dass ich fürchte, die »klare Linie« zwischen Reden und Handeln, die Du in Deinem letzten Brief zur Voraussetzung für Freiheit in einer Gesellschaft erklärst, ist gar nicht so klar. (Gibt es sie überhaupt? Du hast Austin gelesen, somit weißt Du, dass ein Sprechakt nur funktioniert, weil das Sprechen selbst Handlung ist.)

Wenn ich Dich richtig verstehe, schreibst Du, in einem Rechtsstaat könne das Denken der einen nicht über ein Verbot (= Handlung) durch die anderen aus der Welt geschafft werden. Da gebe ich Dir recht. Aber muss man ein Denken verbieten, um es auszulöschen? Reicht es nicht, es zu marginalisieren und zu verunglimpfen? Du hast diesen Mechanismus in einem Deiner Brief angedeutet, als Du davon erzähltest, wie Menschen aus Angst davor, ausgestoßen zu werden, lieber allgemein akzeptierte Standpunkte einnehmen als kontroverse. Gehen hier nicht Reden und Handeln Hand in Hand? In demokratischen Gesellschaften funktionieren Ein- und Ausschlussmechanismen über die Organisation von Sichtbarkeit und Unsichtbarkeit (das Ausgeschlossene wird ins Unsichtbare verbannt). In Autokratien und Diktaturen dagegen wird das Ausgeschlossene sichtbar gemacht, indem es verboten und die Ausgeschlossenen eingesperrt, gefoltert, gemordet werden. Was vorher soziales Stigma war, wird jetzt funktionalisiert als Mittel zum Machterhalt.

Ich sehe hier weniger einen Unterschied zwischen Reden und Handeln als einen Unterschied in der Art der Behandlung. Die Übergänge sind zuweilen fließender als man möchte. (Noch will die AfD in Thüringen Homosexuelle nur zählen, aber flackert da nicht schon der rosa Winkel im Hintergrund?)

Wahrscheinlich habe ich Dich an dieser Stelle nicht richtig verstanden. Denn in einem Deiner gesellschaftskritischen Artikel in der Zeitung *Dagens Nyheter* beschreibst Du, wie sich die Schwedendemokraten des postkolonialen Diskurses bedienen und sich als Opfer von Kolonialisierung darstellen; die regierenden Parteien im Verbund mit Migranten hätten eine »Fremdherrschaft« errichtet, von der es Schweden zu befreien gelte. In dieser Verkehrung ist für mich eine Handlung erkennbar, die auf die Umwertung von Werten zielt: die Aushöhlung des Verständnisses von einem demokratisch gewählten Parlament (kurz: Abschaffung von Demokratie; »Tipp an, sie fällt«).

In meinen Augen folgt das einer ähnlichen Strategie wie die Aushöhlung des Begriffes der Meinungsfreiheit. Auch das fängt mit Gerede an. Zu einer bewussten Handlung wird es, weil man seine Wirkung genau kalkuliert. Wenn rassistische, ausländerfeindliche, homophobe oder sexistische Hetze unter dem Label der freien Meinungsäußerung präsentiert wird, wird das Konzept von Meinungsfreiheit pervertiert. Die Hetze spricht denjenigen, gegen die sie sich richtet, gerade das Recht, sich zu äußern, ab (wie überhaupt jedes Recht). Hier wäre für mich eine klare Linie zu ziehen (also schon zwischen Rede und Rede). Die »verbale Vernichtung« Einzelner zielt auf die Freiheit Aller, die überhaupt nur als »Freiheit der Andersdenkenden« zu haben ist, weil jeder Einzelne anders denkt als die anderen.

Und letztendlich wissen wir als Schriftstellerinnen, wie Worte Wirklichkeiten schaffen. In welcher Welt wir leben, hängt davon ab, welche Worte wir benutzen.

Ganz sicher missverstehen wir uns hier oder da! Tricky ist ja auch, dass wir uns in Übersetzungen lesen. Dabei dachte ich, die sprachliche Verschiedenheit würde aufgewogen dadurch, dass uns neben dem Schreiben die Begeisterung fürs Skilaufen und etwa die gleiche Generation verbinden und wir in Ländern leben, die kulturell nicht Lichtjahre voneinander entfernt, sondern sich auf den ersten Blick recht ähnlich sind!

»Tricky« beschreibt eine komplizierte, aber offene Situation. Das Wort sagt nichts darüber, wie sie ausgeht. Es beschreibt eine spannungsgeladene Schwebe, die sich in alle Richtungen entwickeln kann.

Als ich Dir über *undfallenhet* schrieb, begab ich mich als Nichtmuttersprachlerin auf ziemlich dünnes Eis. Als Schriftstellerin nahm ich mir die Freiheit, jener Schattierung des Wortes nachzuspüren, die es hatte, als ich es auf einer Kalksteinklippe zum ersten Mal hörte.

Das Unangenehme an *undfallenhet*, die Beschwichtigung, kam erst später hinzu, das Abwiegeln, die Verharmlosung, das fatale »Unter-den-Teppich-kehren«. Anfangs war da die mildere Schattierung des Sinns: Nachgiebigkeit. Nachgiebig wie Kalkstein.

Mir gefällt das Schillern sprachlicher Mehrdeutigkeiten; sie versetzen die Wirklichkeit in die Möglichkeitsform. Ich muss an Lucia Berlin denken. In einer ihrer Erzählungen verliebt sich die Ich-Figur in einen Mann, der heroinabhängig ist. »Ich wusste damals nicht genau, was das hieß. *Heroine* hatte für mich eine schöne Bedeutung … Jane Eyre, Becky Sharp …«

Der Mensch ist keine Gesteinsart. Und doch schien mir die Ableitung eines menschlichen Vermögens, der Nachgiebigkeit, aus der besonderen Beschaffenheit der gotländischen Geologie eine Möglichkeit, das Positive an diesem Vermögen hervorzuheben.

Nachgiebigkeit oder Geschmeidigkeit; diese Fähigkeiten, so scheint mir, können in einer Verhandlung entscheidend sein dafür, überhaupt einen Schritt zurücktreten zu können. Eine emotionale Klugheit, die die rationale Erkenntnis, dass eigene Rechte nur unter Berücksichtigung der Rechte anderer zu haben sind, erst in eine angemessene Handlung übersetzbar macht. Ich würde diese Klugheit gern öfter als Eigenschaft von jenen Menschen erwartet sehen, die hauptamtlich für die Geschicke dieses Planeten zuständig sind. Noch immer gelten eher Durchsetzungsstärke, Härte, Standfestigkeit, Tatkraft und, ja, auch Kampfeswille als mehr oder weniger heimliche Ideale. Einfühlungsvermögen? Geduld? Sanftmut?

Möglicherweise reden wir aneinander vorbei, weil das für Dich kein Thema ist in einer Gesellschaft, in der gern so lange verhandelt wird, bis wirklich alle mit der Lösung einverstanden sind. (Ich vermute, dass das mit den Schwedendemokraten im Parlament ein Problem sein könnte …)

In Lausitzer Tagebauen beispielsweise hat dieses Vermögen zu Verstimmungen geführt, als Vattenfall noch Geld in schmutzige Braunkohle steckte. »Die wollen immer Händchen halten und alles ausdiskutieren«, sagte ein kerniger Brandenburger Ingenieur über seine schwedischen Vorgesetzten, als wir im Staub des braunen Flözes standen. »Im Tagebau kannste aber nicht immer diskutieren, da musste auch mal sagen, wo's langgeht.«

Auf die Gefahr hin, noch mehr verunklart zu haben, grüßt Dich dennoch unverzagt,

Antje

Postskriptum: Wir sind Schriftstellerinnen. Für mich bedeutet das, zu erzählen, wie es sein oder gewesen sein *könnte*. Truman Capotes Paradox eines nichtfiktionalen Romans verdeutlicht, wie unwirklich die klare Trennung von Fiktion und Wirklichkeit ist. Nichts liegt mir ferner als der Gedanke, ausgerechnet eine Schriftstellerin würde das vorziehen, was man das »Authentische« nennt. *Mir* treten »authentische«, also unbearbeitete und mit Echtheitszertifikat versehene Auskünfte, oft als ideologisch erlernte entgegen, die sich in Stereotypen erschöpfen, eine Art leeres Sprechen, das von zwei grundsätzlichen Erzählmustern befeuert wird bei jenen, die sich, wie Du sagst, »aus der menschlichen Gemeinschaft ausschließen« (und einem totalitären System angehören?).

Angesichts der Gemordeten, die vielleicht Interessanteres zu erzählen gehabt hätten, fehlt mir die soeben beschworene Geduld für die Rechtfertigungen der Mörder. Aber ich habe Primo Levis Plädoyer für die »existenzielle Urfrage« nach dem Warum im Kopf. Deshalb bin ich froh, dass Du fragen möchtest, wenn ich es schon nicht tue. Im »Warum?« sieht Levi die Grundlage jeden Rechtssystems und in der Verweigerung einer Antwort »die Verachtung alles Menschlichen, die verbale Vernichtung ...«. Im Fragen äußert sich also ein Grundanspruch menschlicher Würde. Und solange wir davon ausgehen, dass uns geantwortet wird, sehen wir uns nicht totaler, terroristischer Willkür ausgesetzt.

Die Briefe von Lena Andersson wurden von Antje Rávic Strubel aus dem Schwedischen übersetzt.

Kathrin Röggla — A. L. Kennedy

A. L.Kennedy zu fragen, war einfach nur plausibel. Sie ist eine Meisterin der Empathie und als Romanautorin, Standup Comedian, Theaterfrau, Unterrichtende, Autorin des Guardian *an so vielen Schauplätzen der Kunst unterwegs, dass es reizvoll war, den Austausch zu suchen. Wie bringt sie das alles unter einen Hut? Wie ist es, als Schottin in England zu arbeiten, und dann noch in dieser vermaledeiten Brexitsituation? Als feministische linke Autorin, die zwar sehr wirkungsmächtig ist und dennoch eigenwillig, organisiert und doch einzelgängerisch, schottisch und sehr europäisch? Eine Schriftstellerin der Kontraste. Und das ist es vielleicht, das uns am ehesten verbindet – denn ich kann nicht sagen, dass unsere erzählerischen Positionen sehr nahe beieinander liegen. Vielleicht ergeben sich noch Kreuzungspunkte irgendwo in der Romantik, in weiter Vergangenheit, bei Jean Paul, bei Swift, das wäre noch auszuloten, aber dafür würde die Zeit nicht reichen, so viel war klar. Jetzt geht es erst einmal um deren Erbe.*

Kathrin Röggla

Berlin, 6. 7. 2016

Liebe A. L. Kennedy,

ist es möglich, Ihnen neben einem Fußballspiel einen Brief zu schreiben? Ich versuche es nämlich gerade. Es ist Viertelfinale, Europa fiebert, heißt es, Polen gegen Portugal, das reimt sich wenigstens, zumindest verkehrt herum gedacht, weil sich doch auch sonst in Europa nur auf diese Weise etwas reimt. Ja, es sind auch Fußballereignisse, die seit einiger Zeit in meinem Leben stattfinden, das fußballfrei begann, (weil ich aus Österreich stamme, kein wirkliches Fußballland). Public viewing ist in Berlin zumindest eine große Nummer, was heißt Nummer, es ist einfach Alltag in einer Stadt, die sich seiner Durch- und Durchtouristisierung nicht erwehren will und heiß auf ihre sozialen Momente ist. Zum Saufen und zum Drogenkonsum kommt man neuerdings nach Berlin, Easyjet-Tourismus nannte man das anfangs, als man das, was da ankam, für Touristen aus den baltischen Republiken oder sonstwoher hielt, aber im Grunde praktizieren heute einfach alle, auch die Berliner, ihren Partytourismus. Dass Briten sich dem gerne anschließen, wurde mir allerdings erst verständlich, als ich vor ein paar Wochen auf einem Podium die Londoner Urbanistin Anna Minton traf, die einiges über »Security by Design«, social housing und CCTV erzählte und entsprechende Fotografien in ihren Vortrag einbaute. Die Frage nach der öffentlichen Sicherheit scheint zumindest England in einen Knast verwandelt zu haben, wovon wir in Berlin vermutlich noch ein klein wenig entfernt sind, weswegen man sich hier als Feiernder wohl »freier« fühlen könnte. Ich gebe zu, reine Spekulation. Aber: Ist es mir möglich, Ihnen neben einem Fußballspiel einen Brief zu schreiben? Ich fühle mich dazu nahezu ermuntert, gerade weil ich Ihren Erzählband auf den Knien habe, *Der letzte Schrei* (vor zwei Jahren hier bei uns auf Deutsch erschienen), und es liegt eine wunderbare Mehrgleisigkeit darin (Chapeau!), die sowohl die Katastrophe ankündigt, als auch den Fluchtweg gleichermaßen, ein Entkommen durch Simultaneität.

Für Europa brauchen wir die Katastrophe allerdings nicht mehr anzukündigen, wir stehen vor dem Scherbenhaufen und schauen hinein, als könnten wir noch etwas darin finden (Mirakel, Mirakel), entdecken schon strategische Trümmer. Zum Beispiel die Frage, welche Stadt nun London als größten Finanzschauplatz (dieser wunderbare Begriff!) ablösen könnte, reiht sich an jede Menge Nachfolgefragen (Wer wird Camerons Nachfolger im EU-Rat? Wer wird Camerons Nachfolger in der Regierung? Wer wird Camerons Nachfolger in xy?). Die Schurken verlassen die Bühne, ihre schwarze Anti-Europabühne, Farrage und Johnson, niemand weiß so wirklich weiter, die europäischen Buhrufe hallen in sämtlichen Presseschauen noch nach, und die einzige PR-Strategie ist,

Steuerparadiese erneut aufzumachen, als wären sie nicht schon längst offen. Doch nur wenige kommen derzeit auf die Idee, ein neues Narrativ für Europa zu fordern, vielleicht ist es zu heikel geworden. Ist Ihnen das nicht auch passiert, dass man auf sogenannten Künstlerpodien die Teilnehmerinnen und Teilnehmer antrieb: »Wir müssen an einer europäischen Erzählung arbeiten!«? Ich fühlte mich jedes Mal sofort schlecht, es mir fiel dann immer gar nicht so viel ein zu dieser verlangten Instant-Europaerzählung, auch wenn ich aus tiefstem Herzen davon überzeugt bin, dass Europa die einzige Lösung ist und das einzig sinnvolle Projekt, das wir hier auf diesem Kontinent und auf dieser Insel betreiben könnten. Vielleicht hängt es damit zusammen, dass politische Narrative mich immer etwas nervös machen, weil sie so wenig Nachdenkliches in sich tragen. Ich hielt es einfach für eine Verwechslung, eine Art fehlgeleitete Adressierung. Außerdem bin ich im Politischen bisher immer davon ausgegangen, man müsste weniger an den Narrativen, mehr an den Strukturen arbeiten, die ich für unzureichend befunden habe, aber jetzt, wo selbst diese Aufforderung zur erneuten Mythenbildung etwas hinter dem medialen Diskurs herzockelt, weil es offensichtlich ist, dass diese Arbeit längst so derart gründlich und flächendeckend von Rechtspopulisten übernommen wurde, sodass selbst die Vorstellung von Gegenerzählung im allgemeinen Furor verdampft, werde ich doch unruhig.

Europa erscheint nur noch als ein Zusammenhang an Ausstiegsphantasien (Sie sind Schottin, leben in England, das hat nun vermutlich eine verzweifelte Würze angenommen, eine Ausstiegsphantasie in der Ausstiegsphantasie), ein Parcours rechtspopulistischer Schauplätze, an denen die allzu durchschaubaren Rhetoriken zu hören sind: Europa sei einzig das Projekt der Eliten, die sich bereichern, es sei antidemokratisch, laufe in eine Islamisierung usw., wir Schriftsteller sitzen halbwegs fest. Es sind jetzt die anderen, die immer 100 Prozent Österreich, 100 Prozent Frankreich, 100 Prozent Italien sind, also eigentlich jede Wahl immer gewinnen, selbst wenn sie sie verlieren. Wir haben indes keine Wahl mehr. Natürlich kann man nun den Finger heben und diese Form des Elitenbashings oder diese Form des Gleichheitsversprechens (inmitten eines Ausschlussversprechens – »die da nicht, die da bleiben draußen!«) als perfide Strategie und Bauernfängerei beschreiben, aber ich bin noch immer in diesem merkwürdigen Zustand des Schocks, der alle Gesten mit Fragwürdigkeit versieht, ich habe irgendwie den Faden verloren, das Verständnis, was mit diesen Leuten los ist, die z. B. in Österreich Hofer und seine FPÖ wählen, auch wenn ich weiß: Dieser Boden wurde vorbereitet, das kommt ja nicht alles aus dem Nichts.

Vielleicht bin ich selbst eine politisch zu fragwürdige Person, windelweich gewaschen durch eine Sozialdemokratie, die sich seit Jahrzehnten nach und nach vertschüsst in einen Fake-Humanismus einer schwindenden Mittelschicht und eine seltsam neoliberale Agenda (Tony Blair und Gerhard Schröder reichen sich die Hand und gucken kurz in die Kamera, bis diese nachgibt und widerwillig ein Bild produziert). Und vielleicht kann man neben einem Fußballspiel anscheinend doch keine Briefe schreiben, zumindest scheinen sie sich mit Plattitüden anzureichern, die ich im Moment eben nicht auf den Moderator schieben kann ... meiner Erinnerung nach, denn schon ist das Spiel zu Ende, und ich sitze immer noch an dem Brief. Wir haben auch schon so etwas wie ein Halbfinale vor uns, Deutschland gegen Frankreich, ein Klassiker, und mittlerweile ist auch entschieden, dass ich aus einem Land komme, dass unter Beaufsichtigung der OSZE nun Präsidentschaftswahlen wiederholen muss aufgrund angeblicher Unregelmäßigkeiten (die Hauptunregelmäßigkeit war, dass der Kontrahent des FPÖ-Kandidaten knapp die Wahl gewann, was ja bekanntermaßen nicht sein kann – schließlich ist die FPÖ 100 Prozent Österreich, und der Kandidat würde ja so gerne »auf unser schönes Österreich aufpassen«), solcherlei Entscheidungen fallen stündlich. Es liegt Geschwindigkeit in der Sache, sozusagen.

Und doch frage ich mich, wie könnten *unsere* notwendig schnellen Reaktionen im Augenblick aussehen? Können Sie mir, die Sie als schlagfertig und resolut, als gewitzt und politisch scharfzüngig gelten, etwas auf die Sprünge helfen? Was ist jenseits von Protesten und Petitionen zu tun? Gilt es Arbeiten zu erstellen wie die vom »Zentrum für politische Schönheit«, medial kluger Agitprop im saftigen PR-Format?

Eben war ich Mitglied einer Jury für den Berliner Stückemarkt, der international ausgeschrieben war und uns besonders Stücke aus Großbritannien bescherte. Es waren Weltuntergangsstücke, Dystopien, wortgewaltige düstere Textmonster, die irgendwie unterhaltsam waren und doch bedrückend, und deren größter Unterschied zu den deutschen Theatertexten darin bestand, so eine Kategorie wie Gesellschaft überhaupt noch zu thematisieren. (In Deutschland war das nur bei Autoren mit dem sogenannten Migrationshintergrund der Fall, die genau diesen zum Thema machten.) Ich mochte das, auch wenn es ein Genre war, Etliches kam noch dazu aus der Spoken-word-Ecke, und ich war beeindruckt, wie viel Text man in irrwitzig kurzer Zeit unterbringen kann, das hatte Wucht (und Stillstand gleichzeitig), und doch fragte ich mich, was mit dem Land los ist. Man sagt, das ist unsere Zukunft, also Großbritannien ist unsere Zukunft. Thatcher war der Beginn, sie hat den Ton angegeben, jetzt zockeln wir hinterher und beenden den Prozess mit Merkel. Welche politische Phantasie kann sich da noch für diese Zukunft entzünden, die nicht sofort den Faden verliert? Und was hätte sie mit Literatur zu tun? Wie entkommt man der neoliberalen Propaganda, die jedes Plädoyer für ein pluralistisches und offenes

Leben sofort usurpiert? (Slavoj Žižek lässt grüßen.) Oder ist das alles nicht notwendig, weil Literatur ohnehin ihre Differenzierungsarbeit macht?

Aber jetzt: Anpfiff Deutschland gegen Frankreich (und auf den Knien *Der letzte Schrei*!)!

Es grüßt Sie sehr herzlich und europäisch,
Ihre
Kathrin Röggla

P. S. Vor einem Jahr hätte ich noch gesagt, wir bräuchten eine andere Struktur, die demokratischer funktioniert, eine Stärkung des Parlaments, ansonsten landen wir schnell wieder in reinster Kleinstaaterei. Heute ziehe ich meinen Katalog der Kleinststaaterei heraus, den man auf Wikipedia finden kann: Phantasieländer, frei erfundene Staaten. Staaten, die man sich einfach so ausgedacht hat als Einzelperson oder als kleine Gruppe, weil man auf den Geschmack gekommen ist, eben auf die Idee. Zumindest ist die Gemeinschaft der Floristen auf die Idee gekommen, ein antikes Fürstentum in Italien zu errichten, Häuserlbauer einen Privatstaat auf einem Grenzland, in Berliner Kneipen gab es ausgerufene Republiken, in und rund um die Wiedervereinigung, es finden sich als Straßenfest versandete Dresdener Minisouveränitäten, Niemandsländer, Terra Nulla auf Flussinseln, Donau, Ruhr und Co., aus Verfahrensfehlern entstandene Republiken auf dem Kreisverkehr, es gibt sogar ein Königreich Talossa in einem Schlafzimmer in Milwaukee, von einem 14-Jährigen nach dem Tod der Mutter gegründet, andere haben an einem Königreich der dominanten Frauen in Tschechien gearbeitet – und voilà, da ist es: Other World Kingdom, man kann dafür sogar Eintrittskarten lösen. Alles Manifestationen politischer Direktphantasie. Temporäre Reiche, transitorische Staaten, der Einzel- wie Gruppenphantasie unterworfen, die immerhin nicht bereit sind, in eine größere, kollektivere umzuschlagen, und das ist schon was wert, nicht? So viel zu politischen Narrativen, die möglicherweise nicht weit führen, zumindest aber auch nicht zu Währungsproblemen.

Anfang August 2016

Liebe europäische Kollegin,
aah … Fußball. Das ist ein ziemlich ernstes Thema. In Glasgow (wo ich viele Jahre gelebt habe) ließ sich die Konfessionsgrenze (katholisch / protestantisch) immer an den fußballerischen Sympathien ablesen: Celtic gegen Rangers, und wer sich nicht entscheiden oder nicht mitmachen wollte, war für Partick Thistle. Im besten Fall ist das ein harmloser Spaß unter Freunden – im schlimmsten

Fall ein Vorwand für Brutalität, Einschüchterung, häusliche Gewalt und dergleichen. Protestantische Rangers-Anhänger stehen meist für eine ziemlich widerwärtige, gewalttätige, dem Weltreich nachtrauernde *Britishness*, die den Katholizismus immer noch als grässliche, fremdartige Bedrohung aus dem fernen Spanien Philipps II. betrachtet. Nicht gerade auf dem neusten Stand. Oder gerade doch, was die Furcht vor dem Anderen angeht ... Katholiken hingegen unterstützen wahrscheinlich lieber Celtic und singen Lieder, die den Freiheitskampf der irischen Republik feiern oder gar die IRA. Die Kriege und Verletzungen, die dort zur Sprache kommen, reichen vielleicht Jahrhunderte zurück ...

Andererseits ist Großbritannien insgesamt kaum auf dem neusten Stand – es darf immer noch kein Katholik den Thron besteigen. Womöglich würde das irgendwie die spanische Armada wiederbeleben, und wir würden von Geisterschiffen überwältigt ... Und es ist noch gar nicht so lange her, dass britische Truppen Nordirland besetzt hielten, Menschen ohne Prozess inhaftierten und folterten und – wie seit dem Ende der Geheimhaltungsfrist offenkundig wird – auf beiden Seiten des Konflikts verdeckt an Gewalttaten beteiligt waren ... Alles sehr elisabethanisch, aber eben wie im 16. Jahrhundert unter der Ersten. Aus irgendeinem Grund haben wir das ausgeblendet, ebenso wie andere Erbschaften des Empires. Seit den riesigen Demonstrationen gegen das Irak-Desaster hat sich das Militär sehr bemüht, unsere Gedanken so zu lenken, dass wir mehr Sympathie dafür hegen. Darum haben Fernsehsendungen das britische Weltreich als eine Einrichtung gefeiert, die allen Freude gemacht hat, niemand hat sich für die Sklaverei entschuldigt, für die Verschleppungen, die ersten Konzentrationslager der Welt, die Plünderung Kenias durch Soldaten, die gerade erst Nazi-Deutschland besiegt hatten ... Und nun droht natürlich der Brexit und die vorherige Kampagne – mit ihren Träumen von Zeitreisen, einem bizarren Zugang zum Empire und seiner Beute – die Friedensvereinbarung in Nordirland im Blutvergießen einer neuen Generation zu ertränken. Die Briten unter uns, die auch Iren sind, können sich noch an die Zeit erinnern, als das Irische zugleich das Andere war – die Regeln bleiben die gleichen, die Gerüchte, Anwürfe, Anklagen wiederholen sich, egal, wer das Ziel ist. Doch irgendwann erkennen die Menschen: Wenn jede Welle von Neuankömmlingen wieder unseren *»way of life«* bedroht, wieso ist dieser *way of life* – die »Leitkultur« sozusagen – dann immer noch nicht untergegangen? Wie hat er überlebt? Wie können wir überhaupt wir und nicht rein sein, wenn man uns weismachen will, nur Reinheit könne »Wir« sein? Wie kann auch nur irgendein Bruchteil dieses alarmistischen Blödsinns irgendwen überzeugen, der nicht unter einer Kopfverletzung leidet?

Schottische Verfechter eines geeinten Großbritanniens geraten erneut durch die Unabhängigkeitsbewegung unter Druck, die – einzigartig in Europa – in

Schottland ein linkes, progressives Projekt ist. Das Modell der *Scottish National Party* basiert auf Bürgerrechten in einem Land, das sich gegen Konzernrechte und kommerzielle Ausbeutung ausspricht. Wer schottischen Boden betritt und sich zugehörig erklärt, ist Schotte. Das reicht. Man wird eingemeindet. Es ist eine Fortsetzung der Highland-Tradition, alle willkommen zu heißen. (Und der zugrunde liegenden keltischen Tradition – die natürlich eigentlich aus dem Zweistromland stammt.) Ziemlich modern und optimistisch. Auch die schottische Regierung besteht aus Politikern und ist in der Praxis daher fehlerhaft, doch die Vorstellung, dass eine Premierministerin jedem Einwanderer einen Brief schreibt und ihm oder ihr mitteilt, es sei ein Privileg, sie hier zu haben (genau das hat Nicola Sturgeon gerade getan – und auch an hier ansässige EU-Bürger hat sie geschrieben), ist beeindruckend. Die Segnungen der Einbürgerung greifen sofort, wenn man ins Land einreist, die Integration wird planvoll gefördert und phantasievoll propagiert – darum klappt sie auch ziemlich gut, verläuft meist glatt und positiv. Eigentlich ist die Auswahl verfügbarer Strategien breit und variabel. Und die haben wir angewandt – was im Grunde nichts ist. Während kommerzielle Meinungsmacher uns beharrlich aufgefordert haben, einander zu hassen, während IS und Trump und die Westboro Baptist Church und Nigel Farage uns ermuntert haben, einander zu hassen, während jede Schlagzeile weiteren Hass aufeinander schüren soll ... Das ist ein Zeichen: Alles was wir tun, muss im Kern aus Liebe entstehen. Es muss praktische Liebesbeweise geben. Anstatt beispielsweise nur für uns selbst zu schreiben, schreiben wir für uns und die Liebe anderer. Wenn wir Figuren erschaffen, ist es nicht mehr bloß beruflich notwendig, sie echt und tief und wahr und »begehbar« zu gestalten, sodass man in sie hineinschlüpfen kann, wie es in der Wirklichkeit nie möglich ist – jetzt wird es eine gesellschaftliche Notwendigkeit. Richtige, vollwertige Kunstausübung als einende, anspruchsvolle, lebendige Kraft –, das ist jetzt kein Luxus mehr, für den wir uns entschuldigen müssen: Wir können sie wieder als etwas betrachten, was Stalin nicht ohne Grund unterdrückte und besudelte, was Goebbels nicht ohne Grund unterdrückte und besudelte, was Pol Pot und Mao und dergleichen nicht ohne Grund ... Wir haben Macht. Wir können sie nutzen. Und wir haben Phantasie, *Social Banking*, Crowdfunding für Dinge wie das *Fairphone*, die Nutzung sozialer Medien zur Förderung von Freiheit und Transparenz ... Es gibt so vieles, was man verwenden und woran man sich erfreuen kann. Ich glaube, wir erleben die letzten heftigen Zuckungen von Kräften, die wohl wissen, dass sie als im Grunde schwach und parasitisch entlarvt werden; die Aufforderung zu einem Mord-Selbstmord-Pakt, der wir nicht nachkommen müssen.

Interessante Zeiten, könnte man sagen.

Ich habe übrigens in letzter Zeit viel über Fußball nachgedacht, weil England mich mit all seinen Schmerzen und Unsicherheiten und Traumata umgibt, seit ich südwärts gezogen bin. Die englische Haltung der Nationalmannschaft gegenüber – übersteigerte Hoffnungen, Kriegsmetaphern, gewalttätige Fans, Verzweiflung, große Egos und Scheitern –, das kommt einem alles so bekannt vor, wenn man in den 1970ern in Schottland aufgewachsen ist. Damals durchlitt Schottland eine Identitätskrise und fokussierte sich ebenfalls stark auf die Nationalmannschaft als eine Art Talisman. Es gab Gewalt, irre Hoffnungen, selbst verschuldete Niederlagen, Wut, Verunsicherung, animalische Verwirrung. Doch wir standen es durch und gewannen Selbstvertrauen und sind inzwischen keine Gefahr mehr für uns selbst und andere. Ich hoffe, dass auch England es so weit bringt.

Dass wir in den Brexit getaumelt sind, hat viele Menschen aufgeweckt, und inzwischen fällt es schwer, unsere Medien – vor allem unsere Zeitungen – und die herrschenden Eliten nicht mehr als Bedrohung für uns alle zu betrachten. England ist darauf dressiert, sich einzufügen und der Aristokratie nachzueifern oder sie zumindest zu unterstützen. (Es ist zum Beispiel vollkommen in Ordnung, dass der Staat die Kinder einer deutschen Einwandererfamilie mit griechischen Verbindungen durchfüttert, solange alle Beteiligten mindestens Herzöge sind ... Nicht so toll ist es allerdings, wenn unser *way of life* durch Flüchtlingskinder bedroht wird ...) Viele wussten zwar, wie düster die Lage war, doch die Medien haben natürlich Einfluss und noch viel mehr Menschen im Griff. Am Ende dieser langen, hässlichen Tage sind die Menschen müde. Sie sind vollauf damit beschäftigt, den wahnsinnig belastenden und schädlichen Sparkurs zu überleben. Sie wollen nicht glauben, dass sie von den Menschen umgebracht werden, die sie selbst gewählt haben, oder dass eine demokratische Regierung sich wie eine Besatzungsmacht aufführt: die Bildung des Volkes unterdrückt, den öffentlichen Verkehr zum Erliegen bringt, widerwärtige Propaganda ausspuckt, Geld und Ressourcen außer Landes schafft, sich Staatsgelder aneignet ... Man muss sich an das Ausmaß der Korruption erst gewöhnen. Aber während das Possenspiel immer surrealer wird, wachen immer mehr Menschen auf.

Die Vorstellung, dass ein verschlagener, verantwortungsloser, rassistischer, narzisstischer Clown mit guten Medienkontakten sich als liebenswert exzentrischer Clown tarnen, das Land an der Nase herum- und aus der EU herausführen kann, nur damit er die Chance bekommt, für den Premierministerposten zu kandidieren, wäre noch vor zehn Jahren höchstens Stoff für ein Fernsehspiel gewesen. Und heute müssen wir Boris, die Witzfigur mit dem losen Mundwerk, als Außenminister ertragen. Er und seine Komplizen haben uns an den Rand einer ökonomischen Apokalypse manövriert. Gleichzeitig wird unser schon lange existierender Rassismus offenbar. Ja, es werden immer mehr Vorfälle gemeldet, aber der Hass ist nicht neu – er hatte sich nur versteckt, schamhaft das Haupt gesenkt. Der blindwütige Rassismus in den Medien Rupert Murdochs und den Reden unserer Politiker hat manche vom rechten Weg abgebracht, andere aber schlicht ermutigt. Und jetzt muss ich eine Sicherheitsnadel am Revers tragen, damit ich als Weiße auf andere Menschen, die mir auf der Straße begegnen könnten, nicht als Bedrohung wirke. Verrückt. Ich hoffe, das Chaos bei uns, die absolute Ignoranz europäischer Geschichte und die folgende Strafe von Armut und Elend wird allen anderen Austrittskandidaten eine Lehre sein ... Wir sind eine prä-genozidale Kultur. Wir sind das, was man kriegt, wenn die Rassisten und Isolationisten gewinnen. Wir sind das, was man kriegt, wenn die Lügen das öffentliche Klima so sehr vergiften, dass es kein Zurück gibt. Was man kriegt, wenn Freizeit bloß noch für billige Besäufnisse verwendet und jedes Wochenende ein Möchtegernurlaub in Verantwortungslosigkeit, ein Ventil für Frustrationen wird. Was passiert, wenn kein Wert je über den Wert des Geldes gestellt wird. Wenn sich Faschismus in feine Anzüge kleidet und über Adam Smith und Stellenabbau redet – aber dennoch militärische Gewalt mit industrieller Macht vereinen möchte, dennoch Bürger als Arbeitseinheiten oder als Nichts betrachtet.

Aber wie Sie schon sagen – überall tauchen neue Medien auf, und die normalerweise fügsame, stille und schläfrige englische Öffentlichkeit wacht auf und denkt darüber nach, wie sie gern leben würde. Uns wurde gezeigt, wie schlimm wir werden können – dass wir ein Land sein können, in dem eine höchst beliebte progressive Parlamentsabgeordnete wegen ihrer Ansichten umgebracht werden kann; dass weiße »christliche« Rechtsextreme ebenso hasserfüllt und hassenswert sein können wie dunkelhäutigere »islamische« Ideologen ... Vielleicht lernen wir etwas aus dieser erzwungenen Erkenntnis. Und es ist gut möglich, dass wir die Ruhe und den Frieden vermissen, die wir zu haben glaubten, den Anstand und die Möglichkeiten, die sich allerdings ohnehin im Grunde nur auf die weiße Mittelschicht erstreckten ... Vielleicht stehen wir kurz davor, bessere Zeiten für alle zu gewährleisten – wir wissen auf jeden Fall, dass wir uns zusammenschließen und den Status quo kippen müssen, ehe er uns alle erdrückt –, zuerst für die Schwachen und Behinderten, die Nichtchristen, die ganz Jungen, die ganz Alten, die Armen, die Nicht-Weißen ... Eins ist klar: Unsere Regierung vertritt lediglich die Interessen von etwa 200 oder 300 Leuten.

Aber viele von uns jubeln über die Nordsee dem FC St. Pauli zu und wollen nur zu gern diesem ganzen Wahnsinn entfliehen ... Ein Hoch auf den Fußball als bloßes Spiel.

ALK

Susak, Kroatien, 16.8.2016

Liebe A. L. Kennedy,
haben Sie vielen Dank für Ihren Brief, der vieles anspricht, was mich beschäftigt. Zum Beispiel die Frage, seit wann wir Autorinnen eigentlich hauptsächlich Gleichzeitigkeitsbeauftragte sind? Zuständig dafür, die unterschiedlich wirksamen Zeitschichten in die sichtbare Gegenwart zu hieven, der Arbeit der Ungleichzeitigkeiten genügend Beachtung zu schenken, ihre politische Unwägbarkeiten zu verdeutlichen? Um Ihre Zustandsbeschreibung von GB aufzunehmen, dass dort so einiges nicht up to date zu sein scheint, irgendwo in heilloser Geschichte zurückgeblieben, im Vorgestrigen versunken, katholisch-protestantische Gespensterkämpfe, die sich erhalten, was sich ebenso für Deutschland oder Österreich ausführen ließe, ob es das Gespenst der Inflation ist, das in zwanghafte Austerität führt, der Nationalsozialismus oder der Geist des ewig untergegangen K&K-Imperiums, der immer noch herumspukt. »Das Vergangene ist nicht tot, es ist nicht einmal vergangen«, wäre hier frei nach William Faulkner anzumerken, wäre da nicht die Frage, warum sich deswegen ständig zwangsweise diese neue europäische Allianz der Rechtspopulisten, der Haudrauf-Chauvinismus und Gar-nicht-so-Retrofaschismus, der an so vielen Orten sein Haupt hebt, ergeben muss.

Mich wundert ja in Österreich und Deutschland sehr, dass er heute von einer Rhetorik der Gefühle begleitet wird, einer scheinbaren, von rechts neu beanspruchten Sensibilität. Da werden schnell Opfer und Täter vertauscht, wie man an jenem Transparent sehen konnte, das die neue grassrootartige, rechte Bewegung der »Identitären« im Wiener Audimax (dem Ort des Wiener Aktionismus, Aushängeschild des österreichischen 68) während eines Flüchtlingstheaterprojekts entrollten: »Multikulti tötet«. Da wird ebenso schnell das sogenannt thymotische Gefühl beschworen bzw. ein Patriotismus verletzt gesehen, die eigene Kultur für bedroht befunden etc., wie Sie ja auch schreiben, aber es ist doch diese gefühlige Verletztheitsrhetorik, die mich nervös macht, das Pochen auf den eigenen Opfercharakter. Auch gerade deswegen werde ich einer Rhetorik der Gefühle misstrauen, die sich nicht zu verbinden versteht mit ihrem Rahmen, d.h. mit ihren Widersprüchen. Zugleich kommt ein öffentliches Nachdenken über das Territoriale in Deutschland wieder in Mode, der Philosoph Peter Sloterdijk hat sich in diesem Sinne im Frühjahr geäußert, quasi als Reaktion auf den praktizierten Humanismus in der Flüchtlingshilfe, Grenzschutzphantasien, die sich schnell verbinden lassen mit jener öffentlichen Gefühlsrhetorik. Und uuuups, plötzlich solle man die Neofaschisten verstehen bzw. erst einmal den berühmten »kleinen Mann«. Aber ergibt nicht gerade die Einfühlung in die Falschen, das Mitleid mit Entscheidungsträgern, die etwas verbockt haben, für Sie einen schönen literarischen Ansatzpunkt? Was sind falsche Gefühle, so etwas wie Sentimentalität, Ressentiment, Weinerlichkeit?

In Charaktere »einsteigen« zu können, das ist tatsächlich ein so merkwürdiges wie bemerkenswertes Konzept unserer Arbeit, da haben Sie recht, selbst wenn ich für meinen Teil auch immer wieder aus ihnen aussteige. Das ist ja eine wüste Bewegung. Wie lange lassen wir jemanden »einsteigen«, wie weit? Wen behaupten wir erzählen zu können, das ist ja gerade in einer jüngeren Autorinnengeneration immer wieder Thema. Empathie und Fiktion können sich ja auch widersprechen.

Wüsste ich nicht, wie sehr Sie das ausloten, die Nähe und Distanz zu Ihren Figuren, welche Bewegungen Sie da in Ihren Texten aufmachen, wie Sie vorsichtige Figuren, leise, zaghafte gestalten, könnte ich Sie in diesem Punkt in Ihrem letzten Brief falsch verstehen, aber vielleicht würde das auch mehr an der späten Nachtzeit liegen, in der ich ihn las und an den vielen kleinen Insekten, die um mich herum hier im europäischen Süden die alten Mauern rauf und runterkrabbeln, Tiere, die stets Vorzeitcharakter annehmen: Tausendfüßler, Skorpione, Asseln. Aber um Himmels willen: Was für eine politische Semantik ergibt denn das? Zu meiner Verteidigung möchte ich hinzufügen, ich betreibe zur Zeit das, was man heute *slow tourism* nennen würde, auf einer abgelegenen Insel im Retro-Kroatien, *very slow tourism,* vielleicht zu langsam (das Internet ist schon wieder zusammengebrochen, mein Brief wird zu spät kommen), aber immerhin entsteht der Gedanke, man sollte vielleicht als Autorin *slow fiction* machen oder *very slow fiction*. Aber was wäre das? David Foster Wallace oder Adalbert Stifter? Detailobsession oder Vielsprachigkeitsvergnügen? Genauigkeitsfiktion und Recherchefuror – an einer Sache dranbleiben? Als Gleichzeitigkeitsbeauftragte wissen wir, dass derzeit immer auch die unterschiedlichen Tempi simultan unterwegs sind, und gerade in Ihren Texten wird der Tempowechsel ja auch so gekonnt vorgeführt. Geht es also gar nicht so sehr um Langsamkeit, sondern vielmehr um die berühmte *Arbeitsebene*, auf die wir endlich kommen sollten? Ich meine jene Arbeitsebene, von der mir Simultandolmetscher politischer Konferenzen (während einer Recherche) erzählt haben, die im politischen Geschäft existieren soll, auf der sich ideologische Fragen nicht so krass bemerkbar machten. Auf der plötzlich alle eine Sprache sprechen würden und infolgedessen die Dolmetschdienste nicht gebraucht würden. Nein, Technokratie sei es nicht, wurde mir dann erzählt, sondern ein wirklich problembewusstes Arbeiten von politischen Fachkräften, das dann aber leider leider von der nächsten machttechnisch darüber liegenden Ebene, die ideologisch und rein interessenbezogen fungiere, systematisch konterkariert, unterlaufen und zerstört werde. Wir bekommen medial ja sowieso immer nur eine weitere vorgelagerte Ebene der politischen Rhetorik mit, die Simulation von Ideologie, Interessensvertretung, eine Rhetorik, die nach Wählerschaft fischt.

Die Dolmetscherinnen erzählten mir diese Dinge in einer Weise, als wäre die Welt in Ordnung, könnte man auch nur eine der über diese *Arbeitsebene* darüber gelagerten Ebenen ausschalten. Na, da wurde ich dann doch etwas misstrauisch … Aber was wäre unsere *Arbeitsebene*? Etwa in diesem unserem Dialog? Beziehungsweise können oder wollen Sie mir überhaupt noch folgen? Es ist vielleicht das typisch deutsche krude Zeug, das ich da äußere als angelernte Deutsche … (Übrigens habe ich als Österreicherin in Deutschland lange mit diesem Ausländerstatus gespielt, der wahre Luxus der Migration, wenn man das thematisieren *darf*, ohne gleich als Mensch mit Integrationsproblem bezeichnet zu werden, also wenn man Distanzen spüren *darf*.)

Hmmm, also die Rhetorik macht mir wirklich Sorge. Alarmismus, Katastrophenstimmung etc. Wie können wir inmitten dieser Stimmung einen Dialog finden, alleine wir zwei, einen Dialog, der unserem europäischen Kollegentum gerecht wird und doch herausfindet aus diesem Sog. (*By the way* – das hat mich ja prompt erstaunt, so von Ihnen angesprochen zu werden: als europäische Kollegin. Beinahe zu groß schien es mir, was ja auch schon Bände spricht …) Aber wie kommen wir aus dem raus, was man im Deutschen wie im Englischen wohl »preaching to the own crowd« nennt (wobei dies im Deutschen, wo jede Menge Pseudo-Englisch gesprochen wird, ebenfalls eine klitzekleine elitistische Markierung beinhaltet. Wir haben ein zweites Englisch parat, das uns irgendwie Weltläufigkeit und Bildung zu verschaffen scheint).

Und wie finden wir zu gemeinsamen Diagnosen, ohne in den Sog der Superlative zu geraten? Sie haben es schon so pointiert ausgedrückt, so sehr auf den Punkt gebracht, das Prä-Genozid-Land in die öffentliche Erinnerung gerufen, das wir längst sind, und auch die Gegenbewegung dazu aufgerufen, dass ich für einen Moment nicht weiterwusste, was sollte ich dem noch hinzufügen. Vielleicht die ordentliche Zivilgesellschaft, die sich in Deutschland im letzten Jahr gezeigt hat? Die neue politische Protest-Netz-Kultur mit all ihren Grenzen, all der Burnout, die Erschöpfung, denn die Zivilgesellschaft kann unmöglich alles Politische alleine schaffen, wie jetzt immer gefordert.

Die politische Klasse ist ja auch mit Erdoğan, Putin und Trump beschäftigt, die Europa umstehen und auf alles mit Autokratie antworten. Haben wir noch ein paar Strukturen in petto, die so was in Europa verunmöglichen? Und gibt es etwas, das mehr ist, als Figuren wie Le Pen, Wilders, Hofer, Orban etc. zu verhindern? Ja und nein, nicht? Ich wünschte zumindest, ich könnte eine ähnliche Geschichte von Österreich erzählen, wie Sie über Schottland, das klingt ja phantastisch, seeehr sympathisch. Ich wünschte, da wäre etwas von meiner

Seite möglich, vielleicht aus der goldenen Kreisky-Zeit, die grandiosen und wirklich sozialdemokratischen Jahre, aber auf der anderen Seite waren Elfriede Jelinek und Thomas Bernhard schon damals die typischsten österreichischen Autoren, und das sagt vermutlich alles. Beide verweigern auf die eine oder andere Weise die allzu liebevolle Empathie mit ihren Figuren, gehen recht grob um mit ihnen, nein, grob ist das falsche Wort, aber mit der dem gesellschaftlichen Rahmen entsprechenden Härte. Es ist die Kommunikation mit den Leserinnen und Lesern und mit sich selbst, die diese Härte hervorruft, und wegen dieser Kommunikation schreibe auch ich. Ich kann nicht nur zugewandt sein.

Doch letztendlich sind wir Gleichzeitigkeitsbeauftragte und sollten jetzt weitergraben. Zeitschichten hervorheben, die hintergründig instrumentalisiert werden, um den 200 Leuten weiterzuhelfen, die Sie erwähnen, 200 Leute, um die es in Wahrheit geht. Das sollte man doch zumindest zur Kenntlichkeit entstellen, nicht? Denn sichtbar ist es längst.

In dieser hintergründigen Arbeit gibt es übrigens auch eine weitere Merkwürdigkeit: Im selben Moment, in dem etwas aktuell wird, ist es schon gestrig. Während man sich neben mir im Radio darüber unterhält, warum die Intellektuellen in Deutschland so lange brauchen, auf die Situation in der Türkei zu reagieren, bemerke ich, wie auch diese Geschichte schon gestrig wird, während sie sich noch ereignet. Brexit war insofern auch schon gestern, obwohl er sich noch gar nicht ereignet hat. Griechenlandkrise war vorgestern, obwohl sie morgen erst so richtig losgeht. Wie sollen wir jemals mit der Gegenwart umgehen können, also auch literarisch, wenn sie ihre Aktualität vollends eingebüßt hat. Schwierig, eine künstlerische Veranstaltung zu einem Thema wie dem der »Flucht« zu planen, wenn man gar nicht weiß, wo sich dieser ständig verschiebende Diskursrahmen dann wieder befinden wird. Das ständige Zerrieseln des Aktuellen, inwiefern beschäftigt Sie das? Kennen Sie das von Ihrem gegenwärtigen Schreibtisch? Welche literarische Gegen-Zeitreise haben Sie derzeit konkret zu Englands Brexittunnel vor?

Es grüßt Sie herzlich,
Ihre
Kathrin Röggla

P. S. Vielleicht wäre ein Teil der *Arbeitsebene* auch eine Art statistische Arbeit, die den Alarmismus konterkariert, ohne zu verharmlosen: Etwa zu veranschaulichen, dass es wahrscheinlicher ist, in den USA von einem Kind irrtümlich erschossen zu werden (das wird dann immer noch dazu gesagt, als könnte man von einem Kind unirrtümlich erschossen werden), als von einem Extremisten, Terroristen – you name it –, natürlich nicht, ohne gleichzeitig deutlich zu machen, was für gefährliche Folgen der politische Extremismus hat bzw. wo seine Arbeit tatsächlich stattfindet. Keine Banalisierung, aber eine Rahmenverschiebung – ich fürchte, mir gelingt so was nicht. Ich bin Alarmistin, vom Alarmismus total angefixt, und kann derzeit mit der uns umgebenden Kultur der Angst nur extrem umgehen.

7. November 2016

Wir sind in Großbritannien unglaublich selbstgefällig gewesen – wir haben angenommen, dass wir eine Bürgergesellschaft sind, weil wir eben so geboren sind. Nur Ausländer machen sich die Finger mit Tyrannei schmutzig und lassen sich dabei erwischen. Und einen unfassbaren Vertrauensvorschuss haben wir unseren Eliten gewährt, die jetzt womöglich den Ereignishorizont ihrer ungeheuren Dummheit erreicht haben. Ich würde meinen, Politiker waren schon immer auf den eigenen Vorteil bedacht, seelisch gestört und kurzsichtig, aber früher glichen wir das durch eine Beamtenschaft aus, die auf Fakten, Realitäten und Folgen in der richtigen Welt verweisen konnte. Je mehr unsere Politiker ihr Tun auf Glauben gründeten (was freundlich ausgedrückt ist; »Wahn« wäre wahrscheinlich besser), desto weniger haben sie auf Ratschläge gegeben oder auch nur dafür gesorgt, dass sie Rat bekamen. Das hat katastrophale Auswirkungen. Thatcher hat unsere Industriearbeiterschaft auf Sozialhilfe gesetzt und ganze Gemeinden zerstört – das sind jetzt verzweifelte Orte, Sozialwohnungen werden verscherbelt und nicht ersetzt, Arbeitsplätze gibt es nicht, jedenfalls keine menschenwürdigen ... Und das wird jetzt Ausländern zur Last gelegt. Dabei ist es die Schuld unserer eigenen Regierungen der letzten drei Jahrzehnte. Blair hielt sich für einen Frieden bringenden Messias, hat den Nahen Osten in Stücke gehauen und Kriegsflüchtlinge in alle Welt getrieben – und jetzt beschuldigen wir die Opfer.

Ich glaube jedoch, die Auseinandersetzung hat eine solche Schärfe bekommen, weil es bald so weit ist, dass unsere Politiker tatsächlich ständig kurz vor der Enthüllung, vor der demokratischen Bloßstellung stehen – sie können ihre schmutzigen Geheimnisse nicht bewahren, ihre Skandale können innerhalb von Stunden oder Minuten eine dynamische Reaktion hervorrufen, das Internet kann wie nie zuvor weitreichende Solidarität erzeugen. Es sind Bestrebungen im Gange, das zu unterdrücken, doch ich glaube, der Geist ist aus der Flasche. Darum bestehen unsere politischen Führer darauf, wie Fürsten oder Prinzessinnen behandelt zu werden, obwohl wir doch wissen, dass sie Scharlatane und Schurken sind. Crowdfunding könnte den Einfluss der großen Parteispender untergraben, die sich politische Entscheidungen erkaufen ... und Murdochs

Giftküche ist jetzt so außer Kontrolle, dass er nur noch um Haaresbreite von einem mächtigen Backlash, dem Boykott seiner Anzeigenkunden und Medien entfernt ist ...

Der üble Einfluss von Murdoch ist natürlich ein absolut negativer roter Faden der Zerstörung, der sich durch unsere letzten Jahrzehnte zieht – er kauft Politiker und ihre Geheimnisse, er tut ungestraft, was er will, er vergiftet den öffentlichen Diskurs. Er ganz allein hat jedes öffentliche Vertrauen in Journalismus und gute journalistische Praxis zerstört.

Ein politisches Ziel der Rechten ist immer gewesen, das Bildungssystem und die öffentliche Gesundheitsversorgung zu demontieren, die den Unterschichten soziale Mobilität ermöglicht. Arbeitsplätze sollten abwandern, und wir sollten in einer Dienstleistungsgesellschaft leben, was nichts anderes bedeutet, als dass ganze Generationen in Null-Stunden-Verträge gezwungen und ihnen im Handumdrehen alle noch übrigen Rechte genommen werden. Die Fortschritte, die nach dem Zweiten Weltkrieg gemacht, und die Lehren, die aus ihm gezogen wurden, sind vergessen oder werden absichtlich verfälscht und unterdrückt. In Großbritannien nehmen wir also wieder an, dass wir immer eine Bürgergesellschaft sein werden, egal wie schlecht wir Menschen behandeln, und dass unsere Zeitungen so widerwärtig sein können, wie sie nur wollen, ohne dass es Folgen hat. Im Augenblick haben wir fast so etwas wie ein Rechtssystem, doch es gerät schon unter intensiven Druck. Das Gesetz kann immer noch Behinderte schützen, denen willkürlich Beihilfen gestrichen werden, es kann die Menschenrechte unterstreichen, kann eine zutiefst undemokratische Regierung in die Schranken weisen, kann sich dem Wahnsinn des Brexit widersetzen, also einer nicht verpflichtenden landesweiten Meinungsumfrage und etwa einem Drittel der Wähler, die unsere Wirtschaft ruinieren wollen. Die vage Hoffnung ist dabei, dass Großbritannien irgendwie in eine Zeit zurückkehren kann, als unsere Industrie den meisten anderen weltweit überlegen war und wir mit unseren industriell gefertigten Waffen weniger gut gerüstete Nationen besiegen und ausrauben konnten. Doch das ist nicht möglich. Dem liegt folgende Annahme zugrunde: So lange wir nur laut behaupten, dass wir das großartigste aller Völker und die beste aller Nationen sind, sind wir es auch irgendwie – falls niemand uns zu nahe kommen möchte, dessen Heim zu Schutt gebombt wurde, und solange unsere eigenen Bürger mehr als alle anderen EU-Bürger die Vorteile der Freizügigkeit und der freien Arbeitsplatzwahl in Europa nutzen. Doch bald werden wir auf einem traurigen Felsen gefangen sein und in der ganzen Welt nur noch sehr wenige Freunde haben. »Wir« werden bekommen, was »wir« nach »unserer« eigenen Aussage wollten, nämlich eine Intensivierung des Katastrophenkapitalismus, an dem unsere Katastrophenkapitalisten bisher schon verdient haben, durch Leerverkäufe von Pfund und britischen Aktien und Anteilen. In gewisser Weise könnten wir sogar gut für Europa sein – der übrige Kontinent könnte unsere Zerstörung, unser Elend beobachten und erkennen, welche Versprechen Hass und Fanatismus einlösen. Für uns wird es entsetzlich werden. Vielleicht können wir uns noch aus unserer Todesspirale herauswinden, doch es sind bösartige und widerwärtige Kräfte entfesselt worden, die bereits paramilitärische Formen angenommen haben.

Wir können nichts weiter tun, als uns gegenseitig zu ermutigen und wir selbst zu sein und alle Differenzen zu überbrücken. Hätten wir alle eine gemeinsame Sprache – und die haben wir als Menschen, wir sind diese Sprache, unsere Schmerzen und Freuden sind fundamental, gehen tiefer als Worte –, dann würde sie sofort fragmentiert und sich in unterschiedliche Sprachen aufspalten – wie es mit dem Lateinischen passiert ist, wie es gerade mit dem Englischen passiert. Ich glaube, wir müssen unsere Gehirne mit fremden Zungen trainieren. (Und das Schöne am Brexit für Europa wäre, dass ihr nicht mehr alles auf Englisch sagen und drucken müsstet, damit unsere verstockt dumme, monoglotte Kultur es versteht – dann müssten wir tatsächlich andere Sprachen lernen, um verhandeln zu können. Das würde uns guttun.)

Ich schreibe diesen Brief vor dem Ausgang der US-Wahlen, in der Hoffnung, dass der Wahnsinn sich noch nicht zu weit ausgebreitet hat – dass wir nach dieser endgültigen Kapitulation vor dem Hass zumindest wieder ein wenig Boden gutmachen können. Ich könnte mich nicht zum Schreiben überwinden, wenn der Sieg an Trump ginge …

Berlin, 5.12.2016

Liebe A. L.,
es war fein, Dich in Berlin zu treffen, einen echtes Gespräch in unseren Austausch zwischenzuschieben, was ja speziell für dieses Projekt wichtig ist. Vielleicht müssen wir uns einfach manchmal als wirkliche Personen gegenüberstehen und nicht einfach nur im Netz, vor allem wenn wir über Europa reden. Man sieht einfach, dass da wirklich jemand da draußen IST. (Obwohl ich den Worten »wirklich« und »man« nicht mehr traue.) Danke für Deinen Brief, den Du knapp vor der US-Wahl geschrieben hast, andere Zeiten, so scheint es mir. Hoffentlich geht es Dir gut und Du bist voller Energie, der wirklich schwierigen politischen Situation zu begegnen.

Wir haben seit Deinem letzten Brief lernen müssen, dass vieles möglich ist, was zumindest ich nicht erwartet habe, und ich könnte mir vorstellen, dass Du mit diesem Umstand auch schlecht zurechtkommst. Für mich war es ein merkwürdiges Erlebnis, mich überrascht zu fühlen. Man hätte es ja erwarten können, aber ich habe es nicht erwartet. Mich hat dieser Aufstieg des Rechtspopulismus sozusagen kalt erwischt, wider besseres Wissen, und ich fühle mich ebenso wider besseres Wissen erleichtert, dass Norbert Hofer nicht die österreichischen Präsidentschaftswahlen gewonnen hat. Es bedeutet schon etwas, aber nicht allzu viel. Genau diese Überraschung, dieses »wider besseres Wissen« müsste dekonstruiert werden, weil es Teil des Spiels ist. Ich weiß das, aber kann mir auch nicht helfen. Vielleicht bin ich ja auch überrascht, gerade weil ich es wusste. Ich wollte mir nur nicht glauben. Das mag ein literarisches Gefühl sein, aber es gilt darüber hinaus daran zu arbeiten, weil es nun wirklich gefährlich ist.

Inzwischen haben sich die Rechtsextremen und die Linken in Italien gegen Renzi und die politische Klasse verbündet. Ja, es ist jetzt immer diese »politische Klasse«, die angeklagt ist. Sie habe versagt, oder etwas ist am ganzen System falsch, das mit Thatcher und Konsorten begonnen hat, real zu werden, bis wir heute beim Merkelschen Austeritätsprogramm gelandet sind. Diese Austerität ist keine Lösung, denke ich, für Europa. So wird es auseinanderfallen. Aber, auf Währungsfragen bezogen, wäre es vielleicht sogar eine Möglichkeit.

Heute Morgen las ich Timothy Snyders 20 *Vorschläge den Frieden und unfreien Zeiten zu retten* in *Lettre*, was mich sehr befremdet hat. Schließlich erzählten mir die Vorschläge jede Menge über Politik, ohne politisch zu sein. Die Rede ist fast ausschließlich von Faschismus, als wäre Faschismus ein Problem der Gewalt und Dummheit alleine. Als würde es ausreichen, Institutionen zu verteidigen, faschistische Zeichen und Sprechweisen in der Öffentlichkeit zu löschen, und, am überraschendsten, die Aufforderung, Menschen zu treffen und mit ihnen in der Öffentlichkeit zu marschieren, die man nicht kennt. (Dann könnte ich ja gleich mit Faschisten marschieren.) Insofern finde ich es wichtiger, immer wieder zu betonen, wie der Grund des Hasses sozial hergestellt wird. Wir brauchen eine neue linke Bewegung, die sich auf ein Kollektiv bezieht, ähnlich dem, was Negri/Hardt vor einem Jahrzehnt als Multitude bezeichnet haben. Ach, ich weiß es nicht. Welche Form der Solidarität können wir bauen? Die Linke Partei in Deutschland beginnt sich auch schon wie eine neue Rechte zu verhalten und spricht deutsche Arbeiter an. Das ist derselbe Bezugsrahmen, aus dem Faschismus entsteht. Die Frage, ob die Rechtspopulisten wirklich Faschismus etablieren wollen oder damit nur auf Wählerfang gehen, beschäftigt mich – sie ist vermutlich müßig.

Wie Du in Deinem letzten Brief schreibst, ist die Krise hausgemacht. Grausam, weil wir die Opfer »unserer« politischen Taktik erneut zu Opfern machen. Und die Murdochs dieser Welt beschleunigen und verbreiten die ganze Geschichte, infiltrieren das kollektive Bewusstsein. Letzte Woche erfuhr ich in

Österreich etwas Merkwürdiges in Bezug auf die Mediensituation. Ich war dort auf einer kleinen Lesereise und traf einen alten Freund, Journalist des *Falter*, eine wöchentliche linksliberale Zeitung in Wien, der mir auf mein entsetztes Statement »Sie wählen einen Faschisten!« nur ruhig geantwortet hat, dass es nicht mehr sinnvoll ist, diese antifaschistische Rhetorik zu benutzen, ganz einfach weil man keinen Blumentopf damit gewinnen kann. (Kennst Du das Sprichwort?) Die ganze Kommunikationssituation stecke in dieser Mechanik zwischen Faschisten vs. Antifaschisten fest, die beiden Gruppen würden sich nicht mehr zuhören (ähnlich der Situation in den USA, wo das System der Medienbubbles das ganze Land teilt). Und dann erzählte er mir, wie sein Kollege Florian Klenk, der von einem Hate-Poster im Internet mit Botschaften wie »Kann den wer anzünden, bitte!« überzogen wurde, plötzlich von diesem einen Rückzieher erhielt, eine Art Entschuldigung, die dieser konterte: »Entschuldigung angenommen, aber nur, wenn wir uns treffen.« Sie trafen sich und Herr Klenk schrieb eine Reportage über den Typen, in der festzustellen war, wie die Stereotypen eben nicht zutrafen. Über 100 000 Leser haben diesen Artikel im Netz gelesen, ungefähr 20 Mal so viele wie normalerweise *Falter*-Artikel im Netz lesen würden. Das zeigt mir, wie ein Teil der österreichischen Bevölkerung endlich diese verfahrene Kommunikationssituation überwinden möchte. Vielleicht hat Timothy Snyder doch recht: Wir müssen andere Leute treffen. Aber auf umsichtigere Weise, als er es vielleicht im Sinn hatte, und wir sollten die Geschichte dabei nicht vergessen. Dass wir uns auf eine neue Weise treffen, heißt nicht, dass wir uns noch nie getroffen haben, und dieses »wir« ist auch heftig konstruiert. (Das hebe ich hervor, weil ich gerade einen interessanten Artikel zur Amnesie der Mittelklasse gelesen habe, die bewirkt, dass die sogenannte Flüchtlingskrise als neues Problem wahrgenommen wird, die ganze »Willkommenskultur« ist von dieser Amnesie betroffen: Gutwillige Leute treffen »zum ersten Mal« helfenderweise auf Flüchtlinge, würden aber niemals mit ihren arabischstämmigen Nachbarn sprechen oder verstehen, dass diese Deutsche wie sie sind.

Auf meinem Schreibtisch liegen also »Amnesie«, »falsche Überraschung« etwas launig neben der Frage nach »Narzissmus und Empathie« und »Humor als Waffe« – um es kurz und bündig zu sagen: fragile Werkzeuge und Themen. Immer bereit, Risse zu bekommen, durch die dann ganz was anderes durchscheint. Ich werde versuchen, Strategien zu finden, obwohl ich jetzt schon weiß, es wird zu wenig sein. Und dass Kultur aus den Augen »der Ungesehenen« anscheinend ein elitäres Projekt bleibt, nicht interessant für sie, ja nahezu feindlich. Manchmal kann man das ja drehen, wenn man Schüler, Kinder, alte Leute trifft, aber immer nur in kleinen Gruppen. Man kann Sozialarbeitern helfen, vielleicht indem man stereotype Rhetoriken in der Öffentlichkeit vermeidet. Ob ich das ausreichend kann – nicht einmal da bin ich sicher, es bleibt meine Baustelle. Erzähl mir mehr über Deine Pläne!

Herzlich,
Kathrin

6.12.2016

Ebenso schön, Sie persönlich kennengelernt zu haben. Einerseits leben wir in einer Welt, in der friedlicher Widerstand wie der gegen die Pipeline am Standing Rock sehr schnell ein Echo von einem Computer zum nächsten finden kann. Die Unterdrückten können sich wie nie zuvor Gehör verschaffen. Andererseits können wir uns als fühlende Wesen und Menschen voneinander entfremden und uns aus der Sicherheit der eigenen vier Wände in GROSSBUCHSTABEN gegenseitig anbrüllen, auf die Tastaturen eindreschen und ungeprüfte Fiktionen lesen, die als Fakten ausgegeben werden. Wir befinden uns mit Sicherheit an einem Scheideweg.

Es war ein Hoffnungsschimmer, dass Österreich einen Faschisten als Präsidenten abgelehnt hat. Das italienische Abstimmungsergebnis wurde in der britischen Presse als Anti-EU-Votum dargestellt, doch ich kann mir auch gut vorstellen, warum alle möglichen Leute im Augenblick (und nach den Bush- und Blair-Jahren) die Macht nicht in den Händen eines möglichen neuen Alleinherrschers konzentriert sehen möchten.

Kürzlich zeigte eine Umfrage in Großbritannien, dass die Öffentlichkeit Politikern und Journalisten am wenigsten traut; ganz oben auf der Liste derer, denen am meisten Vertrauen geschenkt wird, stehen Krankenpfleger, Ärzte und Lehrer. Man sagt uns zwar, dass niemand mehr Experten mag, dass wir in einer postfaktischen Welt leben, in der Wahrheit keine Rolle mehr spielt – doch Menschen wollen immer noch nützliche Informationen haben, sie wollen immer noch in der realen Welt leben. Natürlich verfolgen die Medienbarone Murdoch und Rothermere ihre eigenen giftigen Pläne, und die Politiker hecheln ihnen hinterher und betteln um Gefälligkeiten. Das Problem gründet sich auf moralisches Versagen, Charakterschwäche, Gier und die üblichen Verfehlungen. Doch es gibt auch ein tief sitzendes Kompetenzproblem. Britische Journalisten sind oft nicht in der Lage, einen ganzen zusammenhängenden Artikel zu verfassen, es wird nicht gründlich recherchiert, journalistisches Können ist umfassend verloren gegangen. Unsere Politiker haben erschreckend löchrige Kenntnisse; es fehlt ihnen ganz grundsätzlich an historischem Wissen, an Sorgfalt, an langfristigem Denken, und das kombinieren sie mit Arroganz, was sie weiterhin ahnungslos hält. Politiker haben immer schon zu Demagogie geneigt, doch diese ungeheure und unverschämt selbstzufriedene Ignoranz ist wohl neu – und könnte zum Sturz derjenigen führen, die uns am liebsten als Ressource nutzen, als billige Arbeitskraft, als Kanonenfutter im Krieg, als nützliche Idioten, die sie an der Macht halten. Wir dürfen hoffen.

Auf jeden Fall ist es wichtig, weiter um faktenbasierten Journalismus und Information zu kämpfen. Doch wie Hannah Arendt bemerkte: Wer die emotionale und psychologische Grenze zum Hass erst einmal überschritten hat, ignoriert automatisch alle Fakten, die nicht mit seiner Weltsicht übereinstimmen. Auch Dietrich Bonhoeffer hat das erkannt. Er stellte fest, ein Mensch müsse einen psychischen oder emotionalen Schock erleiden, eine Art Damaskus-Erlebnis, ehe er wieder seinen Frieden mit der Menschheit machen könne. Kunst kann natürlich Erfahrungen liefern, die Menschen tiefgreifend verändern, doch die Reichweite der Kunst ist eingeschränkt worden. Aber das ist ihre Macht: die Fähigkeit, zu transformieren, Starrheit in Flexibilität, eine leicht zu hassende Masse in Individuen zu verwandeln. Kunst kann der Dialog mit einem Individuum sein, bei dem man als Mensch erst zu existieren beginnt. Sie kann solche Dialoge in der realen Welt befördern.

Ein sehr großer Teil von Macht und Politik ist inzwischen absichtlich von echten Resultaten in der realen Welt abgekoppelt. Die politischen Programme, die Reichtum für alle versprechen, erzeugen Reichtum für nur wenige, die »Effizienz« von Privatisierungen erweist sich im Nachhinein als Sabotage und reines Profitstreben, den Opfern wird die Schuld zugeschoben, die Täter werden gepriesen usw. Das bedeutet, dass wir es mehr denn je mit einem Kampf der Narrative und einem Wettstreit der Phantasien zu tun haben. Wenn wir als Künstler mit Talent zum Erzählen und mit Phantasie vorangehen, dann können wir die Menschheit an ihre Menschlichkeit erinnern. Wir bekommen einen Heimvorteil geschenkt. Wir werden daran erinnert, dass die Wahrheiten, die wir ergründen müssen, um unsere Fiktionen real wirken zu lassen, eben die wichtigen sind, die uns überhaupt ein Leben, ein wertvolles Leben ermöglichen. Das bietet große Kraft.

Ich erinnere mich, im Museum »Haus des Terrors« in Budapest eine Filmschleife gesehen zu haben. Sie zeigte einen Mann, der die Uniform der Pfeilkreuzler, der ungarischen Faschisten, ablegte und stattdessen eine Uniform der kommunistischen Armee anlegte, und dann wieder die der Pfeilkreuzler und immer so weiter im Kreis. Das Gebäude wurde von Faschisten wie Kommunisten als Folterkammer genutzt. Autoritarismus ist Autoritarismus – ob von links oder von rechts, er führt zum gleichen Machtmissbrauch; ob von links oder von rechts, dieser Wunsch, Macht zu zementieren und Wohlstand anzuhäufen, ist identisch. Als zarte menschliche Wesen, leicht zu brechen, müssen wir immerfort wachsam sein und beide Seiten davon abhalten, unsere Welt so zu verändern, dass wir nicht mehr darin überleben können; wir müssen die Macht verteilen. Es gibt eine Vielzahl von Modellen, wie das zu erreichen ist, und sie rücken – so wie in Standing Rock, wo US-Ureinwohner gegen den Bau einer Öl-Pipeline durch ihr Gebiet protestieren – immer mehr in den Mittelpunkt der politischen Auseinandersetzung. Die Idee eines höflichen, gewaltfreien Widerstands kann bis zu einem gewissen Grad effektiv sein. Wenn es jedoch zu bewaffneten Auseinandersetzungen kommt, würde dieser Ansatz offensichtlich zu massenhaftem Selbstmord führen und so unhaltbar werden, und doch: Er bereitet die Gesellschaft am Besten auf das vor, was dann kommt, er reißt die wenigsten Wunden. Ich bin sehr beeindruckt von der stetigen kreativen Energie der Menschen im Augenblick. Vielleicht schaffen wir es, aufzuwachen und zu handeln, bevor wir zu jahrelangem Krieg oder unauffällig blutigen Diktaturen verdammt sind, oder zu der Art nuklearen Fehltritts, auf den jemand wie Trump uns zusteuern könnte.

Wir müssen hoffen, oder so tun, als könnten wir noch hoffen, um überhaupt handeln zu können. Ein großer Teil der aktuellen Propaganda dreht sich darum, dass andere Menschen widerwärtig sind, und da sie ständig gesagt bekommen, dass alle widerwärtig sind, benehmen sich viele Menschen erst recht widerwärtig. Anstand wird zu »Gutmenschentum« umgewidmet (so wie sich Faschismus unbedingt als »Alt-Right-Bewegung« oder »Nationalismus« oder Ähnliches neu definieren will), doch dagegen können wir uns auf jeden Fall zur Wehr setzen. Der Sprachgebrauch ist ungeheuer wichtig, und die Menschen werden wachsamer jedem Versuch gegenüber, die Wahrheit zu verdunkeln.

Wir leben, wie man sagt, in interessanten Zeiten.

Berlin, 13. 12. 2016

Liebe A. L.,
ich bin absolut Deiner Meinung, dass die Menschen Informationen brauchen, die für sie nützlich sein können, aber ich bin nicht sicher, ob sie wirklich in einer realen Welt leben wollen … (Ich weiß auch nicht zu viel über diese »Leute«. Eine sehr vage Entität, die ich nicht messen, beschreiben, definieren kann.) Die wirkliche Welt ist z. B. in meiner Nachbarschaft, in den Schulen und kleinen Gewerben, Geschäften und bei den Obdachlosen, den Bars und sehr hippen Bars – der alte Getränkeladen hat geschlossen und wir haben nun »avantgarde drinks« in Nordneukölln einen Augenblick lang, bis dieser Laden auch geschlossen wird, weil Mum und Dad nicht mehr Geld überweisen wegen der enormen

Finanzkrise, auf die wir zusteuern. Die wirkliche Welt ist die juristische Frage, ob automatische Autos von Kunden zu programmieren sein sollen, wen sie im Falle eines Autounfalls eher überfahren wollen: Fremde oder Heimische. Es ist die Frage, wie ich in universitären Kreisen noch über Probleme sprechen kann, ohne als sexistisch oder rassistisch zu gelten. Die Idee dahinter ist nicht falsch, diese Idee der Rekonstruktion hegemonialer Strukturen durch die Sprache, also vermeiden wir, sie zu verwenden, und manchmal sprechen wir dann auch gar nicht mehr über die Probleme. Wie mittelalterliche Nominalisten glauben wir (aus dem akademischen Milieu), wenn man nicht mehr über *gender trouble* spricht, gäbe es ihn nicht mehr – so »beobachten« und überprüfen wir unsere Sprache. (Gefilmt und online verurteilt zu werden, gehört zu den normalen Situationen von Professoren, was vermutlich in Ordnung geht – hmm, vermutlich –, wenn es nicht auch noch die Energien der Studenten – soll ich jetzt schreiben Student*innen – bindet, die darüber manchmal die Welt da draußen vergessen.) Vor nicht allzu langer Zeit war es klar, dass die reale Realwelt sichtbar würde, wenn wir Konflikte zeigen, Klassenkonflikte, Gender- und Rassenkonflikte, in dem Moment, in dem wir deren Beziehungen verstehen. Aber – Moment – die reale Realwelt hört nicht auf und will auch noch das piepende Geräusch in einer Intensivstation sein, es ist der Tod in einer syrischen Ruine. Die wirkliche Welt besteht aus Abhängigkeiten, ein enormes Ausmaß an Abhängigkeiten und Verwicklung, Beteiligung, und andererseits das Gegenteil davon: Lose werden, verloren sein, keinen Kontakt haben.

Wenn ich Theaterstücke lese, die junge deutschsprachige Dramatiker geschrieben habe (wie ich es im Moment für eine Jury-Arbeit mache), gibt es da dieses enorme Weltunhaltigkeit, um es auf diesen merkwürdigen (vielleicht ungerechten) Begriff zu bringen. Zumindest empfinde ich es so. Ich höre sprechenden Blusen zu, die Genderfragen reflektieren, die ganz viele theoretische Debatten über Biopolitik jenseits jeglicher diskursiver Konsequenz erörtern, oder Texte über historische Fälle, weit weg, wo man wirklich nicht weiß, warum muss das heute erzählt werden. Keine Konsequenzen erwachsen aus irgendwelchen Handlungen, nichts ergibt sich, nur absurde Existenz. Oder aber ich habe es mit einem Stück voller Meinungen, Hate speech zu tun, ein wenig auffrisiert für einen Spoken-word-Auftritt oder einen Standup-Comedian, (der aber es gerade noch in sein Genre schafft, für einen Theaterabend etwas armselig), als ob eine ganze Generation kein Projekt hätte. Oder aber ich bin nicht in der Lage es zu sehen, zumindest was Dramatiker angeht, die gerade auf meinem Tisch gelandet sind. Es scheint sie zu vereinen, dass sie alle dem »gehobenen Bürgertum« entstammen. (Wenn ich junge alternative Ökonomen treffe, ergibt sich ein ganz anderes Bild) Wenn ich nun junge britische Autoren lese, werden mir jede Menge Katastrophenplots geboten, apokalyptische anmutende Situationen – aber irgendwie sind sie nicht realistisch oder wirken eher wie Realitätsvermeidung. Es ist natürlich etwas heikel, so pauschalisierend über junge Autoren und Autorinnen zu sprechen, vermutlich mache ich es auch nicht besser, verglichen mit einer älteren Generation, und vielleicht ist es eben genau das, was man nach 30 Jahren neoliberaler Agenda bekommt. Es verliert sich einfach die Fähigkeit, die Dinge klar zu sehen, Interessen und Widersprüche zu benennen.

Möglicherweise zeigt es mir aber auch, um für Deutschland und Österreich zu sprechen, dass hier die »wirkliche« Welt noch nicht angekommen ist, vielleicht wegen der für diese Länder (und vor allem für die reichen Leute dieser Länder) funktionierenden ökonomischen Politik der Merkel-Regierung, Austerität kombiniert mit einer aggressiven Exportpolitik, die auf einer ausbeuterischen Ökonomie beruht, die eine große Menge an Menschen für sehr wenig Geld arbeiten lässt. Wir haben eine gespaltene Gesellschaft, und niemand weiß mehr, was die »wirkliche« Welt sein könnte, weil es zu viele wirkliche Welten da draußen gibt. Das Negieren und Abspalten von Fakten, die mit der eigenen Weltsicht in Konflikt geraten könnten, beginnt sehr früh, man braucht dafür gar nicht mehr so viel Hass. Manchmal habe ich das Gefühl, dass viele Leute keine anderen Lebensmodelle oder Lebenssituationen kennen als ihrer eigene (und wenn, dann bedroht es sie). Vielleicht hervorgerufen durch die Internetblase, vielleicht hervorgerufen durch diesen gewaltigen Narzissmus, der in diesen Tagen so stark zugenommen hat. Ich bin mir nicht einmal sicher, ob es notwendig ist, diese Geschichten die ganze Zeit zu erzählen, aber es stellt sich ja schon mal die Frage, ob es überhaupt noch möglich ist. Aber auch, ob es in anderen Zeiten wirklich so viel besser war.

Der von Dir gewünschten Prozess, die hassbereite Masse wieder in Individuen zu verwandeln, ist ein sicher perfektes Ziel für die Kunst, Kunst verstanden als Gespräch mit Individuen, während man gleichzeitig als Mensch unter Menschen zu existieren beginnt; aber ich fürchte, der Prozess der Entmenschlichung ist so groß, dass wir auch die Objekte zu umarmen beginnen müssen, aber nicht in einem kommerziellen Sinn. Wir müssen unsere Perspektive erweitern: Was heißt es, ein Mensch zu sein?

Woran hast Du wahrgenommen, dass unsere Zeitgenossen wachsamer werden, wenn es um Vertuschungen und Verfälschungen geht? Es stimmt, ein bisschen was geschieht in der Debatte um Fake News und Hackerangriffen bei Wahlen. Aber leider ist das, was in Deutschland hauptsächlich passiert, ein Generalverdacht gegen die Medien als »Lügenpresse« von rechts. Das ist ein sehr heikler und stereotyper Vorwurf voller paranoider Vorstellung, ein ehemaliger Klassenkampf, der sich in einen Kulturkampf verwandelt hat, ein Elite-Bashing ohne Sinn und Verstand. Bei uns sitzt die extreme Rechte an diesem Tisch, auf dem das Schild Medienkontrolle platziert ist.

Der Kulturkampf würde ohnehin nicht reichen. Manchmal muss man einfach die Realität verändern. Wir als Autorinnen müssen diese neue Realität in unseren Konzepten und der Sprache und den Narrativen finden, ohne ein traditioneller Realist zu sein, weil das nicht mehr funktioniert in einer Welt der narrativen Kämpfe, der Sprachschlachten und dem ständigen Neuformatieren von Gegebenheiten – *Rebranding* – in einer Welt der mächtigen Imaginationen. Wir müssen uns neu verbinden.

Lichte Grüße aus einem dunklen, verregneten Berlin – muss ich zugeben –

Kathrin

16.12.2016

Hallo,

ich stimme absolut zu, es ist unsere Aufgabe als Künstler, die Wirklichkeit zu verändern (und hoffentlich zum Besseren), die Wirklichkeit zu kommentieren und über verschiedene Wirklichkeiten hinweg zu kommunizieren. Wenn ich mir etwas so Unbedeutendes anschaue wie meine Rede zum Heinrich-Heine-Preis: Es gibt einen großen Appetit auf neue Strategien und auf die Bekräftigung nachhaltiger, kreativer und niemanden schädigender Werte.

Die akademische Kultur hat, überall in Europa, schon seit einiger Zeit gelitten. Es gab eine ganze Reihe von Brüchen und falschen Behauptungen, die nicht infrage gestellt wurden. Es gab einen Wettstreit um das größte »Bewusstsein«, die größte Sensibilität für alle Themen, doch hat das nicht zu echter Sensibilität und selten zu echter Interaktion mit marginalisierten Gruppen geführt. Ich glaube, auch deshalb, weil ein großer Teil des akademischen Betriebs durch die Reformen kompromittiert und gezwungen ist, sich mehr mit Geld als mit Lehre zu beschäftigen. Außerdem bekamen wir den Gedanken präsentiert, dass wir sensibel und rücksichtsvoll gegenüber jeder Meinung sein sollen, doch das schützt die Demokratie nicht unbedingt. Die Meinung eines Rassisten, die Meinung eines hasserfüllten Menschen ist gefährlich, man muss ihr entgegentreten und sie nicht entschuldigen. Meinungen, die auf Vorurteilen und nicht auf Fakten basieren, können durch das Beibringen von Fakten leicht entkräftet werden; und doch haben Wissenschaft und die »nachdenklichen« Medien eine falsche Gleichwertigkeit zwischen Lügen und Wahrheit zugelassen, haben Meinungen, Vorurteilen und Aberglauben den gleichen Wert zugemessen wie echten Informationen aus der realen Welt. Hier geht es nicht um Zensur und nicht um die Vermeidung politischer Programmatik, sondern ums Dagegenhalten, wenn uns

Lügen aufgetischt werden, wenn Hass verbreitet wird. Ich glaube, es liegt zum Teil auch an einer gewissen Faulheit/Müdigkeit in akademischen Kreisen – es ist so viel zu tun, die Studierenden sind so überempfindlich und natürlich auch nicht ganz auf einer Wellenlänge mit der Welt da draußen, sie finden sich darin nur schwer zurecht. Die Lehrenden haben zugelassen, dass sie in die zweite Reihe gerutscht sind, haben die Kontrolle den Geldmenschen überlassen, einem Gedankengebäude, das nicht auf der Realität basiert, und studentischen Vorurteilen und Aberglauben. Das ist alles nicht gesund. Und es führt zu mangelndem Vertrauen in die eigenen Fähigkeiten, in Fakten, Informationen, Bildung, in das Lernen als lebenslange und lebensfördernde Tätigkeit.

Im Augenblick verbringt die betroffene Linke sehr viel Zeit damit, sich selbst auf ziemlich narzisstische und selbstverliebte Art und Weise zu kritisieren und dabei den großen Themen auszuweichen. Gleichzeitig müssen echte Menschen leiden, weil Armut ihr Leben und das ihrer Kinder zerstört. Überall ist die Lage hart, wenn »Austerität« und Sparpolitik Vorrang haben vor der Erhaltung sozialer Beziehungen und dem Geflecht unserer aller Leben.

In Großbritannien wird diese Sparpolitik von besonders extremen Ideologen vorangetrieben und ist härter als irgendwo sonst in Europa. Alle unsere sozialen und sonstigen Hilfs- und Schutzsysteme brechen zusammen. Doch allmählich scheint es die Menschen aufzuwecken und ihnen auf knallharte Art zu Erkenntnissen zu verhelfen, die für einen Kampf auf Leben und Tod unerlässlich sind.

Ich glaube, weil Künstler Empathie, Phantasie und Veränderungsprozesse propagieren, können wir ein Teil all dessen sein, was den Menschen gestattet, außerhalb ihrer widerwärtigen Schubladen zu denken, in die sie von eigensüchtigen Politikern und Medien gesteckt werden.

Es sind sehr finstere Zeiten, und Trump wird die Welt unermesslich gefährlicher machen, doch es scheint auch, als seien die neuen Medien und alternative Kommunikationswege nicht nur schlecht, sondern könnten auch Menschen verbinden, könnten das Wahlvolk beweglicher und kreativer machen. Wenn man sich anschaut, wie sehr die finanzielle Unterstützung für Nichtregierungsorganisationen zugelegt hat, die all das schützen und bewahren, was Trump zerstören will – das steht für Millionen Menschen, die sich zu einer kleinen, unkomplizierten Tat entschlossen haben und so Geld für Notwendiges bereitstellen. Und wenn man auf Standing Rock und den dort andauernden Widerstand blickt, dann sieht man einen sehr alten Kampf, der neu belebt wird, der sich an den alten Medien vorbei an die Welt wendet, sich organisiert, Geld sammelt, Methoden gewaltfreien Widerstands entwickelt, ebenso wie ein starkes Gefühl von Identität, von Fähigkeiten, von Würde. Das ist höchst inspirierend und ein leuchtendes Beispiel für die Zukunft, finde ich.

Surlej, Engadin, 28.12.2016

Liebe A. L.,

es sind also – das entnehme ich Deinem Brief – zwei Dinge, die wir Autorinnen zu tun haben: Zunächst bessere Modelle für ein Überleben für die meisten zu schaffen, für die meisten und die sehr speziellen, all die Minderheiten, die wir für eine offene Gesellschaft brauchen – da wird es juristische Modelle und künstlerische geben, solche der Wahrnehmung und der sozialen Lernprozesse, solche, die den Protest organisieren und die Territorien des Alltagslebens wiedergewinnen – und manchmal müssen sie alle zusammenarbeiten.

Vor ein paar Wochen traf ich in Berlin auf eine weißrussische Künstlerin, Marina Naprushkina, die einen sozialen und künstlerischen Ort etabliert hat: »Neue Nachbarschaft Moabit« mit Workshop-Angeboten (Kunst, Kochen, Sprache, Kino, Tanzen), der immerhin seit 3-4 Jahren existiert, jeden Tag nutzen und bespielen ihn 200-300 Leute. Es ist ein kleines Berliner Wunder, weil sie es ganz alleine etabliert hat, sie betreibt ihn bis zum heutigen Tag ohne öffentliches Geld, ohne Unterstützung von der Stadtregierung, nur mit der Hilfe der Nachbarn, die ihr von ihrem wenigen Geld spenden. Sie möchte auch gar nicht mit öffentlichen Institutionen interagieren. »Kein Staat!«, sagte sie auf dem Panel in der Akademie der Künste. Neben ihr saß eine andere Mitbegründerin einer grassroot-Organisation, die andere grassroot-Organisationen dabei unterstützen, wie man an öffentliches Geld kommt und politische Kontakte knüpft. Ein größerer Kontrast als zwischen den beiden ist vermutlich kaum zu finden innerhalb der Bemühungen, eine offene Gesellschaft herzustellen, die wir so sehr benötigen. Ich war ein bisschen mehr überzeugt von Marina, obwohl ihre Arbeit bei mir dieses bestimmte Gefühl erzeugte, sie hatte diesen bestimmten Geruch des »eine Sache einfach machen und es auch meinen«, dem ich normalerweise misstraue. Aber diesmal …

Die andere Sache, die wir machen müssen (wir Schriftstellerinnen), ist, ein wenig genauer zu definieren und zu überlegen, was Empathie heute sein kann, wenn sie hilfreich sein soll (in dieser affektiven Gesellschaft). Weil .... sie eben eine verrückte Angelegenheit ist! Gerade weil ich Dich jetzt persönlich getroffen habe, fühle ich mich dazu ermutigt, in diese Richtung zu blicken (die mir sonst mehr verdächtig scheint). Ich habe mit dem Nachdenken angefangen, indem ich ein Buch von Fritz Breithaupt *Kulturen der Empathie* gelesen habe, das mir zunächst erzählte, dass Empathie etwas sehr widersprüchliches ist. Ein ambivalenter Bewusstseinsprozess, das eigene Selbst mit dem von anderen zu verbinden, für Momente vorzutäuschen, dass man jemand anderer ist, was wir ja nicht können. Wir übertreiben Ähnlichkeiten in diesem Prozess, und wir müssen gleichzeitig verstehen, dass wir eben diese Personen nicht sind.

(Sonst würden wir in Panik geraten.) Sicherlich keine leicht zu definierende Angelegenheit. Empathie kann ja auch »empathy with the devil« sein, auch das Stockholm-Syndrom erzählt uns viel über Empathie, schreibt Breithaupt. Es ist eine hegemoniale Frage. Vielleicht brauchen wir jede Menge Empathieverfahren, eine Architektur der Empathie, wir müssen verstehen, dass Empathie politisch benutzt wird. Und wir müssen uns fragen, wann und warum und bei wem sie endet. Was sie braucht, um größer zu werden. Ein komplexer Prozess. Und: Sie ist immer mit Narration, Erzählung verbunden. (Breithaupt als Literaturwissenschaftler zieht diese Verbindung ganz klar). Man benötigt Erzählung, um Empathie zu entwickeln, und insofern eine Zeitlichkeit oder einen zeitlichen Rahmen. Und genau dieser zeitliche Rahmen ist das derzeitige Problem, denn in einer *just-in-time*-Welt gibt es kein Vor und Danach, alles wird auf dem Gegenwartshorizont nivelliert. Und: Man braucht ein klares Selbst (und Selbstbewusstsein), um Empathie ... Aber während ich dies alles schreibe, komme ich mir genauso vor wie die von Dir beschriebenen akademischen Leute, die es immer ein bisschen besser wissen wollen, immer wachsamer sind, aber nicht fähig, irgendetwas zu tun. Ich selbst fühle mich im Moment besser, wenn ich solche Leute wie Marina Naprushkina oder andere treffe, die sich organisieren und nicht einfach nur reden. Gerade weil ich mit meiner Familie in einer eher ärmeren Nachbarschaft wohne, ehemals proletarisch, die zwar derzeit gentrifziert wird, aber sozial immer noch ganz gut organisiert ist (jede Menge nachbarschaftliche Organisationen, Elternzusammenschlüsse – die Schule ist voller Arbeit von Eltern, obwohl oder vielleicht weil 70 Prozent Transfergeldempfänger sind; Anmerkung Januar 2017: Hier war ich wohl zu euphorisch, was mir eine jüngste Elternversammlung klarmachte.) Ich kann die positiven Ergebnisse von zivilgesellschaftlicher Arbeit direkt sehen, aber weiß auch, dass eben genau diese Arbeit nur möglich ist in einem gewissen demokratischen, institutionellen Rahmen (mit all den hässlichen Institutionen), und da sind wir schon ...

Liebe A. L., so ist das nun – wir sollten schreiben und ja, es wird zu wenig sein, dieses Gefühl wird immer bleiben. Das fühlt sich nicht sehr befriedigend an, das zu auszusprechen, aber alles andere wäre größenwahnsinnig (für eine Schriftstellerin) und insofern nicht sehr hilfreich. Es sind sicher keine abschließenden Worte für diesen Briefwechsel, aber vielleicht findest Du welche? Oder wir müssen sie gar nicht finden – anyway: Ich wünsche uns ein besseres 2017!

Die Briefe von A. L. Kennedy wurden von Ingo Herzke aus dem Englischen übersetzt.

Ingo Schulze — László Győri

Ich habe László Győri als Redakteur von Radio Bartók kennengelernt. Zu beinah jedem meiner Bücher, das auf Ungarisch erschien, hat er mit mir ein Interview geführt. Jedes Mal bin ich erstaunt gewesen, wie genau er es gelesen hatte, auf Deutsch und auf Ungarisch, und wie gut er über das Umfeld Bescheid wusste. Zudem haben wir einen gemeinsamen Freund in Jena, Dietmar Ebert, der u. a. sehr aufschlussreiche Essays zu Imre Kertész geschrieben hat. Die wiederholten Treffen und der gemeinsame Freund ließen uns bald auch über die Interviews hinaus gesprächig werden. Ich war und bin fassungslos, wie László dann vom Orban-Regime aus dem Sender geworfen wurde. Beruflich stand er tatsächlich auf der Straße. Diese die Existenz bedrohende Schikane hat ihn aber nur kämpferischer und stärker und geistreicher und auch sarkastischer gemacht. Von ihm durch Budapest geführt zu werden, öffnete mir Augen und Ohren für diese mir vermeintlich vertraute Stadt. Ich wünschte, ich könnte seine Bücher über Musik und Musiker auf Deutsch lesen.

Ingo Schulze

Berlin, Ende Mai 2016

Lieber László,
das ist schon seltsam, sich unter öffentlicher Aufsicht zu schreiben. Vielleicht lässt sich das in Maßen vergessen wie eine Kamera, die unentwegt anwesend ist. Oder besser gesagt: erlernen, nicht darauf zu achten. Mich hat mal jemand fotografiert, dessen Geheimnis es war, einen mit Fragen und Anekdoten so zu überschütten, dass seine unentwegt klickende Kamera zu einem Nebengeräusch wurde und ich sie schließlich fast vergaß. Am Ende sehen bei ihm allerdings alle Fotografierten ausnahmslos wie Rockstars aus.

Mir fällt gerade ein – weil die »Aufsicht« mich doch hemmt –, dass wir durchaus auch mit Schwärzungen arbeiten könnten, also mit Stellen, die wir vor der Veröffentlichung streichen. Dafür müssten wir nur ein paar Seiten mehr produzieren.

Ich habe keinen Konzeptvorschlag für uns – oder nur insofern einen, dass Du aufgrund Deiner Herkunft und Deines Landes Erfahrungen besitzt, die mir am Anfang unseres Kennenlernens – vor zehn Jahren? – als historisch erschienen, also als eine Art von Erfahrung, die nur andere machen, aber nicht ich als jemand mit deutschem Pass im 21. Jahrhundert. Dabei war mir vom Verstand her immer klar gewesen, dass es nicht so ist, dass sich alles jederzeit auf abgewandelte Weise oder ähnlich oder neu und schlimmer ereignen kann. Aber dieses Grundgefühl der Sicherheit – Weltvertrauen ist, glaube ich, schon auf dem Weg, ein Modewort zu werden – sitzt tief in mir und stammt wohl noch aus ddr-Zeiten. Ich dachte früher, der Staat müsste eigentlich das Bergsteigen in der Sächsischen Schweiz verbieten. Darin lag ein zu großes Risiko für die Kletterer. Denn mein Sicherheitsgefühl war überspitzt gesagt so, dass man selbst dann, wenn man etwas Verbotenes tat, noch immer nicht in Lebensgefahr geriet, weil doch noch irgendwo ein Netz gespannt war.

Vor drei Wochen las ich an einem Ampelmast für einen Fußgängerüberweg in Berlin-Wilmersdorf eine handschriftliche Anzeige. Es ging um eine Dreizimmerwohnung in der Nähe, eine Preisobergrenze gab es auch – und dann kam als dritte oder vierte Zeile: »von dt. Paar gesucht«. In dem Moment war ich so vor den Kopf geschlagen, dass ich es versäumte, mir so ein Schnippselchen mit der Telefonnummer abzureißen. Und als ich nach einigen Tagen wieder hinging, klebte das Blatt nicht mehr da.

Ich bin mir sicher: Ein solche Formulierung in einem Wohnungsgesuch wäre vor einem Jahr noch undenkbar gewesen. Da hätte man sich vielleicht als gut verdienendes Paar oder gar als Paar ohne Kinder und Haustiere dargestellt, wäre aber nicht auf die Idee gekommen, mit »dt.« als Qualitätskennzeichen hausieren zu gehen. Oder? Das eigentliche Elend beginnt natürlich schon mit dem »gut verdienend« und »kinderlos« oder Ähnlichem, aber das ist der gewohnte Kommerz, an dem man sich aufgrund seiner Allgegenwärtigkeit im Alltag kaum noch leisten kann zu stoßen. Aber das »deutsch« fährt wie ein Messer dazwischen. Dabei bin ich mir ziemlich sicher: Jenes »dt.« Paar fand nichts dabei, so im Sinne von: »Aber so ist es doch, wir sind doch deutsch.«

In der derzeitigen Stimmung wird eine derartige Selbstbeschreibung, wie sie in Dresden und anderswo zelebriert wird (deutsch, national, europäisch, abendländisch), nicht mehr als Möglichkeit und Begrenzung, als Erbschaft wie als Verantwortung, als Glück und Unglück, sondern als Entgegensetzung, als Ausschlusskriterium verstanden.

Glaub mir, das Nationalistische habe ich immer als etwas Überwundenes angesehen, jedenfalls überwunden auf einer Ebene von gesellschaftlicher Relevanz. Dass es in einigen Dösköppen noch weiterbrabbelte, war eher deren Problem. Und jetzt hat es nur weniger Monate bedurft – jedenfalls weniger als zwei Jahre –, es als Argumentationsebene auf Augenhöhe zu etablieren (wie zur Illustration: heute, Sonntagabend, Wahlabend in Österreich, genau 50/50 zeigen die Prognosen für die Bundespräsidentenstichwahl) – und bei Euch und in Polen sitzt es bereits auf dem Thron.

Sobald ich zu argumentieren beginne, rollen mir erst mal wieder all die Brocken vor die Füße, also die Sünden der Vergangenheit, über die zu reden wäre.

Von Kolonialismus und Neokolonialismus, Kriegen – heißen wie kalten – und dem schönen westlichen Alltag, der seine Leichen vorsorglich in fernen Ländern entsorgt und die Demolierungen hier an die Ränder schiebt. Oder anders: Wer jahrzehntelang gegen das Wohl des Gemeinwesens arbeitet, indem die soziale Polarisierung der Gesellschaft von Jahr zu Jahr zunimmt, eine politische Führung, die bei jeder Gelegenheit von Werten spricht, aber letztlich nur Wachstum, Privatisierung, Effizienz huldigt, stellt sich selbst ins Abseits. Dabei sind die Reaktionen auf die Finanzkrise, die daraus folgende Staatsschuldenkrise, die Griechenlandkrise, TTIP, CETA ... nur die letzten Spitzen des Eisbergs.

Diese Entdeckung des vermeintlich Eigenen (patriotisch, deutscheuropäisch, abendländisch) ist für viele offenbar ein Glück, das ich mir nur mit einer tiefen Verunsicherung und Sinn-Leere erklären kann. Für die Kernbelegschaft der Pegida-Demonstrationen sprudelt aus den montäglichen Zusammenkünften ein überraschender neuer Lebenssinn, der sich persönlich wie gesellschaftlich ausdrückt. Plötzlich hat man etwas, wo vorher nichts oder nur wenig war und das bestenfalls in den eigenen vier Wänden oder am Stammtisch existierte. Wer nicht mehr für Freiheit, Gleichheit, Brüderlichkeit kämpft oder kämpfen kann (und wie leicht sind diese Forderungen zu diskreditieren, da sie ja schon von ihren ersten Verkündern im Terror erstickt wurden), wenn sich also der Widerstand gegen die Zumutungen der Globalisierung nicht mehr durch politische, soziale, ökonomische Argumente in Parlamenten zeigt oder sich dort gar durchzusetzen vermag, dann wird das Nationale, dann wird jenes »Wir sind das Volk« zum Notnagel. Und dann kann es ein breites gesellschaftliches Bündnis gegen jene nationalen Protestierer geben – und die eigentlichen Fragen bleiben auf der Strecke. Die große Falle für alle Gegner des Pegida-AfD-Spuks wäre eine Verteidigung des Status quo. Als gäbe es jetzt nur noch ein Für oder Wider. Merkels Satz vom »Wir schaffen das« hat mich irritiert, weil mir nicht sofort klar wurde, woher mein Unbehagen kam. Für einen Moment hielt ich es sogar für mein Ressentiment ihr gegenüber – bis mir klar wurde: Dieser Ansatz ist falsch, er muss scheitern. Denn so wunderbar verständlich und einfach und zupackend dieses »Wir schaffen das« klingt, so impliziert es doch auch die Zeit danach, also das Geschafft-Haben, das Es-Hinter-Sich-Bringen, den Feierabend, den Urlaub – um dann das nächste Problem anzugehen. Die Situation der Ungleichheit unserer Welt ist aber nichts, das sich mit einem zupackenden Hauruck bis zum übernächsten Quartal schaffen lässt. Von Merkel ist offenbar – und nicht ganz überraschend – nicht mehr als ihr »Wir schaffen das« zu erwarten. Und man sieht ja, welch Wutgeheul selbst das noch zur Folge hat. Im Endeffekt, und das zeigt sich ebenso schnell, ändert es nichts an der Situation. Den Aufgenommenen steht das Drama der anderen gegenüber, die jetzt chancenloser denn je zwischen den Staaten und Gesetzen zerrieben werden. Eine Alternative wäre es gewesen zu sagen: Lasst uns endlich damit beginnen, die Ungleichheit dieser Welt zu bekämpfen. In der Notsituation können wir viele aufnehmen. Aber es geht doch darum, das Erforderliche, das Notwendige zu tun, also die tatsächlichen Fluchtursachen zu bekämpfen. Zu den Fluchtursachen gehören nicht die Schlepper und Schleuser, sondern das Elend, auch das Elend, das Europa über Jahrhunderte bis heute angerichtet hat und anrichtet. Aus dem Auswärtigen Amt (also dem deutschen Außenministerium) kommt jetzt endlich und richtigerweise ein Entwurf, der vorsieht, dass bis 2020 die Hälfte aller deutschen Unternehmen mit mehr als 500 Beschäftigten die »menschliche Sorgfalt« bei ihren Handelsbeziehungen gewährleisten soll. Selbst wenn dieser Entwurf ohne Einschränkungen auf den Tisch käme und man beginnen würde, ihn durchzusetzen – der Ist-Zustand, der damit indirekt eingestanden wird, macht Schaudern.

Ich weiß nicht, ob das jetzt ein gescheiter Brief geworden ist oder überhaupt ein Brief. Aber ich dachte, ich müsste Dir von diesen Dingen schreiben, um auch über anderes schreiben zu können.

Sei und seid beide herzlichst gegrüßt von mir und uns

Dein Ingo

P. S. Ich weiß nicht, ob es den Roman von Uwe Timm *Morenga* auf Ungarisch gibt. Ein in jeder Hinsicht wunderbares Buch. Der Hintergrund der Handlung ist der Völkermord Anfang des 20. Jahrhundert an den Namas und Hereros, begangen durch die Truppen des deutschen Kaiserreichs im sogenannten »Deutsch-Südwestafrika«. Ich wünsche mir eine deutsche Regierung, die diesen Völkermord anerkennt, sich entschuldigt und die Nachfahren finanziell in einem Maße unterstützt, dass sie ein menschenwürdiges Leben führen können. Das wäre auch Ursachenbekämpfung.

Budapest, 16. Juni 2016

Lieber Ingo,

mir ist ein wenig bange, wenn ich Dir diesen meinen ersten Brief schreibe, denn eine Korrespondenz ist etwas ganz anderes als das, wie wir bisher kommuniziert haben. Im Gespräch sind wir ganz gut, aber Briefe – und zwar auch für die Öffentlichkeit gedachte Briefe – haben wir uns noch nicht geschrieben. Ich weiß auch nicht, ob der Inhalt, den ich nun »erstelle«, auch fürs Publikum interessant genug sein wird. (»Inhaltsersteller«, so etwa heißt es auf Ungarisch, ist eines jener Worte, von denen mir die paar restlichen Haare zu Berge stehen. Vor etwa zehn Jahren haben die neuen Chefs im Rundfunk angefangen, es für uns anzuwenden. Ich, einfältig, wie ich bin, hatte über drei Jahrzehnte lang im öffentlich-rechtlichen Rundfunk geschuftet, und erst kurz vor meinem Rausschmiss erfahren, dass ich kein Redakteur, kein Journalist, kein Moderator, Rundfunkmann oder so Ähnliches war, sondern eben ein »Inhaltsersteller«. Überall neue Kategorien, neue Termini, die man sich nach x-Jahren schwer und ungern merkt, und durch deren Gebrauch eine neue Generation ihre Distanz zu den Fossilien – wie mir – zum Ausdruck bringt. Ich lebe jetzt in einer Welt, deren Sprachgebrauch, Worte und Begriffe mir nicht mehr bekannt und heimisch klingen. Eine merkwürdige Situation: Ich lebe seit 62 Jahren im selben Land, in derselben Stadt, seit etwa 37 Jahren sogar in derselben Wohnung – und habe Heimweh.)

Das letzte Mal, als wir bei Dir in Berlin zu Besuch waren, sprachen wir viel über die Lage in Ungarn. Sollte ich dieses Gespräch fortsetzen, und zwar nicht nur zwischen uns, sondern auch für unsere potenziellen Leser, so müsste ich ernsthaft nachdenken, wo ich denn anfangen sollte, und würde mir vorkommen wie die Verwandten in einer Fernsehserie meiner Kindheit, in der der schwerhörige Großvater immer wieder fragte, worum es eigentlich gehe, erhielte aber immer wieder die Antwort: »Es ist zu lang, Opa!« Es ist also zu lang, aber ich versuche es, lieber Opa.

Meine 26-jährige Tochter lebt seit Januar dieses Jahres in London, wo sie das Kapital ihrer auf der Budapester Universität erworbenen Kenntnisse in einem Café verzinsen lässt, d.h. sie kellnert, kocht Kaffee – und hoffentlich bald wird sie auch weiterstudieren. Sie ist bei Weitem nicht die einzige junge Ungarin, die in den großen europäischen Großstädten ihr Glück sucht. Seit 2010 haben über eine halbe Million meiner jungen, qualifizierten Landsleute Ungarn verlassen, viele von ihnen auf Nimmerwiedersehen. In einem Land von nicht einmal zehn Millionen Einwohnern ist das nicht wenig. Ob sie dann irgendwann wiederkommen, ist sehr fraglich, denn sie werden sich aller Voraussicht nach an die dortige Gesellschaft anpassen, heiraten, Kinder bekommen usw.

(Wie Du siehst, habe ich auf »Onkel-Pepin-Modus« umgeschaltet. Onkel Pepin ist eine meiner Lieblingsfiguren in der Weltliteratur, er ist der Onkel von Bohumil Hrabal. Laut wikipedia.de: »Hrabal war kein besonders guter Schüler. Wesentlich mehr als für die Schule interessierte er sich für das bunte Geschehen in der Brauerei und für Josef, genannt Onkel Pepin, den Bruder seines Stiefvaters Francin, der ›zu Besuch kam und bis zum Tode blieb‹. Anhand des Redeflusses von Onkel Pepin hatte Hrabal seinen literarischen Stil geschult, für den er das Phantasiewort ›Bafeln‹ (tschechisch ›pabit‹) erfand.«

Nun geht es weiter mit dem Bafeln: Meine oben erwähnte Tochter wurde in dem Café von einem jungen Italiener angesprochen und gefragt, aus welchem

Land sie gekommen sei. Alíz antwortete darauf wahrheitsgemäß, dass sie Ungarin sei. Der junge Mann entgegnete: »Kein Problem, du kannst trotzdem ein anständiger Mensch sein …«

Wo sind die Zeiten hin, als ich 1990 auf einem Empfang in Cannes war? Wir waren zu dritt, ungarische Journalisten, und ein Westdeutscher mit einem Glas Champagner in der Hand kam auf uns zu und sagte, er wolle sich bei uns, Ungarn, für den historischen Dienst bedanken, den wir im Jahr davor, d. h. 1989, Deutschland geleistet hatten. Nach einer Sekunde betretenen Schweigens sagte ich ihm, dass ich es auch für »nett« hielt, was Ungarn tat, ich sei aber damals gerade auf Urlaub gewesen, und der ganze Verdienst gehöre meinem neben mir stehenden Chef, Herrn Doktor Sós, er war zuständig für alles, was mit den Leuten aus der DDR passierte, allein bei ihm solle er sich bedanken. Der Mann mit dem Champagner lachte mit uns.

Aber Spaß beiseite, in den neunziger Jahren war es nicht unangenehm, im Ausland Ungar zu sein, man wurde überall mit viel Sympathie aufgenommen. Diese Sympathie reichte mehr oder weniger bis 2010. Etwa ein halbes Jahr nach dem Amtsantritt Orbán Viktors fing es an, dass ich von meinen ausländischen Freunden und Bekannten immer häufiger zur Seite gezogen und leise, manchmal sogar mitleidsvoll gefragt wurde, was eigentlich bei uns vor sich ginge. Heute wird man nicht mehr gefragt, entweder sind den Freunden die Fragen ausgegangen, oder sie denken, es ist taktvoller, überhaupt nichts zu fragen. Oder man nimmt einfach zur Kenntnis, dass die Ungarn halt so seien. Aber, wie das der bereits zitierte junge Italiener so treffend feststellte, es gibt auch unter uns anständige Leute.

Was Du über die Anzeige und die darin stehende Formulierung »vom dt. Paar gesucht« schreibst, ist traurig, kommt mir aber überhaupt nicht unbekannt vor. Der alltägliche Rassismus ist und war schon immer Teil des ungarischen Lebens. Was den Rassismus anbelangt, in diesem Bereich ist das heutige Ungarn unschlagbar, Deutschland kann uns in dieser Hinsicht nicht das Wasser reichen. Erschreckend ist natürlich der Vordrängen der AfD, mich ekelt die Pegida an, und auch der Ausgang der Präsidentschaftswahl in Österreich macht mich nicht richtig glücklich. Beinahe wurde ein hartgesottener Populist zum Präsidenten gewählt. Österreich war mir übrigens nie ganz koscher. Nicht nur das alte Bonmot, nach dem aus Hitler ein Deutscher und aus Beethoven ein Österreicher gemacht wurde, aber auch die Waldheim-Affäre und Haiders Aufstieg mahnen uns: Auch bei unserem Nachbar ist vieles möglich. Demokratien, die wir als funktionstüchtig erachteten, zeigen plötzlich, wie empfänglich sie für Ideen sind, die sie früher oder später zerstören. Europa ist zurzeit ratlos und ähnelt mehr und mehr dem Europa der 30er Jahre. Vor unseren Augen zeichnen sich diverse, einander verstärkende Tendenzen ab. Darunter eine braune Revolution, die in Ungarn und Polen bereits gesiegt hat, anderswo ist es nur eine Frage der Zeit, wann sie siegt, wenn man nicht aufpasst. Und diese braune Revolution wird von der Europäischen Union, u. a. aus deutschen Steuergeldern, mitfinanziert. Orbán könnte beispielsweise ohne die finanzielle Unterstützung Brüssels keinen »Freiheitskampf« gegen Brüssel führen.

Die braune Revolution baut neben dem traditionellen Antiziganismus und Antisemitismus auch auf die zunehmende und von Orbán geschürte und benutzte Xenophobie, die sich vor allem in seiner Flüchtlingspolitik zeigt. Gäbe es keinen Flüchtlingsstrom, müsste man ihn erfinden! Orbán kommen die Flüchtlinge sehr gelegen. In seinem »Freiheitskampf«, in dem er unser von überall her bedrohtes und von Feinden (Hauptfeind: Brüssel) umzingeltes Land bisher tapfer und heldenhaft verteidigen konnte, gibt es noch einen weiteren ernstzunehmenden Feind, den »Migranten«, wie die Flüchtlinge im »Neusprech« (Orwell) genannt werden. Die wollten alle nach Ungarn, damit sie den anständigen Ungarn die Arbeit nehmen, die Frauen und Töchter vergewaltigen, sich an den Kindern vergreifen können – das will die Regierung suggerieren. Seit Anfang des Vorjahres sind überall in Ungarn Riesenplakate zu sehen, auf blauem Hintergrund sind weiße Buchstaben, die die »Migranten« warnen, sie sollten nicht den Ungarn Arbeitsplätze wegnehmen, sie sollten unsere Kultur respektieren, wenn sie nach Ungarn wollen, usw. Fraglich ist es natürlich, was die Flüchtlinge, die Paschtu oder Arabisch als Muttersprache haben, von all diesen ungarischen Aufschriften verstehen ... Natürlich nichts, und es ist auch gut so, denn die Message gilt den Ungarn und schürt auf eine sehr primitive Art den Fremdenhass. Hinter den »Migranten« stünden – laut der Orbánschen Propaganda – »Hintermächte«, über die der Ministerpräsident in seinen allfreitäglichen Rundfunkappellen zu dozieren pflegt, und an deren Spitze György (George) Soros steht. Soros, der in der zweiten Hälfte der 80er Jahre und auch noch in den frühen 90ern mit seinen großzügigen Stipendien zu den Studien aller Fidesz-Funktionäre beigetragen hatte (Orbán selbst genoss damals ein Soros-Stipendium in Oxford), ist heute der Feind Nr. 1, der den Flüchtlingsstrom höchstselbst organisiert, um dadurch Europa zu destabilisieren und zu zerstören. In der Regierungspropaganda ist Soros die Verkörperung des Bösen. Der heimliche Antisemitismus der Fidesz-Propaganda fand ein ideales Feindbild: ein reicher, liberaler Jude, ein »Wir-wissen-schon-wer«, der hinter den Geschehnissen der Weltpolitik steht, eine ständige Bedrohung für die anständigen Nationen darstellt und vor dem sich die Welt verteidigt werden muss. Wer den Kampf gegen Soros führt, wirst Du erraten, lieber Ingo.

Aber lass uns auf die Wilmersdorfer Wohnungssuche des »dt. Paares« zurückkommen. Vor zwei Jahren habe ich meiner schon zitierten Tochter eine kleine Wohnung in Budapest gekauft. Sie besichtigte aus diesem Anlass sehr viele Wohnungen, traf Eigentümer und Immobilienmakler. Was sie darüber berichtete, kam einer soziologischen Feldstudie gleich. Ein sich immer wiederholender Moment der Wohnungsbesichtigungen war, als die Schilderung der Vorzüge des zu verkaufenden Wohnobjektes mit dem Satz begann, das Haus sei zigeunerfrei. Meine Tochter mit ihrem hellen Teint und honigblonden Haar antwortete darauf jedes Mal, wie schade das sei, denn sie selber sei Roma. Mit dieser Show gastierte sie in den inneren Bezirken von Budapest. Aber Budapest ist noch einigermaßen ok. Der Rassismus zeigt sein brutalstes Gesicht auf dem Land, wo die Roma-Bevölkerung aussichtslos ihrem Schicksal ausgeliefert ist, ohne Arbeit und ohne jegliches Einkommen, wo auf den unasphaltierten Straßen uniformierte, rechtsradikale Schlägertruppen grassieren, und »für Ordnung« sorgen, und wo 2008/09 eine beispiellose Mordserie an Roma-Familien verübt wurde. (Der Dokumentarfilm *Urteil in Ungarn*, der über den Prozess der Mörder berichtet, wurde auch in Deutschland gezeigt.) Was mich damals schockierte (und bis heute schockiert), war die totale Gleichgültigkeit der Mehrheitsgesellschaft. Unter den Opfern gab es auch einen fünfjährigen Jungen, der mit seinem Vater aus ihrem vorher angezündeten und bereits brennenden Haus flüchtete, als ihn die Kugeln der Attentäter in den Rücken trafen. In einem normalen Land fände nach so einem Fall ein Massenprotest statt, geleitet vom Staatschef und mit Teilnahme aller Kirchen und demokratischen Parteien. Bei uns gab es eine mickrige Kundgebung, an der nicht einmal ein paar Dutzend Leute teilnahmen. Wie schön wäre es, wenn ich die gehässigen Kommentare im Internet vergessen könnte.

Es gibt mehrere Versuche für eine Definition des heutigen Ungarns. Einige Definitionen scheinen sehr zutreffend zu sein. Der Soziologe Bálint Magyar, ein prominenter Vertreter der demokratischen Opposition vor 1989, später Abgeordneter der Liberalen Partei SZDSZ, Minister für Kultur und Unterrichtswesen der linksliberalen Regierungen, gab bereits drei Studienbände über den ungarischen »Mafiastaat« heraus. Mafiastaat ist eine genaue Benennung für Orbanistan. Es ist ein Führerstaat, ein autoritäres Regime mit charakteristischen Zügen auch des Feudalismus, gesteuert von einer engen Mafia, mit einem Paten an der Spitze. Ohne den Segen des Paten kann keine Entscheidung getroffen werden, er sichert seine Macht dadurch, dass er die miteinander rivalisierenden, auf ihn eingeschworenen Machtgruppierungen gegeneinander ausspielt. Sollte ihm eines Tages etwas zustoßen, würde sich herausstellen, dass der Staat inzwischen aufgehört hat zu existieren. Alle Kontrollsysteme sind ausgeschaltet, der demokratische Rechtsstaat, das System der »Checks and Balances«

funktioniert nicht mehr, alle Schlüsselfunktionen sind durch Orbáns Vasallen besetzt, seine Leute sitzen im Verfassungsgericht, in der Staatsanwaltschaft, in der Medienbehörde, die alle Rundfunk- und Fernsehstationen kontrolliert und gleichschaltet. Orbán herrscht über alle Bereiche des Lebens, von der Wirtschaft bis hin zur Öffentlichkeit.

Genau heute vor 26 Jahren, am 16. Juni 1989, wurden der 1958 am selben Tag hingerichtete Ministerpräsident Imre Nagy und die anderen Märtyrer der Vergeltungsjustiz nach der Niederschlagung der Revolution von 1956 feierlich neu bestattet. Es war der katarthischste und erhabenste Augenblick in der jüngsten ungarischen Geschichte, eine Zäsur, ein Moment des Neubeginns. Es gab eine große Menschenmenge auf dem Budapester Heldenplatz, in fünf Särgen lagen die Leichname der vor 32 Jahren hingerichteten Politiker, der sechste Sarg war leer. Der junge Redner, der im Namen der jungen Generationen sprach, hieß Viktor Orbán. Er sagte, im leeren Sarg sei die Jugend begraben. Wie ein Freund von mir neulich feststellte, konnte man damals noch nicht wissen, dass es nicht nur seine Meinung, sondern sein späteres Regierungsprogramm gewesen ist.

Lieber Ingo, ich weiß nicht, ob ich Dir etwas Neues sagen konnte ...
Es soll genug sein, so viel für heute, den 16. Juni.

Liebe Grüße von uns beiden,
Dein László

Unterwegs, und Prieros, Ende Juni 2016

Lieber László,
hab Dank für Deinen Brief. Ich sitze gerade auf dem Köln-Bonner Flughafen, draußen regnet es Strippen und kalt ist es auch. In Klagenfurt (wo es gestern um die 35 Grad Celsius waren, wie zuvor schon in Berlin) hielt ich eine Laudatio auf Marcelo Backes, den brasilianischen Kollegen und Übersetzer, der den österreichischen Staatspreis für seine Musil-, Schnitzler-, Ransmayer-Übersetzungen bekam. Schon kurios, über jemanden zu sprechen, dessen Arbeit, für die er den »Orden« erhält, ich gar nicht beurteilen kann. So habe ich versucht, Geschichten vom Übersetzen und von unseren Begegnungen und gemeinsamen Reisen (vor allem an den Amazonas) zu erzählen. Für *Neue Leben*, das ja viele Fußnoten hat, in denen der zweifelhafte Herausgeber namens Ingo Schulze das Geschehen kommentiert, hat Marcelo nicht nur sachlich-hilfreiche Anmerkungen für brasilianische Leser eingefügt, sondern die Gelegenheit genutzt und eigene Geschichten hinzugefügt, so dass ich jetzt ein Buch habe (zumindest

auf Brasilianisch), in dem ich nicht alle Episoden und Geschichten kenne. Mir gefällt dieser Zustand (ich kannte auch lange das Nachwort von Péter Esterházy zu *Simple Storys* nicht). Marcelo muss wohl unter anderem Analogien zwischen meiner Figur Enrico Türmer und seinen eigenen Erlebnissen als Junge vom Lande gefunden haben. Mit 16 Jahren kommt er zum ersten Mal in die Stadt und weiß nicht, wie ein Fahrstuhl funktioniert, weshalb er seinen Koffer die Treppen hinaufschleppt und später darauf lauert, dass jemand kommt, der die Bedienung so eines Fahrstuhls schon beherrscht. Als ihm das endlich gelingt, ist er im nächsten Moment bereits erbittert über die Simplizität des Vorgangs. Das wiederum ist auch mir vertraut. Als Kind habe ich mir Rolltreppen als etwas sehr Wunderbehaftetes imaginiert und wollte später gar nicht glauben, dass diese Dinger so einfach und logisch nachvollziehbar gemacht sind.

Der nächste Termin, auf den ich mich vorzubereiten habe, ist sagenhafterweise erst Ende August in Weimar, also liegen ganz unglaubliche zwei Monate zum Arbeiten vor mir – wenn auch mit familiärem Allerlei bestückt, das Schönste darunter: 8 Tage Ende Juli in St. Petersburg mit Jutta und den drei Kindern. Ich habe dieser Stadt so viel zu verdanken. Als ich jetzt im Mai für drei Tage wieder dort war (das erste Mal seit 2003!), erschien sie mir »normalisiert«, zum Glück! Früher fand alles auf der Straße statt, das Elend und die Ganoven und der ganze Handel und Wandel zeigten sich öffentlich. Jetzt ist das auch hier hinter die Fassaden gedrängt worden. Schockiert war ich nur von den Erzählungen, wie rapide bergab es in den letzten zwei, drei Jahren gegangen ist. Die Inflation hat die Gelder halbiert. Als ich meine Freunde fragte, ob wir uns im Juli wiedersehen könnten, lachten sie. Natürlich seien sie da. Niemand habe mehr Geld, um in Urlaub zu fahren – bestenfalls auf die Datscha. Ich bin neugierig, wie die Kinder auf Russland reagieren werden (Jutta kennt nur Moskau). Deren Sehnsüchte gehen (ganz wie bei mir damals) natürlich gen New York etc. (nur Franziska wollte eine Zeit lang unbedingt nach China, nachdem ich ihr erzählt hatte, dass man dort – im Gegensatz zu hier, bitteschön!! – beim Essen Schlürfen, Schmatzen und Kleckern dürfe). Es ist für mich immer wieder verblüffend, mit welcher Selbstverständlichkeit die westliche Erzählung die östliche Erzählung dominiert.

Die Veranstaltung Ende August in Weimar, vom Nationaltheater initiiert, soll mit Jugendlichen sein. Ich bin eingeladen, um über unsere Beschäftigung mit der Ästhetik des Widerstands Mitte der Achtziger in Jena zu sprechen – und natürlich über das Buch selbst (in jener Zeit entstand ja auch die Freundschaft zwischen Dietmar und mir! Ihr kennt Euch noch länger, oder?). Ich wunderte mich bereits freudig ungläubig, dass die Jugendlichen das Buch tatsächlich gelesen haben sollen, aber die Nachfrage ergab, dass dem nicht so ist, das heißt sie wissen nicht, wer da kommen wird, nur meistens seien es halt Jugendliche. Aha. Es geht allgemein um »Widerstand« – und nun stelle ich mir vor, wie ich da vor ihnen auf einer Art Nebenbühne stehe … Und was mache ich, um vor ihnen nicht zur lächerlichen Figur zu werden? Geschichten erzählen. Weil sich an Geschichten am besten zeigen lässt, dass Widerstand immer mit Wahrnehmung zu tun hat, mit einem Sich-Wundern, einem Unwohlsein. Und dass man sich selbst und seine Wahrnehmung ernst nehmen muss, um zu widersprechen, um anders zu handeln. Und dass es allein nicht geht oder schier unmöglich ist. Es braucht zumindest einen Zweiten, einen Zeugen, der für den Zeugen zeugt. Das wird einem sehr klar, wenn man das Andersen-Märchen von *Des Kaisers neue Kleider* liest. Da geht ja am Ende auch erst mal alles so weiter wie zuvor. Vorerst.

Immerhin gibt es die 89er-Erfahrung, aber eben auch die 90er etc. etc. Merkwürdigerweise sind die schnellen Veränderungen leichter zu begreifen als jene, die sich allmählich vollziehen, jene, die hinter unserem Rücken, unter unseren Füßen geschehen. Heute bin ich schon fassungslos, wenn sich innerhalb eines Jahres Selbstverständlichkeiten verschieben. Ich kann gar nicht sagen, dass ich heute unbedingt neue Einsichten gewänne. Eher scheint es mir so, als würde ich längst Bekanntes (Binsenweisheiten!) endlich begreifen, körperlich begreifen. Eigentlich geht es immer um die falschen Selbstverständlichkeiten, die weiter und weiter transportiert werden. Die halte ich immer schlechter aus, ob im Kino oder Fernsehen, Radionachrichten … Ich erlebe es als Last, als Belastung, als Schwere, die sich auf mich senkt oder in mir ausbreitet. Die Macht der Tradition ließe es sich auch nennen. Ich muss daran denken, was Marcelo gestern über Rousseff, die brasilianische Präsidentin, sagte: Ja, sie und Lula waren korrupt, sie mussten krumme Geschäfte machen, um an der Macht zu bleiben, aber sie haben damit erreicht, dass dreißig Millionen Brasilianer über die Armutsschwelle kamen. Diejenigen, die jetzt an der Macht sind, betrügen seit fünfhundert Jahren und regen sich darüber auf, wenn von der winzigen Sozialhilfe in den Favelas plötzlich Kühlschränke gekauft werden oder die Reichen statt fünfzehn Hausangestellten nur noch fünf Angestellte für einen Drei-Personen-Haushalt beschäftigen können. Es sind diese »500 Jahre«, die mir immer drückender erscheinen. Man könnte es auch das römische Recht nennen.

Und was mache ich? Mitunter erscheint mir das eigene Schreiben rückblickend als zu harmlos. Ich hoffe natürlich, dass es das nicht ist. Glücklicherweise ist der Text immer klüger als der Schreiber, und es gab immer mal Leser, die das auch bemerkten (und natürlich gibt's auch die anderen, bei denen ich denke, was haben sie bloß für ein Buch gelesen!).

Das Schreiben am Roman-Manuskript ist für mich diesmal wie eine Art Forschungsarbeit (oder mehr denn je wie eine Forschungsarbeit). Der Antrieb dazu kommt von der Erfahrung her, dass wir heute viel zu vieles für selbstverständlich nehmen, weshalb unser Denken und Fühlen und Handeln beängstigend eingeengt wird. Schelmenroman oder Picaro-Roman beschreibt vielleicht noch am besten das, was ich gerade versuche, wobei das Spektrum zwischen dem *Idiot* von Dostojewski und dem *Simplicius* von Grimmelshausen hin und her schwankt – gerade vor Letzterem gehe ich als Leser nach jeder Seite förmlich auf die Knie!

Ich lasse meinen Helden als sozialistisch-kommunistisches Waisenkind im Alter von 12 Jahren 1974 vor die Augen des Lesers treten. Die Handlung sollte sich bis in unsere Tage erstrecken. Jetzt merke ich aber, dass Ende der Neunziger eigentlich bereits alles klar wird.

Weil mein Held Peter den Sozialismus und den Kapitalismus ernst nimmt, erfährt sein Lebensweg merkwürdige Wendungen.

Was mich interessiert, ist nicht das Scheitern im deutschen Osten aufgrund falscher Politik etc. Mein Held wird insbesondere nach '89 ausschließlich Erfolg haben, das Geld und das Kapital fliegen ihm nur so zu. Sein Problem ist gerade der Erfolg. Denn ihn befriedigt eine Arbeit nur dann, wenn sie dem Wohle der Gemeinschaft dient. Die private Mehrung des Besitzes ist eine Kategorie, bei der er nichts empfindet, aber anerkennen muss, dass das bei anderen Menschen anders ist. Nur mühsam hat er sich von einem Schlitzohr überzeugen lassen, dass eine Gesellschaft, die auf Privateigentum an Produktionsmitteln setzt, eher einen Weg in die glückliche Zukunft verspricht als der bisherige real existierende Sozialismus. Nun beschreitet er diesen Weg voller Engagement und hofft, seinen Beitrag für die Gesellschaft dadurch zu leisten, dass er viel Geld verdient und viel Geld ausgibt.

(Jetzt schon wieder in Berlin, auf dem Lande, herrliche Hitze, im Radio und überall der Brexit – dass ausgerechnet die neoliberalen Vorreiter USA und Großbritannien mit ihren Konservativen jetzt neue Mauern bauen, um sich gegen das zu schützen, was sie angerichtet haben.)

Große Probleme hat Peter, außerhalb der geltenden Ökonomie Gutes zu tun, also durch Spenden verschiedener Art, weil er merkt, dass dies in aller Regel nur notdürftig die unguten Auswirkungen zu lindern versucht, die von der Art und Weise der Produktion verursacht werden. Eine Frage für ihn wird sein: Ist eine Aktie etwas Gutes? Unter welchen Bedingungen oder wie lange ist sie das? Oder liegt der Fehler schon in der Grundkonstruktion Aktie. (Bei Esterházy fand ich in der Markus-Version den lapidaren, alles zusammenfassenden Satz: »Nützlich ist, was für jemanden gut ist. Oder für alle?«) Früher dachte er, der Betrieb müsste den Beschäftigten gehören. Diesen Gedanken verbietet er sich jetzt, aufgrund der DDR-Erfahrungen (obwohl er dort ja gerade nicht den Beschäftigten gehörte). Seine Haltung ist: Wenn das jetzige System scheitert, dann scheitern wir überhaupt. Er wird in dem vielen Geld, das in privaten Händen liegt und auf der Suche nach einer maximal gewinnbringenden Anlage ist, das Grundübel erkennen. Das Geld als Henker aller Dinge. Am Ende gibt es verschiedene Feuer, verschiedene Scheiterhaufen. Er wird sein Geld verbrennen.

Lieber László, ich breche hier erst mal ab, ein vielleicht etwas diffuser Brief, dem das Unterwegssein anzumerken ist.

Sei umarmt und kurz vor dem Sprung in den See herzlichst gegrüßt,
Dein Ingo

Budapest, Ende Juli

Lieber Ingo,
danke für Deinen Brief. Du hast mir ziemlichen Appetit auf Dein neues Buch gemacht. Dein Protagonist, Peter, ist offensichtlich einer von uns, die wir in einer anderen Welt aufgewachsen sind, als in der wir später zu leben und zu arbeiten das Glück hatten, und deshalb einen neuen Sozialisationsprozess durchmachen mussten. Ich bin sehr gespannt.

Zufällig habe ich heute früh im Schwimmbad einen ehemaligen Schulkameraden getroffen, den ich seit Jahrzehnten nicht mehr gesehen habe. Er ist Mathematiker geworden und lebt seit vielen Jahrzehnten in den USA. Sein Vater war Professor für Geschichte, ein großer Name damals. Wir haben über Gott und die Welt geredet und über unsere Klassenkameraden geplaudert. Einer, damals ein sehr engagierter KISz-ler (KISz hieß der kommunistische Jugendverband, die ungarische Entsprechung zur FDJ), ist ein glühender Nationalist und Kommunistenfresser geworden, ein anderer, der auch ein glühender Jungkommunist war, ist heute ein frustrierter Altkommunist. Er selbst, dessen Vater Marxist war, sagte, er habe heute noch viel von seiner damaligen Sichtweise, er suche im Hintergrund überall Wirtschaftsinteressen, denke in den in jungen Jahren erlernten Kategorien und habe Zweifel, wenn er von der Bedeutung historischer Persönlichkeiten hört. Während ich nachher im Wasser in meinem onkelhaften Tempo mein Pensum absolvierte, grübelte ich darüber, wie ich selbst in meiner Gymnasiastenzeit gewesen bin. Ich glaube, zu der Zeit war ich sehr unreif. Weltanschauliche Fragen interessierten mich zwar, aber während einige (in der Tat nicht viele) Klassenkameraden sehr aktiv in der KISz waren, verhielt ich mich ziemlich passiv auf diesem Gebiet. Da ich atheistisch erzogen war, bedeutete mir die Religion gar nichts. Zu Hause haben wir manchmal über unser Judentum gesprochen, allzu jüdisch waren wir aber nicht, wir lebten, wie andere assimilierte jüdische Familien, in einer weder allzu offensichtlich antisemitischen, noch sehr freundlichen Umwelt. Meine Eltern waren links und hielten Solidarität für wichtig, was bei einer Familie von Holocaust-Überlebenden normal ist. Trotz aller Kritik, die ich meinen Eltern gegenüber für angebracht hielt, waren dies auch für mich grundlegende Einstellungen. Ich kann mich einfach nicht erinnern, was ich damals über die Welt gedacht habe. Während meines Studiums habe ich nicht allzu viel Schaden im Marxismus angerichtet, was vermutlich an meiner geistigen Einfalt (manche würden es ›Behinderung‹ nennen) lag und liegt: Ich hatte schon immer einen unterdurchschnittlichen Sinn und ein sehr beschränktes Interesse für die damals an der Uni gelehrten ideologischen Fächer, ich bin dagegen einfach immun geblieben. Theoretisch indoktriniert war ich also nicht, habe ich beim Schwimmen und später in der Sauna festgestellt.

Es ist hochinteressant, was Du über Marcelo Backes' Fußnoten zu *Neue Leben* geschrieben hast. Für mich bleibt es ein ewiges Problem, ob man das darf oder nicht. Die Mehrheit Deiner Kollegen ist gegen Fußnoten (diese Meinung verstehe ich übrigens auch), es ist dennoch sehr oft unumgänglich, dass man zum übersetzten Text Fußnoten schreibt. Das letzte Mal habe ich zu Lutz Seilers *Kruso* vorgeschlagen, uns einiger zu bedienen, denn es gibt einige Stellen, die ohne sie unverständlich wären. Ein Beispiel: Der Stasi-Mann verhört den Protagonisten und sagt: »Sicher haben Sie gehört von unserem Mikroprozessor, 32-Bit! Ochs und Esel!« Der deutsche Leser, der das Privileg hatte, im Sommer 1989 in der DDR als Erwachsener leben zu dürfen, wird sich wohl an diesen Ochs-und-Esel-Satz Erich Honeckers erinnern, laut dem den Sozialismus in seinem Lauf weder Ochs noch Esel aufhalte. Was soll aber der Übersetzer damit machen? Ich selbst habe um die Erlaubnis des Autors gebeten, den ganzen Satz zu zitieren und dazu eine Fußnote zu schreiben. In *Kruso* habe ich mir auch an anderen Stellen die Freiheit genommen, Fußnoten zu schreiben, wie auch in anderen Übersetzungen, hie und da sogar bei Grass, der für Fußnoten nicht viel übrig hatte. Ich wusste von seiner Abneigung,[1] und doch brachte ich einige[2] in meinen Übersetzungen unter. Übrigens fällt mir zu diesem Problem ein Rundfunkinterview mit Péter Esterházy ein. Er antwortete auf meine Frage, ob es für ihn kein Problem sei, dass die spanischen oder japanischen Leser seine sehr vielen und sehr feinen Pointen und Anspielungen ohne kommentierende Fußnoten nicht verstehen würden, er antwortete also, dass es ihm nichts ausmache, die verstünden dafür andere Pointen und Allusionen. Das war für mich auch als Übersetzer ein einleuchtender Satz, einerseits für seine Denkweise und Generosität, andererseits dafür, wie Literatur funktioniert. Er sagte ein anderes

1 Ich hatte ihn dazu befragt.
2 Mit Gewissensbissen.

Mal auf die Frage, wie die ideale Übersetzung seiner Texte sei, in einer idealen Übersetzung würden ausschließlich ungarische Worte vorkommen, und zwar in derselben Reihenfolge, in der er sie aufs Papier gebracht hatte. (Ein ermutigender Satz für seine Übersetzer ...)

Esterházy fällt mir aber nicht etwa zufällig ein. Ich denke in letzter Zeit ununterbrochen an ihn. Die Reaktionen auf seinen Tod zeigen, dass er nicht nur für mich oder für meine Freunde und Bekannten vielleicht die wichtigste (nicht nur schriftstellerische) Gestalt in Ungarn gewesen ist. Er war für sehr viele von uns der Orientierungspunkt. Eine One-Man-Institution. Unser kluger, älterer Bruder. (Als Vater-Ersatz taugte er nicht, die Rolle hätte er sicherlich zurückgegeben.)

Am Abend nach seinem Tod gab es im Petőfi-Literaturmuseum einen Gedenkabend. Hunderte sind gekommen mit Kerzen und Blumen, Du kennst das Museum, es war total voll, alle Säle waren geöffnet, und sogar im Treppenhaus saßen Leute. Freunde, Kollegen und Verehrer lasen von sieben Uhr bis Mitternacht im Fünf-Minuten-Takt selbst ausgewählte Esterházy-Seiten. Wie ich am nächsten Tag erfuhr, gab es auch anderswo – unter anderem auch in Siebenbürgen – spontane Lesungen. Was ich nicht wusste: Er schrieb eine Zeit lang regelmäßig Restaurantkritiken für eine gastronomische Zeitschrift. Die Redakteurin des Blattes las eine der Kritiken für uns vor. Es war alles witzig und sehr essentiell, was er seinen Lesern mitteilte. Die meisten aber lasen aus dem Opus magnum, der *Harmonia caelestis* vor.

Man wusste, wie krank er war, sein letztes Buch, *Bauchspeicheldrüsentagebuch,* erschien etwa einen Monat vor seinem Tod, Mitte Juni eröffnete er noch die »Buchwoche« mit einer sehr schönen Rede für zwei Stimmen. Die andere Stimme war die seines langjährigen Freundes, des Komponisten und Saxophonisten László Dés, der es sehr gut vermag, über literarische Texte zu improvisieren. Es war eine rührende Szene, eine Art Abschied, als sich die beiden nach der Rede umarmten. Es war auch Esterházys Wunsch, dass Dés bei seiner Beerdigung spielen würde. Ansonsten setzte er mit dem *Bauchspeicheldrüsentagbuch* etwas fort, das man mit einiger Übertreibung Tradition nennen kann. Allerdings ist das Schreiben eines Krankheitstagebuchs nicht neu, Karinthy schrieb über seine Hirnoperation ein großartiges Buch mit dem Titel *Reise um meinen Schädel,* das auch ins Deutsche übersetzt wurde. Ihm folgte der Lyriker Ottó Orbán, der seine Gehirnoperation »besang«.

Wir wussten also von seiner Krankheit, es war dennoch ein Schock, von seinem Tod zu hören. Ich selbst brach in Tränen aus, und wie ich nachher erfuhr, war ich damit nicht alleine. Dann folgte ein Tsunami von Facebook-Posts, Tausende Erinnerungen an ihn. Was mir zuerst einfiel und ich meiner

Frau gegenüber gleich erwähnte, war der erste Satz aus dem *Produktionsroman*: »Wir finden keine Worte.« Auch damit war ich nicht allein, das Facebook war voll von Esterházy-Zitaten. Am nächsten Tag brachte *Népszabadság* eine ganze Seite voll von Zitaten, lauter bekannte, von vielen von uns täglich gebrauchten Sätze für alle Lebenssituationen. Wir sprechen (vor allem meine Generation, die auch die seine ist) in Esterházy-Sätzen. Das sind unübertreffbar geistreiche, aphoristische Formulierungen. In den späten 80er Jahren schrieb er in einem kleinen Feuilleton einen Satz, in dem er das politische kommunistische System zusammenfasste. In der zweiten Szene des zweiten Aufzugs von *Hamlet* sagt Polonius über Hamlets Benehmen: »Ist dies schon Tollheit, hat es doch Methode.« In der klassischen ungarischen Übersetzung von János Arany heißt es etwa: »Verrückte Rede, aber es enthält ein System« (im Sinne von »Methode«). Esterházy machte eine klitzekleine Modifizierung: »Ein verrücktes System, aber es ist Rede drin« – so beschrieb er das Wesen des real existierenden Sozialismus. Ein viel zitierter Satz, der mit seiner Ironie das Regime genau beschrieb und zugleich lächerlich machte. Oder ein leiser Satz in der Zeit um die Wende: Als sich die Politiker, und nicht nur die Politiker, neu orientierten, kommentierte er die plötzlichen und unreflektierten Wandlungen mit der ironischen Bemerkung »Stoßverkehr auf dem Weg nach Damaskus ...«.

Esterházys Verhalten war vorbildlich, klug, witzig und elegant. Von einem Kollegen beim Rundfunk, einem ehemaligen Kameraden Péters in der Armee, habe ich einen frühen Fall hierzu gehört. (Zu unserer Zeit war es üblich, junge Männer, die nach dem Abitur und der gelungenen Aufnahmeprüfung einen Studienplatz bekamen, noch vor Beginn der Studien für elf Monate in die Armee einzuberufen. Es gab einige Kasernen, in denen man sich hauptberuflich mit dem Schikanieren der künftigen Intelligenz befasste. Mathematiker, Physiker, Philosophen, Literaten, Historiker, Sprachlehrer, Übersetzer usw. in spe absolvierten den Militärdienst in der süd-ostungarischen Stadt Hódmezővásárhely.) Dort gab es regelmäßigen politischen Unterricht, in dem unsere Politoffiziere uns über die Überlegenheit des Sozialismus dem Kapitalismus gegenüber aufklärten. In einer solchen Stunde war von der unerhörten gesellschaftlichen Mobilität im sozialistischen Ungarn die Rede. Um dies zu veranschaulichen, soll der Offizier auf Péter gezeigt und gefragt haben:

»Sagen Sie mal, Genosse Esterházy, was hat Ihr Vater vor 1945 gemacht?«

Worauf Péter geantwortet haben soll:

»Na ja, er hatte ein paar Acker Boden.«

»Und was macht er jetzt?«

»Er ist Übersetzer geworden.«

Der Politoffizier fühlte sich bestätigt und sagte:

»Na, sehen Sie, Genossen, der Vater des Genossen Esterházy war armer Bauer, und jetzt verrichtet er geistige Arbeit.«

Oder ein Satz, vielleicht aus dem Jahr 1990 oder kurz danach, als man im ersten frei gewählten Parlament über die möglichen Restitutionsgesetze diskutierte: Der Spross der größten Aristokraten- und Grundbesitzerfamilie paraphrasierte die Losung der Bauern nach der Bodenreform von 1945, nach der Enteignung der Großgrundbesitzer und der Bodenverteilung: »Wir geben keinen Boden zurück!« Esterházy ließ wissen: »Wir nehmen keinen Boden zurück!« (Zur Esterházy-Legende gehört auch, dass ihn seine Geschwister nachher gewarnt haben sollen: Er solle bitteschön nur in seinem eigenen Namen sprechen ...).

Was Ihr, lieber Ingo, die Ihr ihn nur als einen der größten postmodernen Schriftsteller gekannt habt, nicht habt mitverfolgen können, war seine Publizistik. Er schrieb mit ziemlicher Regelmäßigkeit Artikel auch zu politischen Themen, wobei er irgendwie einen unfehlbaren Sinn dafür hatte, wie man auf bestimmte Sachen reagieren oder nicht reagieren und worüber man sich hinwegsetzen oder nicht hinwegsetzen sollte. Eine phantastische Gabe: Immer ruhig bleiben, Humor, Würde und Contenance bewahren. Vor Kurzem, als er, selbst schwer krank, vom Tode gezeichnet, am Grab von Imre Kertész sprach, hatte er eine spitze Bemerkung fallen lassen wegen der großen Anzahl von Neuankömmlingen am Sterbebett von Kertész. Es war ein einziger, eleganter und ironischer Halbsatz, ein Seitenhieb, gerichtet gegen die Regierungsmitglieder, die sich durch ihre Anwesenheit an der Beerdigung legitimeren wollten. (Eine andere Frage wäre, ob Kertész daran auch selbst schuld war, da er 2014 anlässlich des Nationalfeiertages am 20. August den Szent-István-Orden entgegennahm. Dies ist eine Auszeichnung, die 1946 abgeschafft und 2011 auf Vorschlag Viktor Orbáns wieder eingeführt wurde. Unter den letzten Trägern des Ordens befanden sich Reichsmarschall Göring, die beiden Außenminister Ribbentrop und Ciano. Kertész hätte als Holocaust-Überlebender – glaube ich – diese Auszeichnung und von diesem Regime nicht entgegennehmen dürfen.)

Aber zurück zu Esterházy: Er war der Mensch, dem wir ähnlich sein wollten. In moralischen Fragen hatte er einen untrüglichen Kompass, was ihm zu großem Ansehen verhalf. Als Anfänger war er in vieler Hinsicht ein Außenseiter, der nichts mit dem bestehenden System zu tun hatte; der Unterschied zwischen ihm und den anderen Schriftstellern sei, so in einem der vielen Nachrufe, »dass er als Künstler nicht im Dialog mit dem System stand«. Er wollte es nicht stürzen, nicht verbessern, korrigieren, nein, er lebte in seiner eigenen Welt, als ob es das System nicht gäbe. Er war ein absolut freier Mensch.

Dies alles wäre aber ohne sein Œuvre natürlich total uninteressant, denn auch als Autor war er sozusagen ganz unser Mann. Es gibt in der ungarischen

Literatur sehr große Schriftsteller und Dichter, aber keinen, der für mich und sehr viele andere so wichtig gewesen wäre wie er. Ich weiß nicht, wie man in hundert Jahren darüber denken wird, aber ich bin nicht der Einzige, der ihn zu den größten Gestalten der ungarischen Literatur zählt. Und zwar von Anfang an. Ich kann mich genau erinnern, wie mich die erste Begegnung schockierte. Das Erste, was ich von ihm las, war sein *Produktionsroman*. Es tat sich eine völlig neue Welt auf. Dieser Witz, diese Ironie, ja, diese Frechheit waren damals, am Ende der 70er Jahre, völlig neu. Er hatte einen ungewöhnlichen, neuen Stil, eine Stimme in einer Zeit, die man rückblickend als Anfang einer kulturellen Blütezeit betrachten kann und zu deren wichtigsten Gestalten er gehörte. Es war irgendwie eine Befreiung, die die ganze Literatur umkrempelte. Lajos Parti Nagy, der virtuose Sprachkünstler der gegenwärtigen ungarischen Literatur, sagte einmal, ohne Esterházy wäre sein Œuvre undenkbar, es soll Péter gewesen sein, der ihn und seine Kollegen befreite.

Ihr kennt sein Werk, bis auf seine Publizistik ist alles auf Deutsch zugänglich. Es gibt aber noch etwas, was ich für sehr wichtig halte: seine selbstlose Hilfsbereitschaft und Kollegialität. Er machte schöne und originelle Gesten. Zu den berühmtesten gehört, als er zum 70. Geburtstag von Géza Ottlik den Roman *Schule an der Grenze* auf ein Stück 57x77 Zentimeter großes Zeichenpapier abschrieb. Zeile für Zeile, Seite für Seite aufeinander. Eine Transkription nannte er das. Es war einerseits eine Hommage an Ottlik, andererseits eine Inbesitznahme der Tradition. Ich bin sehr stolz darauf, dass ich mit ihm, neben den zahlreichen Interviews, auch an einem größeren Projekt arbeiten konnte. Anlässlich der Budapester Buchpremiere von Per Olov Enquists *Lewis Reise* wurde in der schwedischen Botschaft eine Dinnerparty veranstaltet. Ich führte an dem Tag ein langes Rundfunkinterview mit Enquist, wurde zu diesem Ereignis eingeladen und saß in der Nähe von Enquist und Esterházy, die sich offensichtlich sehr gut verstanden. Als dann das Kinderbuch *Großvater und die Wölfe* von Enquist erschien, ist mir dieser Abend eingefallen, und ich habe Péter angerufen, ob er Lust hätte, das Buch im Ungarischen Rundfunk vorzulesen. Die Idee gefiel ihm, und er sagte, er wolle schauen, ob er es »rampensaumäßig« machen könne. Er las den Text und war Feuer und Flamme dafür. Wir haben die Aufnahmen an einigen Abenden gemacht (der Vormittag war ihm heilig, morgens setzte er sich an seinen Schreibtisch und schrieb.) Er kam immer sehr pünktlich an, war sehr gut vorbereitet und las mit großer Begeisterung und Einfühlungsgabe. Er schauspielerte nicht, vielmehr entdeckte er den Text zusammen mit seinen imaginären Hörern, die – wie es sich herausstellte – überhaupt nicht imaginär waren, denn die Sendung war ein großer Erfolg, Kinder und Erwachsene saßen an 18 aufeinanderfolgenden Abenden am Apparat, er selbst hörte es sich jedes

Mal an und freute sich, wie ein Kind, denn – wie er mir sagte – seine Stimme kam in einem Kontext, der ihm als Kind so wichtig gewesen war: Er hörte sich, als er ein Kind war, regelmäßig das Gute-Nacht-Märchen im Rundfunk an. Jetzt bekam er Gratulationen, Telefonate und Mails. Und es war für ihn sehr wichtig, dass er etwas für Enquist tun konnte. Rückblickend auf die dreißig Jahre, die ich beim öffentlich-rechtlichen Rundfunk verbrachte, war dies eines der schönsten Erlebnisse. Es wurde seitdem mehrmals wiederholt, und wird jetzt – wie ich höre – wieder aufs Programm gesetzt. Aber Esterházy hat sich nicht nur für Enquist eingesetzt. Er wusste um jeden, half jedem, nutzte sein Ansehen und seinen Einfluss, den Weg für weniger bekannte Kollegen zu ebnen.

Er wird uns fehlen. Die Welt ist seit dem 14. Juli 2016 noch beschissener.

Lieber Ingo, so viel für heute.

Liebe Grüße,

Dein László

Berlin und Prieros, August 2016

Lieber László,

jetzt liegt die Beerdigung von Péter in Ganna schon über zwei Wochen zurück, und ich könnte schwören, obwohl es recht unwahrscheinlich ist, dass ich ihn einmal sagen hörte: »Eine schöne Beerdigung.« Auf Deutsch gelesen sagt dieser Satz nichts, man muss ihn mit seiner Stimme hören, also auch mit diesem für uns Deutsche so angenehmen ungarischen Akzent, vor allem aber in dem Esterházy-Tonfall, der ein Lächeln nach sich zieht und mitunter ein Lachen, aus dem beinah folgerichtig noch ein liebenswürdiger Sarkasmus hervorspringt. Diese Unangemessenheit, die ein Tod immer mit sich bringt, erscheint mir in seinem Fall besonders groß. Wir dürfen weiter schreiben, er nicht.

Ich hätte gern den jungen Péter gekannt, den Jugendlichen, als er noch nicht ausgereift und perfekt gewesen ist, wie er mir als Leser von seinem ersten Buch an gegenübertritt. Ich kann mir allerdings Péter Esterházy immer nur als Péter Esterházy vorstellen.

Gemessen an meinen literarischen Kriterien hat er die Quadratur des Kreises geschafft. Auf ihn trifft es zu, was für viele der »großen Stilisten« gilt, der Stil ist der Mensch und umgekehrt. Aber er ist der darin liegenden Gefahr entgangen, nämlich zu erstarren und sich auf eine bestimmte historische Zeit und ein bestimmtes Milieu festzulegen (Thomas Mann war der Erfolg seines *Felix Krull*, den er ein paar Jahre nach dem Zweiten Weltkrieg zu Ende schrieb, peinlich, was ihn in meinen Augen ehrt). Die Bücher des Péter Esterházy sind immer unverkennbar Esterházy und zugleich grundverschieden. Seinen Stil nachzuahmen oder gar zu parodieren, gelingt wahrscheinlich nicht mal oberflächlich – und selbst wenn, am Ende denunzierte sich dieser Versuch selbst. Warum das so ist, kann ich nicht erklären – oder es endet in Allerweltsformeln wie frei, klug, artistisch, verzweifelt, mutig, unfertig, selbstbewusst, neugierig usw. usf. Im Grunde hat er die Prosa wie Lyrik behandelt. Ein Satz kann bei ihm eine ganze Geschichte oder ein Kapitel sein. Man kann ihn nicht überfliegen, etwas auslassen, schon gar nicht nacherzählen. Ich will nicht behaupten, dass es in seinem ganzen Werk nicht einen Satz gebe, der sich nicht streichen ließe – obwohl man den erst mal finden muss. Doch bei ihm enthält jeder Satz auch die Anlage zum Ganzen, wie diese Stammzellen, aus denen alles werden kann. Seine Arbeitsweise, auch wenn ich nichts darüber weiß, muss ihn glücklich gemacht haben. Ich kann ihn mir nicht als Text-Arbeiter vorstellen, der für sein Pensum schuftet, eher als jemanden, der, wenn er unzufrieden beim Schreiben gewesen ist, den Eindruck hatte, noch nicht genug Freude, nicht genug »Gaudi« aus dieser oder jener Passage für sich gewonnen zu haben – und damit für die Leser.

Glücklich muss er auch deshalb gewesen sein, weil es ihm leicht fiel, von Buch zu Buch zu kommen. Er bezeichnete das rücksichtsvoll gegenüber Kollegen als »Ich habe Glück gehabt, ich bin gleich ins nächste Buch reingerutscht.«

Überhaupt fällt mir, denke ich an ihn, sehr oft das Wort »Glück« ein – so wie in der Rede des Erzabtes das Wort »Liebe« offenbar sehr häufig vorgekommen sein muss. Das Glück (die Liebe), das er mit Gitta fand und letztlich wohl überhaupt mit seiner Familie hatte. Das Glück, früh schreiben zu können, früh gedruckt zu werden, früh Leser zu finden, viele und gute Leser zu finden und gute Kollegen, gute Verleger, gute Übersetzer. Wenn ich ihn inmitten von Euch, inmitten der ungarischen Kollegen und Freunde sah, erschien er mir als ein warmherzig-strenger Primus inter Pares. Was Du schreibst, trifft es aber besser, ein älterer Bruder, »der große Bruder« (leider eine für die Ostdeutschen besetzte Redewendung in Bezug auf die »große Soffjetunion« – und Orwells *1984* natürlich). Ein großer Bruder, der die Geschwister auch gegenüber den »Eltern« vertrat und eben auch von diesen her eine Brücke schlug, als stellte er eine Generation für sich dar. Aber jetzt schwadroniere ich von Dingen, die Du besser beurteilen kannst.

Ich habe es zuerst bedauert, dass László Dés nur ein Mal gespielt hat (an einer Tankstelle, an der, wie überhaupt auf dem gesamten Weg nach Ganna, die Trauergäste in ihrem Schwarz erkennbar waren wie Fußballfans, hatten wir uns die Hand gegeben, nur wusste ich nicht, dass er eben jener Saxophonist ist). Ich fürchte, der Autoren-Bus kam etwas zu spät, hast Du László Dés gehört? Die Übertragung aus der Kapelle war ja sehr gut, sodass die Saxophon-Stimme, ortlos unter dem blauen Himmel, über den Bäumen und der Wiese lag. Dieses

Spiel im Freien zu hören verband alles miteinander. Aber es ist wohl gerade diese Strenge und Sparsamkeit, die seine Trauerfeier so gut werden ließ. Ich hatte viele Reden erwartet und mich schon ein wenig davor gefürchtet. Als zum Abschluss Janis Joplin kam mit ihrem *Mercedes-Benz* und am Ende ihr »That's it« und dann ihr Lachen ... Ihm ging es ja vor allem um das Lachen. Er wolle schreiben wie dieses Lachen – so frech, so frei, so verzweifelt, so schön – ich hoffe, ich habe die richtigen Worte in Erinnerung.

Als wir dann in der Gruft standen und ich auf die kleine graue Marmorplatte in der Wand sah, die sich so leicht übersehen lässt, doch auch den Platz des Pförtners für die große Sarkophag-Rotunde inne hat, überfiel mich beim Anblick des zarten goldenen Kreuzes über seinem Namen die blasphemische Assoziation zu Buñuels *Letztem Seufzer*. Ob er es zumindest ein bisschen gewollt hat, dass wir uns wundern? Oder? Dieser wunderbare Esterházy-Satz – »Wir nehmen keinen Boden zurück« – ließe sich in Bezug auf die Grabplatte auch als Verzicht auf das Horizontale deuten, nun ganz der Vertikalen verpflichtet.

Mir fällt, wie könnte es anders sein, das Versäumte ein. Er sagte mal, er sei neugierig zu hören, was ich von dem *Produktionsroman* halte, der erst einige Jahre nach *Harmonia Caelestis* in Deutschland erschienen ist. Er liegt seit Jahren da, um gelesen zu werden. Nach allem, was ich darüber weiß (und etwas habe ich natürlich gelesen), interessiert mich kaum ein anderes Vor-89er-Buch so sehr wie dieses, und doch ...

Einen wie ihn hatten und haben wir nicht unter den deutschen Schriftstellern. Unvorstellbar, was anders gewesen wäre, hätte es einen DDR-Esterházy gegeben. Man kommt gar nicht auf die Idee, dass es ihn hätte geben können. Er hätte das ganze Land verändert – zumindest für sehr viele. Du beschreibst es ja besser, als ich es kann: Diese Freiheit und Eleganz, diese Unabhängigkeit und diese scheinbar selbstvergessene Zurückweisung der Ja-Nein-Konstellationen und und und – dagegen erscheint mir das (Ost)Deutsche von pubertärer Ernsthaftigkeit, auch wenn mir vieles daran lieb und teuer ist und ich meine Tradition nicht verleugnen kann und will. Mit großer Wahrscheinlichkeit wäre so ein *Produktionsroman* nicht bei uns erschienen, aber er ist eben auch nicht geschrieben worden.

Aber auch mich hat er durch seine Lesart befreit. Allein die Überschrift zu seinem Nachwort: »Ein Ostfranzose zum Fressen«. Ich bin so gern ein Ostfranzose gewesen! Und jetzt?

Du weißt ja, dass ich vor zwei Jahren in Budapest traurig war über das »ins Wasser gefallene« Treffen mit ihm und ich auch etwas murrte, weil ich ihn in der Diskussion zu zurückhaltend fand. Heute ärgere ich mich über mich. Denn was für den Ausländer auf einen Schlag empörend ist – Du hattest mir gerade das famose Denkmal der ungarischen Unschuld gezeigt, das ein tatsächlich überzeugendes Gegen-Denkmal hervorgerufen hat –, muss ein Einheimischer nicht bei jeder Gelegenheit und immer und wieder tadeln.

Ich schreibe diese Zeilen in Prieros, was sich so anhört wie eine griechische Insel, aber nur 45 Auto-Minuten von unserer Wohnungstür entfernt unter märkischen Kiefern in der Nähe eines klaren Sees liegt. Nicht nur wenn die Péter-Trauer in der Kehle sitzt, denke ich oft an eine Esterházy-Szene hier – erzählte ich Dir davon? Er besuchte uns hier zusammen mit Gitta. Und sie und ich drangen darauf, endlich baden zu gehen. Gitta sprang sofort vom Steg ins Wasser und schwamm auf und davon. Er stand in Badehose und Brille, noch vollkommen ungebräunt, im flachen Wasser und fror. Er wirkte etwas verloren wie ein Johannes der Täufer ohne Täuflinge. Die Kinder waren noch klein und planschten im Flachen herum. Da er merkte, dass auch ich gern schwimmen würde, wandte er sich ihnen zu und fragte die Jüngste, die damals vielleicht fünf Jahre alt war: »Na, was sagst du, wie sehe ich aus?« Sie sah ihn an und antwortete: »Wie eine Kuh mit Perücke.« Das ist das einzige Mal gewesen, dass ich ihn für ein paar Augenblicke überrascht und nicht schlagfertig erlebte. Ich hätte ihm sagen sollen, dass Franziska tatsächlich Kühe liebt, ein Phänomen, das bis heute anhält. Sein Tod ist auch bei uns eine »Familienangelegenheit«. Meine Mutter versäumte keine Lesung von ihm und war auch im April da. Er malte ihr immer Herzchen ins Buch. Und auch die Kinder fragten jetzt mehrmals nach, als ich aus Ganna zurückkam. Denen habe ich vor ein paar Jahren das Enquist-Buch vorgelesen. Unglaublich, dass er auch dafür Lust und Zeit hatte. Und wie lange wird es dauern, bis wir auf Deutsch seine Restaurantrezensionen lesen können?

Als er am 7. April das letzte Mal in Berlin las, war der Raum in der Akademie der Künste überfüllt. Er hat es allen so leicht gemacht, mit ihm umzugehen, ohne etwas zu beschönigen. Es gab ein kleines »Gruppenfoto« auf dem Balkon der Akademie. Der Fotograf meinte, es sei ja schön, dass alle so guter Stimmung wären. »Nur dass einer von ihnen Krebs hat«, sagte er und lachte. *Die Markus-Version* ist ein weises Buch. Ich lese darin wie in einem Brevier. Wir hatten versucht, die Veranstaltung möglichst kurz zu halten. Aber die Schlange derer, die sich ein Buch (oder mehrere) signieren lassen wollte, war beängstigend. Doch er wollte niemanden zurückschicken. Das Signieren dauerte länger als die Veranstaltung, als habe er jeder und jedem noch ein Wort mit auf den Weg zu geben.

Lieber László, damit gut für heute, jetzt gehe ich Schwimmen. Auch wenn wir wohl schon übers Limit sind, kann ich Dir ja doch noch zum ersten Teil Deines Briefes später schreiben.

Herzliche Grüße Dir und Zsuzsi,

Dein Ingo

Budapest, 2. Oktober 2016

Lieber Ingo,
danke für Deinen Brief nach Péter Esterházys Beerdigung. Es war tatsächlich sehr schön. Das Gelächter von Janis Joplin am Ende der Zeremonie werde ich nie vergessen. Und es gab noch etwas: Wie das Kreuz auf der Kuppel in der Sonne glänzte. Ein Storch saß darauf, und auf einmal hob er ab und flog weg. Wenn das Bild Teil der Regie gewesen wäre, wäre es zu viel gewesen. Da es aber ganz spontan geschah (Störche lassen sich bekanntlich schwer instruieren), war es so schön …

August und September waren ein bisschen chaotisch. Wir waren auch verreist: Seit fünfzehn Jahren verbringen wir im August immer mindestens zwei Wochen in Dalmatien, auf der Insel Ciovo (neben Trogir). Jetzt durften es drei Wochen sein. Ich habe Arbeit mitgenommen, aber wir schlugen die Zeit hauptsächlich mit hedonistischem Lesen tot. Wegen meiner geringen Arbeitsintensität hatte ich umso intensivere Gewissensbisse, konnte mich aber einigermaßen beruhigen, als ich eine etwas ernüchternde Version der Geschichte der Grille und der Ameise gelesen habe. Darin heißt es, die Grille habe den ganzen Sommer musiziert, während die Ameise sich unablässig abgerackert habe. Es kam der Herbst und beide krepierten …

Die letzten paar Tage habe ich mit Büchern von Saša Stanišić verbracht. Als er den Preis der Leipziger Buchmesse erhalten hatte, habe ich im Europäischen Übersetzer-Kollegium in Straelen in seinen Roman *Vor dem Fest* hineingeschaut. Er hat mir sehr gut gefallen, und ich habe mir vorgenommen, ihn zu lesen, wozu ich bisher keine Zeit hatte. Jetzt aber habe ich mir die Zeit genommen und es nicht bereut. Er ist so originell, und diese Lust am Erzählen! Und was er mit der Sprache kann, kommt vielleicht daher, dass Deutsch nicht seine Muttersprache ist und er deshalb eine ganz andere Perspektive zur Sprache hat, vielleicht kommt außer seinem innovativen Geist auch die Denkweise seiner Muttersprache in seinem Deutsch durch (ich weiß es nicht), er ist eine große Entdeckung für mich. Nun kommt dieser junge Mann nach Budapest, um im Goethe-Institut zu lesen. Aus diesem Anlass habe ich mit ihm einen Interviewtermin vereinbart, und ich habe gleichzeitig angefangen, ihn emsig zu lesen. Das Thema, das ich mit ihm besprechen möchte, ist jedoch in erster Linie kein literarisches, sondern der Integrationsprozess, den er in Deutschland erfahren hat. Ein bosnischer »Fluchtlingsjunge« (»Fluchtling« war neben »Lothar Matthäus« und »Schokolade« ein Drittel seines deutschen Wortschatzes, als er in Heidelberg ankam), aus dem ein deutscher Schriftsteller wurde. Ich nehme an, er hat die Nase voll mit der Geschichte, über die er bereits x-mal interviewt wurde. Es tut mir leid, auch ich werde ihm diesbezüglich Fragen stellen. Bei uns findet am Sonntag das Referendum statt, worüber auch die ausländische Presse berichtete, und worauf stolz zu sein wir Ungarn wenig Grund haben. Schon die Fragestellung, für oder gegen die man zu den Urnen geht, ist falsch: »Wollen Sie, dass die Europäische Union auch ohne Zustimmung des (ungarischen) Parlaments die Ansiedlung nichtungarischer Staatsbürger in Ungarn vorschreibt?« So wird die ungarische Bevölkerung gefragt. Im Zeichen der Volksabstimmung findet eine (in Ungarn) vielleicht seit den 1950er Jahren nicht gesehene, aus Steuergeldern finanzierte institutionalisierte Hasskampagne statt, deren Früchte wir Tag für Tag genießen können. Gedroht wird auf den landesweit platzierten Riesenplakaten mit den Migranten (nicht Flüchtlingen), in den von Orbán kontrollierten Medien (es gibt kaum noch welche, die unabhängig sind), Orbán und seine Paladine sprechen über die auf uns lauernden Gefahren, wobei selbst die Frage sinnlos ist, denn die EU will keine nichtungarischen Staatsbürger in Ungarn ansiedeln.

Ich male mir aus, was Šasa Stanišić heute passieren würde, wenn er gezwungen wäre, sich in seiner zerstörten Heimat auf den Weg zu machen. Nach Ungarn könnte er nicht kommen. Die ungarische Grenze ist zu, mit speziellem, spitzem Drahtzaun gesichert. (Ich habe gelesen, dass er im Gefängnis von Vác von Gefangenen hergestellt wird, was in meinen Augen ein schönes Symbol für die ungarische Wirklichkeit unter Orbán ist.) Vor dem Grenzzaun herrschen infernalische Zustände, die Flüchtlinge, die um Einlass bitten, werden in sogenannten Transitzonen festgehalten, wo sie ohne ausreichende medizinische Versorgung leben. Kinder, Frauen, ganze Familien. Allein reisende Männer werden ohne Grund für Wochen eingesperrt. Es handelt sich offensichtlich um eine gezielte Politik, um Flüchtlinge abzuschrecken. Gelingt es einem doch, unbemerkt durch den Zaun auf ungarisches Territorium zu gelangen, wird er abgeschoben, zurück nach Serbien. Man wird, so die Berichte, geschlagen, getreten und von Hunden gehetzt und gebissen. (Das ist zweifellos eine äußerst wirksame Art, Menschen zu überzeugen.) Jüngsten Nachrichten zufolge organisiert der Staat eine 3000 Mann starke Grenzjägertruppe, die die Abwehr der Flüchtlinge zur Aufgabe haben wird. Nun, wollte also die Familie Stanišić aus Bosnien vor den Serben nach Ungarn und weiter in die EU flüchten, würde sie schon an der Grenze aufgehalten und nicht reingelassen. Wenn es nach Viktor Orbán ginge, wäre aus Saša nie ein deutscher Schriftsteller geworden …

Hier habe ich mit dem Briefschreiben aufgehört. Inzwischen ist es der 2. Oktober, ich habe das Interview mit Saša Stanišić übersetzt und an die Redaktion abgeschickt. Es war ein Vergnügen, ihn kennenzulernen.

Wie ich einleitend erwähnt habe, findet heute dieses durch und durch verlogene Referendum statt. Orbán erklärte heute früh, dass er das Grundgesetz modifizieren wird, und zwar unabhängig davon, ob die Abstimmung die Gültigkeitsgrenze erreicht. Man fragt sich, wozu der ganze Scheiß, wenn er mit den Stimmen von Fidesz und Jobbik sowieso macht, was er will? Allerdings scheint es, dass er sich verkalkuliert hat, die giftige Rhetorik der Kampagne war etwas übertrieben, und sehr viele gehen einfach nicht hin. Die meisten kleinen linken oppositionellen Parteien mobilisieren für einen Boykott (die linke Opposition ist zersplittert), Jobbik mahnt zur Teilnahme und für »Nein«, die Liberalen für »Ja«. Von einer potenten Opposition zeigt sich keine Spur, es gibt aber einige originelle Antworten auf die Initiative des geliebten Führers. Die Spaßpartei MKKP (»Die Partei des Hundes mit den zwei Schwänzen«) und einige Zivilorgansationen mobilisieren für die Teilnahme und für das *Hacken*, das heißt eine ungültige Stimme, damit man nicht zu Hause bleibt, aktiv an der Abstimmung teilnimmt und dadurch seine Meinung äußert: »Ihr könnt mich mal.« MKKP machte eine sehr geistreiche Kampagne mit witzigen Plakaten und Facebook-Posts, mit dem Slogan: »Auf eine blöde Frage eine blöde Antwort«. Auf den abgegebenen Stimmzetteln wurde sowohl das Ja als auch das Nein durchkreuzt, oder ausgeschnitten, die Zettel wurden mit witzigen Botschaften und Zeichnungen versehen. Viele fotografierten und posteten ihr Votum auf Facebook, und ein bekannter Ethnograf bat schon jene, die so verfuhren, ihm Fotos zu schicken, damit er sie für seine Forschungen verwenden kann.

Nun siehst Du, lieber Ingo, so leben wir im Becken der Karpaten, in diesem Kanaan, in dem Milch und Honig fließen.

Es gab noch lange vor der Wende den schönen Witz, in dem die Kinder einen Aufsatz über die Schönheit des Kommunismus schreiben sollten. Der eine schreibt: Der Kommunismus ist wie ein großer Teller voll mit Wiener Schnitzeln, rundherum mit Pommes. Jeder bekommt davon und jeder wird satt. Ein anderer Schüler schreibt: Der Kommunismus ist wie eine riesige Schokotorte mit Sahne und Erdbeeren. Schmeckt süß, und jeder wird satt davon. Dann liest der kleine Moritz seine Version vor: Der Kommunismus ist wie ein Segelboot auf offenem Meer, es fährt geschwind auf sein Ziel zu und teilt die schäumenden Wellen.

Die Lehrerin sagt, aber das ist wunderschön, kleiner Moritz, sehr poetisch, worauf der kleine Moritz antwortet: Lassen Sie mich doch zu Ende lesen: Und an Bord kotzen alle, doch man kann nicht aussteigen.

Ich war nach der Wende ein bisschen traurig, denn die Witze, über die wir in der Kádár-Ära so viel gelacht haben, hatten ihre Aktualität verloren, und meine Kinder würden sie nicht verstehen. Jetzt sehe ich, wie aktuell sie wieder sind.

Inzwischen ist das Referendum zu Ende, Orbán feiert in Funk und Fernsehen sein Fiasko als einen großen Sieg. Die Kampagne wird weitergeführt, und der Hass, den sie geschürt haben, bleibt bei uns. Das Segelboot fährt geschwind weiter, teilt die Wellen, die immer noch schäumen, wir schäumen mit und kotzen unablässig. Wann wird dieser Albtraum enden? Und wie?

Übrigens – darf man einen Brief mit einer Frage abschließen?

Liebe Grüße:

László

Georg Klein — Viktor Martinowitsch

Eine Entscheidung war es eigentlich nicht. Eher eine Übersprungshandlung: Als ich gefragt wurde, ob ich mir vorstellen könnte, für dieses Projekt mit einem anderen europäischen Autor zu korrespondieren, bat ich, ohne groß zu überlegen, darum, bei Viktor Martinowitsch anzufragen. Wenige Tage zuvor hatte ich Paranoia *gelesen, den ersten Roman, der von dem Autor auf Deutsch erschienen ist, und wie es ein geneigter Zufall wollte, war dieses Buch zudem das erste erzählerische Werk eines anderen Autors, dessen Sätze meine Augen nicht von Papier, sondern zur Gänze von einem Bildschirm gesogen hatten. Es war der Bildschirm des Notebooks, in dessen Tastatur ich fast täglich eigene Prosa schreibe. In gewisser Weise hatte ich also mein technisches Arbeitsfeld und meinen virtuellen Imaginationsraum dem Text eines Zeitgenossen überlassen, und das Ungewohnte war nicht nur technologisch geglückt. Glück zieht Glück! Warum sollte uns beiden nicht auch ein halbes Dutzend elektronischer Briefe gelingen?*

Georg Klein

Traum auf singenden Geleisen

Heinitzpolder, den 1. Juni 2016

Lieber Viktor Martinowitsch,
wir kennen uns noch nicht von Angesicht zu Angesicht, aber es hat mir bereits von uns beiden geträumt:

Ich bin unterwegs. Ich befahre in einem Zug eine besondere Bahnstrecke, die in der Zeitrechnung meines Traums erst vor wenigen Wochen erneut in Betrieb genommen worden ist. Es ist die alte Fernverbindung Berlin-Königsberg, die vor mehr als einem halben Jahrhundert Deutschlands einzige Metropole mit der damals östlichsten deutschen Großstadt verband.

Ich rolle auf restaurierten Geleisen. Und ich weiß – weit besser als je im Wachen! – über die eisenbahngeschichtliche Bedeutung dieser Strecke Bescheid: Vor dem letzten großen Krieg wurde hier, auf einem schnurgerade verlaufenden Teilstück, ein denkwürdiger Geschwindigkeitsweltrekord für Dampflokomotiven aufgestellt: 220 Stundenkilometer! Unter Eisenbahnfans ist der Name der fraglichen Lok seitdem rund um den Globus Legende. Als ich mich später, im nüchternen Licht des Wachseins, an diesen Namen zu erinnern versuchte, konnte ich allerdings bloß noch sagen, dass er aus einem deutschen Mädchenvornamen und einer recht langen, fünf- oder sechsstelligen Nummer bestand.

Im Traum stimmt mich der alte, der Kraft der Steinkohle geschuldete Rekord heroisch. Ich bin stolz, dass solch grandiose Zugmaschinen von den Ingenieuren des Jahrhunderts ersonnen worden sind, in dessen Mitte ich geboren wurde. Und wunderbar angemessen erscheint mir, dass die Planung und der Neubau der Strecke nun von einem internationalen Konsortium bewerkstelligt wurden: Nicht nur die EU und Russland, sondern auch verschiedene Organisationen der UN haben kooperiert. Und kein geringerer als Mark Zuckerberg, der seit seiner Kindheit ein notorischer Railroad-Fan ist, hat das Projekt mit einer einzigartigen Facebook-Kampagne und einer märchenhaft hohen Spende aus seinem Privatvermögen unterstützt.

Leider existiert keine Dampflokomotive der fraglichen Baureihe mehr. Ein Nachbau ist jedoch bereits in Arbeit. Vorläufig wird das grandiose Dampfross noch von einer russischen Diesellok vertreten, die aus den Beständen der Deutschen Reichsbahn der DDR stammt und in einem Eisenbahnmuseum den Feueröfen der Verschrottung entgangen ist.

Auch bei Instandsetzung der fast 600 Kilometer langen Trasse wurde nach Möglichkeit originalgetreu verfahren. Und so rollt mein Zug nun über sündteure Eichen- und Buchenschwellen Richtung Kaliningrad. Hier, im Traum, ist just mit dem Verzicht auf moderne Betonschwellen ein besonderer Gewinn verbunden: Das Fahrgeräusch wird von den hölzernen Querstreben auf eine mirakulöse Weise gemildert. Kenner behaupten sogar, dass sich das schnöde Rattern der Räder auf den stählernen Schienen durch perfekt verlegte Hartholzschwellen in polyrhythmischen Wohlklang, fast in etwas Melodiöses verwandelt. Und im Traum bekümmert mich, dass ich leider zu unmusikalisch bin, um nun dergleichen herauslauschen zu können.

Die Abteile, an denen ich entlanggehe, gleichen bis ins Detail den westdeutschen Regionalzügen meiner Kindheit. Der Traum hat sich nur wenig Mühe damit gemacht, weitere Elemente hinzuzufügen. Die samtenen Vorhänge an den Fenstern kenne ich aus einem italienischen Provinzzug, mit dem ich in den 80er Jahren des vorigen Jahrhunderts gefahren bin. In die kleinen Spiegel, die über den Rückenlehnen angebracht sind, hat man Wörter in kyrillischen Buchstaben geschliffen. Ich weiß, dass es sich um die Namen von Produkten handelt, für die auf diese altmodisch diskrete Weise Werbung gemacht wird, aber bis auf ein offensichtliches »Coca-Cola« gelingt es mir nicht, ein weiteres Wort zu entziffern.

Nur knapp sechs Stunden bis Kaliningrad! Schon am Abend meiner Ankunft soll dort ein Kongress von Autoren beginnen, zu dem mich einer der Veranstalter, das deutsche Goethe-Institut, eingeladen hat. Und im Königsberger Schloss werde ich endlich Viktor Martinowitsch persönlich kennenlernen, der heute ebenfalls von Berlin aus, wo er aus seinem neuen Roman gelesen hat, in die russische Enklave reist.

Heute? Von Berlin? Das heißt, er könnte wie ich in diesem Zug unterwegs sein! Warum haben wir keine gemeinsame Anfahrt vereinbart? Wir sind doch in elektronischem Kontakt. Hier knirschen die Zahnräder meiner Traummaschine. Der große nächtliche Erzähler, wer immer das sein mag, hat uns in eine logische Sackgasse manövriert. Aber sogleich lenken mich persönliche Widrigkeiten hiervon ab: Der Zug ist recht voll. Habe ich eine Reservierung? Habe ich überhaupt ein Ticket? Auch wo sich mein Rollkoffer befindet, kann ich nicht sagen.

Ich beschließe ihn zu suchen. Obwohl er ein rechtes Allerweltsmodell ist, werde ich ihn sofort erkennen, weil ich vor Jahren mit einem weißen Lackstift meinen Namen und meine damalige Mobilfunknummer auf sein schwarzes Nylon gekrakelt habe. Ich will ganz ans Ende des Zugs und mich dann Wagen für Wagen, Abteil für Abteil nach vorne arbeiten. Irgendwo wird sich mein Koffer schon finden lassen.

Wie lang dieser Zug ist! Und bald muss ich entdecken, dass ich nicht der einzige bin, der ihn sorgfältig, noch sorgfältiger als ich, nämlich mit festem Blick in jedes Gesicht, abläuft. Ein schlanker, noch junger Mann in einer bedenklich schwarzen Uniform, eine leuchtend rote Schirmmütze auf dem Kopf, kommt mir entgegen. Es kann sich nur um einen Kontrolleur handeln!

(Lücke! Hier fehlt etwas. Oder der Traum gönnt sich und mir einen Zeitsprung, um Schwung in sein Geschehen zu bringen …)

Alles ist gut! Ich sitze allein mit demjenigen, den ich in unnötiger Ängstlichkeit für einen Fahrkartenkontrolleur gehalten habe, in einem Abteil. Durch das Fenster flutet sommerliches Sonnenlicht. Draußen kann ich hinter dichtem Laubwald das glitzernde Meer und dahinter einen weiteren grünen Streifen erkennen. Eine Nehrung? Ich wusste gar nicht, dass ein Teil der Bahnstrecke so bald schon parallel zur Küste der Ostsee verläuft?

Der Uniformierte reicht mir ein Klemmbrett. Er hat mir bereits, auf Englisch, erläutert, worum es geht. Im Auftrag jenes Konsortiums, das die Strecke erfolgreich betreibt und mittlerweile deren Verlängerung bis Sankt Petersburg plant, wird eine Umfrage unter den ersten 1000 Fahrgästen veranstaltet. Er bittet mich nun, den leider etwas umfangreichen Fragebogen auszufüllen.

Ich setze meine Lesebrille auf und beginne zu lesen. Merkwürdigerweise tue ich dies laut, als komme es mir darauf an, dass wir beide den Wortlaut der Fragen nun gleichzeitig hören. Da steht auf Deutsch:

TransEuropaExpress / FAHRGÄSTEBEFRAGUNG

1. Träumen Sie gelegentlich vom letzten Weltkrieg, obwohl Ihr Körper, zumindest Ihre Augen, Ihre Finger und Ihre Füße nachweislich nicht an ihm teilgenommen haben können? Wenn ja, was erleben Sie dann und wo genau findet das Geschehen statt?

2. Glauben Sie, dass es eine eigenständige Geschichte der Technik gibt? Und wenn ja, wo fühlen Sie sich am ehesten in dieser besonderen Historie zu Hause?

3. Stellen Sie sich bitte vor, es hätte Sie beruflich zur Polizei oder zu einem Geheimdienst verschlagen. Wenn man dort jeden Mitarbeiter – auch Sie! – mit großer Achtsamkeit entsprechend seinen jeweiligen Fähigkeiten einsetzen würde, welcher speziellen Tätigkeit gingen Sie dann in Ihrer Behörde nach?

Zur vierten Frage komme ich leider nicht, denn mein Gegenüber hat, aus einem mir dunklen Grund, zu lachen begonnen, nur leise und hinter vorgehaltener Hand, aber weil ich dieses Lachen von außen, durch meine wirklichen Ohren, zu hören vermeine, wache ich erschrocken auf!

Herzliche Grüße aus dem nordwestlichsten Winkel Deutschlands sendet Ihnen
Ihr Georg Klein

Vilnius, 25. Juni 2016

Lieber Georg!
Vor zwei Jahren, also lange bevor mich Ihr erster Brief erreichte, saß ich in einem Zug von Vilnius nach Minsk. In dem kurzen Augenblick, als die belarussisch uniformierten Grenzer schon gegangen waren, der Zug aber noch nicht wieder angefahren war, kippte ich im warmen Schein der Abendsonne weg. Ich schlief nicht lange – nach kurzer Zeit setzte sich der Zug mit knirschenden Kupplungen in Bewegung und scheuchte mich wieder ins Bewusstsein zurück. In diesen wenigen Minuten durchlebte ich etwas, das die drei Fragen aus dem Fragebogen, den Sie im nicht existierenden Abteil des nicht existierenden TransEuropaExpresses gelesen haben, metaphorisch und umfänglich beantwortet. Lange Zeit hatte ich nicht gewusst, wohin mit diesem Erlebnis – bei

der Beichte erzählt man ja üblicherweise nicht von den sonderbaren Umtrieben jener Gestalten, zu denen wir in unseren Träumen werden. Und die Erzählung als literarische Gattung stirbt auf unserer Seite der Großen Mauer einen stillen Tod, die Verleger halten kurze Texte für »nicht verkäuflich«, was auch immer dieses Wort bedeuten mag. Bei der Lektüre des Fragebogens ging mir plötzlich auf, dass unser Dialog nicht nur auf allen Realitätsebenen einschließlich der Traumwirklichkeit stattfindet, der die Prosa ja zu weiten Teilen entstammt, sondern dass er darüber hinaus in Sphären vordringt, die weder Vergangenheit noch Zukunft kennen, Sphären, in denen heute gestellte Fragen Antworten aus dem Vorgestern erhalten können. Aus eben diesem Grunde übergebe ich nun das Mikrofon dem Erzähler, der an jenem schwülen Abend im Zug von Vilnius nach Minsk in mir erwacht ist.

Kurator Didenko

Der Vordruck für die Erklärung zur freiwilligen inoffiziellen Mitarbeit sah ganz profan aus: Kopierpapier, schlampig gedruckte Buchstaben, ein Strichcode aus Balken, vom Drucker über die Seite verstreut. Nach meiner Vorstellung erforderte der Verkauf der eigenen Seele wenn nicht Banknotenqualität, so doch wenigstens einen Offsetdruck. Ein A4-Blatt auf einem klebrigen Tisch – mehr brauchte es nicht zum Mephisto.

Der Teufel saß mir gegenüber und spachtelte Hafergrütze. Unser Treffen hatte er in der Kantine einer jener außerstädtischen Einrichtungen ohne Türschild angesetzt, die bei den Einheimischen als Regierungs-Kurhäuser galten (das vorangestellte Attribut erklärte auch die im Abstand von 50 Metern am Zaun installierten Kameras) und die von Pilzsammlern gerne weiträumig umgangen wurden. Der Kurator war glubschäugig und rotgesichtig, dabei aber kuratorisch konzentriert. Graues Hemd, Bügelfalten selbst auf den kurzen Ärmeln. Kauend ähnelte er einem Brueghel'schen Bauern, die Lippen mit dem Taschentuch tupfend eher einem sadistischen Kommissar, der eben ein ganzes Dorf Brueghel'scher Bauern hatte erschießen lassen.

Eine Hoffmann-Figur im Kostüm eines Gaidar-Helden. Ein gewiefter Teufel. Diabolenko.

Vor ihm stand ein Tablett mit dem Mittagessen, ihm gegenüber ein Glas Wasser. Kaum hatte ich den von zahlreichen weiteren konzentrierten Essern bevölkerten Speisesaal betreten, gab er mir ein wortloses Handzeichen, er hatte sofort erkannt, dass ich zu ihm wollte. »Sergej Nikolajewitsch«, brummte er und wies mir den Platz gegenüber an.

Ein abgerückter Tisch. Ein Glas Wasser.

Ein Kollege, der ihm im Vorbeigehen auf die Schulter klopfte: »Servus,

Walentinytsch.« Ohne einen Anflug von Bitterkeit tupfte sich der Teufel die Lippen mit dem Taschentuch.

»Wozu das Glas Wasser, Genosse Kurator?«, fragte ich ihn. »Erstens mal bin ich kein Kurator für dich«, schnitt er mir das Wort ab. »Von lebenden Kuratoren haben wir uns gänzlich verabschiedet.« Er stockte kurz. »Und zweitens: Hier, unterschreiben.«

So erschienen auf der bereits erwähnten klebrigen Tischplatte der bereits erwähnte Vordruck und ein noch nicht erwähnter Kugelschreiber. Ich trug Name und Passnummer ein, ergänzte Datum und Unterschrift. Er legte das Blatt schief zusammen, stieß auf und stopfte es in seine Gesäßtasche.

»Den Kuli zurück«, ordnete der Nicht-Kurator an.

Ich entschuldigte mich. Aus und vorbei, sang in meinem Kopf ein munterer Mozart-Tenor. Es führt kein Weg zurück, mein lieber Freund! Sei stark! Sei kühn! Sei schweigsam! Das wirst du nicht mehr los. Das ist für die Ewigkeit.

In die Politik geschickt hatte mich die Trommler-Gewerkschaftsleitung. Die Tür neben der Kaderabteilung. Ich war mit meinem Orchesterschein gekommen, und sie hatten mich aufgeklärt: Du kriegst direkt nach dem Kulturinstitut entweder Festanstellung und Wohnheimplatz oder das Pu-der-Bär-Kostüm für die Kindervorstellung am Morgen. Die Wahlen stehen vor der Tür, Genosse Musiker, wenn wir niemanden nominieren, wer kämpft dann in den Lokalsowjets für stabile Verhältnisse? Die Älteren und Erfahrenen mit Reputation und Repertoire winkten ab, sie hatten Gastauftritte in Paris. Ich war das geeignete Opfer: ein frisch gebackener Absolvent, angewiesen auf Wohnraum und Bühne. »Keine Sorge, deputieren können Sie, ohne aus dem Geschäft auszusteigen. Tagsüber wird abgenickt und abends bei den Staatssinfonikern auf die Pauke gehauen«, erklärten sie mir bei der Trommler-Gewerkschaft. Und als ich dann eingewilligt hatte, kamen sie als Zugabe mit der Verpflichtungserklärung zur inoffiziellen Mitarbeit um die Ecke. »Ein Kernelement der politischen Stabilität des Systems, Genosse Absolvent«, seufzte die Gewerkschaftsleitung. Um sogleich mit einem Augenzwinkern hinzuzufügen: »Nicht, dass Sie noch irgend so einen liberalen Bockmist bauen.«

So wurde ich Deputiertenkammermitglied und Denunziantenanwärter. Dazu hier einen auf leichte Schulter zu machen, fiel mir einigermaßen schwer.

Das Glas Wasser. Es hatte folgenden Grund. Nachdem Mephisto die Erklärung in der Tasche hatte, schüttelte er aus seinem Geldbeutel ein in Folie eingeschlagenes quadratisches Papierchen auf den Tisch und ordnete an:

»Austrinken. Aber nicht zerkauen.«

Ich riss die Verpackung auf. Sie enthielt eine silbrige Tablette, die ein wenig zu schwer war für Durchmesser und Dicke. TRANSPLANTAB stand auf dem Rand geschrieben.

»Mit Wasser nachtrinken, aber reichlich«, kommandierte mein Gegenüber. »Das Wasser brauchst du als Elektrolyt«, fuhr er undurchsichtig fort.

Ich leerte das Glas. Mein wortkarger Pharmazeut nickte, stand abrupt auf und trug das Tablett mit den Resten seines Mahls zur Ablage. »Zeitgemäße Verdauung garantiert für operative Wachsamkeit«, stand über der Durchreiche. An den Wänden hingen Porträts von Dserschinski, Stalin und von dem, der jeden Tag im Fernsehen kam. Die Tablette hinterließ einen ausgesprochen widerwärtigen Nachgeschmack, als hätte ich, das Zitat sei mir gestattet, »eine halbe Stunde lang an einer Messingklinke gelutscht«.

Im Begriff, meinem Intimus zu folgen, stand ich auf und bemerkte auf seinem Stuhl ein weißes Rechteck – das Blatt war noch warm vom Hintern Sergej Nikolajewitschs (Walentinowitschs). Wenn man abrupt aufstand, kam es immer wieder vor, dass flache Gegenstände sich aus den Gesäßtaschen schoben.

»Sie haben meine Erklärung vergessen«, sagte ich vorwurfsvoll zu ihm, als ich ihm das Zeugnis meiner Schande zurückgab. »Ach, das.« Er runzelte die Stirn. Und stopfte das Dokument lakonisch in die nämliche Tasche zurück.

Wenn Du wüsstest, Meister, wie viele nächtliche Stunden ich mich zerfleischt habe bis zu dem Entschluss, eurer Behörde »ach, das« zu überlassen.

»Sie sollten auf die Erklärung besser aufpassen, Genosse Kurator«, riet ich ihm. »Sonst kriegt sie noch irgend so ein liberaler Mistbock in die Finger.«

Der Teufel klopfte grinsend einen rhythmischen 4/4-Marsch in den Flur, zwölf Takte lang. Mit seinen Absätzen oder Hufen. Ich kam kaum hinterher.

»Werden die Arme schon taub?«, erkundigte er sich eifrig, ohne innezuhalten. »Nein, Genosse Kurator«, antwortete ich verblüfft. »Sollten sie?«

»Immer munter mir nach, gleich sollst du einen richtigen Kurator kennenlernen.« Das klang doch irgendwie etwas bedrohlich.

Wir traten ins Freie und machten uns, biblisch gesprochen, auf nach der Allee, die von einer Reihe gepflegter Pensionskiefern gesäumt wurde. Es roch nach Kiefernshampoo. Eine Bunin-Sonne, gefangen hinter Solschenizyn-Stacheldraht auf der Umzäunung. Die Laternen längs der Allee waren alt, aber dermaßen frisch gestrichen, dass man sich besser nicht anlehnte. Eine wunderbare Metapher für das System, das mich genötigt hatte, einer seiner Soldaten zu werden.

»Die Sowjetunion, deren ideeller Nachfolger unser Land ist, ist nicht aufgrund einer verfehlten extensiven Ökonomie zerfallen, wie ein paar Drecksäcke im Internet schreiben«, ratterte der Hüter meiner Erklärung mir vorauseilend herunter. »Auch nicht, weil die Amerikaner den Ölpreis gedrückt und einen Terroranschlag in Tschernobyl verübt haben. Die Sowjetunion ist zerfallen, Genosse Kursant«, er wandte mir sein Gaidar-Profil zu, »weil die letzte Generation, die sich noch körperlich daran erinnern konnte, was der Kampf mit dem Feind bedeutet, gestorben ist. Der Zement dieses großen Landes waren nicht die Instrukteure für wissenschaftlichen Kommunismus, sondern die Veteranen, die der große Stalin zum großen Sieg geführt hat. Patriotismus erwächst aus Helden. Aber als Held wird man nicht geboren. Als Held stirbt man.«

Ich hatte das »Genosse Kursant« nicht überhört. Eine doch irgendwie seltsame Bezeichnung für einen Bürger auf dem Weg zum Deputierten. Und außerdem fühlten sich meine Fingerspitzen plötzlich so hölzern an.

»Der Wisch, den du in der Kantine unterschrieben hast, ist Müll, Dreck. Das wird insgesamt stark überschätzt. Du hast unterschrieben, und? Wenn die Amis hier ans Ruder kommen und dich an den Arschbacken nehmen, dann sagst du, bei uns auf dem Amt hätten sie dich gezwungen. Wir hätten dich gefoltert.«

»Entschuldigung, aber ich fühle mich so komisch. Meine Finger gehorchen mir nicht mehr.« Ich versuchte, zu ihm aufzuschließen, um neben ihm laufen zu können. »Wie soll ich denn deputieren, wenn mir die Finger nicht gehorchen? Dann drücke ich bei der Abstimmung noch den falschen Knopf.«

Er blieb stehen und schaute mich an wie einen liberalen Mistbock. Dann zog er sein Taschentuch hervor und drückte es, nein, nicht gegen die Lippen, sondern gegen die Stirn. Anschließend eilte er weiter und setzte seinen Vortrag fort.

»Zu einem wahren Patrioten wird der Mensch erst durch die Erfahrung des Todes für die Heimat im Kampf mit dem Feind. So etwas gibt man nicht mehr preis. Davon sagt man sich nicht los.«

»Die Tablette? Haben Sie mich etwa ... vergiftet?«, rief ich panisch, da ich spürte, wie sich die unangenehme Taubheit auch von den Füßen bis zu den Knien ausbreitete. »Gift? Drogen? Drogengift?«

»Nur die Ruhe, Kursant. Nicht abdrehen! Transplantab setzt sich in der Lipidschicht der Neuronen fest. Hast du nicht gelesen, was du unterschreibst?« »›Ich erkläre mich aus freien Stücken zur inoffiziellen Mitarbeit bei der Erfüllung von Aufgaben bereit und verpflichte mich dazu, die geforderte konspirative Disziplin streng zu befolgen.‹ Ich hatte den Text im Internet gefunden und ihn gestern Abend schon auswendig gelernt.«

»Im Internet?« Er schüttelte ungehalten den Kopf. »Deshalb ist der Wisch auch nichts wert. Eine Absichtserklärung, weiter nichts. Gleich machen wir einen richtigen Menschen aus dir, Kursant.«

Die Allee mündete nach dem Sanatoriumswald in ein Feld von geradezu epischer Breite. Wirklich erstaunlich, über welche Latifundien der kleine Laden dieses Mannes mit dem unbestimmten Vatersnamen verfügte. Am jenseitigen Ufer des grünen Meeres war der blaue Streif eines fernen Waldes zu erahnen. Allein aus der Betonumzäunung dieses Objekts hätte man eine komplette

Plattenbausiedlung hochziehen können. Und der Stacheldraht hätte für eine mittelgroße europäische Republik gereicht. Ich strauchelte, meine Holzbeine gehorchten mir nicht mehr. Die vor Entsetzen frostigen Finger krallten sich um meinen Magen. Im Mund zappelte ein Wattebausch, der vormals meine Zunge gewesen war. Meine Angst ließ, auf volle Lautstärke gedreht, die idyllische Landschaft zunichte werden.

Mein Peiniger führte mich zu einer Schneise in der reich begrasten Wiese, wo mehrere Handlanger in Flecktarn herumwerkelten. Die Wirklichkeit wurde allmählich so blass wie die Buchstaben auf dem schlampig bedruckten Papier.

»Ich sterbe«, diagnostizierte ich vorsichtig. »Mach dir nicht ins Hemd, Kursant.« In Mephistos Stimme schwang jetzt eine Spur Menschlichkeit mit. »Wir haben das alle durchgemacht.«

Zu gerne würde ich lügen, ich hätte mich an dieser Stelle einen naiven Idioten geschimpft. Einen Wohnheimplatz wolltest du! Staatssinfoniker! Karriere! Bühne! Stattdessen ein unerfindlicher, grässlicher Tod. Vergiftet von einem unerfindlichen Mann an einem unerfindlichen Ort aus unerfindlichen Gründen. Aber die Panik hatte mich fest im Griff, und ich war unfähig zu denken. Ich schaute nur und schnaufte.

Mitten in der Schneise stand ein Miniatur-Jagdflugzeug aus dem Zweiten Weltkrieg. Die Kopie hatte die Maße einer großen Trommel, der Basstrommel, auf der sich Wagner so schön nachzeichnen ließ. Fettig grün glänzte der Rumpf. Ungeachtet meiner Auflösungserscheinungen konnte ich noch darüber staunen, wie perfekt dieses Modell ausgeführt war: Selbst die mikroskopisch kleinen Nieten auf den sperrholzbeplankten Holmen wirkten noch überzeugend. Einer der Handlanger beendete gerade die Tankbefüllung, ein anderer packte einen Gurt mit winzigen Patronen, nicht größer als der Kopf eines Trommelschlägels, ins Cockpit. Die Mündungen der Geschütze waren geschwärzt wie der Kamin eines häufig verwendeten Zippo-Feuerzeugs.

»Das ist deine Maschine, Kursant«, sagte mein Vergifter stolz. »Die hervorragende Nanokopie eines I-16-Kolbenmotor-Eindeckers im Maßstab 1:10, ausgestattet mit zwei synchronisierten SchKAS-MG und zwei SchWAK-Tragflächenkanonen. Dein Auftrag ist einfach: Du gehst auf Höhe, hältst dich in Richtung Südsüdost, die Sonne muss auf Steuerbord sein. Erkennst du einen Punkt, gehst du ran und hältst drauf. Wobei, von wegen bemerken, der findet dich selber. Versuche, den Feind in der vorderen Halbsphäre zu erwischen.«

Seine Worte hätten in mir eine ganze Sinfonie von Fragen zum Klingen bringen müssen. Wie sollte ich erstens auf irgendeine Höhe kommen, wenn in diesem Flieger nicht einmal ein größerer Hund Platz fand? Zweitens hatte ich keine Ahnung, wie man ein Flugzeug flog, geschweige denn ein Miniaturmodell.

Drittens sah ich nirgends eine Fernsteuerung mit Joysticks, wie es sie sonst für diese Spielzeuge gab. Aber ich stellte meine Fragen nicht. Stattdessen fiel ich auf die Knie: Die Beine versagten mir den Dienst.

Mein Gesicht war jetzt genau auf Höhe der geöffneten Kabinenhaube. Dort saß an den Schalthebeln und Reglern eine Fliegerpuppe in einer abgewetzten und stellenweise ausgeblichenen Uniform. Sie war mit derselben phänomenalen Sorgfalt modelliert wie das Flugzeugmodell. Die einzelnen Poren der Haut waren zu erkennen, selbst das ultramarinblaue Eiterbläschen auf der Nase erschien sehr gelungen. Die Brust der Puppe wies eine münzgroße runde Öffnung auf.

»Mach dich bekannt, Kursant. Das ist Onufri Pawlowitsch Didenko. Ein legendäres Fliegeras, das auf seiner Ischak zwölf feindliche Jagdflieger und vier Jagdbomber runtergeholt hat, zweimal selber abgeschossen wurde, aber immer weiter gegen den Feind gekämpft. Didenko ist dein Kurator.«

Was weiter geschah, lässt sich kaum in Worte fassen. Kurz gefasst: Es übergab mich.

Mein Lehrmeister hielt einen doch irgendwie eher langweiligen Vortrag darüber, wie dieser Didenko am Institut für Genetik desoxyribonukleinsäuretechnisch rekonstruiert worden war, und in mir schnurrte alles, mein ganzes Wissen, mein ganzes Fühlen, alles, was ich bisher mit dem Pronomen »Ich« zu fassen pflegte, zu einem winzigen Punkt in meinem Bauch zusammen: Jenseits dieses Punktes gab es kein Ich mehr. Dann drehte mich ein Krampfanfall durch die Mangel, ich krümmte mich am Boden und spie Ströme von Erbrochenem. Dabei musste auch mein Ich mit herausgekommen sein. Vermutlich waren im Transplantab, zu dem ich (»ich«) für einen Moment wurde, primitive Sensoren eingebaut. Wie sonst hätte ich mich als kleine Tablette wahrnehmen können, die vom Boden aufgehoben, mit Mull abgerieben und in irgendeine Buchse eingesetzt wurde? Nach ein paar Sekunden Nichtsein schlug ich fremde Augen auf.

Der Horizont hing ungewöhnlich tief, zu meiner Rechten stand eine Wand aus Gras. Das Gefühl war in meine Finger zurückgekehrt, ihre Spitzen wurden vom Metall der Schalthebel gekühlt, auf denen sie ruhten. Nur: Das waren nicht meine Finger. Ich berührte das Gesicht und ertastete schaudernd eine schmerzhafte Erhebung auf dem Nasenrücken. Am sonderbarsten aber war, wie »ich« darauf reagierte. Fremde Schreie balgten sich in mir. »Was ist das für ein Schmarren!«, fragte da eine vernehmliche innere Stimme, die nicht die meine war. »Heiliger Strohsack!«, krächzte sie betroffen. Ich hatte noch nie das Wort vom »Strohsack« bemüht, um meine Überraschung zum Ausdruck zu bringen, es war mir zu primitiv. Die Stimme wollte nicht mehr verstummen. Während meine Augen über die Instrumententafel wanderten, erkannten und benannten sie die mir unverständlichen Vorrichtungen: Schubhebel, Ladedruckmesser, Seitenruder, Abzugsknopf Steuersäule, Variometer.

»Und, habt ihr euch schon bekannt gemacht?«, dröhnte ein Donnerhall zu meiner Linken. Dort stand ein Berg. Als ich mich umwandte, erkannte ich, dass das Gesicht des Transplanteurs meinen gesamten Gesichtskreis einnahm – er war ein Riese geworden. »Leg dich nicht mit ihm an, dann kommt ihr schon klar. Onufri Pawlowitsch ist ein erfahrener Flieger, lass ihn einfach machen, funk nicht dazwischen, lass ihm seinen Willen.«

»'n mächtig großer Onkel!«, pfiff Didenko in mir durch die Zähne.

»Ihr tretet an gegen unseren erbitterten Feind Wolf-Dietrich Wilcke. Wir schießen einfach ein paar Bilder für unsere Residentur in Deutschland«, fuhr der Berg mit seiner Instruktion fort. »Er startet zeitgleich von einem Flugplatz zwei Kilometer Südsüdost von hier«, ergänzte der Riese nach einer kleinen Pause. »Wolf-Dietrich fliegt seine tödliche Messerschmidt Bf 109.«

»Alarm!«, rief Didenko in meinem Kopf. Irgendwoher wusste ich, dass die 109er eine Ganzmetallkonstruktion war und mit ihren Geschützen bei einer einsekündigen Salve drei Kilogramm Blei ausstieß – für meine aus Duralumin, Sperrholz und Leinwand zusammengeschusterte Ischak würde ein einziger Angriff genügen.

»Der Deutsche hat die besseren Steig- und Sturzmanöver, du musst ihn also horizontal in die Kurve kriegen«, empfahl mir der Instrukteur. »Aufmerksamkeit verdreifachen, wenn du unten die Schienen siehst – wir haben einen Streckenabschnitt des TransEuropaExpresses rekonstruiert, 1:20, zu Übungszwecken, da dürfen die Jungs mit der Iljuschin 2 feindliche Infrastruktur zerstören. Ihr dürftet ziemlich genau hinter dem Bahndamm aufeinanderstoßen. Na dann, Kursant, Propeller frei! Der Feind ist schon am Start.«

Der Kurbelinduktor knatterte, ich gab mehr Propellerlast und gleichmäßig mehr Schub. Sofort roch es nach Benzin, niesend und ächzend rührte sich das Flugzeug von der Stelle. »Wir müssen ordentlich Höhe machen«, überlegte Didenko drinnen. »Und dann, mit der Drehzahlreserve, hauen wir die ›Messer‹ für Stalin und fürs Vaterland im Sturzflug weg.« Ich zog den Steuerhebel zurück und spürte die übliche kurze Schwerelosigkeit beim Abheben, dann warf ich die Kurbel an: 44 Umdrehungen, bis zum Anschlag. Je früher du das Fahrgestell reinholst, desto stärker der Auftrieb. »Ohne Gestell, doppelt so schnell«, gluckste Didenko.

Nach einer Schleife über den Gebäudetrakten und Alleen richtete ich den Jagdflieger bei maximaler Steiggeschwindigkeit auf Südsüdost aus. Ich musste daran denken, dass der Himmel über unserer Heimat der blauste von allen ist, der Krieg bald zu Ende und dass es, um diesen Moment herbeizuführen, durchaus angebracht wäre, sich zu opfern. »Von wegen opfern!«, jaulte das andere Ich in mir auf, das früher einmal mein einziges gewesen war.

Nicht lange, da blitzten die Schienen vor uns auf, im Himmelsblau erschien ein winziger Punkt. Bei seinem Anblick schlug mein Herz einen 120er Rhythmus an (wodurch ich realisierte, dass der Körper, in den ich geraten war, über einen Herzschlag verfügte). »Ist selber schon ganz auf Höhe, der Hund, der dreckige!«, fluchte Didenko. Aus dem Höhenvorteil wurde also nichts.

»Den putzen wir frontal weg«, beschloss das Wesen, in dem ich lebte. Dem Punkt wuchsen rasch Flügel, ich nahm den Schutz vom Visier und beugte mich zur Linse vor, um abzupassen, wann seine Spannweite dem Rund des Weitenmessers nahekam. Aber der Feind war gerissen genug, scharf nach oben, in die Wolken, auszubrechen, ehe er in Schussweite kam.

Ich jagte ihm nach und spürte nun, ächzend unter der Last, ganz deutlich das Gewicht meiner Augäpfel. Das Flugzeug verlor zunehmend an Geschwindigkeit, der Anstellwinkel geriet in den überkritischen Bereich und ich kam ins Trudeln. Die Autorotation drückte mich in den Sitz. Mir wurde doch irgendwie einigermaßen übel. »Was wird das, du Rindvieh? Gegen die Achse rudern!«, heulte Didenko auf. Erschrocken zog ich mein Ich ein, und Onufri Pawlowitsch bekam uns mit den Querruderpedalen rasch wieder stabil.

Rauchspuren bedeckten den Himmel vor uns. »Der Fritz sitzt uns im Nacken! Wirf ihn ab!«, schrie Didenko und brach nach Steuerbord aus. Dieser kurze Moment sollte die Vorentscheidung bringen: Auf gleicher Höhe flogen wir eine Horizontalkurve gegen die schwerere Messerschmidt. Die Ischak näherte sich ihr zielstrebig auf der Kreisbahn, der Feind kam ins Visier gekrochen. »Halt drauf! Halt drauf! Den Abzug! Jetzt! Jetzt!«, kommandierte Didenko, aber ich wartete, bis ich die 109er direkt im Fadenkreuz hatte. Als es soweit war, drückte ich gleichzeitig sämtliche Abzugsknöpfe für alle MGs und Geschütze. Der Rumpf erzitterte, rauchige Leuchtspuren schossen auf die Messerschmidt zu. Und gingen sämtlich am Heck vorbei – ich hatte die Geschwindigkeitskorrektur nicht bedacht. »Wieso feuerst du nicht auf Kommando?«, explodierte Didenko.

Es ging zügig zu Ende. Die 109er zog hoch, flog einen Turn und attackierte uns im Sturzflug. Zuerst sah ich die Ölfontäne, die aus meinem Motor spritzte, erst danach fiel mir auf, dass ich den stürzenden Flieger nicht mehr abfangen konnte, da sich meine rechte Hand nicht mehr bewegte, aus der zerfetzten Schulter ragten abgesplitterte Knochen und die Luft war so knapp, weil ich an meinem eigenen Blut erstickte. Der Schmerz kam erst unten auf der Erde, aber dann gingen die Lichter aus und ich war fürs Vaterland gefallen, für Stalin.

Dem Sonnenstand nach zu urteilen, konnte mein Tod nicht allzu lang gedauert haben. Ich kam bei derselben Schneise wieder zu mir, in der ich in Didenko übergegangen war. Die Klamotten stanken nach Erbrochenem. Mein Lehrer betrachtete mich mit väterlicher Güte.

»Ich habe es nicht geschafft«, sagte ich, während ich mich aufrappelte. Der ganze Körper schmerzte. »Nicht gepackt, verschissen«, ergänzte ich plötzlich als Didenko.

Offenbar lebte er jetzt in mir.

»Du hast deine Prüfung bestanden, Kursant«, teilte mir mein Prüfer mit einem warmen Schein in den Augen mit. »Eine 109er Messer mit einer I-16 runterzuholen, ist ein Ding der Unmöglichkeit, das hatte niemand von dir erwartet. Deine Aufgabe war es, die Erfahrung des Heldentodes zu durchleben. Die trägst du nun in dir. Und du stehst unter der verlässlichen Aufsicht deines Kampfgenossen.«

Es roch verzweifelt nach frisch gemähtem Gras. Die Sprossen einer unsichtbaren Leiter erklimmend, sang eine Lerche ihr Lied. Über mir glänzte der blauste Vaterlandshimmel der Welt, an dem auch ich Gelegenheit hatte, meine Spuren zu hinterlassen. Der Wind raschelte auf der Suche nach einer Flagge, in der er sich mit seiner Mähne vergraben konnte. Eines Tages geht unser Krieg zu Ende. Und um diesen Moment herbeizuführen, gebe ich bedenkenlos mein Leben hin.

Ghostwriter

Heinitzpolder, den 29. Juli 2016

Lieber Viktor,
die mörderische Maschine warf einen unverwechselbaren Schatten voraus: Als der Held Ihrer Geschichte mit dem Piloten Dudenko verschmolz, ahnte ich bereits, dass die Polikarpow I-16 der beiden von einer Messerschmitt abgeschossen werden würde. Im Rahmen unseres Briefwechsels kam gar kein anderes Flugzeug infrage. Denn die legendäre Messerschmitt Bf 109 wurde ausnahmslos in meiner Geburtsstadt Augsburg gebaut. Jede einzelne dieser wölfisch heulenden Spitznasen absolvierte ihren Jungfernflug über den Kirchturmspitzen und Fabrikschloten meiner Heimat.

Und damit nicht genug. Ich stamme nicht nur aus der Messerschmitt-Stadt, ich habe auch mit angesehen, wie gründlich die ME 109 beim Überfall auf die Sowjetunion unter den technisch rückständigen russischen Jagdflugzeugen gewütet hat. Die russischen Piloten rannten zu ihren Maschinen, als meine Staffel gleich am ersten Kriegstag einen ihrer Flughäfen angriff. Diejenigen, denen es noch gelang abzuheben und die, wild kurvend, im Tiefflug Richtung Osten zu entkommen versuchten, wurden sogleich verfolgt. »Es war wie Hasenjagen. Aber Respekt! Die Kerle schlugen tollkühne Haken mit ihren altmodischen Mühlen. Fliegen, richtig gut fliegen konnte der Russe schon auch!«

Ich jage die russischen Flieger im Sommer 1985. Vor mir, auf meinen Berliner Schreibtisch, liegt ein dicker Packen Papier, die Fotokopien von mehr als vierhundert mit einer mechanischen Schreibmaschine beschriebenen Blättern. Es handelt sich um die Kriegserinnerungen eines deutschen Piloten. Neben der Messerschmitt 109 hat er vor allem die Junkers JU 87, den sogenannten »Panzerknacker«, geflogen und allein mit diesem Sturzkampfbomber an der Ostfront über 200 Abschüsse erzielt.

Nun, vier Friedensjahrzehnte später, sucht der einst hochdekorierte Krieger nach einem versierten Ghostwriter, der seiner Rückschau in die Jahre 1941 bis 1945 den letzten Schliff geben soll. Er lebt in Süddeutschland, gerade mal eine Zugstunde von meiner Heimatstadt Augsburg entfernt. Über einen in Berlin wohnenden Verwandten hat er erfahren, dass ich auch vor ausgefallenen und anspruchsvollen Aufträgen nicht zurückschrecke und das jeweils Vereinbarte zuverlässig liefere.

Gleich bei seinem ersten Anruf hat er mir gesagt, es werde ihm, falls wir uns auf eine Zusammenarbeit einigen könnten, bestimmt nicht auf ein paar Hundert Mark mehr oder weniger ankommen. Und selbstverständlich sei er auch zu einem anständigen Vorschuss bereit. Billig sei nur selten gut. Sorgfalt verlange immer Zeit. Allein die literarische Qualität des Ergebnisses sei für ihn entscheidend.

Ich erfuhr, dass er bereits mit einem Verlag, der auf Kriegsbiografik und Technikgeschichte spezialisiert war, in Kontakt stand. Dort sei man von seinem Manuskript begeistert und wolle es nahezu unverändert drucken. Er jedoch spüre, dass es in seinem Text noch darstellerische Mängel, stilistische Schwächen und bestimmt auch die eine oder andere inhaltliche Lücke gebe. Er brauche einen wirklich guten Mann, einen, der ihm, dem schriftstellernden Laien, nun ohne falsche Rücksichtnahme unter die Arme greifen solle. Vor allem müssten wir beide, er und ich, die Schlüsselepisoden, die wirklich unvergesslichen Szenen, die abenteuerlichen Herzstücke seines Krieges »so richtig zum Singen bringen«.

Was er mir per Post ins rundum eingemauerte Westberlin schickte, las ich an einem einzigen langen Samstag bis in seine letzte Zeile. Es war bestürzend gut geschrieben. Der alte Knabe hatte ein famoses Gefühl dafür, wie Handlung, Beschreibung und Reflexion zu einem festen Zopf verflochten werden müssen. Noch heute kann ich mich an mehr als ein Dutzend Episoden filmisch deutlich erinnern. Und nicht wenig von dem, was ich über die Militärfliegerei des Zweiten Weltenkriegs weiß, habe ich aus diesem Manuskript erfahren und mir wahrscheinlich nur gemerkt, weil es in derart gekonnt komponierte Szenen eingebettet war.

Von Frauen und Kindern und dem zivilen Leben, das dem Flieger-Sein zwei

Jahrzehnte lang vorausgegangen war und ihm noch vier Friedensjahrzehnte folgen sollte, war hingegen mit keinem Wort die Rede. Nicht einmal die Heimaturlaube werden erwähnt. Die fünf Jahre der Teilhabe am Krieg bilden ein erzählerisches Kontinuum eigener Qualität. Der Vollmond geht in diesem narrativen Reich nur auf, wenn es zu einem der gefährlichen Nachteinsätze kommt. Und die Sonne steht immer dann hoch am blendend blauen Himmel, wenn der Erzähler ein besonderes Ereignis in ihr schattenloses Licht rücken will.

So verhält es sich auch mit der Szene, die mir bis heute die liebste ist. Die deutschen Bodentruppen sind maximal weit nach Osten vorgedrungen. Die Flugzeiten, hin zu den Angriffszielen und zurück zu den Startlandebahnen, sind lang wie nie zuvor geworden. Die Staffel meines Piloten ist seit Kurzem am Schwarzen Meer stationiert. In dieser Phase des Krieges gehört es noch zu den Privilegien der Luftwaffe, dass man sie verständigen muss, wenn die Leiche eines abgestürzten deutschen Piloten aufgefunden wird. Dann schickt die Staffel, die am nächsten stationiert ist, einen los, damit der Tote von einem Fliegerkameraden identifiziert wird.

Trotz des Pervitins, das die deutschen Piloten als Pillen schlucken oder als sogenannte Fliegerschokolade lutschen, kommt es regelmäßig vor, dass sie auf dem Rückweg einschlafen, sich schlummernd und träumend verfliegen und dann irgendwo, nicht selten über dem offenen Meer, der letzte Tropfen Sprit im Vergaser verdampft. Dies ist vermutlich auch dem passiert, dessen Leichnam nun schon zwei, drei Tage oder länger in der Sonne am Ufer liegt.

Der Gang der Zeit kann sich auf die Größe und die Proportionen von Dingen und Körpern auswirken. Mit etwas Glück ergibt sich dabei ein humoristischer Effekt. Dass die Polikarpow in Ihrer Erzählung auf ein Zehntel ihrer ursprünglichen Abmessungen geschrumpft ist, habe ich sofort als erleichternd, ja als erlösend komisch empfunden.

Jetzt am Strand verhält es sich anders. Der Overall des toten Fliegers hat sich mächtig aufgebläht. Das schwarz gewordene Köpfchen sitzt auf einem kugelrunden Rumpf, als hätte sich ein gewaltiger Käfer in Militärklamotten gezwängt. Es gilt nun, die Erkennungsmarke, die sogenannte »Hundemarke« sicherzustellen. Dieses Oval aus Blech trägt jeder Soldat, als bürokratische Garantie seiner Individualität, an einem Kettchen um den Hals. Bei den Fliegern besteht die Marke aus einer schwer schmelzbaren Metalllegierung und hängt an einer feuerfesten Schnur.

Leider habe ich versäumt, Handschuhe mitzunehmen. Andererseits verfügt man, mit den bloßen Fingerspitzen bohrend und tastend, über deutlich mehr Gefühl und kommt zügig an das gewünschte Ziel. Die Erkennungsmarke besitzt eine sogenannte Sollbruchstelle. Der obere Teil bleibt samt Kettchen oder

Schnur am Körper. Der untere Teil wird abgeknickt und macht sich auf den umständlichen, aber weiterhin erstaunlich verlässlichen Verwaltungsweg in die Heimat.

Mein süddeutscher Auftraggeber mochte mich schnell leiden. Schon während unseres zweiten, erneut ungewöhnlich langen Telefongesprächs nannte er mich nicht nur »junger Mann«, sondern »mein Lieber«. Er lobte mein Art, mich nach dem einem oder anderen Umstand genauer zu erkundigen: »Sehr gute Frage! Sie legen den Finger an die richtige Stelle.« Er drängte mich, ihm endlich meine Kontonummer zu verraten: »Dass wir uns jetzt im Vorfeld ausgiebig besprechen, fällt selbstverständlich, auch wenn wir noch so nett plaudern, unter Arbeit! Schreiben Sie sich die Zeit auf! Jede Minute!«

Ich notierte mir die Zeit nicht. Und es erfüllt mich jetzt noch unweigerlich mit schlechtem Gewissen, daran zu denken, mit welch armselig dürren Worten ich sein Angebot schließlich, am Ende unseres dritten Telefonats, ausschlug. Ich flüchtete mich in den Vorwand, andere Aufträge ließen mir in näherer Zukunft einfach nicht genug Raum. Das war gelogen. Und bis heute behauptet eine Stimme in mir, dass ich damals einen Fehler gemacht habe, denn kein anderer als ich wäre genau der Richtige gewesen.

Glauben Sie es mir, lieber Viktor, wenn ich jetzt behaupte, dass ich für die Abfassung dieses Briefes nur ein einziges Mal bei Wikipedia nachgeschlagen habe? Dieses eine Mal geschah aus einem sentimentalen Grund: Ich wollte ein Bild der Polikarpow I-16 »Ischak« sehen, jenes braven Eselchens, das Sie und den Kurator Dedenko in den Himmel Ihrer Erzählung trug. Weil ich ansonsten netzabstinent blieb, weil ich das Recherchieren überhaupt so gut wie immer vermeide, ist es allerdings möglich, dass der eine oder andere faktische Fehler in diesen Brief geraten ist.

So habe ich zum Beispiel, irgendwann und irgendwo, gelesen, dass in jenen Jahren die Flugzeugmotoren auf Benzineinspritzung umgestellt wurden. Das heißt, mein Bild vom letzten Tropfen Sprit, der über dem Schwarzen Meer im Vergaser verdampft, könnte ein Anachronismus sein. Ich kann auch nicht sagen, wo die Heimreise der abgetrennten Hälften der »Hundemarken« genau ihr Ende fand. Hoffentlich wurden sie in einem Berliner Militärdepot eingelagert und nicht den Angehörigen der Toten, in einem Akt fürsorglicher Brutalität, per Post zugestellt. Beide Fragen ließen sich mit geringem Zeitaufwand klären. Aber mir gruselt davor, wie viel man sich heutzutage im Nu aus dem Netz saugen kann.

Dies gilt gewiss auch für meinen alten Flieger. Noch verhindert eine gnädige Schranke an der Peripherie meines Bewusstseins, dass mir sein Name wieder einfällt. Sollte mir dieser erneut in den Sinn kommen, könnte ich ihn gewiss umgehend im Internet ausfindig machen. Ob seine Erinnerungen nun als Buch erschienen sind oder nicht, er hat zu viele Panzer geknackt, zu viele Flugzeuge abgeschossen. Sein Name muss Spuren hinterlassen haben, und Google, der beste Jagdhund aller Zeiten, wird die Fährte aufnehmen.

Ich hatte übrigens viele Jahre nicht an ihn gedacht, aber kaum dass die ME 109 am Horizont Ihrer Erzählung aufgetaucht war, überflutete mich eine Fülle von Erinnerungen. Ich habe für diesen Brief eine rabiate Auswahl getroffen. Gut erzählen heißt rigoros verschweigen. Aber ich befürchte, es ist es alles in allem dennoch ein bisschen zu viel geworden.

Womöglich bin ich Ihnen sogar geschwätzig vorgekommen? Hoffentlich halten Sie mich jetzt nicht für einen, der, wie ein Junkie an der Nadel, am Tropf seines persönlichen Bescheidwissens hängt. Ich spüre, dass Kenntnisse aller Art, gleich »Transplantab« oder Pervitin, eine Droge sein können. Und es sieht nicht schön aus, wenn ein Erzähler, heftig berauscht von dem, was er ganz genau zu wissen glaubt, ins Schwanken oder gar ins Torkeln gerät.

Einen herzlichen Gruß vom deutschen Ufer der Nordsee sendet

Ihr Georg Klein

Wie aus Schriftstellern Sterbliche wurden

Minsk, 2. September 2016

Lieber Georg!

Danke für Ihren Brief!

Ich erteile mir selbst den Befehl zur Evakuierung aus dem gemütlichen Erdbunker des Zweiten Weltkriegs, obwohl ich unsere gemütliche Teestunde am Kanonenofen (Möhrentee, versteht sich, dazu geschmorte Kartoffelschalen) mit mindestens zwei Familiengeschichten warmhalten könnte. Aber wenn ich mich auf dieses Gleis begäbe und mir gestattete, die ungeheuerliche Geschichte vom Tod meines Urgroßvaters zu erzählen, würde ich mir vorkommen wie der stereotype Belarusse, der sich mit einem Deutschen nur über die eigene Diktatur und den fremden Sieg unterhalten kann.

Verehrter Kollege! Ich möchte reagieren auf das, was Sie über das Gedächtnis geschrieben haben. Und über die Krücke, die bei den Menschen heute Wikipedia heißt. Es gab eine Zeit, da wusste ich über den Luftkrieg recht gut Bescheid, war Mitglied einer Reenactment-Gruppe und saß sogar einmal am Steuer einer Propellermaschine im steilen Sturzflug. Die Sache mit dem Gewicht der eigenen Augäpfel, das man deutlich wahrnimmt, sobald man mit hoher Beschleunigung aufsteigt, kenne ich aus eigenem Erleben. Aber als ich mich an die Didenko-Erzählung setzte, musste ich feststellen, dass mir sogar das Wort »Holm«

entfallen und mein Gedächtnis auf zahlreiche Einflüsterungen zum Aufbau der »Ischak« angewiesen war, den ich doch vor Kurzem noch im Kopf hatte. So gesehen bin ich bereits einer der Versehrten des digitalen Zeitalters mit ausgebranntem Langzeitgedächtnis, vor denen Umberto Eco in einem seiner letzten Essays noch gewarnt hatte.

Als ich noch jünger war, sprachen mich mehrfach zweifelhafte Gestalten an, denen ich ihre Autobiografie schreiben sollte. »Alter Ego sorgt gegen Bezahlung für Tuning der inneren Stimme« – so ungefähr hätte der Werbeslogan für die Dienstleistung klingen können, nach der sie suchten. Nacheinander lehnte ich die Angebote eines ehemaligen Parteibonzen, der sich als Freiheitskämpfer dargestellt sehen wollte, und eines gealterten sowjetischen Fußballers ab, der philosophische Tiefe in sich entdeckt zu haben glaubte. Das letzte und zugleich abenteuerlichste Angebot dieser Art erhielt ich im Jahr 2009. Über den Chat-Dienst ICQ meldete sich ein Carder bei mir, verurteilt wegen Diebstahls von einer Million Dollar von Bankkonten in aller Welt. Er wollte nun allen beweisen, dass er ein Robin Hood war. Und ich sollte sein Walter Scott werden. Pikantes Detail am Rande: Er schrieb mir nachts um eins ... von der Pritsche eines Gefängnisses mit Weltruf. Also von einem Ort, an dem die Gefangenen keinen Zugang zu Computern, ja nicht einmal zu einem gewöhnlichen Festnetztelefon haben sollten. Ein Honorar von zwanzigtausend Dollar stand im Raum. Nach meiner Absage war ich nicht nur mein ICQ-Konto los, auch das achtstellige Passwort für mein Blog wurde gehackt. Seither hege ich wärmere Gefühle für Robin Hoods. Aber um Heiligenviten werde ich nicht mehr gebeten. Und von meinen Freunden, die einmal als Literatursklaven für Moskauer Agenturen geschuftet haben, musste ich mir sagen lassen, der Beruf des Ghostwriters hätte sich überlebt. *Die Reichen sehen im Buch kein Mittel mehr, das Größe verleiht.*

Das scheint mir ein grundlegender Umschwung zu sein, der sich in der menschlichen Kultur unmerklich vollzogen hat. Ein Umschwung, der uns beide ganz direkt betrifft, verehrter Georg.

Früher hatten die Schriftsteller das Ewigkeitsmonopol inne. Sie waren – abgesehen von Gott – die einzigen Wesen, die den genauen Inhalt ihres Kopfes zeitlich unbegrenzt artikulieren konnten. Nun ließe sich einwenden, etwas Ähnliches hätte auch für andere Künstler gegolten, für Maler oder Musiker. Aber die Maler schufen Bilder, wunderbare Gemälde, die den Betrachter mit Gewisper und Geraune erfüllten. Und die Musiker vermittelten nicht Gedanken, sondern Stimmungen.

Beide waren sie außerstande, mechanisch den Inhalt eines inneren Monologes wiederzugeben, alles, was ihnen gerade auf der Seele lag, wortwörtlich, für Hunderte von Jahren.

Der Goldene Esel von Apuleius, die *Kaiserviten* Suetons, die *Epistulae morales ad Lucilium* Senecas und zahlreiche weitere Texte, die vor zweitausend Jahren geschrieben wurden, lesen sich erstaunlich modern, sie passen perfekt in die Denkgeschwindigkeit unserer Zeit. Dagegen empfinden unsere von ihren Shoppingtouren ermüdeten Zeitgenossen bei der Betrachtung der Mosaiken von Pompeji gänzlich anders als ein Besucher vor zweitausend Jahren im Haus des Fauns angesichts des Alexandermosaiks.

Wir haben mit der Ewigkeit gesprochen, lieber Georg! Das wog alles andere auf.

Armut bis hin zur Verelendung.

Winzige Auflagen.

Mangelnde Aufmerksamkeit.

Acht und Bann.

Zur Veranschaulichung des letzten Punktes könnte ich erzählen, wie ich vergangenen Herbst zum ersten Mal seit dem Verbot von *Paranoia* vom Zweiten Kanal des Belarussischen Fernsehens eingeladen wurde. Wie wir ein ausführliches, tiefschürfendes Gespräch aufzeichneten, mit Fragen über Romane (*Paranoia* wurde freilich geflissentlich übergangen, politische Themen schnitt ich wohlweislich meinerseits nicht an). Ich war berauscht wie Michail Bulgakow nach dem Telefonanruf Stalins am 18. April 1930. Eine ganze Woche lang war ich fest davon überzeugt, nun hätte ich grünes Licht. Eine ganze Woche lang, lieber Georg! Was ich mir da alles zusammenspinnen konnte. Eine Dozentenstelle an einer belarussischen Universität. Eine klassische Ausgabe meiner gesammelten Werke. Die Bereitschaft der staatlichen Bühnen, meine Stücke zu spielen, die in Wien und Innsbruck zu sehen waren. Und ähnlichen Unsinn.

Das Interview wurde natürlich nicht ausgestrahlt, nicht »nächsten Freitag«, nicht einen Monat später, überhaupt nicht. Vielleicht hatte ein Kurator (Didenko?) im letzten Moment doch noch *Mova* gelesen und begriffen, dass ich nicht zu der Kategorie von Helden gehörte, die man dem Land gefahrlos im republikanischen Fernsehen präsentieren konnte. Vielleicht haben sie sich von Anfang an über mich lustig gemacht. Vielleicht ist auch etwas ganz anderes passiert, wir werden ja nie wirklich erfahren, weshalb Stalin nun angerufen hat und weshalb es dann doch nie zu dem angekündigten persönlichen Treffen gekommen ist. Klüger als mein großer Vorgänger war ich, geschult an dessen Lebenslauf, nur insofern, als ich meine Hoffnungen sofort begrub. Und kein legendäres *Batum* schrieb.

Also, lieber Georg, nun können Sie mich fragen: Wieso schreibst Du dann Romane, mein Lieber? Dein Wort ist bei Dir im Land, das fremde Helden liest und vergöttert, praktisch nicht zu hören. Dich braucht weder Russland, das jetzt seine eigene große Literatur hat, in der kein Platz ist für die »Literaturen der kleinen Völker«, noch Deutschland, das immer noch nicht wahrgenommen hat, dass Belarus – mein Land – überhaupt existiert (für die meisten Deutschen, mit denen ich bei meinen Lesungen sprechen konnte, liegen immer noch die Konturen der UdSSR über Belarus).

Vor sieben Jahren, als der Carder mein ICQ aus dem Gefängnis heraus hackte, als manche in mir noch einen Walter Scott sahen, der aus einem Dieb einen Robin Hood machen konnte, hätte ich folgendermaßen geantwortet: Ich spiele dieses leidige Spiel mit dem Titel »regimekritischer Prosaautor, arbeitet in Vilnius, lebt in Minsk« aus dem einen Grund, Georg, dass die Unsterblichkeit auf meiner Seite ist. In dieser Hoffnung verbringe ich mein Leben in Zügen und betrachte mein Land dabei, wie es mir in seine lichte sowjetische Zukunft entgleitet. Aber die Zeit wird kommen, da man sich meiner erinnern wird. Da man meine Bücher lesen wird. Und es wird nicht alles umsonst gewesen sein.

Weil ich, indem ich Sinn stifte und ihn in Druckzeilen bringe, die Nachwelt dazu bewegen werde, sich selbst Gedanken zu machen. Weil, wie eine Hauptfigur meines phantastischen Romans *Mova* (der übrigens in allernächster Zukunft auf Deutsch erscheinen wird) überzeugt war, »das Ich in der Sprache unsterblich ist«. Denn der Mensch lebt so lang, wie noch ein Mund die Worte flüstert, die er geschrieben hat.

Genau darauf setzten ja die potenziellen Auftraggeber eines Ghostwriters: dass sie sich mithilfe eines Schriftstellers ein Denkmal aus dem härtesten Material des Universums besorgen konnten – aus dem Wort.

So. Aber in den vergangenen sieben Jahren ist die Ewigkeit zu Ende gegangen, lieber Georg! Sie ist nicht mehr. Unsere E-Mails wird niemand mit der Sorgfalt auseinandernehmen, mit der seinerzeit die Briefe Franz Kafkas an Milena Jesenská auseinandergenommen und analysiert wurden. Nicht einmal, wenn irgendein Carder auf Wunsch von Archivmitarbeitern unsere elektronischen Briefkästen knacken sollte!

Kafka ist heute ein Mensch, der in seiner Schriftstellerrolle Kolumnen für eine Zeitschrift schreibt, die ihn aus ihren Werbeeinnahmen noch bezahlen kann. Schriftsteller ist heute eine Exotenrolle, vergleichbar der eines Gastronomen, der ganz legitim für *Esquire* über die Küche philosophiert, oder der eines modischen Friseurs, der einmal im Monat seine Stilgedanken in *Men's Health* ausbreiten kann. Ein Buch ist heute der freie Zugang zum Äther (und du bist selber schuld, wenn dir der Äther und die großen Medien verschlossen bleiben, weil du in deinem Buch zu ehrlich warst).

Früher einmal wurden Straßen zu Ehren von Schriftstellern benannt. In hundert Jahren werden sie Gedenktafeln für verstorbene Fußballer, Fernsehmoderatoren und Popsternchen aufhängen, für all jene, die sich ins neue Format eingepasst haben. Ins Format »ohne Ewigkeit«. Die Tafeln werden dann alle dreißig Jahre ausgetauscht.

Unsterblich sind heute nur noch die Zombies in den Horror-Ballerspielen.

Man könnte viel darüber schreiben, was eigentlich mit der Ewigkeit passiert ist. Zum Beispiel darüber, dass wir alle zu Autoren geworden sind. Andrey Miroshnichenko behauptet in seinem Buch *Man as Media. The Emancipation of Authorship*, in sechstausend Jahren Schrifttum hätte es 300 Millionen Autoren gegeben, während heute 2 Milliarden Menschen gleichzeitig zu Autoren werden (also ihre Gedanken über die Grenzen ihrer physisch greifbaren Umgebung hinaus verbreiten) könnten. Man könnte sich vorstellen, was mit der Malerei geschehen würde, gäbe es plötzlich ein technisches Hilfsmittel, mit dem jeder, wirkliche jeder, Künstler werden könnte (etwas Ähnliches lässt sich aktuell in der Reflexion über die »Krise der Fotografie« beobachten).

Man könnte von einer Überproduktion an Inhalten sprechen, von medialer Dyslexie, die daher rührt, dass mittlerweile eine komplette Generation nicht mehr in der Lage ist, sich auf längere Texte zu konzentrieren – hier spreche ich als Hochschullehrer! Darüber, dass Dir nicht nach den Dramen der Helden bei Remarque zumute ist, wenn bei Google Chrome neben dem Remarque-Fenster das Rollenspiel auf deinen nächsten Zug wartet, daneben ein *Zeit*-Artikel über die Pokémons und dann noch etwas über Putin und Merkel.

Doch das sind alles bloß Details, es geht ja gar nicht um die Medien! Auch nicht darum, dass das Ewigkeitsmonopol der Schriftsteller im Jahr 1857 fiel, als der von de Martinville gekurbelte Zylinder die ersten Klänge aufzeichnete, womit es möglich wurde, seine Gedanken für die Nachwelt nicht mehr nur zu verschriftlichen, sondern sie ihr auch *einzureden*.

Es geht darum, dass der Mensch des Jahres 2016 nicht mehr jenes Wesen ist, dass er noch 2009, vor gar nicht langer Zeit, gewesen ist. Wir hängen an unseren Monitoren und denken, was uns die Kontext-Targeting-Anzeigen in Chrome und Safari zu denken geben. Wenn ich mir die Menschheit heute vorstelle, muss ich an die Kreaturen aus dem Film *Riddick: Chroniken eines Kriegers* denken. Dort spüren die Necromonger in den zerstörten Städten mithilfe von Suchsoldaten, die über Displays ferngesteuert werden, lebende Menschen auf. Die Suchsoldaten denken nicht selbst, sie sind gänzlich fremdbestimmt durch fest mit ihnen verbundene Bildschirme. Auch die Menschen haben sich in solche Kreaturen verwandelt: Sie wissen und erinnern nur noch, was ihnen der Schirm vor dem Kopf zu wissen und zu denken gibt. Unsterblichkeit kann es angesichts der raschen Folge unterschiedlicher Bilder nicht mehr geben.

Die Ewigkeit, das Attribut des Göttlichen, ist auf erschreckende Weise an das Menschliche gebunden.

Und doch bleibt noch Raum für Optimismus. Vielleicht, lieber Georg, werden die Menschen irgendwann der vorgeführten Träume auf den Hypnosebildschirmen überdrüssig. Vielleicht entschließt sich der ganze Planet irgendwann zur Ernüchterung. Dann könnte, was wir beide geschrieben haben, jemandem von Nutzen sein. Dann hätte, was wir beide gelebt haben, einen Sinn.

TNT

Heinitzpolder, 10. Oktober 2016

Lieber Viktor,
gerade eben, kaum dass ich die sechs Buchstaben Ihres Vornamens in die Tastatur getippt hatte, überkam mich eine heftige Empfindung von Déjà-vu: Einen halluzinatorischen Moment lang hatte ich den zwingenden Eindruck, diesen meinen dritten Brief mit denselben Worten, die sich doch erst in meinem Bewusstsein zu bilden begannen, schon einmal eingeleitet zu haben.

Eine besondere Spitze der Paradoxie lag darin, dass mein Déjà-vu die beiden französischen Wörter »déjà« und »vu« – also seinen eigenen Namen! – miteinschloss.

Mein Déjà-vu sprach von sich selbst als einem allgemein bekannten Phänomen. Es behauptete, ich hätte Ihnen bereits, irgendwann in den zurückliegenden Wochen, eine bestimmte Überlegung zu eben diesem merkwürdigen Erinnern an die Zukunft geschrieben. Ich hätte also, zumindest eine Handvoll Sätze lang, über dasjenige, was in ungezählten Sprachen mit einem Fremdwort Déjà-vu heißt, mit mehr oder minder geeigneten Begriffen theoretisiert.

Auch jetzt reicht die Prophetie dieses rätselhaften Wiedererkennens, gleich einem allmählich schwächer werdenden Scheinwerfer, noch ein kleines Stück weit in die zügig heranrückende Zukunft hinein: Was ich Ihnen mitteilen wollte und scheinbar bereits mitgeteilt hatte, stand und steht in Zusammenhang mit den Sprachen, in denen wir jeweils schreiben, es hat aber zugleich mit dem Lateinischen zu tun, das ich im Alter von zehn Jahren als meine erste schulische Fremdsprache kennenlernte. Unser damaliger Lateinlehrer, Herr Alexander Nowak (Nomen est omen!), verhehlte mir und meinen Klassenkameraden keineswegs, dass es sich bei Latein um eine sogenannte »tote« Sprache handle. Allerdings sei diese edle Leiche die Mutter mehrerer quicklebendiger europäischer Sprachen. Und – ob wir es glauben wollten oder nicht! – das Latein, das wir nun gleich zu erlernen beginnen würden, habe einige Jahrhunderte lang als strenge und erfolgreiche Erzieherin des Deutschen gedient.

Natürlich ist eine Passage Ihres letzten Briefes schuld daran, dass ausgerechnet das Latein durch mein Déjà-vu geisterte. Denn Apuleius, Sueton und

Seneca, die Sie als Beispiele für die anhaltende »Ewigkeit« früherer Autorschaft anführen, haben ihre auf uns gekommenen Werke ja lateinisch verfasst. Als ich die drei Namen las, empfand ich sogleich eine fast familiäre Erleichterung: Ach, bloß zweitausend Jährchen! Was für ein maßvoller Begriff von Ewigkeit. Zum Glück bloß zwei bescheidene Jahrtausende! Unser europäischer Katzensprung durch die Zeit!

Mit ein bisschen Glück könnte doch einem unserer Text ein derartiger Hopser gelingen? Es muss ja nicht unser jeweiliges Gesamtwerk überdauern. Ein paar hübsche Fragmente tun es zur Not doch auch!

Und wahrscheinlich reicht unsere technologische Phantasie momentan gar nicht aus, um uns vorzustellen, auf welch seltsamem Wegen sich Texte oder Textstücke in Zukunft erhalten werden. Auch keiner der antiken Autoren, die wir heute noch lesen können, hätte die seltsame mediale Wanderschaft vorausgesehen, auf der seine Worte es bis auf unsere Bildschirme geschafft haben.

Bin ich auf dem Holzweg?

Lullt mich ausgerechnet die Erinnerung an meine erste Fremdsprache wie eine milde Droge, wie ein lingualer Tranquillizer ein?

Ein Freund von mir, ein brillanter Kopf, ein grandioser Stilist, spekulierte, als wir uns vor dreißig Jahren kennenlernten, bereits auf eine andere Weise mit unserer damaligen Zukunft: »Georg, seien wir ehrlich zu uns selbst: Das Deutsche ist ein sinkendes Schiff. Noch sind wir beide bei Kräften. Noch können wir es schaffen, diesen morschen Kahn zu verlassen!«

Mit dem Mut der Verzweiflung schlug er mir damals allen Ernstes vor, mit unserem literarischen Schreiben ins Amerikanische zu wechseln. Die erste Phase dieser sprachlichen Emigration würde bestimmt von exzessiver Härte für uns beide sein, gerade weil wir es im Deutschen ziemlich weit gebracht hätten. Aber wir seien nicht die Einzigen, die sich auf diesen beschwerlichen Weg machten. Pioniere aus verschiedenen Sprachen seien uns bereits vorausgegangen. Allen, die es wirklich ernst mit einem literarischen Werk meinen, jedem, der wolle, dass seine Texte noch mehr als nur ein, zwei Dutzend Jahre überdauerten, bleibe doch gar keine andere Wahl. Und zu zweit, als brüderlich verbundenes Paar, sei es bestimmt ein Quäntchen leichter.

»Nein!«

Ich sagte, wenn meine Erinnerung mich nicht trügt, wortwörtlich »Nein!«. Allerdings bin mir nicht mehr sicher, aus welchen Gründen, ich sein Angebot damals ausschlug. Feigheit? Faulheit? Narzisstischer Sprachstolz? Könnte ich unsere bis heute synchronisierten biografischen Uhren zurückdrehen, würde ich meinem Freund mittlerweile statt mit einem groben »Nein!« eher mit der einen oder anderen Frage antworten:

– Welche Macht zwingt Dich, das unweigerlich kommende Verblassen Deines Egos und Deiner Talente mit dem Verschwinden Deiner Muttersprache zu verwechseln?

– Kränkt es Dich vielleicht, dass Dich Deine Sprache, in welch verwandelter Form auch immer, auf jeden Fall überleben wird?

– Willst Du nicht sicherheitshalber auch noch Chinesisch und Programmieren lernen?

Vor zwei Wochen fuhr ich mit einem Regionalzug Richtung Hannover. Im gleichen Wagen war eine Schulklasse, ungefähr zehnjährige Jungen und Mädchen. Der Zug hielt auch an kleineren Bahnhöfen. Und immer wenn die automatische Durchsage den nächsten Halt ankündigte, wiederholten einige Kinder dessen Namen, indem sie aus voller Kehle riefen: »Wir fahren nach …!« Die schieren Bezeichnungen der Ortschaften bereiteten ihnen offensichtlich großes Vergnügen. Und auch mir klang der eine oder andere Ortsname plötzlich auf eine erheiternd neue Art im Ohr: »Wir fahren nach WESTERstede! Wir fahren nach OLDenburg!« Kaum war »Oldenburg« im Chor erklungen, kam ein Junge auf eine besondere Idee und rief als Solist: »Wir fahren nach Deutschland!« Ein Satz, der sofort mit großer Begeisterung von den anderen repetiert wurde.

Neben mir saß ein Mädchen, das sich bis dahin nicht an dem Spiel ihrer Klassenkameraden beteiligt hatte. Vielleicht war ihr dessen Serialität zu dumm. Vielleicht war sie zu schüchtern. Vielleicht genierte sie sich vor dem Erwachsenen, der neben ihr saß. Aber kaum war »Wir fahren nach Deutschland!« ein letztes Mal erklungen, brach in ihr ein Damm. Sie stand auf und krähte: »Wir fahren nach Europa!«

Ich habe in diesem Moment ganz kurz – ungefähr so lange, wie ein Déjá-Vu anhält! – die Melodie der Gegenwart gehört.

Zum Glück können frühestens unsere Enkel wissen, in welchem historischen Zeitalter wir beide gelebt haben. Für unsere Gegenwart wäre es ein Fluch, den Namen zu kennen, den ihr die Zukunft geben wird.

Ich glaube, es war richtig, dass Sie mir nichts über den Tod Ihres Großvaters geschrieben haben.

Die Gräuel der Vergangenheit und die Ängste, die wir mit der Zukunft verbinden, sind die Backen einer Zange, die unsere Gegenwart zusammenquetschen kann wie ein unerbittliches Foltergerät.

Falls eines schrecklich nahen Tages in den europäischen Verlagen bloß noch Roboter bereitstehen, um Ihre und meine Erzähltexte in nahe und ferne Sprachen zu übersetzen, schließen wir beide uns der transnationalen Untergrundbewegung TNT (Tribe of Notorious Translaters) an.

Ewigkeit?
In einer Berliner Turnhalle habe ich vor Jahren gehört, wie unser amerikanischer (!) Kollege John Giorno ein langes Prosa-Gedicht in folgende letzte Worte münden ließ:

WE GAVE A PARTY TO THE GODS AND THE GODS ALL CAME!

In diesem Geist möchte ich, wenn ich aus der Zukunft in unsere heutige Gegenwart zurückschaue, gelesen und geschrieben haben.

Einen herbstlich herzlichen Gruß!

Ihr Georg Klein

Gedanken auf den Ruinen der Sprache

Vilnius, 10. November 2016

Lieber Georg!
Ich bin Ihnen dankbar für den fröhlichen Optimismus, den Ihr letzter Brief versprüht. Zu gerne würde ich mich in diese Berliner Turnhalle versetzen lassen und John Giorno lauschen.

Wenn belarussische Schriftsteller eine Party geben, kommen in der Regel nicht die Götter, sondern Polizei, KGB und Feuerwehr – unter Berücksichtigung des Regimes ein durchaus überzeugendes Substrat des Göttlichen. Ich kann nicht behaupten, dass mich angesichts meiner geplanten Reise nach Hrodna, wo wir in zehn Tagen eine Lesung in ebenjener griechisch-katholischen Kirche haben werden, in der uns vor zwei Jahren die Nichtgötter in Zivil »auf frischer Tat ertappt« haben, nein, ich kann nicht behaupten, dass mich die Gepflogenheiten unserer Saturnalien völlig kalt lassen.

Damals hat die Polizei wegen unserer »Party« zwischen Marienfiguren und Christusdarstellungen ein zwei Seiten langes Protokoll über mich verfasst. »Arbeitsstelle?«, hatten sie mich gefragt. »Schriftsteller«, hatte ich geantwortet. »Arbeitslos«, trug der Hrodnaer Polizist in sein Dokument ein und erweiterte damit mein Weltbild um eine zusätzliche Facette. Die Feuerwehrleute befanden die Kirche für einen Ort, der »für Massenveranstaltungen nicht geeignet« sei (sic!). Das Gericht verurteilte den Verleger für die unterbliebene Abstimmung mit der Exekutivkomitee-Abteilung für Ideologisches zu einer Geldstrafe, was uns sehr freute, da wir beide auch 15 Tage Haft hätten bekommen können. Sie stehen über Gott, diese Götter, und nicht die Priester haben zu bestimmen, was in einer Kirche erlaubt ist und was nicht. Man könnte sagen, wenn wir nun an denselben Ort zurückkehren mit demselben Ziel, nämlich über meinen neuen Roman *Lacus Gaudii* zu sprechen, beschwören wir gezielt den Zorn des Himmels herauf. Aber das ist nun einmal das Besondere an unseren Partys: Wenn sie dich nicht in die staatlichen Bibliotheken und Universitäten lassen, musst du ihnen wie Wasser durch die Finger rinnen und darauf hoffen, dass die herbeigerufenen Klempner den Hahn nicht ganz zudrehen, wenn sie Ventil und Wasser mitgenommen haben.

Seit der Vertreibung des Demosthenes aus Athen hat sich auf dieser Welt nichts geändert. Immer noch werden dieselben schlechten Schauspieler geschickt, uns im Poseidontempel »aufzugreifen«.

Also kommen wir lieber auf Dinge zu sprechen, die größer sind als Menschen oder Götter. Eines der Axiome Ihres Textes besagt, die Sprache währt länger als der Mensch. Die Sprache wird den Schriftsteller überleben, der sie gebraucht hat.

In Deutschland ist diese These unstrittig, in Belarus beginnt sie zu wackeln und büßt ihre monumentale Überzeugungskraft ein.

Belarus hat in den vergangenen zwanzig Jahren demonstriert, dass ein Mensch, ein einziger Mensch, wenn auch auf einem hohen Posten, eine ganze Sprache bezwingen kann.

Der Sieg Donald Trumps, der die denkende Menschheit rund um den Globus (der, wie Rammstein versprochen hat, auf die Größe Amerikas zusammengeschnurrt ist) dieser Tage so erschüttert, war für die belarussische Intelligenzija kein großer Schock. Unser Trump hat schon 1994 gewonnen (wir haben Trump schon gewählt, als das noch nicht Mainstream war). Unser Charismatiker hatte nur einen ebenbürtigen Widersacher – den Anführer der Belarussischen Volksfront Zianon Paźniak. Paźniak verkörperte das Szenario der an Sprache und Nationalkultur gebundenen Entsowjetisierung, das sich in den baltischen Staaten durchsetzen konnte, den vormals sowjetischen Eliten Litauens und Lettlands einen neuen, christlich-konservativen Anstrich gab und ihren Regierungsanspruch legitimierte. Unsere Götter in Zivil drängten Paźniak unterdessen flugs aus dem Land und quetschten anschließend systematisch die Sprache aus, die in ihren Köpfen zum Symbol der politischen Gefahr geworden war, zu einem Hinweis auf eine mögliche alternative Zukunft. Und während Belarus mit neuen Gedenkorten zur ruhmreichen Sowjetvergangenheit zugepflastert wurde, erlebte die Landessprache eines der imposantesten antiutopischen Experimente der Gegenwart, vergleichbar der Trockenlegung der Sümpfe im belarussischen Polesien oder der kompletten Umkehrung von Flussläufen.

Michel Foucault, der in *Überwachen und Strafen* den allmählichen Übergang der strafenden Funktionen der Macht von der Leibesmarter zur Einschränkung des Bewusstseins skizziert hat, konnte sich nicht vorstellen, dass diese symbolische Herrschaft sich auch auf eine Substanz jenseits des Körperlichen und des Denkens von Individuen erstrecken könnte. Dass auch ein so großes kodiertes Massiv wie die Sprache repressierbar ist. Anfang der Neunziger Jahre, als Lukaschenka die ersten und letzten fairen Wahlen in Belarus gewann, wurde die belarussische Sprache mit dem Stigma des »Bäuerlichen« versehen. Die erste Städtergeneration versuchte den belarussischen Akzent loszuwerden und »sauberes Russisch« zu sprechen. Daneben gab es aber auch Künstler, Schriftsteller, Lyriker und Schauspieler, die das Belarussische umkodierten – zum Marker einer neuen postsowjetischen Identität, dem Kennzeichen des entsowjetisierten Bürgers, der sich an traumhaft schöne Renaissanceschlösser erinnert, erbaut von italienischen Architekten in den Städten eines untergegangenen belarussischen Atlantis etwa zur selben Zeit, als in dieser Sprache eine der ersten Gesetzessammlungen Osteuropas verfasst wurde.

Und nun erhielt die belarussische Sprache binnen kürzester Zeit, nach gerade einmal zehn Jahren, eine neue karikatureske Konnotation. Sie wies den Sprecher als Sympathisanten der zerschlagenen Belarussischen Volksfront Zianon Paźniaks aus. Der Satz aus meinem Roman *Mova*, man habe in Minsk Mitte der Nullerjahre dafür ins Gefängnis kommen können, dass man Belarussisch sprach, ist kein Scherz und nicht übertrieben. Die Götter in Zivil verwendeten diesen Marker auf ihren nächtlichen Treibjagden im Anschluss an die Massendemonstrationen, um politisch unzuverlässige Jugendliche zu identifizieren.

Wie einfach es war, eine Sprache niederzuknüppeln! Sie in den Zustand zu versetzen, in dem sich das von Ihnen, Georg, erwähnte Latein befindet. Ein toter Speicher für sakrale Bücher, die in Wirklichkeit nach der Schule kein Mensch mehr aufschlägt. Kein Kommunikationsmedium, sondern ein Marker für Dissidententum, ein Sticker mit Zielscheibe. Keine große Sache: Die Sprecher aus Fernsehen, Zeitungen und Universitäten entfernen. Ein paar Schauprozesse an den »Nationalisten«. Ein paar ins Russische hinübergeschleifte belarussische Lexeme, deren Bedeutungen lustig ins Gegenteil verkehrt werden: »Zmahar« (Kämpfer). »Sviadomy« (bewusst). »Sumlennie« (Gewissen). »Honar« (Ehre). Die Unlust der mit Geldverdienen und Sparen für den Türkeiurlaub beschäftigten Normalbürger, potenzieller Sprachträger, »ehrenwerte« »Kämpfer« oder »bewusste« »Gewissensmenschen« zu sein. Und schon wird die Sprache, die mich eigentlich überleben und alles in ihr Hervorgebrachte bewahren sollte, von den Soziologen als schwerkrank diagnostiziert. Sie hat nicht einmal den Status des Gälischen in Irland. Dort gibt es immerhin 300 000 Muttersprachler. Wir Druiden und Hüter der belarussischen Sprache kommen kaum noch auf 100 000 (bei einer Bevölkerung von 10 Millionen).

So pessimistisch mich der Gedanke, dass meine Sprache mich überlebt, als Menschen stimmt, so optimistisch beurteilt ihn der Schriftsteller. Denn die Sprache ist der Schnee, in dem meine Spuren aufgehoben sind.

Angesichts der schwerkranken Sprache fühle ich mich wie Neo in der Filmszene in *Matrix*, als er sein Recht auf einen Telefonanruf einfordert und Agent Smith ihm mit einem sardonischen Lächeln entgegnet: »Was nutzt schon ein Telefonat, wenn man nicht imstande ist zu sprechen?« Und Neo dann der Mund zuwächst.

In unserem Fall widerfährt dieses »Zuwachsen des Mundes« nicht mir allein, sondern allen vergessenen Klassikern unserer Literatur: Michaś Čarot, Płaton Hałavač, die in der »schwarzen Nacht« des 30. Oktober 1937 erschossen wurden, Uładzimir Duboŭka, der durch den Gulag ging, Łarysa Hienijuš, nach der in ihrem Heimatort Zelva immer noch keine Straße benannt werden kann (während die Namen der sowjetischen Henker, auf deren Urteile hin diese Menschen drangsaliert wurden, immer noch die Magistralen im Zentrum schmücken).

Ihre Texte werden bald nur noch Spezialisten entziffern können, die über ein ähnlich enges Profil verfügen wie jene, die Apuleius oder Seneca im Original lesen.

Es heißt, nichts sei schmerzlicher, als die eigenen Kinder zu überleben. Als Prosaschriftsteller mit ansehen zu müssen, wie die Sprache stirbt, aus der deine Kinder sind, gehört in eine ähnliche Kategorie.

In Gregory Roberts' *Shantaram* wird der Versuch unternommen, eine neuartige Ethik zu entwickeln, basierend auf einer explosiven Mischung aus Hinduismus und Urknalltheorie. Der Held dieses Abenteuerromans kommt zu dem Schluss, alle Religionen der Welt betrachteten Mord nur deshalb als Sünde, weil er das Gebilde des Universums vereinfacht, indem er es um eines seiner komplizierten Wesen beraubt.

Auf dem Weg vom Nichts hin zu einer zunehmend strukturierten Komplexität entwickelt sich der Kosmos, so Roberts, vom Schlechten (der Leere) zum Guten (der Vielschichtigkeit).

Demnach ist wahrhaft sündig nur, was die Welt vereinfacht, ihr Komponenten entzieht, sie homogenisiert. So betrachtet sind Globalisierung, Kommodifizierung, die »allgemeine Amerikanisierung«, das Internet und das »globale Dorf«, das Verschwinden Deutschlands hinter einem universalen »Europa«, Symptome derselben Krankheit, an der die Sprache leidet, aus der ich bin.

Tröstlich finde ich, dass, hätte sich die Welt ausschließlich in dieser Richtung bewegt, die uns umgebende Leere längst in eine McDonald's-Werbung umgemünzt worden wäre. Aber das *Mahabharata* lehrt uns, dass es eigentlich vier Yuga gibt. Wollen wir hoffen, dass unsere Shiva-Ära dereinst von der Blüte des

Vishnu-Zeitalters abgelöst wird. Und dass *zumindest etwas*, das uns wichtig ist, bis ins Satya-Yuga überlebt. Schließlich kommen 432 000 Jahre der Ewigkeit ein Stückchen näher als die zweitausend Jährchen, die seit Senecas Zeiten vergangen sind.

Die Briefe von Viktor Martinowitsch wurden von Thomas Weiler aus dem Russischen übersetzt.

Karl-Markus Gauß — Dževad Karahasan

Mit Dževad war ich in der ersten Hälfte der neunziger Jahre, als er kurze Zeit in Salzburg lebte, öfter zusammen. Das Gespräch mit ihm fehlt mir. Wo immer wir uns treffen, hocken wir gleich innig zusammen, und die Leute hören dann meist, wie wir heftig diskutieren und viel miteinander lachen. Aber auch ich, der ich über das Ende der Briefkultur gerne kulturpessimistische Betrachtungen anstelle, schreibe heute natürlich viel weniger Briefe als früher. Auch mit Dževad habe ich, seit er weg ist, nur wenig korrespondiert. Da war es mir eine willkommene Sache, dass ich mir einen Briefpartner aussuchen konnte, und ich bin sogleich auf ihn gekommen: Einfach weil ich mit ihm sprechen und wissen wollte, wie er manche Dinge sieht, die mich bedrängen. Zugleich hoffte ich aber, und das ist auch eingetreten, dass ich mir, indem ich ihm schreibe und seine Briefe lese, auch selbst über diese Dinge klarer werde. Das gelingt mir bei Dževad immer, weil es einerseits ein zuverlässiges Einverständnis zwischen uns beiden über die Grundtatsachen des Lebens gibt, er aber andrerseits von seiner Weltbeobachtungsstation in Bosnien manches aus anderem Winkel sieht als ich von meinem Posten in Salzburg aus. Ich bekomme von ihm also immer zweierlei: Ermunterung durch Zuspruch, heilsame Verunsicherung durch Einspruch. So fühle ich mich bestärkt und bereichert.

Karl-Markus Gauß

Salzburg, 20. Juni 2016

Lieber Dževad!
Ich habe im Frühjahr achtzehn Aktenordner mit Briefen, die ich über die Jahre erhalten oder selbst geschrieben und von denen ich die Durchschläge aufgehoben habe, in ein Archiv verräumt. Eigentlich wollte ich nur ein bisschen mehr Platz schaffen in der Wohnung, die Du kennst; sie hat die merkwürdige Tendenz,

immer kleiner zu werden, obwohl die Kinder längst ausgezogen sind und ihre eigenen Haushalte gegründet haben. Natürlich bin ich über dem Verräumen der Briefe ins Lesen gekommen: Wie viele Menschen, um die ich seither ärmer geworden bin, waren mir damals in den Briefen nahe, die wir uns schrieben! Nicht dass sie gestorben wären, aber wir haben irgendwann aufgehört, uns zu schreiben, und begonnen, einander zu vergessen.

Ich bin aber nicht nur ins Lesen gekommen, sondern auch ins Staunen geraten: So habe ich gesehen, dass ich als Vierzigjähriger in derselben Woche an drei verschiedene Empfänger Briefe schrieb, von denen der eine anklagend und bitter, der andere ausgelassen und der dritte voller Selbstzweifel war – und die doch alle von mir stammten.

Habe ich mich verstellt?

Ich glaube nicht. Jeder Brief richtet sich nicht an ein allgemeines Auditorium, sondern an jemand ganz Bestimmten, von dem ich auf bestimmte Weise wahrgenommen werden möchte; und wer würde bei lauter verschiedenen Menschen, mit denen er es zu tun hat, immer als genau der Gleiche dastehen wollen, ein Mensch, frei von Widerspruch und stets eins mit sich selbst? Mir kommt es vor, lieber Dževad, als sei dies das wahre *Briefgeheimnis,* dass, wer an verschiedene Menschen schreibt, sich auch zu verschiedenen Persönlichkeiten ausfaltet, die ihn erst alle zusammen ausmachen.

Jean Améry hat schon vor vierzig Jahren in dem Essay *Der verlorene Brief* den Niedergang der Briefkultur beklagt, die damals technologisch doch nur von Telefon, Fernschreiber, Telegramm und nicht durch die Entwicklung des Internet bedroht war. Am Brief schätzte er, dass er einer Sphäre angehörte, in der die Devise »Zeit ist Geld« nichts gälte. Die digitale Kommunikation verheißt hingegen eingesparte Zeit, also mehr Zeit, die wir seltsamerweise dafür verwenden, uns immer mehr kommunikative Akte zuzumuten, bei denen wir Zeit einsparen können, bis wir am Ende gar keine mehr haben und sie gewissermaßen in Form negativer Zinsen als riesiger Verlust von Zeit und Lebensfreude für uns zu Buche schlägt.

Oder hast Du früher dreißig Briefe am Tag erhalten? Und die Verpflichtung verspürt, sie *postwendend* zu beantworten? Der E-Mail-Verkehr ist für jene, die an ihm teilnehmen, nur zu bewältigen, indem literarische und soziale Verkehrsregeln aufgehoben werden, die mir früher als zivilisatorische Errungenschaften selbstverständlich waren. Ich erhalte Mails von Professoren, Schriftstellerinnen, den Presseabteilungen von Verlagen, in denen die Orthographie fehlerhaft, die Zeichensetzung schlampig, der Stil nachlässig sind und die insgesamt anmuten, als wären sie achtlos aus lauter Versatzstücken zusammengesetzt. Und ich muss mich selbst ermahnen, es ihnen bei meinen Antworten nicht gleichzutun.

Die mir doch zweifellos etwas mitteilen möchten, werden mir als Individuen in dem, wie sie schreiben, paradoxerweise nur durch das Fehlen spezifischer Eigenschaften und Eigenheiten greifbar, als Wesen, deren Persönlichkeit sich gerade dann verflüchtigt, wenn sie schreiben. Ich zweifle nicht daran, dass sich diese entpersönlichten Personen, wenn ich ihnen leibhaftig begegnete, als unterscheidbare oder gar unverwechselbare Charaktere erweisen könnten; aber im Schreiben manifestiert sich ihre Individualität höchstens noch in den Tippfehlern und grammatischen Aussetzern, die sie nicht korrigieren, weil sie sich, desinteressiert an mir und an sich selbst, die abschließende prüfende Lektüre ihres Geschreibsels ersparen.

Wer einen Brief schreibt, pflegt sich hingegen, bewusst oder instinktiv, auch des Bildes zu besinnen, das er vom Empfänger hat und das er umgekehrt diesem von sich selber geben will. Du sollst Dir ein Bildnis machen! In seinem Abgesang auf die untergehende Kultur des Briefes rühmt Améry, dass dieser dem Verfasser die Gelegenheit zur »Selbstkonstitution« bietet. Egal, worüber geschrieben wird, im Brief wird nicht nur Information übermittelt, sondern auch Identität entworfen.

Lieber Dževad, ich grüße Dich herzlich und hoffe, dass Dich Deine Lesereise nicht ermüdet. Ich muss demnächst zum Literaturfestival nach Leukerbad ins Wallis fahren. Noch vor ein paar Wochen hätte ich gesagt: Ich darf fahren! Aber je näher die Verpflichtungen kommen, die ich mir selber schuldhaft aufzuhalsen pflege, umso mehr wird bei mir stets ein »Muss« daraus –

Dein Karl-Markus

Sarajevo, Juni 2016

Lieber Karl-Markus,
danke für Deinen Brief, über den ich mich sehr gefreut habe. Ich habe mich immer gefreut, wenn ich einen Brief bekam, einige meiner Freunde, zum Beispiel Jovica Aćin und Albert Goldstein, waren wahre Meister im Briefeschreiben und machten mir viel Freude mit ihren glänzend geschriebenen, oft langen Briefen, die von allem oder nichts handelten und mir ein ganz besonderes Lesevergnügen bereiteten.

Über Deinen Brief freue ich mich anders, er hat mir geholfen, eine interessante Koinzidenz zu bemerken und zu verstehen. Während der Belagerung Sarajevos waren Briefe für mich nämlich besonders wichtig, damals begriff ich, dass ein Brief viel mehr ist als ein Text und einen Brief zu erhalten ein wertvolles und aufregendes Ereignis sein kann. Irgendwie zur gleichen Zeit stellte ich einen Zusammenhang zwischen Briefen und Gesprächen im alten Stil her, solchen, wie sie Angehörige meiner Generation im Kaffeehaus noch immer erleben konnten, zum Beispiel in meinem geliebten Kaffeehaus hinter dem Višegrader Tor in Sarajevo, wenn sie das Glück hatten, sich an einen Tisch mit zwei Meistern des Gesprächs zu setzen. Solche Gespräche sind in der Regel nicht nützlich, es geht niemals darum, irgendeine Absprache zu treffen oder den Weg zur Lösung eines wirklichen Problems zu finden, sie haben in der Regel weder ein klar definiertes Ziel noch einen Zweck, dem sie dienen, auch dürfen die Gesprächspartner nicht den Ehrgeiz haben, einander von etwas zu überzeugen oder einander etwas zu beweisen. Stundenlang sitzen sie bei einem Kaffee und unterhalten sich, betrachten einen Gegenstand aus unterschiedlichen Perspektiven, überprüfen ihre Annahmen und Äußerungen sowie die des Gesprächspartners, suchen Argumente für eine Überzeugung und für ihr Gegenteil, manchmal führt das Gespräch zu einer hohen Spannung, fast an den Rand eines Konflikts – und dann fällt einem von ihnen ein, dass er wichtige Verpflichtungen hat, er verabschiedet sich freundlich und geht. Oder beide brechen gleichzeitig auf, weil die Zeit zum Mittagessen, Abendbrot oder zu was auch immer gekommen ist.

Warum haben sie Stunden miteinander verbracht? Ich weiß, sie sind keine dicken Freunde, sind nicht ineinander verliebt und arbeiten nicht eng zusammen, sie haben nichts voneinander zu lernen noch zu profitieren, und trotzdem setzen sie sich oft an denselben Tisch im Kaffeehaus hinter dem Višegrader Tor in Sarajevo und unterhalten sich stundenlang. Viele Male war ich bei solchen Gesprächen anwesend und genoss sie als Zuhörer, aber ich konnte mich mir nicht als ihr Teilnehmer vorstellen, noch begriff ich, warum jemand überhaupt so etwas tun sollte. Solche Gespräche brachte ich, wie gesagt, während der Belagerung Sarajevos in einen unauflösbaren Zusammenhang mit Briefen. Die Freude, wenn ich einen Brief bekomme, seine Lektüre und die langen mehrtägigen Gespräche darüber, das Nachdenken über einen konkreten Brief und über Briefe überhaupt, all das wies mich darauf hin, wie sehr ein echter Brief jenen Gesprächen im alten Stil ähnelt, die ich das Glück hatte kennenzulernen und zugleich als etwas mir nicht Zugehöriges zu erkennen. Sie sprechen zueinander, ohne konkretes Ziel und Grund, über etwas, was sie beide kennen und interessiert, aber für keinen von ihnen ist es von praktischer Wichtigkeit, sie sprechen, und allein dadurch sagen sie einander »Ich sehe dich, ich weiß von dir, ich wende mich an dich und verwirkliche mich dadurch als Subjekt, und dabei bezeuge ich, dass du anwesend bist und es dich gibt«. Gibt es etwas Wichtigeres als das, können wir uns oder einem anderen überhaupt etwas Wichtigeres ausrichten?

So verhält es sich auch mit dem Brief. Albert Goldstein hat Gott weiß was für mystische Wege gefunden, damit seine Briefe zu mir ins belagerte Sarajevo gelangten, und jeder von ihnen bedeutete mir viel mehr, als ich sagen kann. Warum? War es mir dank dieser Briefe leichter, an Wasser zu kommen? War ich den Granaten und Gewehrkugeln weniger ausgesetzt? War mir weniger kalt? Habe ich aus ihnen etwas Wichtiges lernen können, was ich bis dahin noch nicht wusste? Nichts von alldem, und doch bedeuteten sie mir so viel, dass ich darüber nicht zu sprechen vermag und weiß. Ich ging aufrechter und leichter, darum geht es, aber das war nicht der hauptsächliche Gewinn der Briefe, die mich in Sarajevo fanden. Doch gerade diesen, den hauptsächlichen Gewinn, weiß ich weder zu benennen noch zu beschreiben. Vermochte ihn die Umarmung einer Frau auszudrücken, mit der man Freuden und Ängste teilt, oder der Händedruck eines Freundes? Ich weiß nicht, aber sicher weiß ich, dass mir die Briefe einen Gewinn brachten, der mir unermesslich wichtig war, und ich weiß, dass ich es zutiefst bedauere, dass ich über diesen Gewinn nicht sprechen kann. Kann ich es nicht, weil ich es nicht vermag, oder weil man darüber nicht klar sprechen kann?

Deshalb ist für mich wohl der Teil Deines Briefes am wichtigsten, in dem Du erzählst, wie Du gleichzeitig mit drei Menschen korrespondiert und Briefe geschrieben hast, die wie aus drei verschiedenen Händen wirkten. Das finde ich bedeutsam, und womöglich ist es eine Antwort auf die Frage nach dem Gewinn, den uns Briefe und Gespräche bringen.

Schon jahrzehntelang versichere ich allen Menschen, die mir freiwillig zuhören, und jenen, die dazu verpflichtet sind, zum Beispiel meinen Studenten, dass in jeder unserer verbalen Äußerungen der Gesprächspartner immanent anwesend ist. In einem guten Drama wird in jedem Dialog deutlich, was für eine Beziehung der Sprecher zu jenem hat, zu dem er spricht, wie auch klar wird, was er für eine Beziehung zu dem hat, worüber er spricht. Du fragst Dich, ob Du Dich verstellt hast, als Du fast gleichzeitig dem einen bitter und anklagend, dem zweiten fröhlich geschrieben hast und im Brief an den dritten tiefe Zweifel an Dir geäußert hast. Vor langer Zeit habe ich bemerkt, dass ich mit verschiedenen Gesprächspartnern unterschiedlich über ein und dieselbe Sache spreche. Was ich sage, unterscheidet sich nicht, also verstelle ich mich wirklich nicht und ändere auch nicht meine Überzeugung, aber die Art, wie ich es tue, unterscheidet sich. Ich habe mich davon überzeugt, dass in gewissem Maße sogar meine Vorlesungen von den Studenten abhängen, zu denen ich spreche. Ich wiederhole: Ich sage über das Drama Tschechows immer, was ich denke und weiß, aber die Art, in der ich es tue, hängt weitgehend von den Studenten ab. Sie schreiben sich mit ihren Fragen, stummen Reaktionen, etwas Unfassbarem in meine Vorlesung ein, so wie sich zum Beispiel die Zuschauer in eine Theatervorstellung einschreiben. Ich weiß nicht, ob Du Dich verstellt hast, ich versichere Dir aber, dass ich mich wirklich nicht verstelle, wenn ich mit verschiedenen Leuten unterschiedlich über dieselbe Sache spreche – es ist weder Heuchelei noch Verstellung, es ist ein Grundgesetz der Kommunikation. Wenn in dem, was wir sagen, der Gesprächspartner nicht auf irgendeine Art anwesend ist, unterhalten wir uns nicht, sondern befehlen, informieren, unterweisen. Der Andere ist also kein Subjekt, sondern ein Objekt, er ist nicht unser Gesprächspartner, sondern ein passiver Empfänger unserer Botschaft. Wir nehmen keinen Kontakt zu ihm auf, tauschen keine Gefühle, Gedanken, Energie aus, sondern machen ihn als Objekt im Rahmen der Beziehung »Subjekt-Objekt« mit dem bekannt, was wir denken oder wollen. Dabei sind auch wir nicht wirklich Subjekt, dieser Typ von »Kommunikation« (der keine Kommunikation, sondern reine Information ist) hebt sowohl den Sender als auch den Empfänger als Subjekte auf. Aus einer Mitteilung auf einem Bahnhof können wir nichts über den erfahren, der die Mitteilung verfasst hat, noch berücksichtigt die Mitteilung denjenigen, an den sie sich wendet. So verhält es sich auch mit staatlichen Erlassen, Gesetzen, sogenannten Tagesbefehlen beim Militär. Da gibt es keine Kommunikation (das, wozu wir zusammen sind), da existiert nur anonyme Information, genauso gleichgültig gegenüber dem, der sie ausspricht, wie gegenüber dem, der sie empfängt.

Im Brief ist es, ich sagte es bereits, wie in einem echten Gespräch, der Empfänger ist immer immanent anwesend. Du wählst die Farbe und die Textur des Papiers, die Farbe der Tinte und die Feder, mit der Du schreiben wirst, und natürlich artikulierst Du, bringst dadurch Dein Bild von jenem zum Ausdruck, dem Du schreibst, mit jeder Wahl drückst Du also Dich aus. Aber auch ihn, denn er kann in dem Bild gar nicht abwesend sein, das Du Dir von ihm gemacht hast. Es ist klar, dass es mehr über Dich als über mich aussagt, in dem, wie Du mich siehst, kann ich aber dennoch nicht ganz abwesend sein. Der Empfänger ist also in jeder Deiner Wahlen anwesend, er hat zusammen mit Dir die Farbe und die Textur des Papiers bestimmt, auf dem Du ihm schreiben wirst, die Farbe der Tinte und die Feder, mit der Du ihm schreiben wirst. Ich kenne Menschen, denen man nicht mit dem Kuli schreiben kann, es sei denn, man kennt sie nicht oder möchte sie beleidigen, ich kenne ein paar Leute, die sich über einen mit Bleistift geschriebenen Brief am meisten freuen würden (interessant ist, dass es Frauen sind, was ist das für eine mir verborgene Beziehung von Frauen zu Bleistiften?), ich weiß gut, mit welcher Feder ich welchem meiner Freunde schreibe, mit denen ich korrespondiere.

Dein Brief erinnerte mich an die enge Verwandtschaft von Brief und Gespräch, die ich während der Belagerung Sarajevos entdeckt hatte, eigentlich ermöglichte er mir, diese Entdeckung erst jetzt klar zu formulieren. Und diese lange Überlegung über ihre Verwandtschaft (verzeih, falls sie zu lang ausgefallen ist) sollte die Frage vorbereiten, auf die wir vielleicht eine Antwort finden könnten. Jean Améry spricht in dem von Dir erwähnten Essay über den Tod der Briefkultur, und mich verweist diese Bemerkung auf den Tod des Gesprächs und jeder echten Kommunikation als Prozess, währenddessen zwei Subjekte aufeinander zugehen, sich begegnen.

Wir können uns damit trösten, um nicht zu sagen täuschen, dass wir die Briefkultur infolge des technischen Fortschritts verloren haben, der uns ständig neue Wunder beschert wie das Telefon, das Handy, die elektronische Post ... Aber warum haben wir die Gesprächskultur verloren? Wir haben die Fähigkeit, uns zu unterhalten, verloren, unsere »Gesprächspartner« sind heutzutage nur Menschen, mit denen wir etwas vereinbaren, lösen, abstimmen müssen. Daher, fürchte ich, ist das Hinweisen auf die Telefone und Handys nur ein Trost, mit dem wir die Erklärung für das Verschwinden des Briefs und des Gesprächs vor uns verstecken. Technik und Metaphysik gehen immer miteinander einher, gute Technik produziert Metaphysik, wie wahre Metaphysik die entsprechende Technik produziert.

Technische Antworten sind in der Regel genau, aber nie genügend. Ich kann mich nicht erinnern, wer die rein technische Antwort auf die berühmte Frage »Warum zögert Hamlet?« angeboten hat. »Hamlet zögert, damit aus dem Drama eine abendfüllende Vorstellung gemacht werden kann«, lautet diese Antwort. Zweifellos genau, aber völlig ungenügend, weil sie nicht erklärt, warum wir von *Hamlet* fasziniert sind, nicht auf die Frage antwortet, wie und warum sich Hamlets Zögern und das Zögern von Tschechows Helden unterscheiden, buchstäblich nicht auf eine einzige der Fragen antwortet, die uns im Zusammenhang mit diesem Drama wichtig sind. So verhält es sich, fürchte ich, auch mit den technischen Antworten auf die Frage, warum der Brief verschwindet, warum wir aufhören, uns miteinander zu unterhalten, wohin die Kommunikation verschwunden ist, die uns zueinander führt. Es gibt keine technische Antwort, die den Gewinn annähernd erklären kann, den mir Briefe und echte Gespräche bringen, zu denen ich leider unfähig bin.

Freundschaftlich grüßt Dich
Dževad

Salzburg, 1. August 2016

Lieber Dževad,

Deine Zeilen über das Caféhaus beim Višegrader Tor in Sarajevo haben mich daran erinnert, dass auch wir beide eine Zeit lang unsere zwei Kaffeehäuser hatten. Das eine hieß *Café Europa*, wir waren dort zwei- oder dreimal verabredet, als ich vor 16 Jahren in Deiner Stadt war, in diesem unerhört kalten Winter des Jahres 2000, in dem so viel Schnee gefallen und zu betonharten Klumpen vereist war, dass ich in den engen Gassen im Stadtteil Bjevali, in dem ich wohnte, auf den unter einer Mauer aus Schnee und Eis verborgenen Autos dahinstapfen und in die Fenster im Erdgeschoss blicken konnte. Das andere war das *Café Mozart* in der Getreidegasse, in dem wir uns in Deiner Salzburger Zeit immer trafen, Du erinnerst Dich, jenes mit spartanischem Charme möblierte Café im ersten Stock der am dichtesten bevölkerten Gasse von Salzburg, in dem außer uns oft nur die schweigend rauchenden Schachspieler zugegen waren. Dort hast Du mir einmal auf einem kleinen Zettel mit verschiedenen, ineinander verschränkten Kreisen die Struktur des Romans anschaulich gemacht, an dem Du gerade geschrieben hast, *Schahrijars Ring*.

Unser Café ist, bald nachdem Du aus Salzburg weggezogen bist, verkauft, gründlich renoviert und unter gleichem Namen, aber aus anderem Geist wieder eröffnet worden. Wo damals die Tische der Schachspieler standen und sich in meinem inneren Bild ewig der Rauch der Zigaretten kringelt, türmen sich jetzt in den Schaukästen der Theke die Crèmeschnitten. Die Torten und Speisen sind zuverlässig von einem gewissen Standard, und die Kellnerinnen und Kellner brausen nicht mehr auf, wie ihre Vorgänger es taten, sondern bleiben stets auf professionell abgeklärte Weise höflich. Das sind alles Entwicklungen, über die man nicht klagen soll, zumal sich im alten *Mozart* die Kellnerin in ihren beigefarbenen Gesundheitsschuhen manchmal müde in die Küche verzog, von wo sie nur alle Zeiten ächzend nachschaute, ob die paar überständigen Gäste noch immer an ihren Marmortischchen saßen. Das Beste am alten *Mozart* war gerade das Mangelhafte: Dass man dort nämlich als Gast schlichtweg vergessen werden konnte, sich selbst überlassen blieb und mitunter weder bedient noch genötigt wurde, etwas zu konsumieren. Eher schon benötigte man auf altösterreichische Weise Protektion, um zu seinem zweiten Espresso oder zweiten Glas Rotwein zu kommen. Das heutige Café wird gastronomisch in jederlei Hinsicht besser geführt, ich glaube aber nicht, dass wir uns dort die Struktur unserer nächsten Bücher aufzeichnen würden.

Im *Café Mozart* haben wir über alles Mögliche und natürlich auch über Jugoslawien und über die Kriege gesprochen, die gerade geführt wurden, nur wenige Hundert Kilometer entfernt. Ich sehe Dich noch vor mir, lange nachdenkend und die Antwort überlegend, die Du auf meine Frage geben wolltest, wie sich der Untergang, nein, die Zerstörung Deiner Stadt hätte vermeiden lassen: »Wir alle hätten sie mehr lieben müssen.« Mehr lieben, ja. Und genug Aufmerksamkeit besitzen, um nicht erst nachträglich draufzukommen, was man verlieren kann und entbehren wird! Die meisten meiner hiesigen Freunde halten die Belagerung Sarajevos für ein in Europa unwiederholbares Verbrechen, den Zerfall Jugoslawiens hingegen für eine unausweichliche historische Entwicklung. Mir erscheint beides jedoch als Menetekel auf die Geschichte Europas, als reale Möglichkeit, wie sich die Regionen, Nationen, Staaten und endlich die Europäische Union selbst entwickeln könnte.

Egal, wo ich in den letzten Jahren in Europa unterwegs bin und mit wem ich ins Reden komme, stets begegne ich einem merkwürdigen Grimm, einem rasch hochschießenden Zorn, als befänden wir uns in einer dauernden Erregungsbereitschaft. Was ich sie auch frage, wütend pflegen die Leute sofort alles niederzumachen, was sich in ihren Ländern und in der gemeinsamen Union ereignet. Von nichts als Verfall und Niedergang bekomme ich zu hören, die Politiker wären korrupt, egal was sie verfechten, die Gebildeten arrogant, die Hilfsbereiten dumme Gutmenschen und jene in der Gesellschaft, denen es sichtbar am schlechtesten geht, allesamt nicht der Unterstützung bedürftig, sondern verachtenswerte Schmarotzer, die sich faul an unserem Gut bereichern und am Sozialstaat mästen.

Die Kritik ist laut und heftig, aber ziellos und völlig inkonsequent. Am vermeintlichen bürokratischen Monster Brüssel wird einmal kritisiert, dass es zu viel tue und sich reglementierend ins Leben jedes Einzelnen einmische, das nächste Mal, dass es zu wenig tue und die Dinge ihren schlechten Lauf nehmen lasse. Die einen werfen der Union geradezu geifernd vor, dass sie sich Rechte anmaße, die nicht ihr, sondern nur den nationalen Regierungen zustünden, die anderen werfen ihr vor, dass sie in der Flüchtlingsfrage keine gemeinsame Strategie für alle Staaten zuwege bringe. Ja, wie sollte sie auch, wenn ihr jeder einzelne Staat das Recht verweigert, für ihn zu entscheiden? Am meisten ergrimmt mich, der ich inmitten des allgemeinen Zorns mitunter selbst in Rage gerate, dass gerade jene, die nicht müde werden, die Union zu schwächen, ihr schamlos just die von ihnen verursachte Schwäche vorzuhalten pflegen. Bei uns haben damit die charakterlosen Politiker der Freiheitlichen Partei angefangen, aber mittlerweile hat ihr schlechtes Beispiel opportunistische Schule gemacht.

Lieber Dževad, Du weißt, dass ich kein Verklärer Österreichs und der Europäischen Union bin, aber mittlerweile fühle ich mich tatsächlich verpflichtet, Österreich und die Union vor der zerstörerischen, der geradezu nekrophilen, in das Scheitern verliebten Abwertung in Schutz zu nehmen. Wenn man in Wien mit der Straßenbahn unterwegs ist, könnte man mitunter meinen, man würde durch eine sozial ruinierte, von Verbrechern regierte, von Flüchtlingsbanden terrorisierte Stadt fahren, in der es keine funktionierenden Spitäler, Schulen, Ämter, Kindergärten mehr gäbe: So jedenfalls geht die hitzige Rede vieler Fahrgäste. Und erst ein vernünftiges, abwägendes Gespräch über Europa zu führen, ist bei uns nur mehr schwer möglich. Dabei gälte es doch, gerade jetzt, die Mängel und die Vorzüge dieser Vereinigung zu debattieren, über die Versäumnisse und die Chancen einer staatenübergreifenden Union zu sprechen, und dies, ohne die neoliberale Zuformung des europäischen Marktes zu verschweigen, aber auch ohne das dumme Lied von der heilen nationalen Welt von gestern anzustimmen.

Nichts davon. Es mangelt an beidem: an der Erinnerung, wie es gestern wirklich war, und an der Vorstellungskraft, wie es morgen in Wohl und Wehe sein könnte. Aber vor allem mangelt es an der Zuneigung, um nicht zu sagen: an der Liebe. Nicht an der Liebe zu einer abstrakten Größe oder einem staatsrechtlichen Gebilde, also um die Liebe zu Europa oder zur Union, sondern an der Zuneigung, die die Menschen für das, was sie selbst aufgebaut haben und mit ihrem Leben repräsentieren, empfinden sollten und nicht mehr empfinden, in Österreich und in ganz Europa. Statt auf Achtung und Selbstachtung setzen wir auf die große Missachtung, von uns selbst und von den anderen, von dem, was wir zuwege gebracht haben, und von dem, was wir zuwege bringen könnten. Das ist dumm, ungerecht und gefährlich.

Es grüßt Dich herzlich
Dein Karl-Markus

Pula, August 2016

Lieber Karl-Markus,
es ist irritierend und doch legitim, dass Du das *Hotel Evropa* und sein Café erwähnst, in dem wir bei Deinem (leider einzigen! – bitte verstehe das als Vorwurf) Aufenthalt in Sarajevo saßen. Irritierend, weil wir im *Hotel Evropa* nur einmal saßen, hingegen im *Morića* Han zwei-, dreimal und im *Aeroplan*, denke ich, mindestens fünfmal. Und legitim ist es, weil man, wie mir scheint, nicht über Sarajevo sprechen kann, ohne das *Hotel Evropa* wenigstens zu erwähnen, ohne an das Hotel zu denken, das, wie ich einmal geschrieben habe, der symbolische Mittelpunkt Sarajevos ist, der wie ein optisches Prisma die zerstreuten Strahlen dessen sammelt, was Sarajevo ausmacht. Eröffnet kurz nach der österreichisch-ungarischen Okkupation Bosniens, so konzipiert, dass es in sich die orientalische Vergangenheit und die mitteleuropäische Gegenwart der Stadt,

in der es erbaut wurde, vereinte, war das *Hotel Evropa* für Generationen von Sarajevoern ein beliebtes Lokal und ein Ort, an dem man alle Veränderungen, die die Zeit ihrer Stadt brachte, wahrnehmen, erkennen und verstehen konnte. Das Hotel hatte zwei Cafés, die sich in allem deutlich voneinander unterschieden – ein orientalisches und ein mitteleuropäisches oder, wie wir es nannten, wienerisches. Beide hatten ihre Stammgäste und -gruppen, die sich am liebsten dort versammelten, aber die meisten Sarajevoer saßen manchmal im einen und manchmal im anderen.

Zum Wiener Café gehörte eine Konditorei mit »den besten Torten der Stadt und zwar in der größten Auswahl südlich von Wien«, wie die Kellner behaupteten, die dort bedienten. Die Fenster, die auf die Vladislava-Skarića-Straße sahen, waren mit durchsichtigen Gardinen verhangen, die der Gast zurückziehen konnte, wenn ihm ein Tisch am Fenster zufiel, und an beiden Seiten jedes Fensters hingen schwere Plüschvorhänge, tagsüber immer zurückgezogen, nachts manchmal zurückgezogen, manchmal vorgezogen. Rechts, an den Fenstern, standen kleine Tische mit zwei, drei Stühlen, während der linke Teil mit größeren Tischen möbliert war, um die herum besondere Sofas mit Lehnen aufgebaut waren, sodass die Leute, die an diesen Tischen saßen, vom Rest des Cafés völlig abgetrennt und gezwungen waren, einander anzuschauen, ohne die Möglichkeit, den Blick durchs Fenster oder auf das Gesicht eines Gastes an einem anderen Tisch schweifen zu lassen. Der Held meines Romans *Schahrijars Ring*, den Du erwähnst, beschreibt dieses Café ausführlich, und dann bemüht er sich, seine Liebste davon zu überzeugen, dass die Psychoanalyse nur in einer Gesellschaft mit solchen Cafés habe entstehen können: alles wird verborgen, nach innen gekehrt, abgeschirmt und zum Schweigen gebracht, aber doch deutlich gezeigt. Anschließend vergleicht er diesen Typ Café mit den Pariser Cafés, in denen sich alle Gäste in Fenstern ohne Gardinen, wie in Schaukästen, drängen oder sogar hinausgegangen sind, auf das Trottoire vor dem Café. In einem Wiener Café ist der Gast durch die Raumaufteilung und Atmosphäre buchstäblich gezwungen, den Menschen an seinem Tisch anzuschauen und sich leise mit ihm zu unterhalten, während er in einem Pariser gleichermaßen gezwungen ist, das Innere des Lokals zu verlassen und um einen Platz zu kämpfen, an dem er sich möglichst gut zeigen, um nicht zu sagen ausstellen kann. Das Pariser Café zeigt alles, viel mehr als es gibt, das Wiener dagegen verbirgt alles, es verbirgt auch das erfolgreich, was es nicht gibt, das heißt es verbirgt, dass es nichts zu verbergen gibt. So beendet mein Held eine lange Episode, die ich hinausgeworfen habe, weil mir schien, der Roman komme ohne sie aus.

Entschuldige bitte diese lange sentimentale Abschweifung, ich musste sie schreiben, nicht um die Überlegungen meines Romanhelden vor dem Vergessen zu bewahren, sondern als Erinnerung an das *Hotel Evropa* und seine Cafés, wie sie früher waren. Du hast gesehen, dass auch sie das Schicksal des *Café Mozart* erlebt haben, über das Du mit bitterer Nostalgie schreibst. Im Juli 1992 wurde das *Hotel Evropa* von präzisen Artillerietreffern zerstört und nach dem Krieg unter dem Namen *Hotel Europe* erneuert. Du hast gesehen, dass aus den damaligen zwei Cafés eins gemacht wurde, das dem, was aus dem *Café Mozart* gemacht wurde, in allem ähnelt – es wurde etwas geschaffen, was eine globalisierte anonyme Bequemlichkeit bietet, die jeden zufriedenstellt und keinen erfreut, für jeden annehmbar ist, weil niemand sie als seine erkennt und empfindet. Alles nach dem Geschmack und den Wünschen der Finanzfundamentalisten. Die Wucherer haben wohl seit jeher die Welt besessen, haben aber den Menschen, die in ihr leben, früher erlaubt, sie zu gestalten, doch nun, würde ich sagen, gestalten sie sogar die Welt, in der wir leben müssen.

Ich nehme an, dass Du nicht mit mir übereinstimmen wirst (ich glaube, ein Grund für unsere gute Kommunikation ist, dass wir meistens nicht miteinander übereinstimmen), aber ich denke, dass das, was mit unseren Cafés passiert ist, mit dem zu tun hat, was Du im zweiten, dramatischen Teil Deines Briefes beschreibst. Auch mir ist aufgefallen, dass die Menschen unzufrieden, verbittert, besorgt sind … Du hast das ausgezeichnet beschrieben, ich brauche es nicht zu wiederholen. Ich habe bis vor einigen Jahren geglaubt, das beziehe sich nur auf die Österreicher, die eine spezifische Kultur des Jammerns entwickelt haben, die sie sorgsam pflegen und virtuos zelebrieren. Ich erinnere mich, wie ich 1997 oder 1998 in Graz fast in Tränen ausgebrochen bin über das Schicksal eines Taxifahrers. Gerade war ich aus Sarajevo gekommen, wo noch viele Menschen in Wohnungen mit Zimmern lebten, in denen eine oder zwei Wände fehlten, hungrig oder halbhungrig, mit Hähnen, aus denen nur hin und wieder Wasser rann, und der gute Mann, der mich mit seinem Auto in Graz fuhr, erzählte mir, das Leben sei bitter, die Regierung unfähig, die Stadt im Zerfallen begriffen und die Welt in Auflösung, die wir vielleicht noch nicht sähen, die aber sicher schon ziemlich fortgeschritten sei. Erst nachdem ich mich detailliert erkundigt hatte, beruhigte ich mich hinsichtlich des Schicksals meines Fahrers, weil ich erfahren hatte, dass er im eigenen Haus lebte, zusammen mit einer gesunden Frau und gesunden Kindern, genug verdiente und gut mit den Nachbarn auskam, die zwar keine guten Menschen und lästig waren, weil sie ständig unzufrieden waren, aber sie waren anständig und relativ gut erzogen.

Aber nein, was Du beschreibst, hat nichts mit der österreichischen Kultur des Jammerns zu tun. Das österreichische Jammern ist melancholisch und still, der Österreicher jammert eher sich selbst als seinem Gesprächspartner etwas vor, er trauert eher über den allgemeinen Zustand der Welt, als dass er schreien würde. Doch dieser Neusprech der europäischen Medien und Individuen ist, wie Du sagst, ungehobelt laut und zornig, verbittert und geradezu autistisch auf die allgemeinen Ängste und Frustrationen ausgerichtet, und zwar überall gleichermaßen, in Deutschland und in Frankreich, in Holland und in Dänemark ... Wenn der Österreicher jammert, stellt er Fragen an sich und an die Welt, während der europäische neue Mensch frei von allen Fragen und Zweifeln ist, er brüllt verbittert die Welt an und verlangt Rechenschaft von der Wirklichkeit. Camus hat vom Menschen in der Revolte gesprochen, ich würde seine Formulierung gern missbrauchen und den europäischen neuen Menschen einen Menschen in der Verbitterung nennen, der fühlt, dass ihm die Welt etwas vorenthält, worauf er ein volles Recht hat. Eine Zeit lang habe ich mich über den »neuen Ton« im öffentlichen, aber auch privaten Diskurs, der nun in den europäischen Gesellschaften herrscht, lustig gemacht, weil ich glaubte, er zeige lediglich die Angst von Menschen, denen es verdammt gut geht und die befürchten, das konnte einmal vorbei sein. Sie wissen eigentlich, dass es vorbeigehen wird, wenn nicht durch den Weltuntergang, so doch durch Alter, Krankheit, Tod, aber sie können einfach keine Firma finden, bei der sie eine Versicherung gegen Alter, Krankheit und Tod abschließen können. Aber auch das ist nicht die Wahrheit, die Ängste, von denen ich spreche, sind konkret und drücken sich anders aus, ohne diese heutige Wut auf alles, diese allgemeine Verbitterung, diese Bereitschaft, über jede Andeutung menschlicher Güte, Solidarität, jedes Vertrauen in das Gute zu spotten (Du kannst Dir vorstellen, wie mich als Ausländer die Entdeckung schockiert hat, dass »Gutmensch« im Neudeutschen in Wirklichkeit ein Schimpfwort, eine Disqualifizierung eines so bezeichneten Menschen ist?! Interessant ist, dass das Schimpfwort »Gutmensch« besonders gern jene Exemplare der Spezies Mensch verwenden, welche die europäische christliche Kultur, in der Güte eine kostbare Gabe Gottes darstellt, gegen mich verteidigen.)

Alle kritisieren »laut und heftig, aber ziellos und völlig inkonsequent«, wie Du sagst, das »bürokratische Monster in Brüssel« und die EU. Dieses Geschrei gegen Brüssel und die EU erinnert mich an das Geschrei, das zu Ende der Existenz Jugoslawiens gegen Belgrad und die Regierung in Belgrad erhoben wurde. Alle waren sicher, dass »die da in Belgrad« gegen sie arbeiteten (das sagten auch jene, die in Belgrad lebten), dass dort lauter Idioten und Misanthropen säßen, alle Zahlen und Tabellen bewiesen, dass Jugoslawien sie ausnütze und sie in ihm nur verlören, und die Regierungen und Politiker der einzelnen jugoslawischen Republiken hörten das gern und wiederholten es. Ein bosnisches Sprichwort sagt: »Wen die Schlangen gebissen haben, der fürchtet auch die Eidechse«. Ich wollte, wollte sehr, dass das auf mich zuträfe, mir liegt viel daran, dass die EU dem Schicksal Jugoslawiens entgeht. Ich bin davon überzeugt, dass die Europäische Union eins der größten kulturellen und politischen Unterfangen in der Geschichte ist, eins von jenen Unterfangen, um die und um derentwillen es sich durchaus lohnt, sich zu bemühen. Es ist klar, ein solches Unterfangen lässt sich nicht ohne Krisen und Widerstände zu Ende bringen, das heißt, zum Erfolg führen, aber alles spricht dafür, dass momentan die bisher tiefste Krise besteht, weil sich dem europäischen Projekt heute die Nationalismen und die Wut auf alles Fremde entgegenstellen, die gleichzeitig bei fast allen EU-Mitgliedern aufgetaucht sind.

Ich glaube fest daran, dass diese Wut keine Manifestation des Bösen ist, das heimlich in die Menschen geschlüpft und nun plötzlich ausgebrochen ist und sich allseits offenbart hat. Oder ein Dämon beziehungsweise der Teufel selbst, wie dem Dualismus zuneigende Theologen sagen würden, der sich in Europa ausgebreitet und aus den Menschen Hoffnung, Glauben an das Gute, Vertrauen verdrängt hat. Aber gerade das fehlt tragischerweise im öffentlichen und persönlichen Diskurs heute. Empedokles sagte, die Menschen sähen und erkennten in der Wirklichkeit nur das, was sie in sich trügen. Wo also fehlt das Gute, die Hoffnung, das Vertrauen? In uns oder in der Welt, zu der wir verurteilt sind? Sind uns die Güte, Freude und das Vertrauen weggenommen worden von einer Welt, in der wir uns nicht mehr wie zu Hause fühlen können, die wirklich niemandes Heim ist, von einer Welt, die bestenfalls bequem und anonym ist wie unsere Cafés, ohne Gesicht und Wärme, ohne irgendetwas Persönliches und gerade deshalb profitabel? Diese Cafés duften nicht mehr, die Kellner dort sind weder unfreundlich noch fröhlich, weder stolz noch unzufrieden, sie sind als Personen in ihren Cafés nicht präsent; sie sind korrekt, immer korrekt und immer abwesend von sich selbst, sie leben nicht, sie funktionieren.

Ich weiß nicht, vielleicht werde ich ja im Laufe unserer Gespräche etwas begreifen. Bis zum nächsten Brief grüßt Dich herzlich

Dein Gutmensch Dževad

Salzburg, 26. September 2016

Lieber Dževad,

Deinen Taxifahrer aus Graz kenne ich, er hat mich vorgestern spätnachts durch mein Salzburg heimgefahren, aber ich treffe ihn auch regelmäßig, wenn ich in Wien unterwegs bin, und wie er die Städte meiner Heimat wechselt, so wechselt er auch fortwährend seine Berufe und sein Alter – und doch bringt der Wandlungsreiche es auf rätselhafte Weise zuwege, immer der Gleiche zu bleiben. Das

Jammern ist allerdings eine aus der Geschichte überkommene Kulturtechnik, die viele Österreicher beherrschen. Als gesellschaftlicher Akt verstanden, gehört es zur Sphäre der höheren Kultur, setzt es doch eine Reife voraus, die sich erst dort einstellt, wo die Herrschaft der reinen Unmittelbarkeit gebrochen ist. Unmittelbar möchte der Jammerer nämlich gar nichts bewirken, er jammert ja nicht, um einem Missstand tatsächlich abzuhelfen. Nein, nichts bringt ihn in größere Verlegenheit, als wenn man wörtlich nimmt, worüber er lamentiert, und ihn dabei unterstützen möchte, seine Misere zu beheben. Im Gegenteil, das Jammern, in dem es unter meinen Landsleuten echte Virtuosen gibt, die nur einen beliebigen Anlass, aber keinen ernsten Grund benötigen, um loszulegen, strebt keine Veränderung der Zustände an, über die gejammert wird. Indem er über sie greint, gibt der Jammerer vielmehr seine tiefe Verbundenheit mit ihnen kund.

Früher hatte ich manchmal das Gefühl, das Jammern wäre in Österreich nicht nur eine Äußerung persönlichen Unmuts, sondern eine Art von staatsbürgerlicher Manifestation. Das Jammern mag manchmal liebenswürdig klingen, manchmal verbohrt und ärgerlich anmuten: immer aber zeugt es von einer konservativen Gesinnung, die mit den Dingen, bejammernswert, wie sie prinzipiell sind, fraternisiert. Seit einigen Jahren habe ich allerdings den Eindruck, es würde langsam aus dem emotionalen Haushalt meiner Nation verschwinden, jedenfalls keine so große Rolle mehr spielen wie über viele Generationen. Was das Jammern ablöst, das ist die erboste Dauererregung, der alltägliche Hass, der aus beliebigem Anlass hochschießt, diese allgemeine und gleiche Verbitterung, die Du in Deinem letzten Brief als das Charakteristikum des neuen europäischen Menschen ausgemacht hast; dieser Grimm, diese Wut, diese Bereitschaft, in jedem Nächsten den Verbrecher zu sehen, der nichts anderes im Sinn führen kann, als einen zu betrügen und zu bestehlen – das sind jedenfalls weder konservative Eigenschaften noch solche, die ich früher als »progressive« bezeichnet hätte. Mit ihnen lässt sich nämlich weder etwas bewahren, das bewahrt, noch etwas verändern, das verändert zu werden verdient. Diese Eigenschaften zielen vielmehr auf den Umsturz, also darauf, das, was unsere Gesellschaft im Guten wie Schlechten ausmacht, nur umzuwerfen, umzukippen, umzustürzen, auf dass es endlich am Boden, im Morast verstreut liege.

Es ist besorgniserregend, dass Du diesen Charakter, der nicht mehr jammert wie unser Taxifahrer mit seinen vielen Adressen und Professionen, sondern immerzu geifert, gleich wo, im Internet und in der Straßenbahn, am Nebentisch und im Parlament, bereits aus Jugoslawien kennst, genauer, aus der Zeit, da es mit Jugoslawien rapide zu Ende ging; damals, als alle inklusive den Belgradern glaubten, dass »die da in Belgrad« speziell gegen sie arbeiteten. Wie damals sie, so sind jetzt Millionen Unionseuropäer überzeugt, die Politik der Union wäre insbesondere gegen sie persönlich gerichtet, und darum möchten sie auch gerne jedem Politiker glauben, der ihnen erzählt, dass in Brüssel wieder einmal eine große Verschwörung gegen sie betrieben werde.

In den letzten agonalen Jahren der Donaumonarchie war ein Reisender aus Amerika zu Gast in Wien, und an drei Tagen hintereinander hat er die Sitzungen im Reichsrath, wie das Parlament damals hieß, besucht. Mark Twain hat darüber, was er dort zu sehen und zu hören bekam, eine grimmige Reportage verfasst, die erst vor einigen Jahren unter dem Titel »Turbulente Tage in Wien« auf Deutsch veröffentlicht wurde. Er berichtete fassungslos, wie gehässig die allermeisten Reden ausfielen und dass permanent ein Redner vom andern mit höhnischen Zwischenrufen unterbrochen wurde. An einer Stelle schreibt Twain: »Ganz allgemein gesprochen hassen alle Nationen des Kaiserreichs die Regierung, aber sie hassen sich auch alle gegenseitig, und zwar mit hingebungsvoller und leidenschaftlicher Verbitterung.« Man braucht nicht Freud studiert zu haben, um auf die Idee zu kommen, dass dieser allgemeine Hass in seiner Tiefe ein Selbsthass und die gegenseitige Verachtung eine nach außen gestülpte Selbstverachtung war, die aus dem Selbstmörderischen schon bald ins Völkermörderische kippen würde.

Mit ausdauernder Wut wurde damals, als Twain in Wien erlebte, wozu europäische Parlamentarier fähig waren, gegen die galizischen Juden gewettert (ähnlich wie heute gegen die über die Fußgängerzonen der europäischen Städte verstreuten Roma-Bettler). Weil sie in sichtbarer Armut lebten, bekamen sie den Hass jener zu spüren, die etwas besaßen und durch den schieren Anblick der Armen daran erinnert wurden, dass womöglich auch sie selbst ins Elend geraten könnten. Gerade von dort, aus dem einstigen Galizien, bin ich erst vor ein paar Tagen zurückgekehrt, ich könnte sagen, von einer Dienstreise, denn ich war zur Buchmesse nach L´viv, ins einstige Lemberg, eingeladen. Warst Du schon einmal dort? Was Du jedenfalls finden würdest, das sind in Deiner Typologie nicht Pariser, sondern Wiener Kaffeehäuser, deren es etliche gibt. Sie sind dunkel und im Sommer kühl, die vergilbten Stores an den Fenstern lassen nur ein träges Licht herein, die Holztische sind schwer und wie eingefettet mit den Geschichten, die an ihnen erzählt wurden, und die Mehlspeisen, wenn der schwarzgekleidete Ober sie aufzählt, klingen alle nach Kremšnita, Štrudlicki und ähnlichen Köstlichkeiten. Wenn sie mit etwas renommieren, dann mit einer Art intimer Öffentlichkeit oder öffentlicher Diskretion, und als ich all die Tage in einem dieser Cafés nahe dem Freiheitsplatz, einem wunderbar langgestreckten, auf das Opernhaus hin orientierten Platz, einkehrte, war ich von lauter gedämpften Gesprächen umgeben, denn an den Tischen wurde leise gesprochen, als würden Dinge beredet, die nicht für alle Ohren gedacht sind; oder sie wurden leise beredet, damit man meinte, sie wären nicht für alle Ohren gedacht.

Lemberg faszinierte mich, weil über seine Gassen und Straßen eine kakanische Atmosphäre gebreitet ist, die ich selbst nur aus den Romanen von Joseph Roth oder Miroslav Krleža und all den anderen kenne, und L´viv irritierte mich, weil es in einem Land liegt, in dem Krieg geführt wird, und sich diese Tatsache fast nirgendwo in der Stadt für mich vergegenwärtigte. Doch, in ein paar Straßen stieß ich auf so etwas wie improvisierte urbane Gedenkstätten, da waren an einer Mauer zehn, zwölf Fotos von gefallenen Soldaten angebracht, die mit kurzen Biografien und den Namen der Gestorbenen versehen waren. Aber sonst? Bis spät in der Nacht hatten unzählige Kneipen und Restaurants geöffnet, um die Tische im Freien hingen Trauben junger Leute, eine urbane Gelassenheit schien die sympathische Grundstimmung dieser Stadt zu sein. Krieg? Mir kam vor, dass er unendlich fern von dieser Stadt und ihren Menschen war, und das stimmte ja geografisch auch, denn die Ukraine ist ein riesiges Land und L´viv liegt ganz im Westen, der Krieg aber wird ganz im Osten, im Donbass, geführt … Aber es stimmt natürlich auch wieder nicht, denn die Ukraine, trotz ihrer inneren historischen Trennlinien, ist doch ein Land, ein einziges Land, und wenn ihm an der einen Ecke ein Krieg aufgezwungen wird, kann das den Leuten am anderen Ende des Landes nicht gleichgültig sein. Ich möchte nicht behaupten, dass er den fröhlichen Zivilisten von L´viv tatsächlich gleichgültig wäre, aber als Stadtwanderer konnte ich dennoch kaum wo erkennen, dass seiner gedacht wurde, und vielleicht ist das auch eine der Erfahrungen unserer Zeit, dass der Schrecken zum Alltag gehört, dass Vernichtung und Vergnügung koexistieren, ja dass es sogar gut und widerständig ist, wenn die Leute sich die Freude an ihrem Leben nicht durch jene austreiben lassen, die auf eine Epoche der Freudlosigkeit setzen …

Es gab Hunderte Veranstaltungen während der Buchmesse, ja tatsächlich Hunderte, und einige von ihnen hatten doch den Krieg und die Fragen, die er für die Literatur und die Gesellschaft aufwirft, zum Thema. Was ist mit der Literatur in Zeiten des Krieges, wurde gefragt. Ich glaube, dort, wo Krieg herrscht, kann die Literatur die Erinnerung an den Frieden sein, daran, dass es Frieden gegeben hat und er wieder möglich ist als das Menschengemäße. Dort aber, wo der Krieg vergessen wird, weil er anderswo tobt oder gerade vorüber ist, dort muss die Literatur daran erinnern, dass es ihn gegeben hat, dass es ihn gibt.

Es grüßt Dich herzlich,
Dein Karl-Markus

Sarajevo, September 2016

Lieber Karl-Markus,
danke für den Brief, Deine geistreiche »Verallgemeinerung« meines Grazer Taxifahrers, das heißt seine Verwandlung in einen Typ oder eine Maske, wie Theaterleute sagen würden, brachte mich zum Lachen. Er ist in Wien und in Salzburg, im Taxifahrer und im Arzt, im Greis und im Jugendlichen, weil er ein für eine Kultur charakteristisches Verhaltensmodell verkörpert. Aber das, wovon wir heute Zeugen sind, das Verhalten unserer Zeitgenossen in ganz Europa und nicht nur in Österreich, hat nichts mit regionalen Kulturmodellen zu tun, sondern mit dem Geisteszustand in einem historischen Moment. Das hast Du glänzend bemerkt und präzis ausgedrückt.

Ich fürchte, ich muss Dich enttäuschen und Dir neue Argumente für die Besorgnis liefern, weil mir gerade das Lesen Deines Briefes gezeigt hat, wie stark die Wut unserer Zeitgenossen der unbegreiflichen Wut ähnelt, die ich in Jugoslawien vor seinem Zerfall gesehen habe. Die Menschen lebten damals in Jugoslawien relativ gut, »viel besser als sie arbeiteten«, würde ein ehrlicher Analytiker der gesellschaftlichen Beziehungen sagen. Trotzdem waren sie verbittert, wütend, unzufrieden und bereit, auch dann aufzubrausen, wenn es gar keinen Grund dazu gab. Vor allem wenn es keinen Grund gab, würde ich sagen, wenn ich mich heute an diese Zeit erinnere. Gut kann ich mich an einen Fall erinnern, der Dir, glaube ich, viel über die allgemeine, unbegreifliche Wut sagen wird, die zu der Zeit in der jugoslawischen Gesellschaft geherrscht und sie zerstört hat, wie auch die Menschen, die in dieser Gesellschaft lebten.

Einmal, irgendwann im November 1990, sah und hörte ich, als ich von meinem Seminar nach Hause ging, eine Menge von einigen Hundert Leuten, die herumbrüllten und einen vor Kurzem fertiggestellten Wohnkomplex mit allem bewarfen, was sie in die Hände bekommen konnten; einige von ihnen bemühten sich, aus dem Boden Granitwürfel auszugraben, mit denen die Straße gepflastert war, um etwas Gefährlicheres in die Hände zu bekommen, was sie ins Fenster, die Glastür oder wenigstens auf die Fassade des Gebäudes werfen konnten. Dem Geschrei entnahm ich, dass die versammelten Menschen verbittert waren, weil die neu errichteten Gebäude unangemessen luxuriös seien und demzufolge inakzeptabel in einer Gesellschaft, die von sich behauptet, dass sie auf sozialer Gerechtigkeit basiere. Die einen schmerzte der Verrat des Sozialismus, die anderen die unerträgliche soziale Ungerechtigkeit und der Zynismus der Machthaber, die, da sieht man's, Wohnungen wie aus amerikanischen Seifenopern für sich bauten, während Millionen Menschen kein Dach über dem Kopf hätten, andere wiederum tobten, weil dieser unsinnige Luxus mit ihrem Geld finanziert werde ... Mich verblüfften die Schreie und die Wut der Menge, weil die Gebäude, vor denen die wütenden Leute standen, ganz normal aussahen, ohne Zeichen irgendeines Luxus. Aber noch mehr verblüffte, eigentlich bestürzte mich die Zusammensetzung der wütenden Menge, in der ich ein paar gute Bekannte von mir erkannte.

Dir ist bekannt, dass ich niemanden und nichts verurteile, sondern mich bemühe, alles zu verstehen. So mischte ich mich auch dieses Mal in die wütende Menge und begann, mich bei meinen Bekannten zu erkundigen, was sie hier an solch einem ungemütlichen Tag (kalt, feucht und grau, als wäre Dantes Vorhölle über Sarajevo gekommen) versammelt habe. Als Erstes wandte ich mich an eine nahe Verwandte, die hier den Sozialismus, beziehungsweise das kommunistische (im Grunde christliche) Modell der menschlichen Solidarität und der sozialen Gerechtigkeit verteidigte. Sie war eine Frau, die mit Mühe und Not die Volksschule abgeschlossen hatte, ohne Ambitionen und ohne die Absicht, etwas von sich zu verlangen, zufrieden mit ihrer minimalen Rente und einem Leben von heute auf morgen. Und zwei Schritte von ihr entfernt stand und schrie, lauter als meine Verwandte, aber wütend wie sie, ein guter Bekannter, fast Freund von mir, ein Spezialist für Gefäßchirurgie, der teilweise in Frankreich ausgebildet worden war und sich in den Vereinigten Staaten spezialisiert hatte. Er wetterte gegen »die herrschenden Gruppen in der Gesellschaft« und protestierte gegen das System, das ihnen ermögliche, für ihre Luxuswohnungen Geld zu verschleudern, das man in die Wissenschaft hätte investieren können. Er war verbittert, vor ein paar Tagen hatte er auf einem amerikanischen Fernsehsender einen Kollegen von sich gesehen, einen Spezialisten für Gefäßchirurgie, der sicher jünger gewesen sei als er, aber bereits berühmt sei, bereits im Fernsehen auftrete und über seine spektakulären operativen Eingriffe spreche. Welche Chance habe er, mein Freund, im Wettlauf mit dem Kollegen aus Amerika, wenn das Geld hier für den Bau solcher Gebäude ausgegeben werde anstatt für Wissenschaft und Bildung?! Es wäre sinnlos gewesen, ihn daran zu erinnern, dass er vier Jahre lang in den Genuss eines staatlichen Stipendiums für Frankreich und Amerika gekommen war, ihn zu bitten, sich die Gebäude, derentwegen er tobte, anzuschauen und sich davon zu überzeugen, dass sie überhaupt nicht so luxuriös waren, ihn darauf hinzuweisen, dass wissenschaftliche Arbeit ein etwas komplexeres Phänomen ist als Athletik und nicht im Wettlauf mit Kollegen bestehen muss …

Ich will Dich nicht mit den weiteren Gesprächen mit meinen Bekannten aus der wütenden Menge ermüden, diese zwei reichen völlig aus, um zu illustrieren, worauf ich uns beide aufmerksam machen möchte. Und das sind vor allem die bestürzende Zusammensetzung der wütenden Menge und die nicht vorhandene Bereitschaft (Unfähigkeit?) dieser Leute, die Fakten zu berücksichtigen. Eine halbanalphabetische Rentnerin und ein junger Spezialist für Gefäßchirurgie stehen nebeneinander, schreien und gestikulieren fast identisch?! Gleichermaßen wütend auf ein paar Gebäude neben dem Kino Sutjeska, gleichermaßen davon überzeugt, dass diese Gebäude sündhaft luxuriös sind, und gleichermaßen unfähig, die unglücklichen Gebäude, gegen die sie wettern, zu sehen. Die Gründe, mit denen sie ihre Wut rechtfertigen, sind nicht vergleichbar, aber die Wut ist bestürzend ähnlich, die Art, auf die sie diese ausdrücken, ebenfalls, und die Unfähigkeit dieser so unterschiedlichen Menschen, sich den Fakten zu öffnen, auch ... Ich glaube fest, dass die beiden ihre Gründe angeführt haben, weil sie ihre Anwesenheit an diesem Ort irgendwie erklären mussten, dass aber das, was sie als Grund angeführt haben, nichts mit ihrer allgemeinen Wut zu tun hatte. Meine Verwandte hatte nie Unzufriedenheit mit ihrer kleinen, aber bequemen Wohnung in einer guten Gegend gezeigt oder geäußert, ich glaube nicht, dass sie überhaupt bereit gewesen wäre, »ihr Haus« zu verlassen und wegzugehen, um anderswo zu leben. Hat mein Freund wirklich geglaubt, er bleibe im Wettlauf mit seinem amerikanischen Kollegen wegen dieser Gebäude zurück? Es wäre, denke ich, sündhaft, seine Intelligenz derart zu unterschätzen.

Nach den Gesprächen mit meinen Bekannten in der wütenden Menge setzte ich meinen Nachhauseweg fort, traurig, weil sich die unermessliche psychische Energie, mit der ich konfrontiert war, über ein paar unschuldige Gebäude ergoss. Die Menschen tobten dort, weil sie diese Energie (freigesetzt durch das Gefühl von Unzufriedenheit, Wut, Angst, weiß Gott wovon) nicht mehr ertragen konnten und die damalige jugoslawische Gesellschaft unfähig war, diese gewaltige Energie zu kanalisieren und für die Erneuerung der Gesellschaft, ihren weiteren Aufbau, für die Durchführung unumgänglicher Reformen zu nutzen. Die Politiker nahmen die Ideale des Sozialismus nicht mehr ernst und suchten im Nationalismus eine neue Machtbasis für sich, die Intellektuellen schwankten zwischen Nationalismus und einem radikalen Individualismus, die Literatur zerfiel in einen traditionalistischen und einen globalistischen Zweig ... Muss ich Dich darauf hinweisen, lieber Karl-Markus, wie stark all dies unserer heutigen EU gleicht?! Wut, die keinen Grund und keine Quelle hat, aber nicht mehr zu ertragen ist und hinausmuss. Protestbewegungen, die angesehene Philosophen, arbeitslose Straßenbahnfahrer, Rechtsanwälte und Zimmermädchen versammeln, sie aber nur um starke Gefühle gegen etwas versammeln (vorerst gegen Fremde, morgen vielleicht auch gegen ein Gebäude, die Leute finden immer etwas, woran sie ihre Wut auslassen können). Politiker, die die Ideale der bürgerlichen Demokratie und der EU nicht mehr ernst nehmen und sich dem Nationalismus und Provinzialismus zuwenden, in denen sie eine neue Machtbasis für sich suchen. Intellektuelle (verschiedene Experten), die nicht bereit oder fähig sind, ganz offensichtliche Fakten zu berücksichtigen. Eine Literatur, die ihren Blick verliebt auf ihre Tradition heftet und so sehr in sie eintaucht, dass sie Menschen, die nicht aus dieser Tradition hervorgegangen sind, kaum verständlich ist, oder sie ist total globalisiert, also oberflächlich, anonym, glatt und bequem wie die Cafés, über die wir unlängst mit bitterer Nostalgie gesprochen haben.

Nietzsche behauptete, Athen habe sich selbst im Theater betrachten, erfahren und wiedererkennen können, weil das Theater die Athener Gesellschaft integriert habe. Im Theater saßen Sokrates und der Läufer, der bei der Olympiade schlecht abgeschnitten hatte, der Waffenhändler und Perikles, Praxiteles und der Inhaber der Hafenkneipe nebeneinander und schauten sich die Vorstellung an, die von ihnen handelte. Ich glaube, einen ziemlich hohen Integrationsgrad erreichte die Gesellschaft in Köln während der Osterveranstaltungen zum Leiden Christi, an denen als Schauspieler und Ausstatter der Vorstellung alle stadtischen Zünfte teilnahmen und als Zuschauer Albertus Magnus und der Metzger, der Bürgermeister und der Bettler nebeneinander standen. So wie heute auf Protestversammlungen in mancher europäischen Stadt der Universitätsprofessor und der Profiboxer, der entlassene Soldat und der Pianist, der begeisterte Ökologe und der Angestellte eines Atomkraftwerks nebeneinander stehen, gleichermaßen verbittert und gleichermaßen erfüllt von einer abstrakten Wut. Aber uns hat nicht das Theater versammelt, das uns helfen könnte, uns zu erkennen und wiederzuerkennen, uns hat nicht der Wunsch versammelt, einander kennenzulernen, noch das Bewusstsein, dass wir alle eine Gemeinschaft bilden, noch das Bedürfnis, zusammen etwas zu machen, noch ... Zu einer hoch integrierten Gemeinschaft hat uns ein Überschuss an psychischer Energie zusammengeführt, hervorgebracht von unklaren Ängsten, einer Wut unbekannter Herkunft, aggressiven Regungen, die wir nicht abzureagieren verstehen und nirgends abreagieren können. Ach, gäbe es doch Verstand und Fähigkeit, um diese unermessliche Energie zu kanalisieren und auf die Erneuerung der Gesellschaft, das Solidaritätsgefühl zwischen den Menschen, auf etwas Kreatives zu richten! Ach, hätten wir aus dem Zerfall Jugoslawiens doch etwas gelernt!

Handelt es sich darum, dass wir nicht fähig sind, aus der Geschichte zu lernen? Oder darum, dass sich die Menschen, die ihre geistigen Inhalte präzise und komplett mit SMS-Botschaften ausdrücken, nur in negativen Programmen wiedererkennen können? Oder darum, dass die Menschen Befürchtungen, Ängste, Wut und Hass nicht vermeiden können, wenn sie gezwungen sind, in einer Welt zu leben, die für niemanden mehr ein Zuhause ist? Oder um etwas, das ich nicht einmal ahnen kann? Ich weiß es nicht, ich kann es natürlich nicht wissen, aber mit Sicherheit weiß ich, dass es schade ist, dass wir diese unermessliche Energie an die Wut auf etwas und jemanden verschwenden. Und ich weiß, dass ich Angst habe, ich empfinde eine geradezu panische Angst vor der Möglichkeit, dass unartikulierte emotionale Energie eine weitere Gemeinschaft auseinanderreißt, an der mir etwas liegt, so wie es schon einmal mit Jugoslawien geschehen ist.

Nur noch eine Anmerkung: Brillant ist der Teil Deines Briefes über L'viv, die Bemerkungen über die emotionale Blockade der Menschen, über ihre Unfähigkeit, den Krieg, der unweit von ihnen tobt, empathisch zu erleben oder wenigstens zu erahnen. Mit meinen eigenen Erfahrungen kann ich Deine Schlüsse nur bestätigen. In Zagreb blies mir einen Tag, nachdem ich aus dem belagerten Sarajevo herausgekommen war, ein Dramatiker, ein langjähriger Freund, der viele Male in Sarajevo gewesen war, über eine Stunde lang die Ohren voll mit seiner Verbitterung und Wut über die Möglichkeit, seine Arbeit zu verlieren, ohne auch nur mit einem Wort meine Frau, die Qualen der Menschen in Sarajevo zu erwähnen, er fragte mich nicht, wie ich nach Sarajevo zurückzukehren gedächte ... Als ich es nicht mehr ertragen konnte, rief ich den Kellner, um unsere Rechnungen zu begleichen, und er ließ es ruhig zu. Aber am wichtigsten ist, dass Deine Bemerkungen über die emotionale Lähmung der Menschen, denen es gut geht, die Überlegungen zur abstrakten Wut und Verbitterung derselben Menschen unmittelbar fortsetzen. Hast Du das beabsichtigt? Oder wollte es die Weisheit des Erzählens? Nach einer uns verborgenen Logik haben sich die Segmente Deines Erzählens in eine syntagmatische Reihe eingefügt, die am besten zeigt, wie stark sie sich gegenseitig ergänzen, erklären, kommentieren.

Ich kann nicht mehr, es gibt zu viel Angst, zu viele böse Ahnungen in allem, worüber wir heute sprechen. In der Hoffnung, dass ich mich irre, grüße ich Dich. Friede und das Gute, würden die bosnischen Franziskaner sagen.

Dževad

Salzburg, 21. November 2016

Lieber Dževad,
heute kam ich von einem anstrengenden Termin in der Stadt nach Hause, habe mich aufs Sofa gesetzt, die Zeitung aufgeschlagen und nur mit halbem Ohr dem *Mittagsjournal* zugehört, unserer einstündigen Nachrichtensendung im Radio. Mit einem Mal drang von ferne durch meine Schläfrigkeit eine Stimme, die auf unverwechselbare Weise und mit eindringlicher Modulation grüblerische Gedanken so formulierte, dass sich jeder, der sie vernahm, persönlich angesprochen fühlen musste. Kurz, ich geriet in das Gespräch, das Du mit einer Wiener

Redakteurin über eine Tagung geführt hast, auf der es um die Frage ging: Kann die Literatur eine friedensstiftende Wirkung entfalten?

Ich weiß nicht, ob Du zu dieser Eindringlichkeit des Sprechens auch fähig gewesen wärst, wenn Du nur ein Mikrofon vor Dir gehabt und das große Hörerpublikum hättest imaginieren müssen, oder ob die eine Redakteurin, die so kluge Worte über Dich und Dein Werk gefunden hat, dazu auch körperlich anwesend sein musste.

Wahrscheinlich nicht, denn alle Deine Bücher sind ja von diesem dialogischen Charakter geprägt, der Dir wie eingeboren scheint, und Du warst einmal so freundlich, auch mich als dialogischen Autor zu charakterisieren. Mich hat diese Charakterisierung zuerst verwundert, dann ermutigt, und ich habe sie, vermutlich wegen Deines Hinweises, auf einfachere Weise in dem Satz eines Lesers wiederentdecken können, der mir politisch und weltanschaulich fern steht. Befragt, was er als konservativer Mann an mir schätze – an mir, der ich die soziale Frage nie in jenem Sinne zu stellen pflege, an der Konservative ihre Freude haben können –, antwortete er wie selbstverständlich: Es ist interessant für mich, wenn er Dinge sagt, die nicht meiner Meinung entsprechen! Ich war fast versucht, die Adresse des Herrn ausfindig zu machen, um ihm zu schreiben: »Vielen Dank, ich möchte Ihnen sagen, dass auch ich selbst mit mir nicht immer einer Meinung bin!«

Du hast mir so viele Hinweis in Deinem Brief gegeben, der weniger analysiert, was in unseren Ländern, in ganz Europa und auf der halben Welt gerade geschieht, als dass er es in der präzisen Erzählung kleiner Vorgänge geradezu szenisch vergegenwärtigte. Natürlich ist Dein Brief auch traurig, traurig, dass sich die Dinge unter anderer Flagge zu wiederholen vermögen, dass aus dem Desaster oft so wenig gelernt wird und, noch ehe die Folgen des einen bewältigt, behoben sind, bereits das nächste vorbereitet wird (ja, vorbereitet, denn es kommt nicht über uns wie eine Naturkatastrophe, auch wenn wir das manchmal so empfinden mögen). Diese Traurigkeit, so angebracht sie ist, darf nicht Herr über uns werden, wie auch die sarkastische Freude über den schlechten Gang der Dinge nicht unser Metier ist. In dem Gespräch, das Du mit der Redakteurin geführt hast – es ist ein Gespräch gewesen und kein Interview, ich bezweifle, dass Du jemals ein Interview begonnen hast, aus dem kein Gespräch geworden wäre –, hast Du entschieden gegen das Lamento vom unausweichlichen Niedergang und wider die Selbstaufgabe der Künstler argumentiert. Du hast eben nicht beklagt, dass zu Zeiten der nationalistischen Mobilisierung die Literatur an Bedeutung verliere, sondern auf jener Kraft der Kunst beharrt, die ihr, vielleicht nur ihr, aber jedenfalls ihr ganz besonders eigen ist: die Kraft, die Panzerung der Ideologie aufzubrechen und die Menschen dazu zu bringen, nicht die Beute ihrer Obsessionen, ideologischen Zwangsvorstellungen, bequemen

Wirklichkeitsverweigerung zu bleiben, sondern wieder sehend zu werden. Fähig zu sehen, dass die Wirklichkeit anders ist, als es der ideologische Versuch, sie zu verfälschen, zu ignorieren, schlichtweg abzuwerten, glauben ließe. Ist es nicht merkwürdig und großartig, dass ausgerechnet die Kunst, die im Rufe steht, es mit dem Phantastischen, Halluzinierten, Erfundenen zu halten, in gewissem Sinne der Wirklichkeit zu ihrem Recht verhelfen kann? Dass wir der Kunst also gerade bedürfen, um die Wirklichkeit neu zu entdecken?

Ich weiß nicht, ob Du die österreichische Schriftstellerin Christine Nöstlinger kennst, die hauptsächlich Kinderbücher geschrieben hat, denen Eltern und Kinder so viel Ermunterung, ausgelassene Freude, mit Witz und Phantasie bewirkte Überraschungen verdanken. Nun, diese Autorin, der ich persönlich nie begegnet bin, hat vor einigen Wochen ihren 80. Geburtstag gefeiert, und aus diesem Anlass waren etliche kluge, gänzlich unsentimentale Interviews von ihr zu lesen und zu hören. Worauf die außerordentlich erfolgreiche Autorin immer wieder zu sprechen kam, das hat mir sofort eingeleuchtet, aber mich auch im Innersten getroffen. Wiederholt sagte sie nämlich, dass sie nicht verbittert, aber traurig sei, und dies nicht etwa, weil sie natürlich wisse, dass die Tage, die ihr noch blieben, gezählt seien. Nein, die Traurigkeit ist die Grundstimmung ihrer späten Tage geworden, weil sie am Ende ihres Lebens, dessen Kindheit in die Ära des Nationalsozialismus fiel, sehen muss, dass sich heute nicht nur in ihrer Heimat Österreich die sozialen und politischen Dinge so entwickeln, wie sie es mit ihren Büchern, die keine vordergründigen politischen Botschaften verkünden, gerade verhindern wollte: dass stumpfer Hass – auf wen auch immer, er sucht sich seine wechselnden Objekte nach günstiger Gelegenheit –, die vernünftige Kritik an konkreten Missständen schlichtweg überbietet, übertrumpft, überbrüllt, und dass nicht das Gefühl für Gerechtigkeit gestärkt werde, das dem Menschen durchaus gegeben sei, sondern seine Rachsucht, blinde Wut, seine Neigung, anderen und sich selbst zu schaden. Und unendlich traurig mache es sie, dass sie nicht mehr sehen werde, wie das Pendel wieder in die andere Richtung zurückschwingt.

Sie ist 80, ich bin erst 62 – was heißt: erst? Als wir zwei uns kennenlernten, waren wir Ende dreißig! –, und doch stelle ich mir die beklemmende Frage, ob ich in meiner Lebenszeit, die ruhig noch ein wenig währen möge, den Umschlag des Pendels erleben werde? Leben wir womöglich nicht nur in einer Zeit, in der eben manches nicht so läuft, wie wir uns das wünschten, sondern am Beginn einer Epoche, die vom Menschen in seiner Verbitterung geprägt sein wird, wie Du ihn nennst? In einer Epoche, in der lauter Vereinzelte nur für sich und gegeneinander kämpfen, und es andrerseits einzig der Hass ist, der sie noch zu einer Gemeinschaft finden, eine Gemeinschaft bilden lässt, der Hass und die Bereitschaft, die Wirklichkeit zu negieren und der Lüge zu vertrauen?

Es ist doch die reine Selbsttäuschung, sich den Vormarsch der Nationalisten und ruchlosen politischen Unterhalter, denen ihre Fehltritte nicht übel genommen, sondern von ihren Anhängern geradezu gut geschrieben werden, immer nur damit zu erklären, dass es eben viele Verlierer der Globalisierung gebe; natürlich, die gibt es, aber in den USA nagen nicht fünfzig Prozent am Hungertuch, und erst recht steht in Österreich nicht die halbe Bevölkerung in Gefahr, aus allen sozialen Sicherheiten zu stürzen. Der Hass ist nicht die verzweifelte Gegenwehr der echten Verlierer, auf deren Seite wir stehen müssen, sondern das Lebenselixier jener, die es sich in einem halluzinierten Opferstatus eingerichtet haben, weil sie für jedes Ungemach, das sie quält, dem »System«, der »Elite«, dem »Establishment«, aber wechselweise auch den »Schmarotzern« da unten, den Sozialhilfeempfängern, Wirtschaftsflüchtlingen, Asylanten die Schuld geben möchten. Da finden sich seltsame Koalitionen, als gäbe es keine Klassen und Schichten mehr, sondern nur noch den einen und gleichen Wutspießer, dessen Idol übrigens oft kein Spießer, sondern ein Exzentriker ist, der stellvertretend für sie lustvoll gegen Regeln und Konventionen verstößt. (Nebenbei: Ist der Exzentriker in Wahrheit nicht ein überspannter, in seiner Selbstdarstellung hemmungsloser Spießer?)

Der Unmut überschreitet die Klassenschranken und vereint Leute, die vorher nicht auf die Idee gekommen wären, etwas gemein zu haben, und er vereint sie zu einem Lynchmob auf Abruf, der das bloße Ansinnen, es mit vernünftiger Analyse zu versuchen, als Verhöhnung des Volkes in seiner gerechten Empörung empfindet und zurückweist. Es ist, wie ich das in Österreich beobachten konnte, übrigens immer dieselbe Schrittfolge: Zuerst werden soziale und zivilisatorische Errungenschaften lächerlich gemacht, hierauf jene, die für sie eintreten, als Spinner, Sozialromantiker, Gutmenschen verächtlich abgetan, und dann wird das, wofür diese nicht nur zu ihrem eigenen Wohle eintraten, gekappt.

Lieber Dževad, es ist gut, Dich als Freund zu haben, auch wenn wir unsere Freundschaft viel zu selten mit einem Zusammensein feiern und erneuern können! Erinnerst Du Dich noch, als Du das erste Mal bei mir zu Hause warst, mit Dragana, und mein Sohn Benjamin, damals acht oder neun Jahr alt, voller Begeisterung den Mundschenk gab, der begierig darauf wartete, uns wieder ein Glas Schnaps nachschenken zu dürfen? Und Milena, die heute als Asyljuristin arbeitet und vor ein paar Jahren in Deinem, nein in unserem Sarajevo war, länger aufbleiben durfte als üblich und Dragana erklärte, wie aufregend es im Kindergarten ist?

Es ist paradox, aber selbst jene Berichte von Dir, die von deprimierenden Entwicklungen erzählen, haben etwas Ermutigendes für mich – wie mir die Literatur mein Leben lang die große Ermutigerin war –, werde ich durch sie doch an etwas erinnert, das ich lachhaft immer wieder zu vergessen drohe: dass ich nämlich nicht allein bin mit dem, was ich verfechte (was wir beide verfechten, ist oft sehr verschieden, aber am Ende doch dasselbe). Adorno hat in seiner bekanntesten Sentenz, die so oft gedankenlos wiederholt und von in die Misanthropie abgedankten Idealisten geradezu als Ausrede benutzt wird, dekretiert: »Es gibt kein wahres Leben im falschen.« Wenn ich die Sache ruhig betrachte, so habe ich gerade das Gegenteil zu leben versucht und mein Glück auch darin gesehen, im falschen ein richtiges Leben führen zu wollen. Was hätten wir denn sonst tun sollen: auf die wahren Zeiten warten und uns bis dahin damit abfinden, dass sich vorher nichts Richtiges fügen wird?

In Deinem Radiogespräch hast Du heute den Predigern des Kapitalismus, deren Gebetsmühle unentwegt klappert, dass es den Menschen gut ginge, wenn es nur der Wirtschaft gut gehe, eine überaus originelle Wendung entgegengesetzt. Zu erwarten wäre gewesen, dass Du sagst: Millionen Menschen verarmen, obwohl die Wirtschaft floriert, schlimmer, sie verarmen, damit es den Hooligans des Wohlstands noch besser gehe (rein finanziell gesehen, denn gut oder besser im emphatischen Sinne kann es ihnen dabei nicht gehen). Du hast aber, einer Kritik überdrüssig, für die es Dich gar nicht braucht, weil sie ohnedies oft geübt wird, etwas ganz anderes gesagt, nämlich dass es Dir auch gut gehen könne, wenn es der Wirtschaft schlecht gehe, zum Beispiel, weil Du weißt, dass Deine Frau Dich liebt. Ja, darf das sein? Dürfen wir auch gegen die ökonomische und politische Entwicklung auf unserem Anspruch auf Glück und auf ein richtiges Leben beharren? Verfechten wir damit nicht das biedermeierliche Glück im stillen Winkel? Es ist wichtig und richtig, daran zu erinnern, dass wir wider alle äußeren Bedrängnisse das Leben lieben können und sollen. Ja, genau, das Leben lieben – und wem das pathetisch oder naiv vorkommt, der soll sich seine Vergrämung als Schutzmantel umhängen und einreden, dass er damit etwas gegen die Kälte in der Welt unternommen hat. Das Leben lieben, das klingt so einfach, und doch wird es uns von den religiösen Propagandisten der Freudlosigkeit, den politischen Hasspredigern der individuellen Bereicherung und den medialen Fundamentalisten der Spaßreligion, die auch auf Untergang setzen, wenn er nur gute Unterhaltung bietet, so heftig bestritten.

Mach's gut, lieber Dževad, und spucke, wenn Du ihn triffst, dem Teufel, diesem exzentrischen Spießer, mit einem Gruß von mir vor die Füße!

Herzlich,
Dein Karl-Markus

Die Briefe von Dževad Karahasan wurden von Katharina Wolf-Grießhaber aus dem Bosnischen übersetzt.

Annika Reich — Zeruya Shalev

Als die Frage kam, mit welcher Autorin, welchem Autor ich mich über die Fragilität unserer politischen Situation in Europa austauschen möchte, dachte ich: Es müsste eine Person sein, die die Ereignisse von innen und außen betrachten kann; jemand, der von der Krise der europäischen Flüchtlingspolitik und den Reaktionen darauf nicht so überwältigt war wie ich und sich trotzdem weiter davon berühren ließ. Nur wer sollte das sein? Ich würde die Verlegerin und Agentin Elisabeth Ruge um Rat fragen. Sie würde mir – wie schon so oft – aus dem Bauch heraus einen überraschenden Vorschlag machen, der ins Schwarze trifft.

Ich rief sie an, und als ich noch dabei war, ihr von dem Projekt zu erzählen, rief sie schon: »Ich weiß genau, wer das ist. Sie sitzt gerade vor mir: Zeruya Shalev. Ihr kämpft für die gleichen Dinge, ihr versucht, Dinge zusammenzudenken und im Leben zusammenzubringen, die nicht so leicht unter einen Hut zu bekommen sind. Ihr habt beide Kinder. Ihr werdet euch viel zu sagen haben und ihr werdet euch mögen. Sehr sogar.«

Wer Elisabeth Ruge kennt, weiß, dass ihre Ideen fast immer Gestalt annehmen. Wie sehr sie diesmal ins Schwarze getroffen hat, beschreibt Zeruya in ihrem zweiten Brief mit dem Phänomen, dass sie beim Lesen nicht mehr weiß, ob sie ihren Brief an mich oder meinen Brief an sie liest. Mir geht es genauso. So groß der Respekt vor diesem Format war, so sehr vermisse ich es jetzt schon.

Annika Reich

Berlin, den 16. Juni 2016

Liebe Zeruya,
Du packst gerade Kisten, schriebst Du, und dass Du trotzdem Zeit finden würdest, auf meinen Brief zu antworten. Du ziehst um? Ich habe mich nicht getraut nachzufragen. Wir kennen uns kaum.

Und jetzt ein Brief, drei Briefe. Drei Briefe an Dich.

Wir sind uns nur zweimal kurz begegnet. Mittags im Hotel auf der lit.COLOGNE waren wir beide erschöpft, abends nach unseren Lesungen rauschig. Die Art, wie Du mit einer Frau im Arm aus dem Schokoladenmuseum liefst, ließ mich lachen. Wenn ich etwas auf der Welt ad hoc mag, dann sind es rauschende Frauen. Alle meine engen Freundinnen sind rauschende Frauen. Wir sollten mal gemeinsam durch die Nächte ziehen. Ich glaube, das wäre was.

Vielleicht ist das – im Futur II-Modus – sogar der richtige Ausgangspunkt für meine Briefe an Dich: Ich schreibe sie Dir in dem Wissen, dass wir gemeinsam durch die Nächte gezogen sein werden. Vielleicht trifft diese Vorstellung genau die Mischung aus Intimität und Ungewissheit, die ein solcher Briefwechsel erfordert. Einem Menschen, den man kaum kennt, einen Brief zu schreiben, den irgendwann auch andere Menschen lesen werden, ist seltsam.

Ich habe gerade *Das Leben wird überschätzt*, Aphorismen von Jules Renard, gelesen, eine Freundin hat sie mir geschenkt. Er schreibt: »Meine Literatur – Briefe an mich selbst, die ich euch zu lesen erlaube.« Ich weiß nicht, ob das bei mir so ist. Vielleicht ist es eher so: Ich schreibe meine Bücher auf Euch (wer auch immer das ist) zu und erlaube mir dann, selbst zu lesen, was ich dort – weiter weg – eingesammelt habe. So entsteht ein Resonanzraum. Schreiben entfaltet genau diesen Raum, der Begegnungen eröffnet. Hast Du auch eher Fern- als Heimweh?

Mich trösten Fernwehdenkerinnen und -denker, gerade weil sie Brücken ins Ungewisse schlagen. Dort draußen jemandem begegnen …

Dir einen Brief zu schreiben, ist auch fernwehgetrieben, nur soll es eben um Europa gehen. Und das ist im Moment für mich extrem heikel. Es ist so heikel, dass ich nicht weiß, wie ich Dir davon berichten und wie ich überhaupt darüber nachdenken soll. Wie soll ich jemandem, den ich kaum kenne, mit einem Mindestanspruch an Diskretion von einer Sache berichten, die mir den Boden unter den Füßen weggezogen hat? Und wie soll ich über Europa schreiben, wenn ich nicht mehr weiß, was das ist?

Europa war für mich vor allem ein Wertesystem – trotz der wirtschaftlichen Interessen, die so stark im Vordergrund standen. Wenn es je ein Wertesystem gewesen sein sollte, dann ist das jetzt so schwer erschüttert, dass niemand weiß, ob es sich zerschlagen wird.

Je mehr Europa in den letzten Monaten seine Grenzen vor den fliehenden Menschen geschlossen hat, desto mehr habe ich meine eigenen überschritten. Bis zu einem Punkt, an dem nichts mehr ging. Ich werde nur von diesem Punkt aus schreiben können, also aus dem Zusammenbruch heraus, der die Festung Europa für mich persönlich bedeutet. Ich hoffe, ich mute Dir mit einem ersten Brief damit nicht zu viel zu, und ich hoffe, den zweiten schon von einem anderen Punkt aus schreiben zu können.

Die Festung Europa ist ein Zusammenbruch.

Ich muss diesen Satz freigestellt hinschreiben. Auch wenn ich an die Möglichkeit glaube, dass Europa sich gerade dadurch, dass wir jetzt an so vielen Orten das Scheitern seines Wertesystems erleben, (neu) erfinden kann.

Als ich mich heute Morgen hinsetzte, um mit diesem Brief zu beginnen, hat mich mein erster Impuls erst einmal verstört: Ich saß da, schrieb die ersten

Zeilen und plötzlich wollte ich Dir einen Kuchen backen. Einen Kuchen für Zeruya.

Doch je länger ich darüber nachdenke, desto mehr überzeugt mich die Idee: Das Kuchenbacken lädt Dich zu mir ein, es gibt unserer Abwesenheit einen Körper und mir genau den Halt, den ich brauche, um aus meiner Grenze heraus über Europa zu schreiben. Die Arbeit mit meinen Händen, die begrenzte Zeit, die der Kuchen braucht, um fertig gebacken zu werden, und der Duft, den er verströmen wird. Jetzt verstehe ich das: Der Kuchen ist für Dich, das Backen für mich.

Ich hatte mal einen Studenten an der Kunstakademie, der die philosophische Lektüre, die ich ihm zu lesen gab, nur aushielt, wenn er währenddessen Brot backte. Am nächsten Morgen brachte er mit seinen Gedanken einen Laib Brot mit und teilte beides mit der Klasse. Manchmal war das Brot steinhart, manchmal mit so viel Hefe gebacken, dass wir alle Bauchweh bekamen, aber immer passte es zu den Texten, die wir besprachen.

Es soll um die Fragilität des Projekts Europa gehen. Der fragilste Kuchen, der mir eingefallen ist, ist der Baumkuchen. Er wird in dünnen Schichten gebacken, und man muss ständig zum Ofen rennen, damit sie nicht verbrennen. Als Kind war der Baumkuchen für mich der kostbarste. Es gab ihn nur sehr selten. In München gibt es einen Konditor, der berühmt für diesen Kuchen ist. Elegante, parfümierte Freundinnen meiner Mutter haben manchmal einen von dort mitgebracht. Wir haben ihn zelebriert, immer nur kleine Stücke davon abgeschnitten und den letzten Rest vertrocknen lassen.

Ich habe nicht die geringste Ahnung, ob er mir gelingen kann. In meinem Rezept steht, dass man ihn am besten unter einem Salamander backen sollte. Ich weiß nicht einmal, was das ist – ein Salamander. Ich kenne nur Salamander, die ihren Schwanz verlieren, einige in besonders schönen und schillernden Farben. Ich muss es also ohne Salamander versuchen. Bevor ich weiterschreibe, werde ich den Teig rühren. Magst Du eigentlich Marzipan? Marzipan polarisiert, ich weiß. Entweder man liebt es, oder man hasst es. Es ist ein Wagnis, einer Frau, die man kaum kennt, einen Kuchen mit einer solchen Zutat zu backen.

Der Ofen ist jetzt auf 230 Grad vorgewärmt und die Butter aus dem Kühlschrank genommen. Sie muss weich sein, steht im Rezept. Ich lasse sie also weich werden. Das Rezept lege ich diesem Brief bei. Vielleicht findest Du Backen grauenhaft, wenn nicht, kannst Du es ja auch einmal versuchen. Vielleicht hast Du sogar einen Salamander, mit dem man backen kann.

Nun ist die erste Schicht im Ofen. Sie muss goldbraun sein, bevor man die nächste aufstreicht. Wie lange das dauert, weiß ich nicht. Ich werde versuchen, in der Zeit, die zwischen den beiden Schichten bleibt, über mein Bild von Europa nachzudenken.

Eines ist klar: Europa ist jetzt, da es sich verschließt, eine offene Frage. Mir wird jetzt erst bewusst, wie viel ich in die Idee Europa hineingelegt habe. Europa war anscheinend doch ein einigermaßen denkbarer Heimatgedanke für mich, obwohl ich von dem Konzept »Heimat« nichts halte und mir bei den Gedanken an Europa als Heimat schon immer zu viele Gorillas im Raum saßen: die Kriege, der Kolonialismus, der Umgang mit Roma und Sinti usw. Eigentlich sind das zu viele Gorillas für ein sowieso schon hochgradig wackeliges und zutiefst angezweifeltes Heimatgefühl. Aber trotzdem, das merke ich jetzt, habe ich es versucht. Vielleicht, weil es mit Deutschland nie ging, oder vielleicht, weil ich innerlich ausgelotet habe, ob ich mich überhaupt nach einer identifizierenden Verortung sehnen kann.

Und jetzt? Wählen Teile Europas so rechts, dass man nur noch den Atem anhalten kann. Jetzt werden Stacheldrahtzäune hochgezogen und es wird mit Tränengas auf Menschen geschossen. In Deutschland brennt ein Flüchtlingsheim nach dem anderen. Neue Asylgesetze werden verabschiedet, die alles nur noch schlimmer machen, und Staaten zu sicheren Herkunftsländern erklärt, die es nicht sind. Im Mittelmeer sterben Tausende Menschen. Du weißt das alles. Ich weiß nur nicht, wie Du diese Bilder siehst.

Normalerweise furche ich den Tag so lange, bis er zu Ende geht. Ich bin ein Arbeitstier, ein Ackergaul. Doch momentan schreibe nicht mehr, ich arbeite nicht mehr, ich kann nicht einmal mehr U-Bahn fahren. Ich habe ein dreiviertel Jahr mit Menschen gearbeitet, die nach Berlin geflohen sind. Nachrichten sind seither keine Nachrichten mehr. Wenn ich Bilder aus Idomeni oder von der türkischen Grenze sehe, dann sehe ich Kinder, die ich kenne.

Wenn ich daran denke, dass Du in einem Land lebst, in dem man nicht sicher ist, dann frage ich mich, wie Du das aushältst, wie man das aushalten kann. Und ich frage mich, wie sich die Situation der nach Europa fliehenden Menschen aus Deiner Perspektive heraus darstellt. Ich weiß nicht, wie heikel es ist, mir davon zu erzählen. Ob es überhaupt heikel ist oder Alltag oder beides. Ich kann mich in Deine Situation nicht hineinversetzen. Ich bin im Frieden aufgewachsen. Bis letzten Sommer ist mir der Krieg nur nahgegangen, aber noch nie nahgekommen. Es kommt mir inzwischen so unwahrscheinlich vor, dass man dreiundvierzig Jahre alt werden kann, ohne mit dieser Seite des Lebens konfrontiert gewesen zu sein, aber es war so. Jetzt ist es anders.

Angefangen hat alles letzten Sommer. Da rief eine Freundin von mir an. Es war Freitagabend. Es goss in Strömen. »Hier stehen Familien mit kleinen Kindern. Kannst Du bitte eine abholen? Ihr habt doch ein Gästezimmer«, sagte sie, und als ich losfuhr, wusste ich, dass diese Fahrt mein Leben ändern würde.

Eine junge Familie aus Mossul stieg in mein Auto. Die Frau war schwanger, der Mann hatte tiefe Schatten im Gesicht, der dreijährige Sohn weinte die ganze Fahrt hindurch. Mein Mann war über das Wochenende verreist, ich traute mich nicht, sie zu mir nach Hause zu holen, und brachte sie in ein kleines Hotel. Tagsüber lernten wir uns kennen. Nach dem Wochenende brachte ich sie bei Freunden unter und versuchte, tagsüber mit ihnen die Situation bei den vollkommen chaotischen Berliner Behörden zu meistern, wo teilweise Tausende von Menschen auf dem Boden lagerten. Anfangs ohne Wasser. Lange Zeit ohne ausreichende medizinische Versorgung. Einmal sah ich eine Hebamme durch die Menge laufen und rufen: »Wo ist hier die Geburt?«

Ich beschloss, ein Jahr lang kein Buch zu schreiben, sondern mit Geflohenen zu arbeiten. Viele meiner Freundinnen haben nach dem Abitur ein soziales Jahr gemacht, damals ging es bei mir vor allem um Partys und Jungs. Es wurde also Zeit.

Inzwischen sind die Iraker und ich Freunde, das zweite Kind ist vor ein paar Wochen auf die Welt gekommen. Es ist ein Junge, er heißt Ayham und ist bildschon. Es geht ihnen gut. Sie lernen Deutsch. Wir haben eine Wohnung für sie gefunden, gleich um die Ecke, ihr Sohn geht in den Kindergarten der Schule meiner Kinder. Esra, die Frau, hat einen wunderbaren Humor, Radwan, ihr Ehemann, taut auf, für den kleinen Anas bin ich mittlerweile die Tante. Wir lachen viel.

Ich habe Anfang des Jahres mit 100 Frauen die Organisation »Wir machen das« (www.wirmachendas.jetzt) gegründet und mich nebenher um weitere Familien gekümmert. Ein ganzes Jahr habe ich doch nicht geschafft. Ich habe es nicht mehr ausgehalten. Die vielen Geschichten von traumatisierten Menschen nicht, mein Schwanken zwischen Selbstüberschätzung und Ohnmacht nicht. Ich habe in dieser Zeit Kinder getroffen, die aus dem Krieg nach Berlin geflohen sind, und hier gehungert haben. Ich habe reihenweise obdachlose Familien in den Parks rund um unsere Wohnung gesehen. Alte, Kinder, Menschen im Rollstuhl. Noch vor einem Jahr hätte ich das nicht für möglich gehalten. Merkels Satz »Wir schaffen das« war goldrichtig. Wir hätten es schaffen können. Europa hätte es schaffen und damit zu der Wertegemeinschaft werden können, die neben allen Gorillas und wirtschaftlichen Interessen in ihm steckt.

Der Kuchen ruft. Während ich die zweite Schicht Teig auftrage, merke ich, dass ich ihn wirklich brauche, um über dieses Thema überhaupt schreiben zu können. Ich habe ihn jetzt wieder in den Ofen geschoben. Ich werde Dir ein Foto schicken, ihn mit meinen Kindern essen und ihnen von Dir erzählen. Du hast auch Kinder. Das war das Erste, was Elisabeth Ruge, unsere gemeinsame Freundin, sagte, als sie mir von Dir erzählte. Ihr werdet Euch mögen, hat sie gesagt. Ich mochte Dich schon müde im Kölner Hotel.

Ich bin seit Monaten müde. Ich bekomme die Geschichten der Menschen nicht mehr aus dem Kopf, sie zeigen mir Fotos auf ihren Handys, die ich nicht verkraften kann. Ich habe mir diese Welt jetzt ein paar Monate ungefiltert angeschaut und habe versucht, offen zu bleiben. Das war zu viel. Gleichzeitig hat Europa diese gefolterten, vertriebenen Menschen in einem Menschenhandel mit der Türkei ausgeschlossen. Europa, das immer so viel Wert auf Solidarität und den Einzelnen gelegt, das die Durchlässigkeit seiner Grenzen gefeiert hat, hat dicht gemacht. Jetzt geht es überall um Radikalisierung und Renationalisierung – als wäre die Vision von Europa ein Missverständnis gewesen. Dass ich entgleist bin, hat gleichermaßen mit meinen fehlenden Filtern und Grenzen als auch etwas mit dieser Seite Europas zu tun. Wenn Du mir noch vor einem Jahr gesagt hättest, dass politische Entscheidungen mich persönlich in diesem Ausmaß aus dem Gleichgewicht bringen könnten, hätte ich das nicht für möglich gehalten.

Kennst Du Julia Kristevas Essay, in dem sie Europa als Patientin auf die Couch legt? Es ist ein seltsamer Text, und er ist ein paar Jahre alt, aber er hat mir, als ich ihn las, etwas im Denken eröffnet. Kristeva schreibt, dass die europäische Fähigkeit, dem Einzelnen einen besonderen Wert beizumessen, einen Schutzdamm gegen Nivellierung und Banalisierung darstellt. Genau dieser Schutzdamm ist in den letzten Monaten gebrochen. Kristeva schreibt, dass Wanderschaft, Erkenntnis, Respekt vor dem Singulären, Zweifel und Befragung das Fundament der europäischen Kultur bilden. Und jetzt? Jetzt denkt Europa die Menschen, die hierher fliehen, nicht als Einzelne, sondern als Masse. Und ich weiß nicht, was Europa sein soll, wenn es genau jetzt seine Ideale verrät.

Ich muss aufstehen und die dritte Schicht Teig auf der zweiten verstreichen. Es duftet für Dich, Zeruya, nach Zitronen und Zucker, das Marzipan rieche ich nicht. Ich habe nicht die geringste Ahnung, ob Du Marzipan magst und was Europa für Dich ist. Aber bald ist der Kuchen fertig und bald werde ich einen Brief von Dir bekommen. Esra schenkt mir jedes Mal einen selbstgebackenen Kuchen, wenn sie mich besuchen kommt. Ich werde ihr nachher einen Teil Deines Kuchens vorbeibringen und ihr von Dir erzählen. Doch vorher muss ich noch die letzten Schichten backen. Ich bin froh, dass noch Zeit und Raum bleibt, Deiner Antwort entgegenzuhören, bis der Kuchen ausgekühlt ist.

Herzlich, Annika

Haifa, den 16. 8. 2016

Liebe Annika,
bitte entschuldige meine späte Antwort auf Deinen Brief. Ich bekenne, dass ich es seit jeher vorgezogen habe, Briefe zu erhalten, als welche zu beantworten. So wie ich es lieber habe, zuzuhören als zu reden. Ich glaube, es war Marcel Reich-Ranicki, der in einem Buch Schriftsteller als Menschen beschrieben hat, denen es erstaunlicherweise schwerfällt zu schreiben. Auf mich trifft das tatsächlich zu. Literarisches Schreiben fällt mir im Allgemeinen leicht, aber jedes andere Schreiben – Briefe, Reden, Aufsätze und sogar kurze Widmungen – fallen mir sehr schwer, wirklich lächerlich schwer. Kennst Du diese Schwierigkeit? Als wären Worte nur für die Literatur bestimmt und jede andere Verwendung wäre unnatürlich.

Doch nicht deshalb habe ich so lange gebraucht, um Dir zu antworten, sondern wegen der Umzugskartons, an die Du am Anfang Deines Briefs erinnert hast. Ja, in den letzten Monaten habe ich vor allem Kisten gesehen. Ich packte Tag für Tag mein Leben in Dutzende von Umzugskartons, sortierte, warf weg, entfernte, ordnete – Bücher, Briefe, Bilder, Zeitungsausschnitte, Kleider, Spielsachen, Möbel, Spielsachen, Geschirr und andere Gegenstände, verschiedene und seltsame, die sogar schriftlich schwer zu ordnen sind. Langsam leerte sich das Haus und füllten sich die Umzugskartons. Über einen Karton breitete ich eine Tischdecke und verwandelte ihn so in einen Esstisch. Auf einen zweiten stellte ich den Computer und dachte, wie wenig wir eigentlich brauchen und wie viel Überflüssiges sich angesammelt hat. Trotzdem fiel mir das Wegwerfen schwer, das Trennen. Unter den Gegenständen fand ich zum Beispiel den Computer, auf dem ich vor zwanzig Jahren *Liebesleben* geschrieben hatte. Ich hatte ihn zu einem günstigen Preis gebraucht gekauft und die ganzen Jahre aus Gründen der Nostalgie und des Aberglaubens aufgehoben; was einem Glück gebracht hat, muss man bewahren. Doch diesmal beschloss ich, mich zu überwinden und ihn wegzuwerfen, und seither fürchte ich, dass mein Glück zu Ende ist. Und nicht nur von ihm trennte ich mich, sondern auch von unzähligen Gegenständen, die mein Leben beschrieben, denn über allem schwebte – oder besser lastete – ein großes Fragezeichen: War das überhaupt der richtige Schritt? War es richtig, mein Haus und meine Stadt zu verlassen und in ein anderes Haus und in eine andere Stadt zu ziehen, die ich kaum kenne?

Es war fast wie das Schreiben eines Buchs, es war vor allem Intuition. Eyal, mein Mann, hat Haifa immer geliebt, die nördliche Stadt, wo die Berge das Meer küssen. Bei unserem ersten Treffen, vor fünfundzwanzig Jahren, erzählte er mir, er habe sich von seiner Frau getrennt und beschlossen, von Tel Aviv nach Haifa zu ziehen. Aber dieses Treffen veränderte seine Pläne – innerhalb kürzester Zeit zog er zu mir nach Jerusalem, die Stadt, in die er sich sofort verliebte, und trotzdem begleitete ihn das Gefühl, etwas versäumt zu haben, seinen Traum von Haifa. In all den Jahren wehrte ich seine Versuche ab, mich davon zu überzeugen, wie gut es wäre, Jerusalem zu verlassen und nach Haifa zu ziehen, aber im letzten Herbst stimmte ich zu, dort einige Wohnungen anzuschauen, und stell Dir vor, die erste Wohnung, die wir besichtigten, verzauberte mich, und von dort aus schreibe ich Dir jetzt. Auf dem Carmelberg, mit Blick über das Meer und die Wipfel alter Kiefern. Wie gesagt, es war vor allem Intuition, oder literarischer gesagt Inspiration. Ich wusste nicht viel über Haifa, ebenso wenig wie ich von dem neuen Roman weiß, den ich angefangen habe. Ich wusste nur, dass Eyal Haifa liebt und dass der Junge das Meer liebt und dass ich bereit war zu einer Veränderung, obwohl mir Jerusalem so sehr am Herzen liegt. In den letzten Jahren habe ich dort meine Eltern bis zu ihrem Tod begleitet und hatte das Gefühl, dass die schlimmen Erinnerungen, die sich in den Straßen der Stadt auftaten, die guten verschluckten. Ich war bereit, sogar gierig darauf, in eine Stadt zu ziehen, mit der mich keine Erinnerungen verbanden.

Und so geschah es. Vor einem Monat kamen zwei Möbelwagen und wurden mit Dutzenden Umzugskartons beladen, und wir landeten samt den großen Kindern und dem kleinen Jungen und vier Katzen in dieser neuen Wohnung, die wir kaum kannten, in der Stadt, die ich auch jetzt noch kaum kenne. Tatsächlich kostete es mich einen weiteren Monat, die Umzugskartons auszupacken, für alles einen Platz zu organisieren, und für den Jungen Freunde und Freizeitclubs zu organisieren. Und um mich in der neuen, seltsamen Kulisse zurechtzufinden und mich daran zu erinnern, warum ich das alles gemacht hatte, und um die Reue und die Fremdheit und die Sehnsucht nach Jerusalem zu überwinden.

Schau, Du schreibst über die Flüchtlinge, und ich erzähle Dir von einem Umzug aus einer Stadt in die andere, innerhalb meines Landes. Und das alles nur, weil ich Dir erklären will, warum es zwei Monate gedauert hat, bis ich Deinen Brief beantworte. Es ist wegen der Umzugskartons. Du schreibst über die Flüchtlinge, und ich lese Deinen Brief und weine. Was für ein Schmerz. Was für eine Katastrophe. Das Land, die Stadt, die Wohnung, die Sprache, die Verwandten, den Besitz, die Stellung, eine ganze Welt zu verlieren und in ein fremdes Land zu fliehen. Was für ein Glück hatten sie, Dich und Deine Freundinnen von dem wichtigen gemeinnützigen Verein gefunden zu haben, den Ihr gegründet habt. Was für ein Glück, dass sie in ein Land kamen, dessen Kanzlerin sich so mutig und beeindruckend verhält. Wenn ich in Deutschland leben würde, wäre ich stolz auf Euren Verein.

Ich glaube fest an die weibliche Kraft. Im letzten Sommer schloss ich mich einer Organisation an, die sich »Frauen machen Frieden« nennt, die sich bemüht, das Verbindende zwischen uns und den Palästinensern herauszufinden.

Ich denke, dass Frauen das gut können. Es ist so leicht, über die Gräben und Komplikationen zu sprechen, aber wenn wir uns darauf konzentrieren, was uns verbindet, erwächst auf einmal Hoffnung. Und Nähe. Ich spürte deutlich diese Nähe zu den palästinensischen Frauen, die in das Zelt kamen, das wir errichtet hatten, und ebenfalls über einen Stopp der Gewalt sprachen. Doch kurze Zeit danach kam es zu Messerattentaten, und wieder verletzte die Realität unsere Hoffnung. Immer wird es, bei uns und auch bei Euch, lautstarke Extremisten und Schwarzseher geben, und manchmal wird es ihnen gelingen, die Politiker zu beeinflussen, und immer liegt es an kollektivem Hass und kollektiver Angst und daran, dass man die Individualität ignoriert. Ich verstehe die Angst vor dem extremistischen Islam, mir geht es ebenso. Doch wie kann man diese Angst auf den Islam im Allgemeinen und die armen muslimischen Flüchtlinge übertragen? Das ist so grausam.

Aber Annika, meine Liebe, bitte verallgemeinere nicht, was Europa betrifft! Versuche, Europa nicht als hartherziges Ganzes zu sehen. Europa bist schließlich auch Du. Und Deine Freundinnen der Organisation und viele andere, die ihre Herzen und ihre Häuser öffnen, und natürlich auch Eure Kanzlerin, Angela Merkel.

Und bedauere nicht, dass Du ein Jahr Schreiben verloren hast. Was Du getan hast, ist so viel wichtiger als Schreiben. Hast Du nicht auch manchmal das Gefühl, dass das Schreiben nicht wichtig genug ist? Ohne Bezug auf Qualität oder Gedanken, ohne Bezug auf den Menschen, der schreibt, und sogar ohne Bezug auf seinen Einfluss? Ich hoffe, das kommt Dir nicht wie eine Gotteslästerung vor. Ich weiß, dass es viele Schriftsteller gibt, die sich sehr ernst nehmen und sich für sehr wichtig halten. Ich treffe sie manchmal auf literarischen Festivals, und dann habe ich immer Lust, zu ihnen zu sagen: Auch wenn dein Buch wirklich so großartig ist, wie du denkst, findest du es nicht wichtiger, eine Krankheit zu heilen, Leiden zu lindern, Kinder zu erziehen? Mir scheint, dass die Arbeit meiner Ärzte-Freunde, der Krankenschwestern und Psychologen, der Sozialarbeiter, der Lehrer und der Kindergärtnerinnen und der Wissenschaftler viel wichtiger ist als meine. Natürlich habe ich das nie zu ihnen gesagt. Nur zu einigen befreundeten Schriftstellerinnen hier im Land, die ebenfalls bereit sind, über sich selbst zu lachen. Ich habe das Gefühl, dass Du meiner Meinung bist, dass auch Du Dich nicht so ernst nimmst. Dennoch nehme ich das Schreiben ernst. Ich kann einen ganzen Tag lang über einen einzigen Satz nachdenken. Ich glaube, jeder sollte seine Arbeit so gut machen, wie er nur kann. Doch ich weiß stets, dass es wichtigere Aufgaben gibt, und wenn ich Menschen treffe, die sie erledigen, fühle ich mich jedes Mal ein bisschen beschämt. Deshalb freue ich mich immer so sehr, wenn ich von Lesern höre, meine Bücher hätten ihnen geholfen, Probleme zu lösen, Entscheidungen zu fällen, etwas Neues vom Leben zu verstehen oder sich wenigstens weniger allein zu fühlen. Dann fühle ich mich sofort nützlicher und weniger beschämt.

Du fragst, für wen ich schreibe. Vielleicht für diese Menschen, denen es etwas helfen kann, meine Bücher zu lesen. Obwohl ich nicht weiß, wer sie sind. Ich versuche, ein Buch so zu schreiben, dass es mir hilft, das zu einer Veränderung führt, auch wenn sie noch so gering ist, und das mir, wenn ich es gelesen hätte, etwas von meiner Einsamkeit genommen hätte, von dem tiefen Alleinsein, das sich in uns verbirgt, auch wenn wir Freunde und Kinder und Partner haben.

So wie ich Deinen Schmerz über Europa nachfühlen konnte, konnte ich den Kuchen riechen, den Du für mich gebacken hast. Danke! Ich konnte den wunderbaren Duft des Teigs, der Butter und der Zitrone riechen und mir Weihnachten in Europa vorstellen, während draußen Schneeflocken glitzern und es im Haus warm und wohlriechend ist, wenn die Familie sich zum Fest versammelt. Ich sah Europa zum ersten Mal, als ich relativ erwachsen war. Ich war sechsundzwanzig, als ich zum ersten Mal die Grenzen meines Landes, das mit Terroranschlägen und Kriegen geschlagen ist, hinter mir ließ. Doch in all den Jahren hatte ich Europa durch Bücher und Filme und Bilder besucht, und mir scheint, dass der Kuchen, den Du mir gebacken hast, meine Phantasie vervollständigt: Schnee fällt auf kleine Städte mit einem Fluss und einer Kirche und Waldbeeren, und auf große, prachtvolle Städte mit schönen Cafés und duftenden Kuchen. Und doch war, wie könnte es anders sein, Europa zugleich Gefahr und Leid und Tod – denn wie diese Flüchtlinge, denen Du hilfst, waren viele Menschen meines Volkes vertrieben und herausgerissen worden und geflohen, wenn es ihnen überhaupt gelang, sich zu retten. Sie waren nach Israel gekommen, und ein Teil von ihnen hörte nicht auf, sich trotz allem nach Europa zu sehnen. Seit Jahrzehnten reise ich durch Europa, meinen Büchern hinterher – doch ich erinnere mich die ganze Zeit daran, dass ich nur eine Besucherin bin. Schon viele Jahre begleitet mich dieses absurde Gefühl, dass ich mich in Europa sicherer fühle als in meinem eigenen Land, das dazu gegründet wurde, den aus Europa geflohenen Juden Schutz zu bieten. Und in den ersten Jahren begleitete mich auch Neid, vor allem wenn ich Kinder und Jugendliche sah, die sich sorglos auf den Straßen bewegten. Und dann dachte ich, dass meine Kinder und ihre Freunde nicht so aufwachsen dürfen. Doch in der letzten Zeit tut mir Europa, dessen Ruhe ins Wanken geraten ist, so leid, als geschähe es hier, bei uns. Es erschüttert mich sogar noch mehr, denn hier gibt es schon keine Illusionen mehr, während in Europa jedes Attentat die Illusion mehr und mehr zerstört. Und plötzlich habe ich auch in Europa Angst – ich denke manchmal, wie lächerlich das wäre, wenn mich der Terror ausgerechnet dort noch einmal treffen würde.

Aber kehren wir einen Moment zu den Umzugskartons zurück – als ich sie auspackte, fand ich in einem den zweiten Band von *Josef und seine Brüder* von Thomas Mann in einer alten hebräischen Übersetzung. Die ganze Nacht, nach einem langen Tag der Anpassung, las ich einige Seiten und genoss jedes Wort und jede Idee. Ich dachte an Mann, der diesen Roman geschrieben hat, als er selbst bereits Flüchtling war – und an Josef, der letztlich sein neues Land gerettet hat, und das weckte viele Gedanken. Gedanken an Europa, das schon schlimmere Zeiten als diese erlebt hat, und Gedanken an die romantische Anziehungskraft Europas auf die Levante, die sich in einer ungeheuren existenziellen Kraft in Europa verwandelt hat.

In meiner neuen Stadt, in Haifa, findet sich Hoffnung. Sie ist die toleranteste Stadt Israels, in ihr leben Juden und Araber gleichberechtigt und spannungsfrei. Mir macht es Spaß, einen arabischen Werkstattbesitzer mit jüdischen Arbeitern zu sehen. In Jerusalem war es immer umgekehrt. Vielleicht ist es seltsam, aber ich möchte Dir etwas Hoffnung schicken, ausgerechnet von hier, aus einem Land, in dem es so sehr an Hoffnung fehlt, aber selbst wenn die allgemeine Situation so düster aussieht, ist da und dort Licht zu entdecken.

Ich habe Dir noch nicht einmal auf die Frage geantwortet, ob ich Marzipan mag. Manchmal gibt es auf die einfachsten Fragen komplizierte Antworten, zumindest lange. Heben wir uns das doch für den nächsten Brief auf. Wie ich mich freue, dass ich mich auf die Bitte der wunderbaren Elisabeth Ruge eingelassen habe, mit Dir zu korrespondieren.

Deine
Zeruya

Berlin, September 2016

Liebe Zeruya,
Dein Brief erreichte mich morgens per Mail. Ich las ihn sofort und viel zu schnell, um ihn dann sofort wieder zu verstecken – vor der Welt und vor mir. Hättest Du ihn auf Papier geschrieben, hätte ich ihn mir ganz schnell ganz tief in die Hosentasche gestopft und den Stoff danach flach geklopft.

Da ich über Erlebnisse, die mich aufwühlen, normalerweise sofort sprechen will, muss ich alles, was erst einmal allein mit mir sein will, verstecken. Es gibt diese Nischen in meinem Bewusstsein, in denen das, was ich dort parke, tatsächlich phasenweise verschwindet.

Ich bin in diesem Vor-mir-selbst-Verstecken inzwischen ziemlich geübt. Schließlich gibt es viele Erlebnisse, die dieses aufgewühlte Schweigen brauchen, das ich so schlecht aushalte. Nicht nur die Liebe, auch die Ideen, die mein

Schreiben treiben, brauchen das Schweigen. Ich probiere immer wieder aus, darüber zu sprechen, aber es klappt nie. Ausgesprochen gleichen meine Ideen gerupften, rachitischen Hühnern, während sie im Garten meines Schweigens ein Pfauenrad nach dem anderen schlagen. Ich weiß nicht, was auf dem Weg von meiner Phantasie auf meine Zunge passiert.

Du fragst mich gleich zu Beginn Deines Briefes, ob mir das Schreiben aller anderer Formen als der literarischen auch so schwerfiele, und, nein: Ich schreibe in welcher Form auch immer – essayistisch, journalistisch, literarisch oder in einem solchen Brief – gleichermaßen gegen Widerstände an. Die Widerstände haben unterschiedliche Nuancen, aber sie ähneln sich in ihrer Art, mir die Stirn zu bieten.

Dafür fällt mir etwas anderes lächerlich schwer: Ich kann das, was mich schreibend umtreibt, mündlich kaum ausdrücken. Manchmal habe ich sogar das Gefühl, das mein schreibendes und mein sprechendes Ich sich nicht besonders gut kennen. Wahrscheinlich schreibe ich das, was ich nicht sagen kann; nur ist das eben schwer auszuhalten, weil ich doch so gerne über das rede, was mich bewegt.

Ich spreche trotzdem oft übers Schreiben. Zu oft. Vielleicht tue ich das, um mir vorzumachen, dass es mich nicht einsam machte. Die Einsamkeit ist für mich der Ausgangspunkt und der Überschuss des Schreibens. Ich kenne das tiefe Alleinsein, von dem Du schreibst, so gut. Und ich schreibe auch wie Du, um die Einsamkeit für andere und mich selbst erträglicher zu machen.

Immer wenn ich nach einem sprachlichen Bild für die Gegenwart suche, bin ich erst dann getröstet, wenn ich Übereinstimmungen mit dem irritierten Außen oder Irritationen des in Übereinstimmungen festgefahrenen Außen gefunden habe, wenn sich also Resonanzen aufbauen, die über weite Entfernungen klingen. Doch wenn das Buch dann in der Welt ist, merke ich, dass es wieder nicht funktioniert hat. Sehnsucht und Enttäuschung, das sind die Pole. Dazwischen die einsame Arbeit. Und trotzdem …

Inzwischen habe ich Deinen Brief aus seinem Versteck geholt, und die Bilder aus Deinen Zeilen begleiten mich durch den Tag: Die eingepackten und ausgepackten Kartons, die Schreibmaschine, auf der Du *Liebesleben* geschrieben hast, die alten Kiefern vor Deiner neuen Wohnung in Haifa, das Meer.

Was Du über die Kinder hier in Europa schreibst, bewegt mich. Dass sie sich anders als Deine in Israel sorglos auf den Straßen bewegen könnten und Dich das anfangs mit Neid erfüllt habe. Ich konnte diesen Neid sofort nachempfinden, als ich das las, und war gleichzeitig erschreckt darüber, aus dieser Perspektive noch nie auf die Welt geschaut zu haben. Dass Du Dich in Europa sicherer fühlst als in Deinem Land, das doch zum Schutz gegründet worden ist – auch dieser Satz lässt mich nicht mehr los. Am wenigstens geht mir jedoch aus dem Kopf, dass Du mir Hoffnung schicken möchtest; aus einem Land, dem es so sehr an Hoffnung fehle, wie Du schreibst. Dieser Satz beschämt mich, und ich glaube, diese Scham hat mit den Bildern zu tun, die ich mir bis letzten Sommer von Europa gemacht habe, und mit der Desillusionierung, die ich seither durchlebe.

Im letzten Brief habe ich noch von meinem erschütterten Glauben an Europa als Wertesystem geschrieben. Jetzt – nur wenige Monate später – würde ich sagen, dass es viel erschütternder ist, dass ich so lange und gegen alles bessere Wissen an diesem vermeintlichen Wertesystem festgehalten habe.

Den letzten Brief habe ich Dir noch in einer Zeit geschrieben, in der es mir nicht gut ging, und ich weiß noch genau, wie sehr ich mir gewünscht habe, den zweiten schon von einem anderen Punkt heraus schreiben zu können. Und so ist es zum Glück auch. Ich kann wieder U-Bahn fahren, ich weine nicht mehr so viel und ich schreibe wieder. Das ist eine große Erleichterung.

Doch vielleicht gerade weil ich persönlich wieder stabiler bin, kann ich noch klarer sehen, wie sehr die Situation eine radikale Umwertung unseres europäischen und auch meines ganz persönlichen Selbstverständnisses verlangt.

Auch wenn das seltsam klingt und mich das selbst vielleicht am meisten überrascht: Ich kann diese Umwertung körperlich spüren. Zunächst als Schwindel und Taubheit, mittlerweile als Dünnhäutigkeit und Fragilität. Ich glaube, diese Körperlichkeit hat etwas damit zu tun, dass die Umwertung in dem Moment beginnt, in dem man seinen eigenen blinden Fleck verlässt. Wie verunsichernd das ist, erfahre ich gerade täglich am eigenen Leib.

Wir beide sind ja nicht die einzigen Briefeschreiberinnen, die sich im Rahmen der *Europäischen Korrespondenzen* gerade über das fragile Europa austauschen, und ich verfolge mit großem Interesse, wie es den anderen Autorinnen und Autoren damit geht. Leider kannst Du das nicht lesen, weil es nur auf Deutsch publiziert wird. So schreibt der deutsche Autor Björn Bicker zum Beispiel an Ece Temelkuran aus der Türkei, dass in Deutschland nach dem Zweiten Weltkrieg die Illusion aufgebaut worden sei, Fragilität sei besiegbar. Nachdem alles kaputt war, die Häuser, die Menschen, die Beziehungen, alles, hätten die Deutschen sich in dieser vermeintlichen Sicherheit eingerichtet. Laut Bicker merkten wir Deutschen erst jetzt, dass es nie eine Nachkriegszeit gegeben habe.

Das, was er da schreibt, klingt in mir. Ich habe tatsächlich die meiste Zeit meines Lebens in dieser Illusion gelebt. Ich wusste natürlich, dass ein Teil dieser Sicherheit auf Kosten anderer erkauft war, aber das hat trotzdem nicht dazu geführt, mein Selbstverständnis Europas und mein eigenes Sicherheitsgefühl in seinen Voraussetzungen anzuzweifeln.

Seit ein paar Monaten fange ich nun an zu begreifen, dass die Selbstgewissheit der eigenen Werte der blinde Fleck Europas ist und wie sehr mich dieser blinde Fleck selbst geprägt hat. Ich staune jetzt darüber, dass das funktionieren konnte. Denn ich bin ja, wie die meisten Deutschen, über meine Beschäftigung mit den Verbrechen des Nationalsozialismus und der Shoah politisiert worden. Wie es von diesem Ausgangspunkt, der ja gerade dafür steht, niemanden je wieder aufgrund seiner Zugehörigkeit zu einer bestimmten Gruppe bzw. einer Religion auszuschließen, zu einem solchen Selbstverständnis kommen konnte, ist mir inzwischen ein Rätsel.

Mein Zusammenbruch hatte eben auch damit zu tun, dass die Abkapselung in der Illusion einer sicheren Welt nicht mehr funktioniert. Nur weiß ich noch nicht, wie ich mit diesem desillusionierten Blick auf die Welt leben kann. Ich bin darin – trotz meiner Sozialisation – im täglichen Leben so lächerlich ungeübt.

Und so versuche ich momentan, jeden Tag aufs Neue auszuloten, wie weit ich mich auf diese Fragilität einlassen kann, ohne die Stabilität zu verlieren, die ich brauche, um offen zu bleiben. Es bleibt ein Drahtseilakt. Inwieweit er dem Prozess ähnelt, den Du von Deinen Treffen mit den palästinensischen Frauen erzählst, kann ich nicht beurteilen, aber ich bin mir sicher, dass Du dafür noch viel mutiger sein musst.

Vielleicht ist diese Ungeübtheit in eingestandener Fragilität und Mut auch ein Grund für die Angst, die in Europa umgeht und alles nach rechts dreht. All das, worauf die Europäer so stolz sind: unsere Aufklärung und unsere Demokratiegeschichte, unseren Humanismus und unsere Weltoffenheit, ertrinkt gerade mit den fliehenden Menschen im Mittelmeer. Und vielleicht ist es so, dass viele deswegen diesen fliehenden Menschen die Schuld zuschieben, um ihren blinden Fleck und damit die vermeintliche Stabilität nicht verlassen zu müssen.

Die Figur des »Flüchtlings« fördert dabei sowieso nur etwas zu Tage, das viel älter und tiefer in Europas Mitte verankert ist, als wir das wahrhaben wollen. Wenn wir jetzt auf die rechtspopulistischen Parteien zeigen – am liebsten auf die in Osteuropa –, dann agieren wir immer noch aus dem blinden Fleck heraus, aus dem Europa sich seiner Werte so gewiss sein kann.

Es liegt jetzt an uns selbst. An der sogenannten »Mitte«, die ich Zeit meines Lebens – trotz aller Erschütterungen – in ihren Grundfesten als unerschütterlich erachtet habe. Es liegt jetzt an der gesellschaftlichen »Mitte«, nicht an den Flüchtlingen und auch nicht an den Rechtsradikalen. Ich versuche das jeden Tag aufs Neue zu verstehen.

Letzte Woche saß ich bei einem Abendessen mit Freunden, und alle hatten Angst. So etwas habe ich noch nie erlebt. Die Angst galt nicht dem islamistischen Terror, sondern der europäischen Reaktion darauf. Einerseits war es also die Angst vor der Explosion rechten Terrors und der immensen Zunahme rechter Gewaltakte, andererseits war es die Angst vor der Reaktion der politischen Mitte, die auf den Rechtspopulismus selbst mit einem Rechtsruck reagiert.

Die große Frage, die ich mir stelle, ist nun: Wie kann man diese Ängste, die um eine (illusionäre) europäische oder nationale Identität kreisen, verringern, wenn Fakten nichts bewirken? Wie kann man den blinden Fleck verlassen und die eigene Rolle reflektieren, ohne sich dabei so zu destabilisieren, dass man sich wieder abkapseln will?

Befreundete Schriftstellerinnen und ich werden in letzter Zeit öfter nach einer neuen europäischen Erzählung gefragt. Das Einzige, was mir immer dazu einfällt, ist, dass diese Erzählung, wenn sie nicht wieder in einer Sackgasse münden soll, ganz anders darüber reflektieren muss, wer dazu gehört (hat) und wer nicht. Europa wird sich von dem geschichtsverlorenen christlich-weißen Bild seiner Bürgerinnen und Bürger trennen und sich aus einem anderen Wir heraus erneuern müssen, das nicht mehr auf irgendeiner Version von Reinheitsdenken basiert. Diese Erzählung wird von dem strukturellen europäischen Rassismus und seiner Geschichte ausgehen müssen, und sich von dort aus entfalten.

Was passieren muss, damit diese Geschichte endlich erzählt, gesehen und gehört werden kann, weiß ich nicht. Ich weiß selbst nicht, wie ich sie erzählen soll.

Wenn ich mich stabil fühle, denke ich: Je stärker der Wind von rechts weht, desto mehr muss ich ihn zu meinem Rückenwind machen. Ich muss weiter die vielen positiven Geschichten sammeln, die es jeden Tag zu erzählen gibt von gelungenem Zusammenleben und aufbrechenden Bildern. Wenn ich mich schwach fühle, will ich mich in dem europäischen Weihnachtsbild verstecken, von dem Du schreibst. Und das, obwohl doch Weihnachten oft ganz grauenhaft ist, weil sich zu keinem anderen Fest die Dysfunktionalität von Familien so deutlich zeigt wie an Weihnachten. Komm also bloß nie zu Weihnachten nach Deutschland. So schön können die Schneeflocken gar nicht durch die Luft schweben.

Eine israelische Bekannte schrieb mir neulich, dass wir gerade die Israelisierung der europäischen Lebensrealität erfahren, aber ich denke, das bezog sich vor allem auf die Angst vor islamistischem Terror. Oder bezieht es sich auch auf die Angst vor den Reaktionen darauf? Und ist das überhaupt so, oder ist das eine vollkommen unzulässige Reduktion des Lebensgefühls Deines Landes? Ich kann auch das nicht beurteilen. Ich weiß nur, dass ich seit letztem Sommer anders über die Situation in Israel nachdenke. Und seit ich Deinen Brief bekommen habe, bekommt dieses Nachdenken noch einmal einen ganz anderen Zug.

Wie gerne würde ich jetzt mit Dir in Deiner neuen Wohnung in Haifa sitzen, Dich all das fragen und dabei aufs Meer schauen. Ich würde Dir das Chutney mitbringen, das ich jetzt, nachdem ich diesen Brief beendet habe, für Dich kochen werde. Mit Birnen und Kiwis. Wir würden über etwas ganz anderes sprechen, weil ich über die Dinge, die ich hier geschrieben habe, gar nicht so gut sprechen kann. Wir würden viel lachen, statt über Europa und die Einsamkeit zu sprechen.

Solange ich noch nicht in Haifa sein kann, schick mir doch Deine Adresse, dann schicke ich das Chutney schon einmal vor. Elisabeth Ruge werde ich auch ein Glas davon vorbeibringen, als Dank dafür, dass sie auf die wunderbare Idee kam, uns zu verbinden. Ich werde die Birnen und die Kiwis jetzt mit einem Lachen für Dich schneiden und alle Zutaten mit einem Lachen verrühren, damit es auch schmeckt.

Deine Annika

Haifa, Oktober 2016

Meine Liebe,
als ich Deinen Brief las, hatte ich mitunter das Gefühl, ihn selbst geschrieben zu haben. Einige Absätze beschrieben meine Empfindungen so genau, dass ich plötzlich dachte, ich lese meinen Brief an Dich und nicht Deinen Brief an mich. Ich liebe das Gefühl sofortiger Nähe so sehr, die nichts mit biografischen oder geografischen Fakten zu tun hat, sondern mit seelischer Tiefe. Manchmal empfinde ich das auch, wenn ich Leser treffe, und das ist ein natürliches und gesundes Heilmittel gegen die Einsamkeit, die Du in Deinem Brief beschrieben hast. Oder stand das in meinem Brief?

Wie schwierig es ist, über Ideen und das Schreiben zu sprechen. Das bringt mich jedes Mal in Verlegenheit und macht es mir fast unmöglich, die an sich triviale Frage zu beantworten: Worüber schreibst du? Womit beschäftigst Du Dich in Deinem neuen Buch? Und das Gefühl, dass das schreibende Ich und das sprechende Ich einander nicht so gut kennen. Dieses Rätsel begleitet mich schon seit Jahren. Nicht nur, dass sie sich nicht besonders gut kennen, sondern dass sie auch grundverschieden sind. Wenn ich manchmal etwas lese, das ich erst am Tag zuvor geschrieben habe, kommt es mir vor, als habe ein anderer diesen Text verfasst, denn ich erkenne nichts, was von mir hätte stammen können. Eines Morgens war ich so überrascht von dem Text, der auf meinem Bildschirm erschien, dass ich meine Tochter anrief, die gerade am Weggehen war, und sie bat, sich eine eigene Datei zu erstellen und nicht mehr in meinen Text zu schreiben. Sie wusste natürlich nicht, worüber ich sprach.

Vermutlich schreibe ich auf einer völlig anderen Bewusstseinsebene als der normalen, alltäglichen. Dieses verborgene Bewusstsein beinhaltet alle möglichen Gedanken, Einsichten, Erinnerungen und Geschichten, die ich sonst nicht wahrnehme. Es ist eine verborgene innere Quelle, von der ich nicht weiß, was sie enthält und wann sie ausgetrocknet sein wird. Das verleiht dem Prozess des Schreibens eine ständige Erregung, das Gefühl von Überraschung und Abenteuer, und andererseits auch eine Spannung, die sich nicht kontrollieren lässt, denn ich habe das Gefühl, dass die Dinge nicht von mir abhängen, sondern aus einem aalglatten und irreführenden Kanal stammen. Denn das Beharren auf einer Inspiration ist, als wollte man sich an der Luft festhalten, an einem Windhauch.

Zum Guten und zum Schlechten wird es mit der Zeit nicht leichter, trotz der Erfahrung und der schon geschriebenen Bücher. Jedes Buch ist wie das erste, jeder Satz wie der erste. Auch wenn ich versuche zu tricksen, zu planen, einen Plot zu entwickeln und mir Dinge in der Phantasie vorzustellen, schaffe ich es nicht, den Schreibprozess auf eine befriedigende Art zu beherrschen. Kennst Du das? Denn es gibt Schriftsteller, die anders schreiben. In den Jahren, in denen ich als Lektorin arbeitete, lernte ich viele verschiedene Schreibprozesse kennen und Schriftsteller, die alles im Voraus genau geplant hatten und wussten, welches Ziel sie erreichen wollten. Das hat viele Vorteile, mehr Kontrolle und weniger Spannung, andererseits ist es aber weniger aufregend und überraschend. Es gibt dabei kein »besser« oder »schlechter«, es ist eine Frage der Wahl. Auch wenn ich versuche, etwas zu planen, ist es irgendwie ein Schlag ins Kontor. Das geheimnisvolle Geschöpf, das entstehende Buch, weist meine Pläne oft zurück, als wäre es ein menschliches Wesen. Dann spüre ich, dass ich diesem Prozess Gehör verschaffen muss, nicht weniger als der Geschichte. Dem Buch, den Protagonisten, den Metaphern und den Wörtern. Genau wie Du in Deinem Brief Einsichten beschrieben hast, die mit physischen Empfindungen zu tun haben – auch mir geht es so beim Schreiben. Wenn ich einen Absatz lese oder auch nur ein Wort, das ich geschrieben habe, und ihn oder es für zu laut oder zu gekünstelt halte, spüre ich eine körperliche Abneigung und sogar eine leichte Übelkeit.

Diese Blockaden, die Du erwähnt hast und mit denen Du Dich auseinandersetzt – wie gut kenne ich diese Ungeheuer! Manchmal fühle ich mich inmitten eines Märchens. Ich irre umher, ich finde Engel der Inspiration und Ungeheuer des Zweifels. Zum Glück haben komplizierte Probleme oft einfache Lösungen, und die einfachste Lösung, die mir hilft, ist Kontinuität. Je mehr Kontinuität das Schreiben mit sich bringt, umso schwächer werden die Blockaden. Doch auch das ist eigentlich nicht so einfach, weil bei mir die Kontinuität alle paar Wochen durch beruflich bedingte Reisen unterbrochen wird, und dann muss ich den ganzen Prozess von Neuem beginnen. Über die Tora sagt man: »Wenn du sie einen Tag vernachlässigst, vernachlässigt sie dich für zwei Tage«, und das scheint auch für weniger heilige Tätigkeiten zu gelten, nicht nur für das Studium der Tora. Gibt es einen solchen Spruch auch auf Deutsch? Und in Deinem Leben? Natürlich könnte ich leichter schreiben, wenn ich aufhören würde zu reisen. Aber ich habe das Gefühl, dass ich entwachsene Kinder – die Bücher, die ich schon geschrieben habe – nicht um des neuen Babys willen – das Buch, das gerade geschrieben wird – vernachlässigen darf, und so kümmere ich mich um sie, gebe Interviews und komme atemlos nach Hause, zurück zu dem Buch, das im Bauch des Computers ruht, und finde es misstrauisch und unwillig, weil ich so lange nicht da war, und bis ich es beschwichtigt und sein Vertrauen wiedergewonnen habe, steht eine neue Reise an.

Diese Woche zum Beispiel war ich in Polen, um das Buch *Schmerz*, das dort gerade erschienen ist, zu begleiten. Ich habe dabei viel an Dich und an Europa gedacht. An das Europa, wie man es bis jetzt gesehen hat, und an das Europa, das sich, jedes Land auf seine Weise, mit Änderungen auseinandersetzt. In Polen sieht Europa weißer aus denn je, ohne Flüchtlinge, Einwanderer, Fremde. Weiß und christlich und angeblich beschützt, aber die meisten Menschen, die ich dort getroffen habe, machen sich Sorgen wegen dieser Entwicklung und streben, wie Du, einen Wechsel der Werte an.

Betrübt lese ich von der geplatzten Illusion, Deiner Illusion von einer sicheren Welt. Ich frage mich, was besser ist: ohne Illusionen zu leben oder sich mit einer geplatzten Illusion auseinanderzusetzen? Denn ich hatte nie eine sichere Welt. So lange ich mich erinnern kann, hatte ich Angst. Ich wuchs an der Grenze zu Jordanien auf, und manchmal schossen sie nachts auf unsere Häuser und wir rannten in der Dunkelheit zum einzigen Luftschutzkeller am Ort. Eines meiner ersten Gedichte habe ich im Luftschutzkeller geschrieben, über eine junge Mutter, die ihr erst zwei Tage alte Tochter dort stillte, während draußen Bomben fielen, in einem Krieg, von dem man nicht wusste, wann und wie er zu Ende gehen würde. Er endete zwar sechs Tage später mit einem Sieg, das war 1967, und die Grenze rückte weiter von uns weg, aber die Ängste blieben. Angst vor dem nächsten Krieg, vor Terroranschlägen, vor Entführungen, vor dem Tod der Kinder. Meine Mutter hatte ihren ersten Mann im Krieg 1948 verloren, genau wie die meisten ihrer ehemaligen Klassenkameraden, und hat mir viel über Angst, Verlust und Trauer erzählt, und so entwickelte sich bei mir ein scharfes Bewusstsein dafür, dass wir, mit einer tragischen Geschichte hinter uns, in einem kleinen, bedrohten Land leben, auf einem kleinen Stück Erde, das wir unter großen Schwierigkeiten zurückbekommen haben, und auch das ist umstritten.

Und jetzt sagt eine Freundin zu Dir, dass ihr das Leben bei euch ein bisschen israelisch vorkomme. Ja, es klingt israelisch. Die Angst vor dem Terror und vor der Reaktion auf den Terror, die politische Mitte, die einen Rechtsruck erlebt, und auch der schmerzliche Konflikt zwischen Menschenrechten und Sicherheit.

Diese schwierigen Fragen lassen sich vielleicht beantworten, wenn man sich auf das konzentriert, was vereint, auf die gemeinsamen Bedürfnisse, und wenn man versucht, über die Unterschiede hinwegzusehen. Und wenn man es schafft, sich gegen die Extremisten jeder Couleur zu vereinen und eine körperlich und geistig gesunde Mehrheit zu bilden. Das ist es, was wir in »Frauen machen Frieden«, *Women Wage Peace*, versuchen, und mit gewissen Anpassungen lässt sich das vielleicht auch in Europa verwirklichen. Im letzten Monat hat die Bewegung einen Marsch durch ganz Israel organisiert, vom Norden bis in den Süden, angeführt von zwei beeindruckenden Frauen, einer Jüdin und einer Araberin, und während eines Teils des Marsches, im Jordantal, gesellten sich tausend palästinensische Frauen zu uns.

Es war wie eine Fata Morgana, zu sehen, wie sie aus den Bussen stiegen, in brütender Hitze, die meisten von ihnen traditionell gekleidet, und auf uns trafen, auf Tausende weiß gekleidete israelischer Frauen, und gemeinsam wanderten wir zur Taufgedenkstätte am Jordan. Stell Dir nicht den Rhein oder die Donau vor – hier handelt es sich eher um ein flaches, gelbliches Rinnsal, dem man in Europa keine Aufmerksamkeit geschenkt hätte –, aber an jenem Morgen war es, als würde diese Gegend, die Schauplatz so vieler biblischer Wunder war, ein neues Wunder erleben, denn die Hitze der Begegnung war stärker als die Hitze der Wüste.

Wir hielten uns an den Händen wie kleine Mädchen, wir umarmten einander, wir stellten uns gegenseitig die einfachsten Fragen: Wie heißt du? Wo kommst du her? Und wir sagten einander: Schön, dass du gekommen bist. Denn jede von uns war gleichzeitig Gast und Gastgeberin. Und wir fragten einander: Kann ich ein Foto von dir machen? Nun, da ich Dir das schreibe, betrachte ich wieder die Fotos, um mich zu vergewissern, dass das alles wirklich stattgefunden hat. Für einige Stunden haben wir es geschafft, daran zu glauben. Gemeinsam hörten wir uns die mitreißende Rede von Leymah Gbowee an, der Friedensnobelpreisträgerin von 2011, die es geschafft hat, zusammen mit anderen Frauen den Bürgerkrieg in ihrem Land zu beenden (in Liberia).

Wenn Frauen den Krieg satthaben, können sie den Frieden bringen, sagte sie, und sprach über die Kraft des gewaltlosen Protestes und über die Neigung der Frauen zum Gemeinsamen, und nicht zum Trennenden. Sie sprach davon, dass Freundinnen und Partnerinnen, die das gleiche Ziel haben, stärker sein können als jeder Glaube. Und während ich ihr zuhörte, dachte ich, das könnte vielleicht auch hier möglich sein. Wenn wir viele sind, wenn wir fest entschlossen sind und zusammenarbeiten, könnten wir die Regierenden dazu zwingen, miteinander zu sprechen. Dass sie, wie wir, versuchen, das Gemeinsame zu sehen und nicht das Trennende, um Vertrauen zu gewinnen und Hoffnung zu schöpfen.

Die Hoffnung dieser Bewegungen ist die Gegenseitigkeit, die Partnerschaft. Leymah Gbowee schaffte es, die Frauen beider Fronten zu vereinen – Muslimas und Christinnen. Deshalb war ich so bewegt am Jordan, mehr als bei anderen Friedensdemonstrationen, denn keine israelische Demonstration kann effektiv sein ohne die andere Seite. Sollten israelische Mütter ihre Söhne nicht mehr zur Armee schicken, würde das leider nicht zum Frieden führen, sondern zu einem schrecklichen Blutvergießen. Würden aber beide Seiten ihre Söhne zur Gewaltlosigkeit erziehen – dann könnte es gelingen.

Entschuldige, dass ich über Israel und nicht über Europa schreibe. In Europa bin ich nur Gast und kann mir kaum eine eigene Meinung bilden. Doch ich wage es und sage, dass es auch bei euch wichtig wäre, den Dialog mit jenen zu suchen, die anderer Meinung sind. Frauen von links und von rechts. Frauen aus dem rechten Flügel mit Flüchtlingen zusammenbringen. Zu suchen, was verbindet. Zu schauen, zu welchem gemeinsamen Nenner man kommen kann.

Ja, Europa wird sich verändern, und das geschieht vor Deinen Augen, Du bist ein Teil davon und Du versuchst, diese Veränderungen zu einem positiven Wandel zu gestalten. Das ist beeindruckend und hoffentlich auch realisierbar. Ich hoffe so sehr, dass Europa es schafft, die Flüchtlinge zu integrieren, und dass es für beide Seiten ein Erfolg sein wird. Diese Vermischung lässt große Hoffnung aufkeimen. Auch in den schlimmsten Zeiten in Jerusalem hat es mich immer ermutigt, wenn ich in die Altstadt ging. Das Zusammentreffen mit Palästinensern auf dem einfachsten gemeinsamen Nenner, Essen und Trinken, Verkaufen und Kaufen, erfüllte mich mit Hoffnung. Denn wenn man gemeinsame Interessen hat, entsteht eine menschliche Begegnung, und das lässt Hoffnung aufkommen, nicht weniger als erhabene Ideen, glaube ich.

Ja, bei Euch weht eine Art israelischer Wind, aber, Gott sei Dank, ein noch sehr milder. Noch kann man lachen, in Europa und auch hier. Und ich bin sicher, wir würden viel lachen, wenn Du mich besuchst. Und danke für das Chutney! In jedem Brief kochst Du etwas für mich, das ist sehr großzügig. Ich hätte Dir den nahöstlichen Hummus geschickt, aber der hält die Reise nicht aus. Deshalb musst Du herkommen und ihn hier essen, mit Blick aufs Meer. Wenn Du über Essen schreibst, spüre ich die Tiefe der Tradition, die hinter jedem Gericht steckt. Mir fehlt das. Die Pioniere, die Anfang des 20. Jahrhunderts hierherkamen, unter ihnen meine Großeltern, wollten etwas Neues und lehnten jegliche

Tradition ab. Meine Mutter wuchs in einem Kibbuz auf, zu dessen Gründern meine Großeltern gehört hatten, sie haben noch nicht einmal ein Omelett zubereitet. Stell Dir vor, als sie mit sechsunddreißig Jahren den Kibbuz verließ, mit einer Tochter, die erst wenige Monate alt war (das war ich) und einem Jungen von eineinhalb Jahren (mein Bruder), hatte sie Angst, wir könnten verhungern, weil sie sich nicht sicher war, uns ernähren zu können. Mein Vater brachte ihr das Wenige bei, was er wusste, und langsam machte sie Fortschritte. Aber sie hatte nie Spaß am Kochen und verbreitete nie eine festliche Stimmung oder irgendeine Tradition, die mit dem Essen zu tun hatte.

Auch in meinem Zuhause wurde Kochen nicht zum Zentrum des Geschehens, obwohl mein Mann und ich in den letzten Jahren unser Talent mit der veganen Küche ausprobieren. Wenn Du mich besuchen kommst, koche ich für Dich Tofu mit Linsen, und ich werde auch einen veganen Bananenkuchen backen. Im Lauf der Jahre haben mich viele Freunde aus Deutschland besucht, auch unsere liebe Freundin Elisabeth.

Und noch immer habe ich Dir keine Antwort zum Thema Marzipan gegeben. Wie gesagt, manchmal verlangen einfache Fragen sehr komplizierte oder lange Antworten. Wenn es wichtig ist, werde ich im nächsten Brief versuchen, die Sache zu klären. Zuweilen bleiben aber auch einfache Fragen unbeantwortet.

Herzlich

Zeruya

Die Briefe von Zeruya Shalev wurden von Mirjam Pressler aus dem Hebräischen übersetzt.

Ruth Schweikert — Cécile Wajsbrot

Ich habe Cécile Wajsbrot angefragt, weil ich sie als Autorin und Person sehr schätze, weil sie Jüdin und Französin ist, Erzählerin und Essayistin, weil sie aus dem Englischen und Deutschen übersetzt und weil sie mit ihrem breiten Wissens- und Erfahrungshintergrund, vor allem aber mit ihrer Menschlichkeit eine Dialogpartnerin ist, wie man sie sich nur wünschen kann.

Ruth Schweikert

Zürich, 7., 9., 14., 15., 18., 19., 22., 24. Juli 2016

Liebe Cécile,

unser Projekt nennt sich »Fragile« – und ein zerbrechliches, fragiles, brüchiges Gebilde ist bekanntlich nicht nur Europa, sondern immer wieder auch das Leben selbst, das Leben des Einzelnen zumindest, eines einzelnen Menschen.

Wie, wozu noch fünfundzwanzig oder gar dreißig Jahre lang Ressourcen verbrauchen?, dieser Satz schoss mir gestern Abend durch den Kopf, nachdem ich mich durch ein paar Online-Kommentare geklickt hatte zum Vorschlag der UNO, den Fleischkonsum zu besteuern, damit wir die Klimaerwärmung begrenzen und dennoch die wachsende Anzahl Menschen auf diesem Planeten ernähren und mit Energie versorgen können. »Man sollte stattdessen eine Baby-Steuer einführen«, schrieb einer, »um dieser gigantischen Fleischproduktion einen Riegel vorzuschieben.«

Die Zeugung, die Geburt eines Menschen als »Fleischproduktion« zu bezeichnen, stößt in dieser Gemeinde offenbar niemandem auf. »Fleischproduktion« – korrespondiert das Wort in seinem Realismus?, Zynismus?, Pragmatismus?, in seiner Menschenverachtung und Lebensverneinung nicht mit jener Meinung, die kürzlich in einem anderen Online-Forum abgesondert (und vom Administrator bald gelöscht) wurde?: »Wenn ein Schiff mit Migranten im Mittelmeer versinkt, dann finde ich das eine gute Sache.« Urheber dieser Mitteilung war ein 45-jähriger Schweizer Informatiker, der sich später der linken Wochenzeitung *WoZ* als Interviewpartner zur Verfügung stellte (anonym selbstverständlich), damit die Schweiz endlich erführe, was ein echter »Rechtsaußen« denkt, dem noch die SVP (die Dir sicher ein Begriff ist) in vielem zu lasch ist.

Liebe Cécile,
dieser Brief kommt nicht vom Fleck; er stockt, wie mir der Atem zuweilen; kaum will ich weiterschreiben, anknüpfen an das, was ich in den letzten Tagen notiert habe – Auszüge etwa aus Hannah Arendts Lessingpreisrede 1959 in Hamburg: »Das dauernde Sprechen miteinander vereinigt erst die Bürger zu einer Polis. Denn menschlich wird die Welt erst, wenn sie Gegenstand des Gesprächs geworden ist.« –, brechen mir die Sätze weg. »Schon wieder ein Attentat«, begrüßt mich unser achtzehnjähriger Sohn Ruben heute Morgen (15. Juli), bevor er mir Happy Birthday wünscht –

»liebe ruth«, schreibt unsere gemeinsame Freundin Katharina Hacker später an diesem Tag aus Berlin, »es soll was sein? ein tag, einfach nur ein tag ... und was noch? ein heller tag gewesen! und was noch? eine zuversichtliche nacht. und was noch? dass wir noch neue fäden knüpfen, wo andauernd etwas zerreißt. und was soll es sein? ein geburtstag in einem jahr, das jedenfalls nicht langweilig. und das auch mit allerlei und allerlei glück!sei umarmt. allmählich müssen wir einander immer – coraggio! sagen oder derlei?«

Womöglich findet der Schweizer Informatiker auch die bislang 84 Opfer von Nizza »eine gute Sache«? Ich könnte mir vorstellen, dass dem so ist, auch wenn es sich bei diesen Ermordeten wohl vorwiegend um EU-BürgerInnen handelt, und der Informatiker den Islam / den Islamismus / den islamistischen Terror (er differenziert nur bedingt) als größte Bedrohung überhaupt empfindet. Denn teilen der Attentäter von Nizza und der Schweizer Informatiker nicht vielleicht dieselbe Angst und setzen sie nicht auf dieselbe »Lösung«, um dieser Angst Herr zu werden?: Die Angst, unterzugehen in einer wachsenden Menschenmasse. Es leben zu viele Menschen auf dieser Welt. Davon sind sie überzeugt. Genauer gesagt: Es leben zu viele Menschen der falschen Art auf unserem Planeten. Je nach Sichtweise handelt es sich dabei um zu viele Arme / perspektivlose junge Männer / Kriegsgeschädigte / geistig Minderbemittelte, oder um zu viele Reiche / Dekadente / Profiteure / Privilegierte – und die »Lösung« besteht darin, möglichst viele von ihnen zu töten, bzw. sie verhungern / an behandelbaren Krankheiten / auf der Flucht sterben zu lassen (oder sie zumindest daran zu hindern, »zu viele« Kinder zu bekommen).

Was der Informatiker erzählt – das Interview ist nachzulesen unter www.woz.ch/-6f26 –, zeigt einmal mehr, wie eigentlich inkompatible Gedanken- und Gefühlswelten in einer Person scheinbar mühelos koexistieren. Denn dieser Mann hasst und hetzt im Internet, er verfasst üble sexistische Kommentare – und ist »glücklich« verheiratet mit einer gebürtigen Ukrainerin, ein »Wirtschaftsflüchtling«, wie er selber sagt, die allerdings nicht den Schweizer Steuerzahlenden »auf der Tasche liegt«. Der Mann bereitet sich gar ernsthaft darauf vor, in die Ukraine auszuwandern, sobald die Houellebecqsche Unterwerfung des Landes unter die (von den StimmbürgerInnen gewählte) islamistische Regierung auch in der Schweiz Tatsache geworden ist. (*Soumission* ist übrigens aus meiner Sicht auch die Darstellung einer Männerphantasie; so beschneidet die Islamisierung zwar die Lehrfreiheit an den Universitäten, verschafft dafür aber so manchem in die Jahre gekommenen Professor sexuelle Erfüllung: Vielweiberei, fraglos fügsame, schöne junge Ehefrauen …)

»Der Mensch ist extrem anfällig dafür, unbewusst nicht existierende Verbindungen herzustellen«, schreiben die beiden *WoZ*-Journalisten in einem Kommentar zum besagten Interview und beziehen sich dabei auf den israelischen Psychologen Daniel Kahneman und sein Buch *Schnelles Denken, langsames Denken*. »Wir müssen uns die Welt in unserem Kopf immer als stimmige Erzählung zurechtlegen«, fahren sie fort, »Wir können nicht anders. Wo etwas nicht aufgeht, macht jeder und jede es für sich persönlich logisch. Eine für uns unlogische Welt halten wir nicht aus. Das langsame Denken erlaubt es aber immer, unsere eigene Erzählung zu überprüfen. Doch das ist aufwendig. Politisch betrachtet ist Kahnemans Analyse hoch brisant: ›Es ist anstrengender, Zweifel aufrechtzuerhalten, als in Gewissheit zu verfallen.‹«

Wieder denke ich an Hannah Arendts Lessingpreisrede *Von der Menschlichkeit in finsteren Zeiten*. Denn mir scheint, dass viel, sehr viel!, gewonnen wäre, wenn die Welt auf Arendt'sche Weise wieder Gegenstand des Gesprächs würde; Gegenstand eines vielstimmigen, vielfältigen Gesprächs, das sich eben deshalb niemals erschöpft, weil es den Sprechenden weniger darum geht, »die Wahrheit« zu eruieren, recht zu haben oder recht zu bekommen – denn damit wäre jedes Gespräch beendet –, als eben darum, dieses Gespräch nicht abreißen zu lassen.

Liebe Cécile,
Bülent ist dreißig; er kam vor zwei Jahren aus Izmir, wo er Biologie studiert hatte, mit einem Stipendium nach Zürich, um an der ETH ein Nachdiplomstudium in Molekularbiologie zu absolvieren. Aus mir nicht bekannten Gründen (er hat sich bislang nicht konkret dazu geäußert) wurde er aus dem Förderprogramm gekippt und musste in der Folge auch sein hübsches kleines Appartement räumen. In die Türkei zurückzukehren kam für ihn aus verschiedenen Gründen nicht infrage. Seine beiden Geschwister wissen, dass er schwul ist; seinen Eltern hat er es bis heute nicht zu sagen gewagt. Ein Jahr lang schlug Bülent sich durch, indem er spätabends und frühmorgens in verschiedenen Zürcher Restaurants putzte. Seit Kurzem arbeitet er in einem kleinen Start-up-Unternehmen, kann endlich seine Fähigkeiten einbringen und verdient einigermaßen. Er wohnt weiterhin in einem besetzten Haus. Davon gibt es in Zürich mehr, als man es

vermuten möchte; meistens ist alles geregelt mit Zwischennutzungsverträgen, die »Besetzer« zahlen für Wasser und Strom und räumen die Häuser zum vereinbarten Zeitpunkt. Gar nicht so wenige von ihnen könnten sich eine reguläre Wohnung oder ein WG-Zimmer leisten; sie leben aus Prinzip in besetzten Häusern, glauben, damit zu protestieren gegen die Profitgier der Immobilienbesitzer, die mit einem Neubau mehr Rendite erzielen – und profitieren in der Zwischenzeit selber von äußerst niedrigen Wohnkosten. Deutsch spricht Bülent kaum, aber exzellent englisch – und hängt sich auf offener Straße an seinen neuen Freund Nils, einen 37-jährigen Schweizer, was diesen verblüfft, hätte er doch erwartet, dass Bülent – ja, was genau?, die Vorstellungen seiner Eltern internalisiert hat und sich deshalb in der Offenlegung seiner Homosexualität in Zürich weniger frei fühlt als Nils?; dass Bülent als Muslim einen akzentuierteren inneren Konflikt durchlebt als der Agnostiker Nils?; dass Bülents jahrelanges, erzwungenes Versteckspiel sich notgedrungen für alle Zukunft fortsetzt?

Was Nils aber am meisten beschäftigt, ist nicht Bülents Verhalten oder die Infragestellung seiner eigenen Vorstellungen, sondern der Verdacht, dass er selber weniger frei ist, als er glaubte.

Ob das eine Geschichte ist? (Der obige Absatz entstand vor dem gescheiterten Militärputsch in der Türkei, und damit auch vor allem, was auf ihn folgte und noch folgen wird.)

Dass der einzelne Mensch zählt – nicht nur als Unit, die am Tag X hinzu- und am Tag Y wieder weggezählt wird –, dafür könnte »Europa« trotz allem auch stehen. Trotz Holocaust und obwohl zurzeit fast nur Zahlen noch verhandelt werden: Wie viel kostet es, wie viele Flüchtlinge können wir »verkraften«, wie viele »integrieren«; er-zählt werden in den Medien seit Längerem fast nur noch die Geschichten der Attentäter und Amokläufer. Oder diejenigen von Fußballstars mit »kosovarischen / tunesischen / kamerunischen Wurzeln«. Von Ruth Klügers Buch *weiter leben* ist mir unter anderem geblieben, dass Menschen keine Bäume sind, und deshalb zum Glück nicht »absterben«, wenn man sie »entwurzelt«.

Sprache zeigt die Welt nicht, wie sie ist, sondern wie sie Menschen vorkommt. Deshalb fällt mir auf, dass die Rede von den Wurzeln (zum Beispiel in der *NZZ*) wieder zunimmt; als kämen den Schreibenden die beschriebenen Menschen zunehmend wie Bäume vor. Um in diesem Bild zu bleiben: Wo viele Bäume sind, verschwinden sie als einzelne; sie werden vom Wald, den sie alle zusammen bilden, gleichsam verschluckt. »Vor lauter Bäumen den Wald nicht sehen«, sagt die Redensart. »Wahre Sätze«, so schreibt Adolf Muschg in einem Essay, »erkennt man daran, dass ihr Gegenteil ebenso wahr ist.« Und so denke ich immer wieder daran, dass die einzelnen Teile mehr bedeuten könnten als ihre Summe, »das Ganze« somit weniger hergäbe als die einzelnen Teile, die sich so einfach nicht summieren ließen, auch nicht zu jener »stimmigen Er-Zählung« der Welt, die wir uns im Kopf so gern zurechtlegen.

Auch dagegen hilft Hannah Arendts Rede: »Doxa und Aletheia«, schreibt sie, »Meinung und Wahrheit: Lessing hätte eine klare Meinung gehabt, und zwar um der unendlichen Möglichkeiten oder Meinungen willen. Gäbe es den echten Ring, so wäre es um das Gespräch und damit um die Freundschaft und damit um die Menschlichkeit schon getan. [...] Wenn wir die Wahrheit besäßen, könnten wir nicht frei sein. [...] Nicht nur die Einsicht, dass es die eine Wahrheit innerhalb der Menschenwelt nicht geben kann, sondern die Freude, dass es sie nicht gibt, [...] kennzeichnet die Größe Lessings.«

Liebe Cécile,
»das Schlimme am Bewerben«, so schreibt meine Freundin Maria heute Morgen (am 22. Juli), »ist, dass man nicht verhindern kann, sich Hoffnungen zu machen.« Maria ist seit fünf Jahren ohne feste Arbeit; sie war nach einem schweren Unfall lange krankgeschrieben und lebt notgedrungen von Sozialhilfe. Maria ist ein wunderbarer Mensch, voller Humor, blitzgescheit, fragil. Weshalb fürchtet Maria ihre eigene Hoffnung so sehr? Weil sie bereits wiederholt eines Schlimmeren belehrt wurde? Weil all ihre Hoffnungen sich als stets von der Wirklichkeit entlarvte Selbsttäuschungsmanöver erwiesen, die sie nun als enttäuschte Realistin zurücklassen? »Hoffnung gibt es immer«, darauf beharrte Navid Kermani letztes Jahr in seiner Dankesrede zum Friedenspreis des deutschen Buchhandels, als er die Geschichte eines vom IS entführten italienischen Paters erzählte, der in Syrien ein Kloster geführt hatte, in dem Muslime und Christen Zuflucht fanden. Der Mann wurde ein paar Tage vor Kermanis Rede von der muslimischen Bevölkerung aus den Klauen des IS befreit. »Hoffnung gibt es bis zum letzten Atemzug«, insistierte Kermani – was bedeuten würde, dass Hoffnungen sich nicht erschöpfen müssen, auch und gerade dann nicht, wenn sie unerfüllt bleiben oder per se unerfüllbar sind. »In der Hoffnung überspringt die Seele die Wirklichkeit, wie sie in der Furcht sich vor ihr zurückzieht«, so noch einmal Hannah Arendt, die dem Zorn mehr abgewinnen konnte. »Aber der Zorn, und vor allem der Lessingsche Zorn, stellt die Welt bloß.«

Der schwere Unfall, den Maria mit 47 erlitt, war ein Bruch, ein Riss in ihrem Leben, der – als handle es sich bei ihrem Leben tatsächlich um ein Gebilde, ein Ding – den Einfall des Lichts erst ermöglichte, von dem Leonard Cohen singt. »There is a crack in everything, that's how the light gets in«; erst dieser Bruch brachte ans Licht, was Maria vor sich selbst und ihren Nächsten verborgen hatte: Dass sie als Kind und Jugendliche wiederholt Opfer sogenannter »fürsorgerischer Zwangsmaßnahmen« geworden war. Die Schweiz ist gerade dabei, dieses »dunkle Kapitel« »aufzuarbeiten«. Bis 1981 wurden in unserem Land Kinder verdingt, Fahrende zwangssterilisiert, Müttern ihre Kinder weggenommen, nur weil sie arm waren, und in Heime gesteckt, in denen sexueller und andere Formen von schwerem Missbrauch gang und gäbe waren. Marias Mutter stammte aus Portugal; ihr Vater war in der Schweiz längst verheiratet, als er auf einer Geschäftsreise die viel jüngere Portugiesin kennenlernte und sie kurzerhand in die Schweiz mitnahm, wo Maria zur Welt kam. Drei Jahre lang sorgte der Mann für sein außerehelich geborenes Kind und dessen Mutter; sie lebten gar als Familie zusammen, obwohl der Mann mit seiner ersten Frau verheiratet blieb. Als er überraschend starb, standen Mutter und Kind mittellos da; statt sie in ihrem Bemühen, für sich selber zu sorgen, zu unterstützen, platzierte die zuständige Behörde das dreijährige Mädchen gegen den Willen ihrer Mutter in einem Kinderheim, das kein Daheim wurde, sondern ein Gefängnis mit von Jahr zu Jahr höher wachsenden Mauern.

Liebe Cécile,
wofür ich unter anderem auch Worte suche; wofür ich lange Anlauf brauchte, was ich Dir erst jetzt schreiben kann; Leonard Cohens *Anthem* habe ich auch gehört am Abend des 9. Februar 2016, und ich habe mitgesungen, mitgeheult vielleicht eher.

Der Bruch, der Riss zieht sich auch durch mein eigenes Leben; und »Fragile« bedeutet für mich: Seit dem 15. Februar verbringe ich einen Teil meiner Lebenszeit auf der Onkologischen Gynäkologie des Stadtspitals Triemli. Dort oben, im 11. Stock eines heruntergekommenen Siebzigerjahre-Betonblocks mit schönem Ausblick, habe ich vor Kurzem ein Gespräch belauscht (viel mehr bleibt einem nicht übrig, wenn man, die Hände immobil in Kältehandschuhen versorgt, die verhindern sollen, dass Gefühlsstörungen in den Fingern auftreten; den rechten Arm mit dem Infusionsschlauch bestückt, 80 Minuten an die Liege gefesselt ist, die entfernt an die Liegen der Business-Lounge erinnern).

Die Anekdote also aus der Chemotherapiestation: Sagt eine Patientin zur Pflegerin: »Und Sie, wohin fahren Sie in die Sommerferien?« »Nach Kroatien«, antwortet die Pflegerin, die zwar einen Schweizer Namen trägt, aber woanders aufgewachsen ist, wie man ihrer Sprache anhört. »Dann wünsche ich Ihnen schöne Ferien«, meint die Patientin, während die orangefarbene Flüssigkeit in ihre Vene sickert, »ich hoffe nur, Sie sehen dann dort keine Flüchtlinge.« »Ach wissen Sie, das sind auch Menschen«, erwidert die Pflegerin. »Schon«, bestätigt die Krebskranke, »aber das will man doch in den Ferien nicht sehen.«

Ich muss zugeben, dass ich erschüttert war, als würde ich tatsächlich noch immer denken, eine lebensbedrohliche Krankheit befördere die Empathie. Hannah Arendt hat für das Mitleiden wenig übrig gehabt, im Gegenteil; sie erachtete es gar als gefährlich, sich auf das allgemein Menschliche zu berufen, das uns alle verbindet; Juden wurden von den Nationalsozialisten als Juden angegriffen, also mussten sie sich auch als Juden zur Wehr setzen (und also hätte ein deutscher Nicht-Jude seinen jüdischen Freund auch als Jude verteidigen müssen; genau das aber haben nur sehr wenige getan).

Liebe Cécile,
Maria kann nicht mehr. Nach dem Termin beim Sozialdienst war sie bei ihrer Ärztin. Auch diesmal wollte Maria partout kein Arbeitsunfähigkeitszeugnis, obwohl die Ärztin es ihr nahelegte, weil sie sich große Sorgen macht um Maria. Aber Maria will keine IV-Rente – sie sieht sich nicht als »invalid«. So wird sie also weiter die verlangten Bewerbungen abliefern, Absagen sammeln, und wenn dann wieder das übliche Urteil fällt: Frau S., es muss an Ihnen liegen, wir müssen nun testen, ob Sie überhaupt noch etwas leisten können!, dann weiß sie bereits, was kommen wird: Zwangsarbeitstestung. Und auch das wird sie, als ginge sie das alles nichts mehr an, hinnehmen. »Mehr als 100 Prozent, also etwa 40 Stunden pro Woche, werden sie nicht von meinem Leben vertilgen können«, schreibt sie, »man macht total sinnfreie und sehr zermürbende Arbeit in diesen Testungen; ich musste oft an Orwells *1984* denken. Da bleiben doch noch ein paar Stunden übrig, nicht wahr?«

Zürich, 12. August 2016

Liebe Cécile,
in der Zwischenzeit war ich mit meinem jüngsten Sohn Orell in London; sechs bewegte, erfüllte Tage mit einem hellwachen Neunjährigen, der sich kaum sattsehen konnte am architektonischen Durch- und Nebeneinander dieser Stadt, der den Stein von Rosette im British Museum ebenso ehrfürchtig bestaunte wie die originalverschwitzten Trikots seiner Fußballhelden in der Umkleidekabine des Chelsea-Stadions. *Look Down*, den Auftaktsong der Strafgefangenen aus dem Musical *Les Misérables*, das wir uns im Queen's Theatre angeschaut haben (wo seit 2004 nichts anderes gespielt wird), kann er mittlerweile auswendig; er liebt es, Tennis zu spielen im Regent's Park, die Underground und natürlich die Wachablösung vor dem Buckingham Palace, wie tausend andere Jungs in seinem Alter sicher auch. Und wohl Zehntausende andere Jungen in seinem Alter haben wir auf unseren Exkursionen auch gekreuzt; London wird nach dem Brexit von Touristen offenbar geradezu überschwemmt / überrannt / überflutet (um für einmal nicht von »Flüchtlingsströmen« zu schreiben); Grund dafür dürfte eher das schwache Pfund und weniger #LondonIsOpen sein; tatsächlich

wimmelte es von Menschen; nicht nur vor Madame Tussauds' Wachsfigurenkabinett standen die Besucherinnen und Besucher stundenlang an, sondern vor fast jedem Museum; in der U-Bahn, vor dem Big Ben, auf der Tower Bridge, in den Parks: überall Menschen, Menschen aller Hautfarben und jeden Alters, die entspannt in vielen verschiedenen Sprachen miteinander kommunizierten; denn wenig nahm ich wahr von einer Anspannung oder Angst nach all den Terroranschlägen, und das hatte nicht nur mit den allgegenwärtigen Sicherheitsvorkehrungen zu tun, sondern vor allem mit der Art und Weise, wie diese umgesetzt wurden. Denn zwar standen überall Polizisten und überall wurden Taschen kontrolliert, aber das alles geschah mit (zumeist) unaufgeregter Präzision – wie wir am eigenen Leib erfuhren.

Denn zweimal wurde Orells neuer Rollkoffer konfisziert. Am Ankunftstag ließ er ihn vor dem Bahnhof Paddington neben einer Orientierungstafel stehen und setzte sich kaum zehn Meter entfernt ans Ufer eines kleinen Kanals. Ich hatte in der Zwischenzeit eine Oyster-Card besorgt und trat aus dem Bahnhofsgebäude, als Orell verstört auf mich zurannte, auf zwei Polizisten zeigte und schrie: »Die nehmen meinen Koffer mit!« Es brauchte diverse Erklärungen, bevor die Polizei uns den Koffer kopfschüttelnd aushändigte, und ich war ein erstes Mal beeindruckt von der Tatsache, dass es überhaupt keine Rolle spielte, dass ich eine weiße Frau mittleren Alters bin und Orell ein neunjähriger Junge; wir hatten uns verdächtig verhalten bzw. war Orells Koffer eine potenzielle Bedrohung, das genügte. Am letzten Abend übernachteten wir in einem Flughafenhotel; es war spät, Orell übermüdet, und so kam es, dass er seinen Koffer in der Lobby vergaß. Kaum waren wir Zimmer angekommen, rief die Rezeptionistin an; ob ich einen Koffer vermisse. Jawohl, bestätigte ich und beschrieb das Ding so genau wie möglich, Größe, Farbe, Marke etc. Ich schickte Orell los, seinen Koffer zu holen. Es dauerte über zehn Minuten, bis er wiederkam, in Begleitung von zwei Mitarbeiterinnen der Hotel-Security. Sie gaben mir deutlich zu verstehen, wie unmöglich mein Verhalten aus ihrer Sicht war. Nachdem ich sämtliche Kinderbücher, Unterhosen, das Chelsea- und die beiden Hard Rock-Café-T-Shirts aufgelistet hatte, durfte/musste ich den Koffer vor ihren Augen öffnen – zum Glück deckte sich der Inhalt ungefähr mit meinen Erzählungen, und so durften wir den Koffer behalten.

Während sich in vielen Ländern bestimmte Bevölkerungsgruppen (junge schwarze bzw. »arabisch« aussehende Männer) schikaniert fühlen, weil sie weit überdurchschnittlich von der Polizei kontrolliert und verdächtigt werden – was das latente Empfinden der Ausgrenzung natürlich befördert und womöglich Aggressionen schürt –, wird mit einem flächendeckenden Sicherheitsdispositiv, wie ich es in London erfahren habe, tatsächlich demokratisch verfahren: Jeder

Mensch ist gleichermaßen verdächtig wie unverdächtig, jeder ist potenzieller Täter und potenzielles Opfer; es geht nicht mehr darum, »verdächtige Subjekte« aufgrund äußerer Merkmale zu identifizieren, sondern einzig aufgrund ihres Verhaltens und Agierens.

Genau diese Erfahrung macht mir Hoffnung. Die Hoffnung, dass Angst und reale Bedrohung nicht zu einer weiteren Spaltung der Gesellschaft führen müssen, nicht zu einem generellen Misstrauen gegenüber Muslimen oder eben jungen Tunesiern / Afghanen / Flüchtlingen, sondern zu einer Gesellschaft, die pragmatisch und demokratisch umgeht mit der Terrorgefahr, von der schließlich alle betroffen sind.

Liebe Cécile, damit gebe ich den Ball erst mal an Dich weiter; ich freue mich, von Dir zu lesen und grüße Dich herzlich

Ruth

Paris, den 18. August 2016

Liebe Ruth,

Dein Brief ist gut angekommen; während ich ihn lese, strömen Tausende Gedanken auf mich ein, da man aber unmöglich alles sagen kann, will ich versuchen, die verschlungenen Lianen ein wenig zu entwirren.

Wir leben in einer Epoche, in der die Ereignisse sich scheinbar überstürzen: Kaum ist ein Gedanke ausgesprochen, wird er vom nächsten Ereignis bereits widerlegt. Auf der Oberfläche der Welt ereignet sich seit jeher immer irgendetwas zu jedem Moment. Was sich jedoch seit der Epoche nach dem Zweiten Weltkrieg verändert hat, der unsere existenzielle und geistige Referenzgröße ist – Hannah Arendt, die Du zitierst, hat diese Welt gedacht, in dieser Welt gedacht –, was sich jedoch verändert hat und vielleicht einen Übergang zwischen der zweiten Hälfte des 20. Jahrhunderts und dem beginnenden 21. Jahrhunderts markiert, ist die Geografie der Ereignisse. Europa hat seit 1945 keinen Krieg gekannt – dies war der Sinn, das Ziel der Europäischen Union –, so zumindest ein weit verbreiteter Eindruck, der nicht unbedingt der Wahrheit entspricht, denn schließlich hat es den Kalten Krieg gegeben – ich erinnere mich an meine Kindheit, in der wir in der ständigen Angst vor einem Dritten Weltkrieg gelebt haben –, die Niederschlagung des Arbeiteraufstands in Ostberlin im Jahr 1953, den Einmarsch der Sowjetarmee in Budapest im Jahr 1956, den Einmarsch der Truppen des Warschauer Paktes in Prag im Jahr 1968, und dann die Jugoslawienkriege in den 1990er Jahren. Ganz zu schweigen von den Kolonialkriegen, in die England und vor allem Frankreich verwickelt waren. Man kann also schwerlich sagen, es hätte zwischen 1945 und dem Ende des Jahrhunderts in Europa universellen Frieden gegeben, aber davon abgesehen, dass diese Dinge nichts mit der riesigen Umwälzung zwischen 1939 und 1945 zu tun hatten, galt es doch zumindest für das westeuropäische Gebiet und entsprechend für Frankreich, das ehemalige Westdeutschland oder die Schweiz.

Seit einigen Jahren, einer Epoche, die man praktisch mit Beginn des 21. Jahrhunderts beim 11. September 2001 ansetzen kann, aber das alles hat schon weit vorher und anderswo als in New York begonnen, vielleicht schon im Jahr 1989 – hat nicht Eric Hobsbawm das 20. Jahrhundert als das kurze Jahrhundert bezeichnet, es 1914 beginnen und 1989 enden lassen? –, seit einigen Jahren sind jene friedlich wirkenden, von der Gewalt der Welt verschonten Orte zum Synonym der Angst geworden. Und die Fragilität, um zu dem Wort zu kommen, das uns beschäftigt, erstreckt sich nun scheinbar bis zu uns. Ich benutze das Wort »scheinbar«, denn, wie Du sagst, wohnt die Fragilität dem Leben, der Conditio humana inne. Nur würde man dies manchmal zu gern vergessen und lebt so, als wäre man unverwundbar.

Paris, von wo aus ich Dir schreibe, war bis vor Kurzem die Welthauptstadt des Tourismus. Zumindest vertrat man diese Ansicht in Frankreich – auch wenn in anderen Ländern eher von London die Rede war. Ich wohne am Fuß der Butte Montmartre, und seit einigen Jahren sehe ich, wie Touristengruppen und Reisebusse aus aller Welt die Straßen und den Boulevard füllen. Mit dem Wechsel der Regierungen im Herbst 1989 habe ich nach und nach Reisebusse aus Polen, aus Ungarn, aus der Tschechoslowakei gesehen, dann kamen Rumänien, die Ukraine, Weißrussland, Russland … Und gestern habe ich zum ersten Mal zwei iranische Reisebusse gesehen. Die geopolitischen Veränderungen schlagen sich unmittelbar und auf ganz konkrete Weise nieder, die Normalisierung der Beziehungen mit dem Iran hat dazu geführt, dass sich in Europa, in Paris ein iranischer Tourismus entwickelt hat. Ich finde es immer bewegend, die Spuren des Weltgeschehens im Alltag zu entdecken. Und so durchströmten die Fluten der immer zahlreicheren Touristen zunächst die großen Hauptverkehrsadern, bevor sie allmählich in die Nebenstraßen sickerten.

Aber wenn man jetzt an Paris denkt, denkt man an die Attentate von 2015. Zu den einschneidenden Bildern vom 13. November gehören für mich die menschenleeren Straßen am Tag danach, die weniger Ausdruck der Angst als der Niedergeschlagenheit waren; in dem Viertel, in dem ich lebe, zwischen Pigalle und Montmartre, blieben am Samstagabend, dem 14., alle Cafés geschlossen, niemand war draußen. Schweigen. Weniger tragisch zwar als die Leichen und Blumen vor dem Bataclan, weniger explizit als die Inschriften auf dem Denkmal an der Place de la République, eine harmlose Folge, aber äußerst beredt …

Und wenn am Morgen des 14. November doch vereinzelt Leute in den Straßen auftauchten, waren es Touristen, die ihren Koffer hinter sich her zogen und sich eilig Richtung Bahnhof oder Flughafen begaben, um so schnell wie möglich nach Hause zu reisen. Bereits am Sonntag war das Leben wieder in Paris eingekehrt, die Cafés wieder geöffnet, darin Platz zu nehmen fühlte sich beinahe an wie ein Akt des Widerstands, aber die Verletzung war da. Dasselbe habe ich in Brüssel gesehen, wo ich im März war, während der Attentate. Zuerst zieht sich die Stadt ins Schweigen zurück, wie ein verletztes Tier, die Straßen sind menschenleer, Militärs und Polizisten durchstreifen sie, das Gewehr im Anschlag, wie ein Emblem für das vergossene Blut, wie ein Fallgitter, eine Zugbrücke, die hochgezogen wird.

In diesem Jahr sollen die Touristenzahlen aufgrund der Attentate um schätzungsweise 15 Prozent zurückgegangen sein. Und in diesem Jahr beschleicht einen aufgrund der zahlreichen Angriffe auf Nizza, Köln, Würzburg nun überall das Gefühl des Ausgeliefertseins. Das Prekäre des Lebens war früher mit fernen Namen verknüpft, Kabul, Beirut, Pakistan, Afghanistan. Seit einiger Zeit trägt die Gefahr den Namen unserer Städte.

Aber beinahe noch beunruhigender als die Gefahr oder zumindest genauso beunruhigend sind die Reaktionen auf die Gefahr. Ich habe keine Lust, jene Wörter zu verwenden, die man im Radio hört und täglich in den Zeitungen liest, Terrorismus, radikaler Islamismus, Krieg. Mit solchen Bezeichnungen will man ganz offensichtlich jegliche Reflexion, jegliches eigenständige Denken vermeiden. Die Reaktion auf die Gefahr, auf die Wörter, die man hört, ist Sicherheit, absolute Sicherheit – als könnte es die jemals geben. Die Negation selbst des Fragilen. Seit dem Abend des 13. November ist über Frankreich der Notstand verhängt. Das ist keine Metapher, es ist eine politische Entscheidung, die zunächst für zehn Tage aus der Not heraus gefällt wurde. Ihre Verlängerung um drei Monate wurde vom Parlament beschlossen, und seitdem hat es zwei weitere Verlängerungen gegeben, nach der Fußball-Europameisterschaft wollte man diesen Ausnahmezustand eigentlich beenden, aber nach dem Attentat von Nizza wurde der Notstand wieder verlängert, diesmal für sechs Monate. Anstatt festzustellen, dass sich das Attentat trotz des Notstands ereignet hat, dass dieser nichts verhindert hat, befand Präsident Hollande, man könne es sich in einem derart psychologischen Moment nicht erlauben, aus der Deckung zu kommen. Die Falle, in die er getappt ist, funktioniert hervorragend. Man kann mühelos voraussagen, dass es eine weitere Verlängerung geben wird, um die Wahlkampagne für die Präsidentschaftswahlen im Mai 2017 abzudecken (die Regierung wird Angst haben, dem Front National Argumente in die Hände zu spielen, zumal dieser unaufhörlich die mangelnde Autorität des Staates und die

Sicherheitslücken beklagt), und der nächste Präsident, wer auch immer das sein wird, wird gewiss nicht den Mut und vielleicht auch nicht den Wunsch haben, den Notstand gleich bei der Amtsübernahme auszusetzen. Somit wird es nie einen Grund geben, den Notstand auszusetzen, denn, um mit ihren Worten zu sprechen, es wird nie absolute Sicherheit geben und auch kein Nullrisiko. In der Zwischenzeit werden die Straßen von Paris flächendeckend von Polizisten und Militärs überwacht, was die Touristen tatsächlich in die Flucht schlägt. Und es ist davon die Rede, dass beim nächsten Schulbeginn, Anfang September, auch die Schulen von der Polizei bewacht werden sollen. Wie wäre es erst, wenn sich das Land tatsächlich im Krieg befände? Einige behaupten im Übrigen, wir wären im Krieg – ein Wettrüsten der Sprache. Aber wenn sich ein Land im Krieg befindet, wie mir Andrej Kurkow sagte, als wir uns am 22. März, dem Tag des Attentats, gemeinsam in Brüssel befanden und durch die Straßen von Molenbeek gingen, wenn ein Land im Krieg ist, sind die Soldaten nicht in der Stadt, sondern an der Front. Dieses militärische Aufgebot, die Beschneidungen der Freiheit, die der Ausnahmezustand einem rechtlich beschert – und den weder die Belgier nach Brüssel, noch die Briten nach London, noch die Spanier nach Madrid verhängt haben –, das alles sollte eher Angst bereiten. Seit gut zwanzig Jahren stehen die Synagogen unter Polizei- und Videoüberwachung. Seit Jahren fällt mein erster Blick bei der Ankunft in Paris, wenn ich aus Berlin zurückkehre, wo ich teilweise lebe und wohin ich mit dem Zug fahre, auf die Militärs im Bahnhof. Und anstatt zu verschwinden, dehnt sich die Überwachung auf weitere Kultstätten aus – auf Moscheen und, warum nicht, nach dem Mord an dem Priester in Saint Etienne-du-Rouvray, auf die Kirchen –, auf die Wohnhäuser, in denen Persönlichkeiten leben, die zur Zielscheibe werden könnten, auf weitere öffentliche Räume, auf die Straße. Überwachen ist zur Gewohnheit geworden, ich weiß nicht einmal, ob die Leute den regelmäßigen Patrouillen – wie soll man sie sonst nennen – überhaupt noch Beachtung schenken, sie sind Teil der Landschaft geworden. Ich habe Ende der 1970er Jahre Militärs in den Straßen von Prag gesehen, Soldaten der Roten Armee, ich habe Ende der 1980er Jahre die Militärpolizei in Brasilien gesehen. Heutzutage Militärs in den Straßen von Paris zu sehen, weckt in mir ein Gefühl des Unbehagens. Es ist niemals harmlos, wenn die Armee oder die Polizei in der Stadt präsent ist – ganz gleich, wie man das begründet … Doch dieses Gefühl wird nur von einer Minderheit geteilt. Offenbar beruhigt es die Leute, obwohl es sie alarmieren sollte.

Um diesen Brief zu beenden, um eine weitere Vorstellung von dem hier herrschenden Klima zu geben, möchte ich kurz erzählen, was sich vor einigen Tagen in Korsika, Sisco, ereignet hat. Einer ersten Version der Geschichte zufolge haben Frauen in einer Bucht im Burkini gebadet, jemand wollte sie fotografieren und daraufhin soll ein Streit zwischen Korsen und nordafrikanischen Männern entbrannt sein. Im Anschluss an diese Information haben mehrere Bürgermeister ein Burkini-Verbot an ihren Stränden erlassen, und der Premierminister Manuel Valls hat in einer Pressemitteilung verlautbart, er habe dafür Verständnis. Nach einigen Tagen stellte sich heraus, dass keine der Frauen einen Burkini getragen hatte, dass das Handgemenge auf andere Ursachen zurückging, auf den Versuch einer Handvoll Leute, sich den Ort anzueignen und allen anderen den Zugang zu verwehren. Eine wenig glorreiche Angelegenheit, die Schlagzeilen gemacht hat, weiter nichts. Anstatt abzuwarten und Genaueres in Erfahrung zu bringen, hat man vorschnell reagiert: Das seit einiger Zeit in Frankreich herrschende Klima der Angst und seine krankhaften Folgen sind dadurch nur allzu deutlich geworden.

Auch wenn die Lektüre Deines Briefes mir zeigt, wie sehr Dich all diese Ereignisse betreffen, wie häufig Du Personen begegnest, deren Leben von den Ereignissen auf der Welt berührt wird, würde ich gern wissen, was Du fühlst, wenn Du siehst, was sich anderswo ereignet. Oder klarer ausgedrückt: Hast Du das Gefühl, in einem neutralen Land zu leben? Hat diese Bezeichnung für Dich einen Sinn? Ich würde gern wissen, ob es fühlbare Zeichen für diese Neutralität in Zürich gibt – hast Du den Eindruck, am Rand der Welt zu leben – oder ob dies nur leere Worte sind, da der Zugang zu den Nachrichten natürlich derselbe ist wie in Paris, Berlin oder anderswo in Europa.

Herzliche Grüße aus Paris, einer Stadt, die noch für wenige Stunden ruhig ist und auf die Rückkehr der Urlauber am Wochenende wartet.

Cécile

Paris, September 2016

Nachdem ein Termin im zwanzigsten Arrondissement etwas früher geendet und ich somit noch etwas Zeit hatte, beschloss ich, zu Fuß in mein Viertel, das achtzehnte Arrondissement, zurückzukehren. Es ist ganz einfach, man braucht nur dem Gürtel der Boulevards, einem verkappten Ring, zu folgen, und schon kommt man vom zwanzigsten ins neunzehnte, vom neunzehnten ins achtzehnte.

Der Weg ist nicht immer angenehm – man geht an grauen Häuserwänden entlang, an seelenlosen Gebäuden, hier und da ein Café, das die Straße belebt, hier und da eine geschlossene Reihe mit Wohnhäusern. Aber ab Ménilmontant wird das Viertel lebendiger. Kinder rennen, vergnügen sich, die Schule ist aus. Bei Belleville ein Soldat, der feierlich eine Waffe hält. Er ist vor einer Schule postiert – einer jüdischen Schule. Das steht zwar nirgends, aber ein paar Jungs mit Kippa und die Anwesenheit des Soldaten weisen darauf hin. Was mögen die Kinder wohl denken, dass sie geschützt und bewacht werden müssen, um zur Schule zu gehen? Keines von ihnen sieht den Soldaten an, sie haben sich vermutlich an den Anblick gewöhnt, – aber ist das nicht das eigentlich Schlimme? Dass man mit einer möglichen Gefahr rechnet, als wäre dies eine normale, alltägliche Situation.

Belleville war früher – aber warum die Vergangenheitsform und was heißt »früher« – ein Viertel, in dem eine jüdische Gemeinschaft, die überwiegend zwischen den beiden Kriegen hergekommen war, mit einer jüngeren asiatischen und einer arabischen Gemeinschaft zusammenlebte. Ich verwende das Wort Gemeinschaft, obwohl ich es nicht sonderlich mag – aus Bequemlichkeit. Ich sollte es nicht tun, denn es hat den Beigeschmack von Abgeschlossenheit, von Exklusion.

Und dann – aber vielleicht kennst Du ja diese einst benachteiligten Pariser Viertel, die sich allmählich gentrifizieren –, dann kommt der Kanal; und Stalingrad. Früher trafen sich am Abend hier, vor der Rotunde Ledoux, einem ausgesprochen schönen Bauwerk, die Dealer. Inzwischen sind sie weitergezogen, inzwischen befindet sich dort anstelle eines trostlosen Orts ein angesagtes Café, dessen von Bambus umgebene Terrasse sich auf dem Platz breitmacht. Aber am Fuße der Bambuspflanzen liegen Gestalten, Leute auf Matratzen oder auf dem nackten Boden, und immer weiter, Leute, die auf dem Bürgersteig liegen, sich hier niedergelassen haben, manche mit runden Zelten in Blau und Grün. Vermutlich kommen sie aus dem Sudan, aus Eritrea, diesen Ländern, die sich im ewigen Krieg befinden. Auch hier in Paris herrscht ewiger Krieg, wenn auch in einer anderen Größenordnung natürlich. Zelte, Räumungen, eine Weile Leere, und dann beginnt alles wieder von vorn, Zelte, Räumungen und so weiter. Sie stehen an, dort, wo die Metro oberirdisch verläuft, ich komme näher: eine Volksküche. Jeder bekommt einer orangefarbene Suppe, in der ein bisschen Gemüse schwimmt, vielleicht sogar ein Stückchen Fleisch – ich habe nicht genau hingeguckt, ich wollte mich nicht zu lange aufhalten, nur ein wenig Geld geben – und ein halbes Baguette.

Das ist also aus Paris geworden, sagte ich mir, mit Tränen in den Augen und im Sinn. Kinder, die unter Militärschutz in die Schule gehen, Leute, die von weit her kommen, vor Hunger oder Krieg geflohen sind und hier auf der Straße leben müssen. Während der Platz unter der Metrobrücke an der Station La Chapelle, nachdem er für einige Monate ein regelrechtes afrikanisches Dorf beherbergt hat, zu beiden Seiten abgesperrt ist, um den Ort vor jedem weiteren Versuch der Aneignung zu schützen, aufgespannte weiße Planen, das alles bewacht von einer Sicherheitsfirma. Das ist also aus Paris geworden. Eine Stadt, die es nicht versteht, Menschen zu empfangen, eine Stadt, die es nicht versteht, sich zu öffnen, eine Stadt – aber natürlich betrifft es das ganze Land –, die Angst hat. In Wahrheit fragil ist.

Am Abend, auf einer luftigen Avenue, in der die wohlhabenden Leute leben, waren die Restaurants und Cafés gut gefüllt. Alle plauderten friedlich miteinander. Wussten sie nichts von dem, was ich gesehen hatte? Oder taten sie so als ob? Konnte, wer mich ansah, wissen, was ich dachte? Der Schein kann trügen, aber an diesem Tag kam mir Paris wie eine Stadt vor, die aus mehreren unverbundenen Städten bestand, mir war, als müsste ich, um von einer zur anderen zu gelangen, Grenzen, Zollgrenzen überschreiten und andere Sprachen sprechen.

Inzwischen wurde das Lager – ist das das richtige Wort? Jedenfalls wird es verwendet – von Stalingrad geräumt und die Bürgersteige sind erneut leer. Eine ständige Bewegung. Denn schon kurz darauf, nur etwas weiter weg, füllen sie sich wieder. Beeindruckend, diese spontane Errichtung von ganzen Dörfern, diese unmittelbar entstehende Solidarität, diese Menschen, die auf etwas warten – auf eine Zukunft?

Ich weiß nicht, wann es begonnen hat. Aber es ist Jahre her, fünfzehn Jahre vielleicht oder mehr, dass die Leute angefangen haben, die Straßen zu belagern. Leute? Belagern? Ich bin mir dieser sprachlichen Approximationen durchaus bewusst. Sagen wir, am Anfang gab es ein paar Menschen, die draußen schliefen und die man damals als SDF – Obdachlose – bezeichnete, als Menschen ohne festen Wohnsitz. Sagen wir, als ich Adornos Satz über die Lager als einer Art Vorgeschmack auf das künftige Leben, über die zweite Hälfte des 20. Jahrhunderts als das der provisorischen Unterkünfte las, fand ich ihn prophetisch – aber was soll man dann von diesem beginnenden 21. Jahrhundert halten? Gefangenen-, Auffang-, Internierungslager, in denen man die Flüchtlinge sammelt. Unterkünfte. Wie viele Millionen Personen leben in diesen Provisorien? Und um auf Paris zurückzukommen: Es dauert nicht mehr lange, bis man in jeder Straße nicht mehr nur Leute sieht, die mit einem Pappbecher für Almosen und einem Schild auf dem Bürgersteig sitzen, auf dem schlecht geschriebene, falsch buchstabierte Wörter stehen – ich habe Hunger, für meine Kinder, bitte –, bis man nicht mehr nur sitzende Leute, sondern in jeder Straße eine Gestalt unter einer Rettungsdecke, in einem Schlafsack liegen sieht, daneben etwas Nahrung und Plastiktüten, jeden Abend, jeden Morgen, und am Nachmittag ein paar Habseligkeiten, die mit einer behelfsmäßigen Plane zugedeckt sind, um sie vor begehrlichen Blicken zu schützen. Denn jene, die fast nichts mehr haben, besitzen immer noch Dinge, die ihnen gestohlen werden könnten. Die Straße ist kein Ort des geselligen Miteinanders. Und ich spreche hier nicht von Familien, die in Autos leben, weil sie sich die Mieten nicht mehr leisten können. Und durch diese Geisterstadt, die unaufhörlich weiter wächst, gehen wir hindurch, wir, die Formulare ausfüllen können, auf denen wir ohne Zögern unsere Adresse eintragen, als wäre dies eine Selbstverständlichkeit, als gehörte sie zu uns, als könnte sie uns nie entzogen werden, ohne recht daran zu glauben, ich meine, natürlich sehen wir, wie sie sich immer weiter ausdehnt, aber wir tun weiterhin so, als wäre nichts, als wären sie die Ausnahme und wir die Regel, während das Pendel ganz allmählich zu ihrer Seite ausschlägt.

Fragil – wenn ich dieses Wort höre, denke ich an diese Schattenstadt. An die Gefahr, die zunächst unsichtbar war oder, besser gesagt, kaum sichtbar und die nun Gestalt annimmt – sagt man nicht von den Abgeschobenen, dass sie an den Rand gedrängt werden, an den Straßenrand? Nun, inzwischen bewohnen sie den Straßenrand. Und sie sind die Ankündigung, das Bild, die Metapher der Gefahren, die wir auf uns zukommen sehen, ohne sie wirklich kommen zu sehen, und die ihren Weg deutlich sicherer fortsetzen als wir, die wir ihn mit geschlossenen Augen auf einem vorgezeichneten Weg zurücklegen.

Die Gesellschaft zerfällt, Europa zerfällt, Mauern ersetzen allmählich die Brücken, und Wörter wie Verkehr und Fluss werden bald ungebräuchlich werden oder auf ein goldenes Zeitalter verweisen, nach dem die Welt sich einst zurücksehnen wird.

Ich erinnere mich an eine Lektüre in den siebziger Jahren, ich glaube, es war ein Roman von Doris Lessing – hast Du ihn gelesen? –, die *Memoiren einer Überlebenden*. Er beschreibt eine Gesellschaft, in der Jugendbanden London in Besitz nehmen. Die Bewohner fliehen aus einer Stadt, in der Gewalt und Chaos herrschen. Zu jener Zeit war Gewalt auf den Straßen noch ein marginales Phänomen, zu jener Zeit lebten in Paris nur jene unter den Brücken, die man Clochards nannte. Aber Doris Lessing hatte den sich abzeichnenden Niedergang vorhergesehen, und ist es nicht das Wesen der Literatur, das Unsichtbare in sich zu bergen oder besser gesagt das, was noch nicht sichtbar ist, aber erahnt werden kann, wenn man ein Auge und ein Ohr für das hat, was sich um einen herum ereignet? Denn der Schriftsteller ist ein Leuchtturmwärter, der von seinem Turm aus Wache hält, ringsumher das Meer absucht und als Erster jenes Boot entdeckt, das Schiffbruch erleiden wird. Er kann nicht einschreiten, aber er schlägt Alarm, in der Hoffnung, gehört zu werden und dass von der Küste Rettungsboote entsandt werden – auch wenn der Schriftsteller, wie bei Doris Lessings Roman, oft nichts verhindern kann, bleibt er doch für die Zukunft Zeuge dieser Wachsamkeit, die die nachfolgenden Autoren, die nachfolgenden Leser anspornt, noch genauer hinzusehen und noch genauer hinzuhören.

Paris, der 14. Oktober 2016

Liebe Ruth,

ich hatte diese Worte, diese Gedanken aufgeschrieben, um sie nicht zu vergessen, wenn ich auf Deinen Brief antworten würde, aber Dein Brief ist nicht gekommen, und so erlebe ich die Merkwürdigkeit dieses Schweigens. Fragil ist auch die Kommunikation zwischen den Menschen. Eine Verbindung deutet sich an, ein Briefwechsel – aber die Umstände des Lebens führen dazu, dass nichts jemals sicher ist. Ich hoffe, es geht Dir gut. Ich hoffe, dass diese Verzögerung auf nichts Ernstes, auf keine Gesundheitsprobleme hindeutet, sondern nur auf einen übervollen Zeitplan. Ich hoffe, Du nimmst es mir nicht übel, dass ich Dir auf diese etwas persönliche Weise schreibe. Wir leben so, als wäre alles selbstverständlich, als wäre jeder Tag die Folge der vorangegangenen, als könnte nie etwas infrage gestellt werden. Es ist eine Notwendigkeit – die Notwendigkeit beruhigender Gewohnheiten – und zugleich eine Behinderung. Eine Art und Weise, die Vergangenheit etwas häufiger zu betrachten als die Zukunft. Wurde nicht auch Europa auf der Vergangenheit anstatt auf der Zukunft errichtet? Ist dies nicht die Erbsünde, die ihr heute diese Einschränkungen auferlegt? Natürlich gab es ursprünglich ein Zukunftsziel, das europäische Aufbauwerk hieß es. Die Vereinigung der Länder eines Kontinents. Aber auch wenn einige eine föderalistische Vision hatten und den Wunsch hegten, die Grenzen aufzuheben, so gründete sich dieser Aufbau doch vor allem auf eine Negierung – Nie wieder Krieg! – mit Bezug auf die Vergangenheit. Und nachdem man sich mit dieser Negierung, mit diesem Bezug auf die Vergangenheit und einer relativen Freizügigkeit der Waren, Güter und Menschen begnügt hatte, nachdem dieser Bezug obsolet geworden war – denn der Krieg zwischen den europäischen Ländern lag glücklicherweise weit zurück –, war es da nicht unvermeidlich, dass der europäische Gedanke für die meisten Leute hohl klingen würde?

Wir leben heute so, als wäre alles selbstverständlich, als wäre der vergangene Tag das Modell für die kommenden Tage. Als könnte jedes angefangene Ding immer zu Ende geführt werden. Das Schweigen ist wie eine unsichtbare Mauer, an die sich das Denken, die Sprache stoßen. Plötzlich erkennt man die Eitelkeit der Dinge, die man so oft zu verdrängen sucht. Plötzlich fehlt etwas, und die Leere dehnt sich aus. Dies gilt für einen Freund, der kein Lebenszeichen mehr von sich gibt, ebenso wie für eine endende Liebe – wie auch für einen vorübergehend unterbrochenen Briefwechsel. Ja, ich hoffe, es geht Dir gut, und wäre beruhigt, Deine Antwort zu erhalten.

Herzlichst,
Cécile

Zürich, 16. Oktober 2016

Liebe Cécile,

wieder (wie schon bei meinem ersten Brief) bin ich langsam; so langsam, dass *Dein* zweiter Brief da ist, bevor ich dir den *meinen* zweiten geschickt habe. Danke dafür, dass Du unseren Dialog fortsetzt – Du sprichst von der Stille als unsichtbarer Mauer, an der das Denken, die Sprache abprallt, wenn ein Dialog abbricht. Die Leere, die Stille, die sich ausbreitet, verletzt – sie kann allerdings, wie Du in Deinem ersten Brief geschildert hast, auch eine Folge sein von Verletzungen; ich will also versuchen, Dir endlich zu antworten, liebe Cécile, damit diese betäubende Leere sich nicht länger ausbreitet zwischen uns, obwohl dieser Dialog auch anstrengend ist für mich; anstrengender, als ich gedacht habe zu Beginn, weil die fast täglichen medizinischen Behandlungen (am 2. November habe ich die letzte Bestrahlung) mich und meine physischen, gedanklichen und emotionalen Kräfte tatsächlich mehr in Beschlag nehmen, als mir lieb ist –

Zunächst geht es also zurück in der Zeit – das scheint mir übrigens auch eine Qualität dieses mehrmonatigen Austauschs unter AutorInnen verschiedener europäischer Länder zu sein: Man kann nachlesen, wie Wahrnehmungen und Einschätzungen sich verändern, sich ausdifferenzieren oder verfestigen im Laufe der Zeit, anders als in einem Essay, der versucht, in sich konzis und kohärent zu sein. In diesen Dialogen bilden sich auch Prozesse ab, nicht nur Ergebnisse.

Zürich, 12. September 2016

Liebe Cécile,

bevor ich auf Deinen Brief eingehe – hab herzlichen Dank dafür! –, drängt es mich, über etwas Aktuelles zu schreiben: »Hunderttausende von Flüchtlingen greifen das Sicherheitsgefühl in Deutschland an«, so lautete am 9. September 2016 eine Bildlegende in der *NZZ*. Der zugehörige Artikel – zum Jahrestag der so genannten »Willkommenskultur« – war durchaus nicht in polemischem Ton verfasst; umso eigentümlicher mutete mich dieser Satz an, der in meinem Kopf sogleich das Bild einer Schlacht evozierte, ein mit Speeren bewaffnetes Flüchtlingsfußheer, das auf eine Art Riesenpuppe zielt, ein groteskes Gebilde aus rosafarbenen Ballons, die alle mit »Sicherheitsgefühl« beschriftet sind. Keine Frage, sämtliche Ballons werden im nächsten Moment platzen; das »Sicherheitsgefühl« ist zerstört.

Was aber war auf dem Foto über dieser Bildlegende tatsächlich zu sehen? Rund ein Dutzend Menschen, die irgendwo draußen herumstanden, in städtischer Umgebung; etwas verloren wirkten die meisten, als warteten sie auf die nächsten Anweisungen, was sie höchstwahrscheinlich auch taten. Im Vordergrund war ein freundlich dreinblickender junger Mann zu sehen, der ein Kleinkind in den Armen hielt. Was also sollte die Bildlegende den Zeitungsleserinnen zu verstehen geben? Passen Sie auf: Das freundliche Lächeln ist nur eine Fassade?; denn selbst freundlich lächelnde Menschen »greifen das Sicherheitsgefühl an«?

Ich war empört, und beinahe noch empörter war ich darüber, dass in den zahlreichen Leserkommentaren sich niemand mit mir empörte. Die Leserinnen und Leser empörten sich über anderes, über Angela Merkels »Wir schaffen das« und über den etwas diffusen Artikel, der unter anderem davon sprach, dass die Ängste in der Bevölkerung grundsätzlich nicht mit einer erhöhten Kriminalitätsrate von Flüchtlingen korrelierten.

Ich habe in meiner Empörung versucht, eine alternative Bildlegende zu verfassen: »Laut Umfragen fühlen sich viele Bewohnerinnen und Bewohner Deutschlands verunsichert durch die Aufnahme Hunderttausender Migranten, die letztes Jahr aus Kriegs- und Krisengebieten geflohen sind.« Oder: »Eine Mehrheit der Menschen, die schon länger in Deutschland leben, fühlt sich bedroht von den vielen Neuankommenden, von denen die meisten Muslime sind.« Oder: »Ein großer Teil der Bevölkerung ist verunsichert, weil im letzten Jahr deutlich mehr Migranten nach Deutschland kamen als in den Jahren zuvor.«

Dann gab ich auf. Das alles taugte nichts, es klang nach politisch korrektem Schwachsinn, an dem ich so langsam verzweifelte. Ich hatte mir doch solche Mühe gegeben, genau zu sein, aber was dabei herauskam, beelendete mich. Aber weshalb? Irgendwann begriff ich: Der Fokus ist verkehrt. Der Fokus richtet sich auf die Ängste der deutschen Mehrheit, nicht auf die realen *Gefahren* – die den Flüchtlingen in Deutschland mindestens ebenso sehr drohen wie den sogenannt Einheimischen, mal ganz abgesehen von den Gefahren, der eine überwältigende Mehrheit der Flüchtlinge gerade erst entronnen ist (und was gar nicht erst ins Blickfeld gerät, sind die Ängste der Flüchtlinge).

Nicht alle Ängste sind irrational. Irrationale Ängste aber soll man nicht ernst nehmen, sondern sie als irrational bezeichnen. Und den Menschen, die ihren irrationalen Ängsten mehr vertrauen als den realen Verhältnissen, könnte man sagen, dass sie lernen müssen, ihre Ängste zu sich zu nehmen und mit ihnen zu leben; dass es niemanden gibt, der sie davon befreien oder sie davor schützen kann.

Vielleicht wäre das eine vordringliche Aufgabe der Politik: den Bürgerinnen und Bürgern nicht mehr die Lösung aller »Probleme« zu versprechen, sondern Menschen darin zu bestärken – ohne die sozialen Errungenschaften infrage zu stellen –, dass sie mit lösbaren und unlösbaren Problemen leben können.

Zürich, 19. September 2016

Liebe Cécile,

nun also: Hab herzlichen Dank für deinen (ersten) Brief, der weiter ausholt und die von mir angetippten Phänomene in größere historische Zusammenhänge stellt. Nebst Beobachtungen aus Deinem Quartier – die ersten Reisebusse mit Touristen aus dem Iran, die gespenstische Stille in den Strassen von Paris am 14. November 2015 – entnehme ich Deinem Brief vor allem die Sorge, dass wir im Namen der Sicherheit zu falschen, ja fatalen Maßnahmen greifen, wie sie sich in Frankreich etwa am fortgesetzten »Ausnahmezustand« versinnbildlichen, der ja gleichzeitig, wie du eindringlich beschreibst, eine höchst reale Ebene hat: Die Pariser Straßen sind von Polizei und Militär beherrscht, die Schulen seit Neustem ebenso von Polizisten bewacht wie die Moscheen und seit vielen Jahren schon die Synagogen. Die allgegenwärtige Überwachung als Teil der Landschaft – man müsste sich die unsichtbare Überwachung (von E-Mails, SMS und Telefongesprächen) als hoch komplexes, ständig wachsendes Netzwerk unbedingt dazu denken. Dein Gefühl des Unbehagens kann ich sehr wohl nachempfinden. Ich würde sogar sagen, ich teile es, vor allem wenn es um die Überwachung privater Räume und Handlungen geht. Denn mit dem drohenden Verlust von Privatheit schwindet letztlich auch der Handlungsspielraum des Individuums. Dieser aber ist Voraussetzung für die Übernahme von Verantwortung, für sich selbst und die Gesellschaft, in der man lebt. Wer diesen Spielraum ohnehin bedroht sieht, überlässt sich womöglich leichter einem totalitären Regime, dessen Attraktion genau in der völligen Suspension der Verantwortung des Einzelnen für sich selbst besteht.

Dass ich von meinen London-Erfahrungen mit den vielen Sicherheitskontrollen (und dem entsprechenden Personal) geradezu geschwärmt habe, muss Dir deshalb merkwürdig vorkommen. Es kommt auch mir ein bisschen merkwürdig vor. Ich denke, was mich für die »Londoner Lösung« eingenommen hat, waren zwei Dinge: Zum einen wirkten die Polizistinnen und Polizisten auf mich (und Orell) in keiner Weise bedrohlich; mehrfach habe ich den einen oder die andere nach dem Weg gefragt, stets wurde mir bereitwillig und freundlich Auskunft erteilt. Zweitens – so meine Wahrnehmung – entspricht die Zusammensetzung des Polizei- und Wachkorps (zumindest was die äußeren Merkmale angeht) in etwa der Zusammensetzung der britischen Bevölkerung; ganz anders als zum Beispiel in der Schweiz. Ich habe in meinem Bekanntenkreis eine kleine Umfrage gemacht: Während in jeder stadtzürcher Schulklasse tamilische, indische, somalische, chinesische Kinder sitzen, sind die Polizistinnen und Polizisten in der größten Schweizer Stadt noch immer weiß. Sicher (hoffentlich!) nicht alle, aber doch beinahe alle. Und wie viele Muslime gibt es wohl unter den Polizisten? Meine Internetrecherche mit den Stichworten »Polizeikorps, Schweiz, Muslime«, führt nicht zu Polizistinnen und Polizisten muslimischen Glaubens, sondern zu zwei Zeitungsberichten über Polizisten ohne Schweizer Staatsbürgerschaft, etwas, das in immerhin vier Schweizer Kantonen möglich ist. Am längsten, seit 1997, in Basel, wo man damit »sehr gute Erfahrungen« mache. So waren 2013 in Basel ein Ghanaer und ein Türke als Polizisten unterwegs, dazu ein paar Deutsche, Franzosen, Italiener.

Wie steht es damit in Frankreich? Dürfen Nicht-Franzosen im Polizeidienst arbeiten?

Auch in Zürich denkt Stadtrat Wolff nach über Polizisten ohne Schweizer Pass, mit dem erklärten Ziel, damit die Wohnbevölkerung besser abzubilden. Denn fast ein Viertel der ständigen Wohnbevölkerung der Schweiz besitzt keinen Schweizer Pass. Und von den rund 450 000 hier lebenden Muslimen ist gar nur ein Drittel eingebürgert. Warum das so ist, darüber gehen die Meinungen natürlich auseinander. Wollen viele Ausländerinnen und Ausländer gar nicht eingebürgert werden, oder ist die Einbürgerungspraxis allzu restriktiv? Die Hürden sind tatsächlich hoch; finanziell, organisatorisch und in Bezug auf die Anforderungen (mindestens 12 Jahre Wohnsitz in der Schweiz, gute Sprach- und Landeskenntnisse, wirtschaftlich stabile Situation, soziale Integration etc.) – wenn ich dagegen an das lockere Gespräch denke, das mich, eine in der Schweiz lebende Ehefrau eines in der Schweiz lebenden Auch-Franzosen, zur Auch-Französin machte!

Dass sich in der Zusammensetzung des Polizeicorps, der Lehrerschaft, der gewählten PolitikerInnen, aber auch in der Besetzung von Fachgremien und wichtiger öffentlicher Ämter die Zusammensetzung der Bevölkerung einigermaßen spiegeln sollte – diese Forderung ist nicht neu, umgesetzt wird sie indessen kaum. Am Sichtbarsten (und ganz ohne Zwang!) wohl im Männer-Fußball, in der Zusammensetzung der Schweizer Nationalmannschaft, die ohne (eingebürgerte) Spieler mit »Migrationshintergrund« niemals so erfolgreich wäre.

Im Magazin des *Tages-Anzeigers* war kürzlich die Geschichte eines 41-jährigen Psychiaters zu lesen, der 1975 als Kind jugoslawischer »Gastarbeiter« in Deutschland zur Welt kam, dort die Schulen besuchte, studierte und nun seit vielen Jahren in der Schweiz lebt und arbeitet. Er wollte sich einbürgern lassen – und musste dabei feststellen, dass es in der Schweiz keine Möglichkeit gibt, einen Namen mit -ic' in amtlichen Dokumenten korrekt zu schreiben. Das c' (auch ich bringe es nicht korrekt hin, das diakritische Zeichen müsste direkt über dem c stehen) ist im offiziellen Datensatz nicht enthalten, im Unterschied zu vielen anderen diakritischen Zeichen. Der Psychiater stellte fest, dass Einwanderer aus Spanien, Norwegen, Dänemark, den Färöer Inseln, wollen sie Schweizer werden, die Schreibweise ihres Namens problemlos beibehalten können, während dies für türkische, rumänische, kroatische usw. Einbürgerungswillige nur bedingt gilt. So wurden mehr als 100 000 Neuschweizer, die sich seit 1991 einbürgern ließen und deren Namen auf -ić endete, faktisch gezwungen, ihren Namen auf -ic zu ändern. Der Psychiater fragte sich zu Recht, warum sich in all den Jahren niemand zur Wehr gesetzt hatte. Sein ernüchterndes Fazit, nachdem er sogar die zuständige Bundesrätin angeschrieben hatte: Der Kampf lohnt sich nicht; er ist nerven- und zeitraubend, bringt aber nichts. Das Problem sei bekannt, beschied ihn nämlich die Bundesrätin, aber eine Lösung zu teuer und deshalb nicht vorgesehen.

Ich kann diese Haltung nicht nachvollziehen, sie scheint mir letztlich respektlos.

Vielleicht sollten wir alle, wie kürzlich jemand vorschlug, unsere Namen selber wählen können; denn Tatsache ist, dass Menschen, deren Namen auf –ić endet (ob mit oder ohne Akzent!) in der Schweiz (und sicher auch anderswo) bei der Lehrstellen-, Arbeits- und Wohnungssuche deutlich benachteiligt sind; das haben mehrere Untersuchungen gezeigt. Aber ist diese Namensfrage überhaupt von Bedeutung angesichts einer existenziellen Not, von der Du erzählst? Von Menschen ohne Dach über dem Kopf, ohne Adresse; Menschen, die auf der Straße leben oder im Auto? (Du siehst, ich habe in der Zwischenzeit Deinen zweiten Brief gelesen, während ich aus verschiedenen Gründen nicht weiterkam mit der Antwort auf deinen ersten Brief).

In dieser Namensfrage liegt natürlich mehr: Das Verhältnis von Tradition, Herkunft, Zugehörigkeit zu (Selbst)Entwurf, Zukunftsfähigkeit, Wahlfreiheit. Es sind Verhältnisse, die immer wieder neu verhandelt werden müssen: Was prägt mich; was kann und möchte ich mitnehmen und weitergeben von meinem Erbe; was eher nicht, und wie kann ich dieses Erbe so transformieren, dass es mich nicht erdrückt, sondern trägt; wie viel Freiheit also habe ich in der Gestaltung meiner Gegenwart und Zukunft? Diese Fragen stellen sich sowohl für ein Individuum wie auch für ein komplexes Gebilde wie die EU.

Zürich, 11. November 2016

Liebe Cécile,
Donald Trump ist gewählter Präsident der USA. Und das wurde er unter anderem mit dem Slogan: »Make America great again«, also einer rückwärts gewandten Utopie (wie sie auch in seinen sexistischen und rassistischen Äusserungen aufscheint). Aus »Yes, we can« ist »Because I can« geworden – auf diese schlüssige Formel bringt Mauro Guarise in seinem Facebook-Eintrag die US-Wahlen; aus einem in die Zukunft gerichteten, handlungsfähigen »Wir«, das sich aus Millio-

nen Menschen formierte, wurden Millionen rachsüchtiger Ichs. Wie konnte das geschehen?

Max Frisch stellte 1966 fest: »Die Schweiz begreift sich als etwas Großartig-Gewordenes, nicht als etwas Werdendes. Fast hat man den Eindruck, dass Zukunft überhaupt als etwas Bedrohliches empfunden wird. Daher immer und immer der Begriff der Verteidigung, der Abwehr.« Damit formulierte er eine Geisteshaltung, die ich in der Tat für problematisch halte, nämlich – siehe oben –eine rückwärtsgewandte Utopie. Frisch nahm in seiner Analyse natürlich Bezug auf die sich verändernde Zusammensetzung der Bevölkerung durch die sogenannten »Gastarbeiter« (Max Frisch prägte bekanntlich auch den Satz: »Wir haben Arbeitskräfte gerufen, und es kamen Menschen«), die von vielen Schweizern als Bedrohung des »Schweiztums« empfunden wurden, was u. a. zur fremdenfeindlichen Schwarzenbach-Initiative führte, die 1970 relativ knapp abgelehnt wurde. Wäre sie angenommen worden, hätten rund 300 000 Menschen die Schweiz verlassen müssen – ein Schicksal, das nun mit Präsident Trump rund 3 Millionen Menschen in den USA droht. Ich selber kann mich allerdings nicht an nostalgische Heimatgefühle erinnern, sondern an eine kindliche Fortschrittsgläubigkeit, die ein erstes Mal erschüttert wurde durch die Ölkrise, deren sichtbarer Ausdruck die autofreien Sonntage waren (die ich wiederum großartig fand). Du fragst dich, ob nicht das Selbstverständnis der EU zu rückwärtsgewandt sei und ob es nicht zu sehr einer Negation – »Nie wieder Krieg« – verpflichtet sei. Du berichtest von einem Paris, das in mehrere Städte zerfällt, die nicht miteinander verbunden sind, von einer Schattenstadt auch und ihren Bewohnern, die zur Bedrohung werden; Du schreibst von Adorno, der die Konzentrationslager als Vorgriff einer allgemeinen Entwicklung sah – vielleicht müsste man neben die Flüchtlingslager, die Aufnahme- und Ausschaffungszentren auch die »Gated Communities« stellen, all jene Orte, die Menschen nicht ein-, sondern aussperren; beides geht Hand in Hand, scheint mir; Du beschreibst die Obdachlosen in Paris als Vorboten einer Zukunft, in der sie in der Mehrheit sein könnten. Du sprichst von einem Europa, das auseinanderfällt.

Tatsächlich scheint es schwierig geworden zu sein, sich Zukunft überhaupt vorzustellen. Je komfortabler auf der einen und je krisenhafter auf der anderen Seite unsere Gegenwart geworden ist, desto weniger Wünsche sind mit der Zukunft verbunden; viel eher geht es darum, Schlimmeres zu verhindern und bestenfalls Vorhandenes zu konservieren. Utopien gibt es, so scheint mir, am ehesten im Bereich der Technik: selbstfahrende Autos, die Besiedlung des Mars, der Bau künstlicher Inseln, der flächendeckende Einsatz von Robotern, immer noch smartere Geräte. Wozu die dienen – außer zur (Selbst-)Überwachung –, welche sozialen und gesellschaftlichen Fortschritte damit erzielt werden sollen, darüber findet kaum ein Diskurs statt. Es scheint, als läge es allein an den technischen Entwicklungen, wie wir den größten Herausforderungen begegnen, so etwa der Klimaerwärmung (und den Flüchtlingen, die sie generiert). Das aber ist meines Erachtens fatal. Insofern sind die Obdachlosen in Paris ganz sicher die Vorboten einer Zukunft; es sei denn, wir lernen, wieder mit deutlich weniger Wohnraum auszukommen.

Auch wenn ich Deinem düsteren Bild, Deinen erschütternden Beobachtungen wenig entgegensetzen kann, versuchen will ich es trotzdem. Worauf wir – Antje Rávic Strubel, Kathrin Röggla und ich – anlässlich von drei Veranstaltungen zu unserem Fragile-Projekt auf der Frankfurter Buchmesse immer wieder kamen: Dass die Suche nach dem *einen* »Narrativ« für Europa oder die EU keinen Sinn macht; dass wir vielmehr lernen müssten, mit unterschiedlichen, ständig sich verändernden Narrativen zu leben. Nur so ist Zukunft, oder sind Zukünfte!, denk- und vorstellbar. Diese sich verändernden Narrative müssen auch zu sich verändernden Verhältnissen führen können. Schlagwort dazu: »Die Demokratie demokratisieren«. Auf der Basis des Grundgesetzes, der Menschenrechte selbstverständlich. »Wir alle sind Zürich« – so heißt eine noch junge Bewegung, die nach Formen der Mitgestaltung der politischen und gesellschaftlichen Verhältnisse auch für Nicht-CH-BürgerInnen sucht. »Alle, die da sind und noch kommen werden« – so lautet der »Untertitel« dieser Bewegung, und in diesem Selbstverständnis steckt tatsächlich einiges an Zukunft. An lebenswerter Zukunft. Dass es anstrengend und auch schwierig ist, eine solche Zukunft mit »allen, die da sind und noch kommen werden« zu verhandeln und zu gestalten; dass dies von jedem Einzelnen, jeder Einzelnen einiges an Mut, Einsatz und Kraft erfordert, darauf hat Carolin Emcke, die diesjährige Preisträgerin des Friedenspreises des deutschen Buchhandels, in ihrer Dankesrede hingewiesen. In Anlehnung an eine Passage aus Hannah Arendts Vita Activa rief sie leidenschaftlich dazu auf, sich einzuschalten in die Welt, immer wieder; die »zweite Geburt« als lebenslange Aufgabe und Möglichkeit, Verantwortung zu übernehmen.

Liebe Cécile,
Ich hoffe, du verzeihst mir mein langes Schweigen; vielleicht sehen wir uns ja in Paris; ich bin bis zum 21. November hier.

Alles Liebe
Herzlich
Ruth

Paris, den 9. November 2016

Liebe Ruth,
ich beginne diesen Brief an einem deutschen Gedenktag, dem sogenannten Schicksalstag, Ausrufung der Weimarer Republik 1918, Pogromnacht 1938, Mauerfall 1989. Für das Jahr 2016 wird er als der Tag in Erinnerung bleiben, an dem die USA Donald Trump gewählt haben. In zehn, fünfzehn Jahren wird dieses Ereignis vielleicht nicht mehr als solches betrachtet werden. Donald Trump wird sich vielleicht, nachdem er an die Macht gelangt ist, ähnlich wie Ronald Reagan, bloß als guter Stratege entpuppen, er wird vielleicht nicht schlimmer als Bush junior sein, was allerdings schon schlimm genug wäre ... Aber vielleicht ist diese Wahl auch eine weitere Etappe auf dem Weg, den die Welt seit einiger Zeit eingeschlagen hat. Nach Orban in Ungarn, nach dem PiS in Polen, den siegreichen Populisten in ganz Europa, der AfD in Deutschland und dem Front National in Frankreich, der weiter auf dem Vormarsch ist.

Jedes Mal heißt es zunächst – zumindest gilt dies für Frankreich sowie für das, was sich anscheinend in den USA ereignet hat –, das sei nicht schlimm, die Wahl sei nur Ausdruck eines Protests. Seit Langem stimmen der öffentliche Diskurs und die Presseanalysen darin überein, dass die Leute den Front National nicht etwa aus Überzeugung wählen, sondern bloß, um gegen das System zu protestieren. Ich habe nie begriffen, wie man eine solche Unterscheidung treffen kann, zumindest nicht im Hinblick auf die Wahlurnen und die Stimmenauszählung. Ganz gleich, ob die Wahl aus Protest oder aus Überzeugung erfolgt, die Stimmen werden am Ende addiert. Und wie sich vorhersehen ließ, hat man letztlich festgestellt, was sich immer deutlicher abzeichnete: Die Wahl erfolgte aus Übereinstimmung mit den politischen Ideen. Dasselbe gilt derzeit für die USA. Man erklärt uns, Trumps Wahl sei in erster Linie als Ablehnung Hillary Clintons zu verstehen, als Ablehnung des Systems und weniger als Übereinstimmung mit der Person Trump. Das mag sein, aber es bringt uns nicht weiter. Im Januar wird trotz alledem Trump der nächste amerikanische Präsident sein.

Gestern habe ich in der Bibliothèque Nationale de France an einem Runden Tisch zum Gedenken an den 100. Geburtstag von François Mitterrand teilgenommen. Der Abend war dem Thema Mitterrand und die Bücher gewidmet. Alle Beiträge mündeten in die Feststellung, dass die Zeiten sich geändert haben, nicht nur die Zeiten, sondern auch die Welt. Jene Welt, in der die Literatur und Kultur noch von Belang waren, eine selbstverständliche Rolle spielten, ist einer Welt gewichen, der der Sinn abhanden gekommen ist – in der einst Offenkundiges bedeutungslos geworden ist.

Literatur ist keine Selbstverständlichkeit mehr, Sprache ist technisch, technokratisch geworden, die Sprache der Politik hat alle Macht der Beschwörung verloren – und zwar weil es der Politik an Visionen mangelt. Wenn sie eine Vision hat, ist diese rechtsextrem, albtraumhaft.

Auf die regelmäßig wiederkehrende Frage, was die Literatur denn überhaupt auszurichten vermag, habe ich bis heute immer erwidert, dass die Literatur sehr viel vermag. Sie kann das Bewusstsein aufrütteln, Bestandsaufnahmen machen, helfen, Situationen besser zu verstehen. Bis zu dem Text, den ich einige Monate nach dem Januar, nach dem November 2015 geschrieben habe – den Anschlägen von Paris –, über die Notwendigkeit andere Worte zu lesen als die, die ständig von den Medien wiedergekäut werden, die Worte der Literatur und des Denkens. Auch wenn ich bis heute die Notwendigkeit sehe zu lesen und zu schreiben, zweifle ich doch an ihrer unmittelbarer Wirkung, sie verfügt eher über eine Art Langzeitwirkung – der Bildung, der Schule kommen eine herausragende Rolle zu, denn eine Gesellschaft, die den Menschen nicht die Fähigkeit vermitteln kann, sich ein eigenständiges Urteil zu bilden, ist dazu verdammt, sich den schlimmsten Abenteurern auszuliefern.

Paris, den 21. November 2016

So habe ich also angefangen, einige der Gedanken aufs Papier zu werfen, die mir im Laufe der Zeit gekommen sind, als ich Deinen Brief erhalten habe, der mancherlei Fragen aufwirft und mancherlei interessante Überlegungen anstellt, einen Brief, den ich vor Augen habe, während ich Dir antworte.

Du sprichst über Worte, die von einem bedrohten Sicherheitsgefühl zeugen, während die Bilder eine ganz andere Sprache sprechen und beweisen, dass die gefürchtete Bedrohung nichts mit der Wirklichkeit zu tun hat. Vor einem Monat habe ich in Dresden an einer Tagung zu dem Thema *Migration und Medien* teilgenommen, und es war kein Zufall, dass sie in einer Stadt veranstaltet wurde, in der die Pegida-Demonstrationen ihren Ausgang genommen haben. Ein Vortrag berichtete über die Atmosphäre in Polen, seitdem die PiS an der Macht ist. Es wurden Titelblätter von Zeitschriften gezeigt, auf denen etwa Angela Merkel in Burka oder eine polnische Supermarktkette mit arabischer Leuchtschrift zu sehen waren – in einer Zukunft, die im Jahr 2030 angesiedelt war. In Polen gibt es derzeit keine Migranten, und die muslimische Religion ist weitgehend inexistent. Aber die Angst existiert sehr wohl. Mir wurde klar, dass dort, wo die Lebensweise am traditionellsten ist, wo das Leben am wenigsten dem ähnelt, was man im Fernsehen sieht, die Angst am größten ist, es könnte sich an dieser Lebensweise etwas ändern. Die Willkommenskultur in Deutschland ist das Bild, das die Konservativen in Polen mit aller Macht abzuwehren suchen. Genau das wollen wir nicht, sagen sie und benutzen den Verweis auf die Zustände im Nachbarland – ein Land, vor dem man überdies schon immer Angst hatte –, um die eigene Angst zu rechtfertigen. Aber die Angst, die im 20. Jahrhundert eine Angst vor Expansion, Intoleranz und Rassismus war, ist im 21. Jahrhundert umgeschlagen in eine Angst vor der Willkommenskultur und der Toleranz des Nachbarn.

Die von Dir beschriebene Diskrepanz zwischen den Ängsten und den realen Verhältnissen lässt mich an eine aktuelle Ausstellung in Paris über das Mittelalter denken. Die sogenannte Invasion der Barbaren war, abgesehen von den Hunnen, eine Völkerwanderung, die sich sehr langsam, über Jahrhunderte hinweg, vollzogen hat. Entsprechend könnte die heutige Flüchtlingswelle in einigen Jahrhunderten ebenfalls als Invasion der Barbaren bezeichnet werden. Leider gibt es einige Leute, die dieser Darstellungsform bereits sehr nahe kommen.

Du fragst mich, ob Polizisten in Frankreich anderer Herkunft sein dürfen. Im öffentlichen Dienst muss man Franzose sein, um rekrutiert werden zu können. Aber unsere Kolonialvergangenheit hat zur Folge, dass Menschen unterschiedlichster Herkunft im Polizeidienst sind und man in die »schwierigen« Viertel lieber Polizisten mit Migrationshintergrund schickt, deren Wurzeln in Nord- oder Schwarzafrika liegen. Es gibt hier also eine höhere Diversität, wie es jetzt heißt, als in der Schweiz.

In Deinem Brief gibt es so vieles, auf das ich gern eingehen möchte. Auf die Namensfrage etwa, die Unmöglichkeit einen Namen mit der Endung -ić statt -ic zu buchstabieren; zweifellos ist das Zugehörigkeitsgefühl nicht dasselbe, wenn der Name geändert werden muss. Dies berührt mich insofern, als ich seit jeher gezwungen bin, meinen Namen zu buchstabieren, sobald ich ihn nenne. Die Konsonantenfolge ist für einen Franzosen schwer nachvollziehbar. Und wenn in Frankreich ein Name schwierig ist, heißt das nicht etwa, dass man sich bemühen muss, seine Aussprache zu lernen – bewahre! –, sondern man sucht die Schuld beim Namen oder Namensträger. Warum hat er auch keinen anständigen französischen Namen wie die anderen? Ich erinnere mich an eine Rezension meines ersten Romans, die mit den Worten endete, »un nom imprononçable mais qu'il faudra retenir«, also »ein unaussprechlicher Name, den man sich wird merken müssen«. Ich erspare Dir die Wiedergabe der ohrenzerschürfenden Aussprache, mit der ich regelmäßig konfrontiert werde. Es ist eine Erleichterung für mich, wenn ich in Deutschland bin und seine korrekte Aussprache höre, ihn normal aussprechen darf – auch wenn es bei der Schreibung manchmal hapert … Aber ich erzähle das nicht, um von mir zu reden, sondern ich will damit nur sagen, dass ich gut nachfühlen kann, wie der Alltag jener aussieht, die eine andere Herkunft haben und dies zu spüren bekommen, wenn es der Umgebung nicht darum geht, zu integrieren und willkommen zu heißen, sondern sich zu schützen und zu verteidigen.

Und so komme ich zu dem von Dir zitierten Satz von Max Frisch über die Schweiz aus dem Jahr 1966, einen Satz, der sich auf ganz Europa übertragen ließe, zumindest auf einen großen Teil davon. Etwas »Großartig-Gewordenes« statt »etwas Werdendes«. Und zu seiner Konsequenz, der Angst vor der Zukunft. Wir haben einen Teil unseres Lebens im Glauben an die Zukunft verbracht. Alle Arten von Utopien und von Kämpfen für eine gute Sache schienen möglich, vor uns lag – trotz aller Bedrohungen – ein weiter Horizont. Der Aufbau Europas, der Feminismus, ein Sozialismus mit menschlichem Antlitz, nichts davon schien in ungreifbarer Ferne zu sein. Und als der Eiserne Vorhang, als die Berliner Mauer fiel, wurde plötzlich das Ende der Geschichte ausgerufen. Auch wenn wir von diesem übereilten Urteil heute wieder abgerückt sind, stehen wir doch vor einem unerklärlichen Phänomen. In einem Moment, da ein Mehr an Europa möglich gewesen wäre, hat es einen Verlust gegeben. Hat sich Europa in seiner Erweiterung aufgelöst? Vielleicht – auch wenn ich immer den Eindruck hatte, dass man, statt die Aufnahme der osteuropäischen Staaten aus wirtschaftlichen Gründen hinauszuzögern, besser daran getan hätte, sie zu beschleunigen. Während der Aufbruchsstimmung der 1990er Jahre hielt ich mich in eben jenen Ländern auf, die voller Hoffnung waren und hohe Erwartungen an Europa hatten … Ihre Integration vollzog sich zu einem Zeitpunkt, in dem die Leute nicht mehr an Europa glaubten, nichts mehr von der ursprünglichen Begeisterung in sich trugen. Vor allem aber hat Europa etwas von seiner Seele eingebüßt. Ich könnte nicht genau sagen, was, aber es hat etwas mit einem gemeinsamen Horizont, einer gemeinsamen Perspektive auf die Geschichte, einer gemeinsamen Analyse der Vergangenheit zu tun, aus der sich Lehren für die Zukunft ziehen ließen. Was Du über Eure Diskussion in Frankfurt, über die unterschiedlichen Narrative berichtest, finde ich hochinteressant. Kannst Du mehr davon erzählen? Und habt Ihr auch über die Beziehungen zwischen diesen Narrativen und der Literatur und dem, was Ihr schreibt, gesprochen? Es scheint, als würde all dem abgeschworen, als würde man dem, was Europa einst verbunden hat, den Rücken kehren – auch seinen schlimmsten Konflikten –, damit jeder sich allein mit seinem Schicksal befassen kann, allein gegen die Welt. Wir haben einen Teil unseres Lebens damit verbracht, für eine bessere Zukunft zu kämpfen, und plötzlich schlägt das Pendel zur anderen Seite aus. Man könnte dies als Altersfrage abtun. Darauf verweisen, dass die Jugend die Zeit der Utopien ist und man mit der Zeit die Perspektive wechselt. Dass es immer noch Dinge gibt, für die es sich zu kämpfen lohnt. Umwelt, Klimaschutz, Frauenrechte, die noch lange nicht durchgesetzt sind, und viele andere Dinge. Das stimmt. Aber jene, die heute 20 oder 30 Jahre alt sind, sind ziemlich desillusioniert. Sie haben das Gefühl, die Zukunft gehöre ihnen nicht, es fällt ihnen schwer, sich eine Zukunft vorzustellen – und das alles beherrschende Gefühl ist nicht die Zuversicht, sondern die Angst. Du zeichnest ein Bild der Zukunft als eines technologischen Fortschritts, wobei Du darauf hinweist, dass es schwierig sei, sie sich auf anderen Ebenen vorzustellen. Kennst Du die britische Serie *Black Mirror*? Jede Episode spielt in einer Welt, die nur Jahrzehnte von unserer entfernt liegt, und in der ein Element unseres Alltags – Smartphones, Umwelt, soziale Netze – ins Visier genommen, auf die Spitze getrieben wird, sodass jedes Mal katastrophale Folgen entstehen. Die Serie, die auf einem sehr guten Drehbuch beruht und hervorragend umgesetzt wurde, ist nicht nur als Warnung vor einer technisierten, entmenschlichten Welt zu verstehen, sondern zeichnet ein Bild von unserer Zeit, der Angst, der Furcht, die uns überkommt, wenn wir an jene Welt denken, zu deren Entstehung wir gerade beitragen. Der Mensch auf dem Mond brachte uns zum Träumen. Dann wurden die Programme mangels ausreichender Finanzierung eingestellt. Und nun ist die Rede vom Menschen auf dem Mars, aber es geht nicht mehr ums Entdecken, ums Durchbrechen neuer Grenzen, sondern es geht um Angst, um die erhoffte Flucht von einer Erde, die aufgrund extremer Luftverschmutzung, zu hoher Temperaturen infolge des Klimawandels unbewohnbar geworden wäre. Gefahr, Bedrohung – ganz gleich in welchem Bereich, nirgends eine lächelnde Zukunft, und seit Günther Anders, dessen Bücher – purer Zufall? – derzeit wiederentdeckt werden, wissen wir, dass sich die Menschheit ihrer Prekarität (ihrer Fragilität) bewusst ist, dass die Zukunft der Menschheit nicht in Jahrtausenden, sondern womöglich in Jahrhunderten oder gar in Jahrzehnten gezählt werden muss, dass die Vernichtungsinstrumente, die wir erschaffen haben, sich unserer Kontrolle entziehen.

Am Ende dieses langen Briefes, liebe Ruth, würde ich gern wissen, wie ihr, im Rahmen dieser Diskussionen in Frankfurt, oder wie Du, persönlich, über die Rolle der Literatur in diesen Zeiten der Fragilität denkst, wie Du ihre Rolle siehst in dieser Zeit der unterschwelligen und offenkundigen Bedrohungen. Spielt sie noch eine Rolle? Trägt sie eine Spur der Bedrohung in sich? Ist sie durch sie beeinträchtigt?

Mit dieser Frage schließe ich meinen Brief und schicke Dir meine herzlichsten Grüße

Cécile

Die Briefe von Cécile Wajsbrot wurden von Nathalie Mälzer aus dem Französischen übersetzt.

Björn Bicker — Ece Temelkuran

*Als Stefanie Stegmann, die Leiterin des Stuttgarter Literaturhauses, mich fragte, ob ich an einem europäischen Briefprojekt zum Thema Fragilität teilnehmen wolle, habe ich gleich zugesagt. Unter einer Bedingung: Es sollte eine Autorin oder ein Autor aus der Türkei sein. Vor allem über meine türkischstämmigen Freunde erlebe ich seit langer Zeit, was es heißt, sich in zerbrechlichen, kaum plan- oder belastbaren Umständen zu bewegen. Als ich eine Umfrage gestartet habe, welchen Autor, welche Autorin sie mir als Briefpartner*in empfehlen würden, war klar, worum es gehen würde. Um Engagement, um Courage, um Exil, um Bedrohung, um Unsicherheit, um die Kraft der Wörter. Und darum, was unser Europa sein soll. Als Stefanie Stegmann mir dann letztlich Ece Temelkuran vorgeschlagen hat, war ich glücklich. Ich habe ihre Bücher gelesen, die auf Deutsch verfügbar sind. Ich habe meine Freunde nach ihr gefragt. Einige haben gejubelt. Und ich fühlte mich geehrt.*

Björn Bicker

Istanbul, 31. Mai 2016

Lieber Björn,
aus mehreren Gründen schreibe ich meinen ersten Brief gerade heute. Welch eine Ironie! Heute vor drei Jahren nahmen die Gezi-Proteste ihren Ausgang, statt Briefe zu schreiben sagte ich damals mit Blick auf die wachsende Menge auf dem Taksim-Platz: »Heute beginnt etwas Großes!« Niemand hatte es glauben wollen, doch schließlich geschah tatsächlich Großes und die ganze Welt weiß, wovon ich rede. Da sich heute die Gezi-Proteste jähren, reden seit Tagen alle darüber, ob heute wohl »etwas« passiert. Ich denke, jeder weiß, dass nichts passieren wird. Wir sind zerbrochen. Ich bin zerbrochen.

Wäre Fragilität doch etwas Persönliches wie in dem Song von Sting! Etwas rein Innerliches. Was für ein Luxus wäre das für die Menschen in der Türkei. Es gibt aber das Phänomen, als große Gruppe von Menschen gemeinsam zu zerbrechen. Diese Erfahrung machen ich und meinesgleichen gerade in meinem Land.

Der Mensch ist ein seltsames Wesen. Das ist natürlich nicht neu. Doch man erfährt es viele Male auf unterschiedlichste Weise, lernt im Laufe des Lebens die verschiedenen Arten der Fragilität kennen. Letztlich ruft Fragilität ja nicht ausschließlich Betrübnis, Scheitern oder Groll hervor. Wenn du in einer Gegend lebst, wo Wut und Zorn näher liegen als Betrübnis, produziert Fragilität vor allem Wut und Hass. Menschen, die sich ähnlich sind, zürnen einander noch am meisten, eben weil sie fragil sind. Ich glaube, wir hier klagen einander und uns selbst jetzt wegen des Scheiterns nach dem Gezi-Aufstand an. Wir verabscheuen uns, weil wir scheiterten. Wut ist die hübscheste Verkleidung, unsere Fragilität zu verhüllen.

Gezi und ähnliche Aufstände sind angesichts gewaltiger Begriffe wie Menschheit und Geschichte Lappalien. Ebenso verhält es sich mit den Selbstmordattentätern, die im Herzen Europas und im Südosten der Türkei Hunderte Menschen mit sich in den Tod reißen. Mir ist, als betrachtete ich Ereignisse und Gegebenheiten von beiden Seiten eines Fernrohrs zugleich. Beschaut man Aufstände, Sterben und Tragödien durch die richtige Seite des Teleskops, wirken sie riesengroß, bei einem Blick von der anderen Seite aber, von der Seite der Geschichte aus, werden sie mikroskopisch klein. Übt man einen Beruf aus, in dem es darum geht, die Menschheit zu betrachten, dann wechselt man ständig von einem Ende des Teleskops zum anderen.

Menschen, die in Ländern mit komplexen Verhältnissen leben wie ich, sehen notgedrungen noch andere Gründe für einen Linsenwechsel. Wir sind gezwungen, den Wahnsinn, den wir erleben, zu ästhetisieren, um zu den Menschen anderer Länder, in denen mehr Ordnung, Sicherheit und Ruhe herrschen, von unserer Fragilität zu sprechen. Wir dürfen auf uns selbst nicht durch unsere Linsen schauen, sondern durch die des Westens, und müssen unsere Geschichten in Häppchen servieren, die für sie verzehrbar und verdaulich sind. Andernfalls hört uns niemand zu. Das mag der Grund dafür sein, dass wir ins Stottern geraten, wenn wir von unserem Leben, von unserer Realität erzählen. Der permanente Zwang, die Linsen zu wechseln, verschlägt uns schier die Sprache.

Lass mich noch von einer weiteren Linse reden. Das ist die, durch welche wir auf unser eigenes Herz schauen. In Ländern, in denen Gewalt zur Normalität wurde, und vielleicht auch in Ländern wie Deinem, wo Gewalt zwar noch erschreckt, aber klar ist, dass sie von Dauer sein wird, müssen wir die Linse auch für den Blick aufs eigene Herz ändern. An der Stelle unseres Herzens finden wir Trümmer vor, verursacht von dem, was wir sehen und erleben, aber nicht verändern können. Wahrscheinlich kommt es einer erneuten »Bombardierung« gleich, wenn wir diese Trümmer sehen, und wir ziehen es dann vor, nicht länger hinzuschauen. Das nennt man fühllos werden. Etwas, das leicht mit Gewöhnung zu verwechseln ist. Etwas, das man tut, wenn die Wunde unheilbar durchgefault ist. Ich spreche davon, das Herz vollkommen außer Acht zu lassen, wenn es zu einer finsteren Grube mutiert ist.

Meine in Brüssel lebende Schriftstellerkollegin Annelies Beck erzählte bei einem Treffen in Paris eine sonderbare Geschichte, nachdem herauskam, dass einer der Attentäter ihrer Stadt in derselben Straße wie sie gewohnt hatte. Ihr kommt die Sache sonderbar vor, dabei handelt es sich bei dem, was sie erzählte, im Grunde lediglich um ein weiteres Beispiel für den Linsenwechsel. Es geht um eine Linsentäuschung darüber, wie weit das Ereignis, die Tragödie »von mir« entfernt ist. Diese Täuschung ist gewählt. Da man nicht daran denken will, in welch unmittelbarer Nähe sich der Schrecken ereignete, schiebt man die Sache weit von sich:

»Nein, nein, er wohnte ganz am anderen Ende der Straße.«

Diese Linsenproblematik ging mir zum ersten Mal 2006 in Beirut auf. Nach dem israelischen Angriff beobachteten die Bewohner im Norden von Beirut die Bombardierung des nur zwanzig Autominuten von ihnen entfernt gelegenen Viertels von ihren Balkonen aus und sagten:

»Nein, nein, Beirut wird nicht bombardiert. Süd-Beirut wird bombardiert.«

So verhält man sich, um keine Angst aufkommen zu lassen, um etwas nicht wahrhaben zu müssen.

Ich weiß selbst nicht mehr, durch welche Linse wir auf unsere Fragilität schauen. Oder gibt es einen Unterschied zwischen Euch dort und uns hier? Gibt es den noch?

Herzlich

Ece

München, 23. Juni 2016

Liebe Ece,

vielen Dank für Deinen Brief. Ich habe lange gebraucht, um Dir zu schreiben. Drei Wochen sind ins Land gegangen. Mir fällt das Anfangen meistens sehr schwer. Diesmal war so viel Arbeit. Wie immer. Und Deine Eröffnung war so gewichtig, dass ich mich ein wenig gedrückt habe, gleich darauf zu antworten. Die großen Themen. Der Blick. Die Perspektive. Die Trümmer im Herzen. Der Unterschied zwischen Dir und mir. Die Fragilität der Verhältnisse.

Am Ende fragst Du, ob es einen Unterschied gibt zwischen Euch da und uns hier. Ja, natürlich gibt es einen Unterschied. Aber wir wohnen in derselben Straße. So wie Deine Freundin und der Attentäter. Nur haben das viele Leute leider noch nicht begriffen. Schlimmer noch: Sie sind andauernd damit beschäftigt, neue Schlagbäume zu errichten. Die Straße für unpassierbar zu erklären. Sie wollen nicht wahrhaben, dass sie mitverantwortlich sind dafür, wie es dem Nachbarn am Ende der Straße geht, welche Wut er hat, welche Krankheit, welche Träume, welchen Hass. Ja mehr noch – das zeigen die Anschläge in Belgien, in Frankreich, in Orlando: Diese Typen sind unsere Verwandten, unsere Kinder, unsere Cousins und Cousinen, ob wir wollen oder nicht. Unsere Familiengeschichte hat dazu geführt, dass wir die Probleme haben, die wir haben. Was wäre, wenn wir das alle mal anerkennen würden? Was würde sich verändern? Welche Schmerzen hätten wir zu ertragen? Welche Sorgen würden uns umtreiben? Wie würden wir die Kinder behandeln?

Ich muss ganz ehrlich sagen: Das Bewusstsein, dass alles fragil ist, die politischen Verhältnisse, die persönlichen Beziehungen, die Liebe, alle Zustände, die davon leben, dass Menschen Verbindungen eingehen, dieses Bewusstsein hat sich bei mir erst in den letzten 15 Jahren so richtig entwickelt. Mir kommt es vor, als hätte ich vorher in einer Blase gelebt. Zwar bin ich in einer Familie aufgewachsen, in der immer alles fragil war, die Beziehungen, der Wohlstand, die Zukunft, die Vergangenheit. Meine Familie ist eine deutsche Nachkriegsfamilie – geteilt, zerhackt, verfressen, versoffen, aber durchweg mit dem starken Willen, alles besser machen zu wollen als die Eltern, die Großeltern, die Urgroßeltern ... mit der ehrlichen Ambition, nicht mehr länger das Problem der Welt sein zu wollen, sondern Teil der Lösung. Spätestens seit Adorno wissen wir, dass auch das ein Problem sein könnte ... Es ist alles so scheiß kompliziert. Und dennoch war es insofern ein Leben in der Blase, als dass ich erst in den letzten Jahren, eigentlich seit 9/11, diesem historischen Cut – der eigentlich ja gar kein Cut war (und wenn überhaupt, dann nur aus unserer westlichen Perspektive), sondern die Folge jahrzehntelanger Entwicklungen; ich weiß schon, aber genau das ist der Ausdruck dieser Blase, dass ich eigentlich erst seit diesen Anschlägen ein starkes Bewusstsein dafür entwickelt habe, dass auf dieser Welt alles mit allem zusammenhängt. Vorher war ich so sehr mit der Abwehr des Fragilen beschäftigt, dass ich keine Linse hatte, um das Fragile wahrnehmen zu können. Genährt von diesem westdeutschen Wohlstandswunder habe ich in dem Glauben gelebt, dass alles safe und fest ist. Weil nach dem Zweiten Weltkrieg alles kaputt war, die Häuser, die Menschen, die Beziehungen, einfach alles, wurde eine Illusion aufgebaut. Die Illusion davon, dass Fragilität besiegbar sei. Wenn ich Psychologe wäre, würde ich sagen: Die Traumatisierungen haben dazu geführt, dass wir uns abgekapselt haben in Scheinwelten aus Sicherheit, Wohlstand, Frieden. Und jetzt merken wir, dass es niemals eine Nachkriegszeit gegeben hat. Es war immer Krieg.

Aber die Welt hat sich weiter gedreht – es kam der Zusammenbruch des Ostblocks. In Deutschland die Wiedervereinigung. Es kamen neue Kriege. Die Globalisierung und in ihrer Folge ekelhafte, weltweite ökonomische Raubzüge, postkoloniale Konflikte, die nie zur Ruhe gekommen sind, nicht enden wollende Migrationsbewegungen, Wanderungen der Menschen, auf der Flucht vor Armut, Krieg, Perspektivlosigkeit. Umso heilsamer für mich, als ich vor ein paar

Jahren angefangen habe, in genau jenem Stadtteil in Hamburg zu arbeiten, in dem einer der Unterstützer der 9/11 Attentäter gelebt hat. Ich habe dort in diesem klassischen Einwandererquartier die ganze Kompliziertheit unserer aktuellen Gesellschaft kennengelernt und ganz nebenbei sehr gute Freunde gefunden. Die Welt ist dann doch komplexer und manchmal auch hoffnungsvoller, als uns das viele Meinungsmacher*innen weismachen wollen.

Wenn in meinem kleinen Macbook das Wissen der ganzen Welt in Sekundenschnelle verfügbar ist, was sind da 3000 Kilometer Fußweg? Wie kann ich eine Welt weiterhin unterteilen in Länder, Kontinente, Nationen, wenn ich im Netz auf engstem Raum zusammenhocke und mich jederzeit zum Chatten über die intimsten Dinge treffen kann? Oder umgekehrt gefragt: Warum macht mich der Achselschweiß des Unbekannten neben mir in der U-Bahn so unmittelbar aggressiv und warum kann ich das Tränengas, mit dem die Gezi-Demonstranten beschossen worden sind, nicht riechen? Warum tränen mir nicht die Augen, warum muss ich nicht kotzen, warum kaufe ich mir keine Gasmaske? Obwohl es am anderen Ende der Straße stattfindet.

Du siehst, ich habe viele Fragen. Und es werden immer mehr. Ich weiß, hinter jeder Frage steckt immer auch eine Aussage. Das habe ich so richtig erst in Istanbul gelernt. Ich habe vor ein paar Jahren im Rahmen eines gemeinsamen Projekts des Theaters in Freiburg und des Theaters *garajistanbul* in Istanbul einen Text über zehn türkische Ikonen des kulturellen und politischen Lebens geschrieben. Ich war Teil eine deutschen Teams aus verschiedenen Künstlerinnen und Künstlern. Der Text handelte von so unterschiedlichen Figuren wie Bülent Ersoy, Deniz Gezmis, Duygu Asena, Tanju Colak, Ajda Pekkan, Kemal Atatürk und ein paar anderen. Es war der Versuch einer Annäherung an Geschichte und Gegenwart Deines Landes. Nicht mehr und nicht weniger. Es gab auch ein türkisches Team, das das Gleiche in Deutschland getan hat. Am Ende wurden die Ergebnisse zu einer gemeinsamen Aufführung zusammengefügt. Mein Text bestand nur aus Fragen. Das waren ernsthafte Fragen, aber auch suggestive Fragen. Und so kam es, dass bei der zweiten Aufführung in Istanbul ein paar ältere, kemalistische Damen die Bühne stürmten, um uns, dem deutschen Team, lautstark und exaltiert mitzuteilen, dass wir uns erst einmal für Hitler schämen sollten, bevor wir Aussagen über Kemal Atatürk oder ganz generell über die türkische Gesellschaft träfen. Wir waren überrascht von dieser heftigen, kontroversen Reaktion, die tags drauf natürlich in den lokalen Medien nicht nur kolportiert, sondern auch ordentlich angeheizt wurde. Ich war, ehrlich gesagt, froh, dass mein Rückflug noch vor dem Erscheinen der ganzen Artikel und Fernsehbeiträge gebucht war. Was ich sagen will: Ich habe ein klein wenig von dem Erregungspotenzial erlebt, das Du in Deinem Brief beschrieben hast, und gleichzeitig ging es bei dem Erlebnis um Fragilität: Es ging auch um die Fragilität von Übersetzung. Denn im Nachhinein war klar, dass die türkische Übersetzung meines deutschen Textes offensichtlich sehr missverständlich war und dass der Modus des Fragens nicht so rüberkam, wie ich mir das gewünscht hatte.

Ich habe aber auch verstanden, und das wurde schon in der Zusammenarbeit mit den türkischen KünstlerkollegInnen deutlich, dass es Leute auf dieser Welt gibt, die keine Lust haben, sich von irgendwelchen westlichen Typen wie mir die Welt erklären zu lassen, und sei es noch so geschickt als Frage getarnt. Das sind vielleicht die Linsen, die Du meinst. Meine Linsen haben jedenfalls einen Sprung bekommen – das ist gut so. Umso erschreckender und beängstigender erlebe ich gerade, wie all die Werte, die für mich wichtig sind, zu zerbrechen drohen. Überall in Europa werden diese rechten Parteien immer stärker, immer mehr Menschen schließen sich ihnen an. Sie machen ihr Geschäft mit dem Hass. Sie ernten Hass und sie säen Hass. Im Internet und in der analogen Welt. Und ich frage mich, wo dieser ganze Hass herkommt. Der Hass auf Muslime, auf Menschen, die aus ihren Ländern fliehen mussten, der Hass auf Frauen, auf Homosexuelle, der Hass auf Sonderlinge, auf Intellektuelle, der Hass auf Juden, der Hass auf sich selbst. Werte wie Empathie, Liebe, Großzügigkeit, Barmherzigkeit und Klugheit sind fragil. Und es ist so deutlich, dass der Hass der Rechten und der Hass der Terroristen zwei Seiten ein und derselben Medaille sind. Es ist die Münze der Unterlegenen, der Abgehängten, es ist die Münze derer, deren Herzen verkümmert und vernarbt sind. Und manchmal habe ich Angst, dass unsere Werte viel schwächer sind als der Hass und der Narzissmus und die Gier nach Macht. Ja, in Deinem Land ist die Gewalt längst offen ausgebrochen – Menschen sterben auf den Straßen, in Gefechten. Und in meinem Land gibt es viele Menschen, die so viel Hass in sich tragen, dass der Schritt zum Morden nicht mehr groß ist. Wie schaffen wir es, Ihnen den Hass auf sich selbst zu nehmen, die Angst vor dem Fragilen? Sie zu öffnen und vielleicht sogar zu begeistern für eine Welt, die eigentlich keinen Hass braucht. Sondern Vielfalt. Und Liebe. Und Respekt. Und Fragilität. Wie schaffen wir das? Wie können wir die Trümmer aus unseren eigenen Herzen räumen und weitermachen? Wie geht das?

Ganz viele Grüße aus München sende ich Dir, wo auch immer in Europa Du Dich gerade aufhältst!

Dein Björn

P. S. Das ist der Morgen, an dem Großbritannien die Europäische Union verlassen hat. Das zum Thema Fragilität und Europa. Ich habe Angst und bin deprimiert. Wird jetzt das dünne Eis, auf dem wir uns bewegen, gänzlich brechen? Wohin stürzen wir? Mir scheint die politische Lage in Europa zunehmend außer Kontrolle zu geraten. Noch einmal: Es hat nie eine Nachkriegszeit gegeben. Und wenn doch: Dann ist sie jetzt vorbei.

10. September 2016

Lieber Björn,
lange nichts gehört, oder? Verzeih mein langes Schweigen. Allerdings sind in der Zwischenzeit, in der wir keinen Kontakt hatten, in der Türkei ein paar historische Dinge geschehen. Eine Explosion am Flugplatz, und doch tun viele Menschen in der Türkei so, als sei sie nicht geschehen, und ein misslungener Putschversuch, der die Türkei in den internationalen Medien über Wochen in die Schlagzeilen brachte. Keine gute Zeit, um über Fragilität zu reden, wie? Nun, vielleicht auch gerade das Gegenteil, und gerade jetzt ist die beste Gelegenheit, über Fragilität zu reden.

Dieser Tage sehe ich diverse Formen verschleierter Fragilität und erlebe auch persönlich welche. Ablehnen, wütend sein, sich ins Vergnügen stürzen oder grundsätzlich Selfies machen, um nur ja nichts anderes zu sehen als das eigene Gesicht. Meine persönliche Wahl ist es, krankhaft zu arbeiten. Ich tue nichts anderes mehr als arbeiten. Morgen breche ich mit meinem Buch über die Türkei zu einer Lesereise nach London auf, weshalb mir eine Frage im Kopf herumgeht. Ist das tatsächlich ein spannendes Thema für ein Publikum im Ausland? Meinst Du, es interessiert »Ausländer« in irgendeiner Weise, wie Menschen in der Türkei mit Traumata umgehen? Ich glaube das nicht. Denn ich fürchte, mein Land ist mittlerweile in der Kategorie der irren Länder gelandet, in denen alles Mögliche geschehen kann. Und wenn man in so einem Land lebt, hat man nicht den Luxus, zu seinen Traumata befragt zu werden. Dabei fällt mir ein Äthiopier ein, den ich in einem Flüchtlingscamp an der tunesisch-libyschen Grenze traf, kurz nachdem Gaddafi umgebracht worden war. Ich lief herum und stellte den Bewohnern des Camps journalistische Klischeefragen. Wasser? Essen? Lebensumstände und solche Dinge. Dieser Mann stand vor seinem verdammten Zelt und hörte geduldig zu, mit einem bitteren Lächeln auf den Lippen. Als ich mit meinen dummen Fragen durch war, fing er in fließendem Englisch zu reden an und stellte mir eine Frage:

»Sie ziehen also tatsächlich nicht in Betracht, dass ich einen Lebenslauf haben könnte, nicht wahr?«

Das hatte ich tatsächlich nicht. Ich glaube, in diesem Moment war ich zum ersten Mal im Leben wirklich beschämt. Weil er aus einem irren Land namens

Äthiopien kam, hätten seine Bedürfnisse sich darauf beschränken sollen, aus seinem Land zu fliehen, sich zu ernähren und sich regelmäßig waschen zu können. Da stand ich, die weiße Journalistin, die vermeinte, wenn dein Land so irre ist wie die Hölle, dann solltest du keine anderen Bedürfnisse, Probleme oder auch nur Eigenschaften haben.

Mir geht es im Augenblick ganz ähnlich, wenn ich in einem europäischen Land bin. Alle stellen nur eine Frage: »Fühlen Sie sich sicher?« Als würde es reichen, sich sicher zu fühlen, wenn man in der Türkei lebt. Alles rächt sich irgendwann, denke ich. Der Mann war übrigens Englischlehrer. Und ich glaube, ich habe es wieder gutmachen können, indem ich ihm meinen Lieblingsfüller schenkte. Als würde das die Sache besser machen. Mir geben jetzt Journalisten und Pressefreiheitsaktivisten ihre Karten, damit ich sie nötigenfalls anrufen kann. Als würde das die Sache besser machen. Wir sind doch alle in gewisser Weise Desperados, nicht wahr?

Ich bin fragil. Ja, das bin ich. Ich bin sogar zerbrochen. Na und? Die Geschichte ändert sich rücksichtslos, da ist die Tatsache, dass ich zerbrochen bin, unerheblich. Vielleicht denkt irgendwo irgendjemand mal darüber nach, die Geschichte zer- und gebrochener Menschen aufzuschreiben, und auf wie viele Arten Menschen brechen können. In Ländern, wo der Tod im Dutzend kommt, würde das die Menschen vermutlich nur zum Lachen bringen, zu einem bitteren Lachen.

Mir ist ein wenig düster zumute dieser Tage. Sorry, dass ich Dir nichts Besseres zu erzählen habe als meinen persönlichen Frust.

Herzlich

Ece

München, im Dezember 2016

Liebe Ece,

unser Briefwechsel gleicht mehr einem Schweige-Retreat. Ab und an hört man die Klangschale, dann fallen ein paar Sätze und dann ist wieder wochenlang Ruhe. Dein letzter Brief hat mich umgehauen. Weißt Du noch? Bevor Du ihn geschrieben hast, habe ich ein wenig gedrängelt … weil ich dachte, es wäre gut, weiterzumachen, in einen echten Austausch zu kommen. Und dann hast Du geschrieben, dass du zerbrochen seist. Du fragst, ob sich irgendjemand in dieser Welt für die Traumatisierungen von Türken interessiere? Aber sofort relativierst Du Dein Leid, Dein Erleben, klar, es gibt immer noch jemanden, dem es schlechter geht und was wiegt Deine Not gegen die Nöte unserer Freunde, die in Aleppo festsitzen und schon gar nicht mehr wissen, wer sie gerade beschießt, wer ihnen nach dem Leben trachtet, wer ihnen die Kinder genommen hat, die Hoffnung, alles. Wie sollen wir noch zusammen leben? In dieser Welt. In der Türkei. In Syrien, in Frankreich, in England, in Russland, in Angola, in Deutschland.

Dein Brief hat mich gelähmt; ich habe das noch nie erlebt. Ich habe schon so oft davon gelesen, irgendein Autor, irgendeine Autorin berichtet von einer Schreibblockade. »Jammer nicht rum«, habe ich jedes Mal gedacht, wenn ich so etwas gelesen habe. Dont cry, work! Und jetzt? Hat es mich selber erwischt. Wochenlang. Keine Zeile. Ich bin geflohen. Vor dem Schreiben. Ich habe mir jeden Tag gesagt: Morgen setzt du dich hin, dann geht es weiter, dann antwortest du Ece. Aber dann habe ich an unser Thema gedacht, an die Fragilität, und mir ist zum Heulen zumute gewesen. Ich kann nicht mehr, habe ich gedacht. Wie kann ich ihr antworten, wo ich null Ahnung davon habe, wie es ihr wirklich geht; kann ich mir vorstellen, wie es ist, in der Türkei zu sein, den ganzen Irrsinn dieser Wochen und Monate mitzuerleben? Aber nicht nur das: Die Blockade hat mein ganzes Denken besetzt. Ist in meine Glieder gekrochen. Plötzlich war es nicht mehr die Winzigkeit meines privilegierten Lebens hier in Deutschland, in München, auf einmal war es die Fragilität unserer Lebensumstände, das Zerbrechen und Verwischen meiner gewohnten Koordinaten, das mich hat verstummen lassen. Es war, glaube ich, genau das Gegenteil von dem, was ich dachte, dass es ist. Schreiben kann ich nur, wenn ich von einem Ort aus schreibe, wenn ich eine Haltung habe, einen Standpunkt, eine Perspektive, aber das alles ist mir kurzerhand abhanden gekommen; ich habe nur noch Verfall, Bedrohung, Risse und Zerwürfnisse gesehen. Wenn ich im Netz unterwegs war: Hass. Überall Hass. Auf Migranten. Auf Muslime. Auf Demokraten. Auf Schwule. Auf Lesben. Auf Flüchtlinge. Auf Schwache. Auf das offene, freie Leben, das ich so liebe. Ungefilterter Hass, der sich in Worten ausdrückt. In Beschimpfungen. In diesen ekelhaften, selbstgewissen Kommentaren, die in erster Linie Ausdruck von mangelndem Selbstwert derer sind, die sie verfassen. Aber warum, frage ich mich, sind die Menschen so schwach, warum müssen sie alles mit Häme, Hass und Revanchismus überziehen? Wer hat sie so kaputt gemacht? Welche Eltern waren da am Werk? Dieser Hass findet in Deutschland, aber auch auf den Straßen statt, auf den Demos dieser right-wing-Bewegungen, Pegida, AfD. In ihren Reden, ihrer Politik, ihren Drohungen. Und die etablierten Parteien übernehmen deren Standpunkte, um ein paar Wähler zu gewinnen, aber sie erreichen nichts, außer dass sie die Angst nur noch größer werden lassen, meine Angst, meine Angst um unsere Demokratie, um unser funktionierendes System, an dem man sehr viel kritisieren kann, das aber immerhin so gut funktioniert, dass es vielen von uns ziemlich gut geht und wir ein hohes Maß an Freiheit genießen.

Diese Freiheit erster Ordnung. Nie genug Freiheit, aber doch mehr als anderswo, aber wenn ich diesen Gedanken wende, dann zerbröckelt er sofort, weil ich denke, dass es zynisch ist, so zu denken, dann kommt mir Dein Brief wieder in den Sinn; das ist doch eine Welt. Meine Freiheit – Deine Unfreiheit. Wir hier im Frieden – mitten im Krieg. Unser Leben ein einziger Zynismus. Das hängt doch alles miteinander zusammen. Das sind die zwei Seiten dieser berühmten Medaille. Erdoğans Politik hängt untrennbar mit der Politik meines Landes, Europas zusammen. Und dann treffe ich meine neuen, syrischen Freunde, die auf der Flucht hier in München gelandet sind, die viel zu sagen haben zu dem Thema Fragilität, deren Familien immer noch in irgendwelchen Kriegsgebieten hängen, deren Verwandten gestorben sind, die alles verloren haben, ihr Zuhause, ihr Vertrauen, ihre Freunde, ihre Lebensperspektive, und dann verstumme ich. Und als im Sommer bei der Ruhrtriennale, einem internationalen Kunst- und Theaterfestival, mein Stück *Urban Prayers* in einer DITIB Moschee aufgeführt wurde, habe ich erfahren, dass die Türkei auch hier stattfindet, da habe ich gespürt, wie zerrissen die türkische Community hier in Deutschland ist, da habe ich zu spüren bekommen, wie verlogen die deutsche Öffentlichkeit darauf reagiert. Viele Jahre waren die türkisch-muslimischen Gemeinden der DITIB die ersten Ansprechpartner offizieller Stellen in Deutschland, weil sie für einen moderaten, dialogbereiten Islam stehen. Und dann plötzlich kamen die Fragen der Journalisten: Warum macht ihr Theater in einer DITIB Moschee? Darf man das? Sind die nicht radikal? Sind die nicht alle komplett Erdoğan? Und dann habe ich gemerkt, wie kompliziert das alles ist. Das sind Leute, die seit vielen Jahrzehnten in Deutschland leben; die aber nie so RICHTIG heimisch geworden sind, weil die hiesige Gesellschaft ihnen immer das Gefühl gegeben hat, dass sie nicht so RICHTIG dazugehören. Und jetzt wundern sich alle, warum sie sich emotional und gedanklich manchmal mehr an der Türkei orientieren als an ihrer zweiten Heimat, Deutschland. Die Jüngeren sind meistens hier geboren, haben selbst schon Kinder, bei denen sieht es wieder komplizierter aus. Was ich sagen will: Es gibt keine zwei Länder Türkei – Deutschland. Es gibt nur ein Land. Keine Ahnung, wie das heißt. Keine Ahnung, was das bedeutet. Unsere Länder sind nicht zu trennen. Es wird immer komplizierter. Ich war im Oktober, auch auf der Flucht vor dem Schreiben, die Blockade war die ganze Zeit dabei, in Venedig. Auf der Architekturbiennale habe ich mit meinem Team und ca. 60 Bewohnerinnen und Bewohnern eines multikulturellen Stadtteils in Hamburg eine Botschaft eröffnet. Unter der Überschrift *Representing Germany – THE VEDDEL EMBASSY* haben wir eine Woche lang das neue Deutschland, das multireligiöse, multiethnische, aber auch das arme und vernachlässigte Deutschland präsentiert. Wir alle waren Botschafter dieser neuen Welt der Vielfalt, der

Offenheit. Wir haben Workshops organisiert, Konzerte veranstaltet, Gespräche geführt. Mit dabei waren türkischstämmige Muslime, Kurden, Aleviten, Leute, die aus Afrika nach Deutschland eingewandert sind, Roma, Afghanen, Bulgaren, Franzosen, Engländer und deutschstämmige Leute. Die Moscheegemeinde, die Kirchengemeinde, der Fußballverein, der SPD-Abgeordnete und der Hausmeister der Flüchtlingsunterkunft. Einheimische, Eingewanderte, Geflohene, Staatenlose. Alles Menschen, die auf der Veddel gut zusammenleben. Das Ganze hat auf Einladung des Goethe-Instituts in der Chiesa della Misericordia stattgefunden, das ist die Kirche, in der im Sommer der Fußballer Sebastian Schweinsteiger die Tennisspielerin Ana Ivanović geheiratet hat. An einem Abend sollte es nach unserem Botschaftsdinner, das jeden Abend gemeinsam mit unseren italienischen und internationalen Gästen stattfand, um die Situation der Refugees in Europa gehen. Einer von unseren Botschaftern, Hassan aus Afghanistan, ist am frühen Abend kollabiert. Er hatte aus unerfindlichen Gründen so starke Schmerzen, dass er in Ohnmacht fiel. Sofort waren ein paar Leute aus unserer Gruppe bei ihm und haben versucht, ihn wieder zu Bewusstsein zu kriegen. Wir haben den Notarzt gerufen, der in Venedig mit dem Schiff kommen muss. Wir hatten große Angst um Hassan, es sah aus, als würde er sterben, seine Atmung wurde immer langsamer, sein Puls war kaum noch zu fühlen. Langsam machte sich Panik breit. Als das Rettungsboot nach einer gefühlten Ewigkeit endlich eingetroffen war, verfrachteten die Sanitäter den jungen Mann auf ihr Schiff, und zwei Leute von uns, die Arabisch, Englisch und Kurdisch sprechen, wollten ihn plus einer Italienisch-Übersetzerin des Goethe-Instituts begleiten. Und dann fuhr das Schiff nicht los. Ich bin fast durchgedreht. Die Sanitäter waren seelenruhig bis unbeteiligt. Die Italienisch-Übersetzerin sagte uns: Sie fahren erst los, wenn sie ein Ausweisdokument haben. Ich konnte das nicht glauben. Da lag ein bewusstloser junger Mann, und die Sanitäter wollten einen Ausweis sehen? Schaut in seinen Taschen nach, habe ich geschrien. Aber nichts geschah. Zum Glück fiel unserer Produktionsleiterin ein, dass wir in einem Ordner Kopien aller Pässe unserer Botschafter hatten. Sie rannte in die Kirche zurück, riss das Blatt Papier aus dem Ordner und brachte es den Sanitätern, die keine Anstalten machten, in Hassans Hosentaschen nachzuschauen, ob da vielleicht sein Ausweisdokument drin war. Als sie die Kopie des Ausweises hatten, ließen sie den Motor an und fuhren los. Als sie weg waren, kam eine italienische Aktivistin, die sich in der Flüchtlingsarbeit engagiert, zu mir und entschuldigte sich. Sie sagte: »I'm so sorry, it's Italy.« Sie tat mir leid. Und ich sagte, »No, it's Europe«, und dann dachte ich: »Scheiße, es ist diese Welt.« Das ist doch genau das Problem, das wir haben, dass wir alle fortwährend diese Grenzen in unseren Köpfen errichten. Italien, Afghanistan, Deutschland, Türkei, Kurden, Sunniten,

Alewiten, Schiiten, Christen, Katholiken, Protestanten, Juden, Sikhs, Hindus, Bahai, Yedi. Verdammt noch mal. Wie kompliziert ist das alles. Deshalb habe ich so lange geschwiegen, Ece. Deshalb. Weil alles so kompliziert ist und ich nun, mit 46 Jahren, das erste Mal wirklich verstanden habe, was es heißt, dass alles mit allem, alle mit allen zusammenhängen. Dass es kein kleines und kein großes Leid gibt, sondern nur unser gemeinsames Leid. Dass diese ganze Fragilität unserer Welt, unsere gemeinsame Fragilität ist. Trump ist mein Präsident. Obama ist mein Präsident. Erdoğan ist mein Präsident. Die Nazis auf deutschen Straßen sind meine Landsleute. Der Krieg in Syrien hat mit meinem Leben zu tun. Die Grenzen sind meine Grenzen. Die Toten sind meine Toten. Das Kopftuch meiner Nachbarin ist mein Kopftuch. Das ist das Kolonialismus-Ding. Alles hängt mit allem zusammen. Diese Welt ist klein und eng und grausam. Und diesmal hat mich diese Einsicht erdrückt, mir den Hals zugeschnürt, mich daran gehindert, Dir zu antworten. Dafür danke ich Dir, liebe Ece. Für diese Blockade, für diese Krise. Und jetzt habe ich das aufgeschrieben, und ich will Dir sagen, dass mich dieses pubertäre Gefühl, mit allem Recht und Unrecht dieser Welt in Verbindung zu stehen, nicht mehr lähmt. Im Gegenteil. Ich glaube, es kann mich befreien. Ich glaube, das ist die Liebe. Die Liebe zu dieser Welt, zu diesem Leben, zu den Menschen.

Pass auf Dich auf,
Dein Freund Björn

Zagreb, 22. Dezember 2016

»Es gibt keine zwei Länder Türkei – Deutschland. Es gibt nur ein Land.« Dieser Satz knallte mir förmlich ins Gesicht, Björn. Nicht wie ein Wind, sondern wie ein harter Gegenstand. Ich glaube, da wurde mir klar, dass da noch jemand eine Sache spürt, die ich seit geraumer Zeit meinen Freunden zu erklären versuche und bei der ich wie in einem Stau feststecke.

Unterdessen, hallo Björn.

Diesmal meinte ich, Dir gleich schreiben zu müssen. Jetzt denke ich, wie viele unentdeckte, noch unbegangene Pfade es doch in der Angelegenheit gibt, über die wir reden.

Lass mich von vorn beginnen.

Ich bin jetzt in Zagreb. Vor zwei Jahren drängte mich meine Verlegerin und Freundin Petra, hier eine winzige Wohnung zu kaufen. »Hör zu, Ece, was in der Türkei geschieht, ist ungewiss. Du brauchst eine Wohnung in Europa.« Jetzt bin ich in dieser Wohnung, denn es ist tatsächlich ungewiss, was in meinem Land geschieht, was wo zerbrechen wird. Doch dass etwas zerbricht, scheint festzustehen. Seit anderthalb Monaten bin ich hier. Wenigstens kann ich jetzt meinen Freunden in Europa und Amerika, die sich nach beinahe jeder Explosion in der Türkei erkundigen, ob ich noch lebe, sagen: »Ich bin in Zagreb«, statt: »Ich bin nicht tot.« Dann sind alle erleichtert. Nur mir will das nicht gelingen.

Nicht dass ich mich beklagen wollte, ich lebe derart komfortabel, dass man sich dafür schämen müsste. Während Millionen von Menschen überall auf der Welt ihr Zuhause verlassen müssen und sich auf eine ungewisse Reise begeben, habe ich einfach ein Ticket gekauft und bin nach Zagreb gekommen, in diese nette Stadt am Rande Europas. Manchmal denke ich, hätte ich je die Chance gehabt, im Katholizismus Karriere zu machen, hätte ich es mit meinem Riesenschuldgefühl wohl bis zum Papst gebracht!

Nun, ich bin hier und ich schreibe. Zuletzt schrieb ich einen Artikel für den *Guardian*, er wurde zu einem kleinen Hit, weil ich darin offenbar aussprach, was alle zu horen sich fürchten. Am Beispiel der Türkei malte ich Europäern und Amerikanern aus, was ihnen bevorsteht. Wir traten ja als Erste in die »postfaktische« Welt ein, da wollte ich meine Erfahrungen gern teilen. Wie viele Menschen es doch gibt, die spüren, was vor sich geht, aber nicht darüber reden können. Der Artikel handelt von einem zweitägigen großen Symposium in Kopenhagen mit dem Titel *NewsXchange*. Journalisten aus aller Welt waren dort. Ich war Rednerin auf dem Eröffnungspodium *Are we out of touch?*. Rate mal, wer die Keynote hielt. Nigel Farage! Mr. Brexit! Farage war wohl als Keynote Speaker ausgesucht worden, um uns zu zeigen, wozu wir den Kontakt verloren hatten, doch er war so freundlich, uns Lektionen in Journalismus zu erteilen. Alles wirkte wie die Bestattung der Wahrheit, und Farage, absolut sicher, nicht der hier zu Grabe Getragene zu sein, war der einzige Glückliche bei der Sache. Wie ich anschließend auch in meinem Artikel schrieb, sagte ich zu den Journalisten, die Farage mit ihren Fragen in die Ecke zu drängen versuchten, aber seiner Dummdreistigkeit gegenüber natürlich machtlos waren: »Das bringt euch nur um den Verstand. Denn mit postfaktischen Politikern zu reden, ist wie mit Tauben Schach spielen. Selbst wenn ihr nach allen Regeln der Kunst das Spiel gewinnt, werfen sie die Figuren durcheinander.«

An jenem Tag wurde mir einmal mehr klar, dass die Erde mittlerweile eine einzige fragile Kugel ist und wir alle vielleicht an derselben Stelle zerbrechen, und zwar an der Wahrheit. Daher rührt auch das Ringen um Leben und Tod Deines Hassan »sans papiers« aus Afghanistan. Denn die allgemein akzeptierte Wahrheit, dass man Menschen, die mit dem Tod ringen, helfen muss, gilt nicht mehr für jeden in gleichem Maße wie früher. Für die anderen lautet die Wahrheit vielmehr: Leute ohne Papiere sind kriminell. Es ist, als spulten sie die Renaissance zurück. Wir, wir alle gemeinsam, kehren in die Zeiten vor jenen Tagen zurück, als Europa beschloss, den Menschen in den Mittelpunkt zu stellen.

Nach der Veranstaltung war ich in Berlin. Um Himmels willen! In Berlin entsteht ein neues Türkei-Ghetto. Ich will Dir verraten, worüber ich vor Erbitterung lachen musste: Einige der Intellektuellen, die uns die Plage Erdoğan beschert haben, die in seinen ersten Jahren ihren gesamten Verstand als Intellektuelle dazu einsetzten, ihm Legitimität zu verschaffen, haben längst in Berlin, im Stadtteil Mitte, Wohnungen gekauft, in die sie sich nun flüchteten. Widerwärtig, nicht wahr? Das meine ich, wenn ich sage, es gibt unentdeckte Pfade in den Zeiten, die wir gerade durchmachen. Diese widerwärtigen Details meine ich. Diese Leute gesellen sich jetzt zu der Gruppe »In der Türkei unterdrückte Intellektuelle« und surfen auf dieser neuen politischen Welle mit, die Schriftstellerin Aslı Erdoğan sitzt unterdessen im Gefängnis. »Interessante Zeiten« sind wie Jahrmärkte des Bösen, denke ich, da werden an Tausenden Ständen all die großen und kleinen Bosheiten und schlechten Seiten des Menschen präsentiert. Sieh dich um, schau sie dir an, such dir etwas aus!

Doch es war etwas anderes, das mir in Berlin am stärksten auffiel. Ich will von einem Gefühl berichten. Wie Du weißt, haben die meisten Taxifahrer in Berlin türkischen Hintergrund. Und vielleicht weißt Du auch, dass die meisten Türken hier die AKP unterstützen. Bei jeder Taxifahrt fühlte ich mich wie in die Türkei versetzt. Und zwar nicht in die Türkei, die ich liebe, sondern in die »neue Türkei«, die wiederzuerkennen mir schwerfällt. Und ich stellte fest, dass ich jedes Mal nervös war. Als würden mich diese Taxifahrer festhalten und nicht mehr loslassen, als unterstützten sie alle die AKP, als wären sie alle militante Aktivisten jener Partei, die mich hasst. Sie würden mich mit Fragen bedrängen, ich würde im Taxi gefangen sein und nicht mehr herauskommen. Es war wie die in den letzten Monaten, bevor ich die Türkei verließ, zwanghaft gewordene Angst, man würde mir den Pass abnehmen. Erleichterung stellte sich erst ein, als ich das Flugzeug zurück nach Zagreb bestieg. Stell Dir vor, Du wirst nervös, sobald Du jemanden aus deinem Land siehst! Fürchtest Dich davor, dieselbe Sprache zu sprechen. Eine idiotische Situation, und zugleich lohnt es sich, ihr auf den Grund zu gehen.

Seit einem Jahr denke ich viel über Hannah Arendt nach. Sie ist meine Heldin. Ich las ihre Schriften in viel zu jungen Jahren. Seit dem vergangenen Jahr lese ich sie nun wieder. Ich versuche, in ihren Schriften auszumachen, was sie wohl empfunden haben mag, als sie ihr Land verließ. Ob sie die Möglichkeit beunruhigte, nach dem Ende der NS-Zeit in Amerika einem aus Deutschland geflüchteten Deutschen zu begegnen?

Ich will mich nicht wie eine »Exilantin« fühlen, Björn. Deshalb tue ich verrückte Dinge. Gestern habe ich zum Beispiel bei Ikea einen Plastik-Weihnachtsbaum gekauft und, in Begleitung von Cognac, zum ersten Mal im Leben einen Christbaum geschmückt. Kindisch und lustig. Doch mir scheint, nur wenn ich solche Dinge tue, gelingt es mir, aus den irren Rollen auszusteigen, die diese »interessanten Zeiten« uns aufzwingen. Denn ebenso wie interessante Zeiten spektakuläre Diktatoren erschaffen, so erschaffen sie als deren Gegenstück auch spektakuläre Opfer. Mir scheint, Opfer zu sein, macht einen zu einer der Seiten, die das Spiel in Gang halten. Es macht deine Würde zunichte, und dennoch fängst du an, dich über das Spiel zu definieren. Ich denke, man muss mehr sein als dieses Spiel, und um etwas über das Spiel hinaus sein zu können, schmücke ich eben den Tannenbaum und schreibe.

Kennst Du Nasreddin Hodscha? Er ist der Held des anatolischen Humors. Alle kennen den langweiligen Rumi, aber wenn du mich fragst, sagt Nasreddin Hodscha viel mehr über mein Land aus. Eine seiner berühmtesten Schnurren geht so:

Eines Tages fiel Nasreddin Hodscha vom Esel. Alle lachten. Auch der Hodscha lachte und sagte: »Ich wollte sowieso grad absteigen.«

Ich glaube, auch ich bin vom Esel gefallen, lache und sage: »Ich wollte sowieso grad absteigen.« Ich versuche, meinen gekränkten Stolz, gekränkt, weil ich mein Zuhause verlassen musste, mit Scherzen zu verschleiern. »Vielleicht bin ich eine Exilantin, aber ich bin eine Exilantin, die Martini trinkt!«

Ich denke so: Im Laufe der Geschichte mussten Milliarden Menschen ihr Zuhause verlassen. Im Laufe der Zeit wurden Hunderte Länder derart umgekrempelt, dass jene, die ihr Land liebten, es nicht wiedererkannten. Und sie alle suchten nach Möglichkeiten, in den interessanten Zeiten, in denen sie lebten, ihre Würde zu bewahren. Dem einen oder anderen gelang es zweifellos, einen Weg zu finden. Einen Weg, mit dieser Fragilität fertig zu werden. Vielleicht sollte man Geschichte studieren.

Liebe Grüße

e.

Die Briefe von Ece Temelkuran wurden von Sabine Adatepe übersetzt, der erste und dritte aus dem Türkischen, der zweite aus dem Englischen.

Martin Pollack — Yevgenia Belorusets

Ich habe Yevgenia Belorusets vor ein paar Jahren kennengelernt, in Kiew, während der Buchmesse im Arsenal. Ihre Fotos, die ich damals zum ersten Mal sah, haben mich sofort fasziniert. Später habe ich sie ans Burgtheater in Wien eingeladen, zu einer Diskussion über die Ukraine. Ich weiß noch, wie beeindruckt das Publikum von dieser jungen, zarten Frau war, die so kluge Sachen sagte und so berührende Fotos zeigte.

Martin Pollack

Kiew, 16.6.2016

Lieber Martin!
Als Erstes möchte ich mich für die Einladung bedanken, mit Dir im Briefwechsel zu sein. Obwohl wir uns schon einige Briefe geschrieben haben, ist es etwas anderes. Es ist nicht nur ein Brief zu Dir, eine private Erzählung, sondern gleichzeitig auch etwas Offenes, das für andere Leser bestimmt ist.

Bedeutet es in diesem Fall, dass die Intimität als eine Dekoration für die öffentliche Rede funktioniert, oder, was mich eher anspricht, dass die Grenze zwischen einer vom Ich zum Du offenen Mitteilung verschwimmt, und wir befinden uns in einer Unklarheit, wo die Ereignisse und die Beschreibungen einen Doppelcharakter kriegen?

Findest Du nicht, diese Doppeldeutigkeit eines Briefwechsels entspricht nicht nur der Idee von sozialen Netzwerken, wo eine Nachricht an nahe Freunde leicht mit dem Auftritt vor dem breiten Publikum verwechselt werden kann, sondern auch der Idee von dokumentarischer Fotografie, Alltagsgeschichte, manchen Formen von Protest?

Die Grenze zwischen dem Privaten und dem Öffentlichen betrachte ich in letzter Zeit manchmal als eine traumatische. Hin und wieder, und in der Ukraine fällt es mir zu oft ein, wird das Private gezwungen, öffentlich zu werden, um zu überleben. Um zu existieren, muss man hier seine eigene Existenz beweisen.

Vorgestern gab es in Kiew die erste gut besuchte Gay Pride Demonstration. Zum ersten Mal hat dieses Ereignis als eine erlaubte, abgestimmte, große friedliche Aktion stattgefunden. Und es fand nicht, wie üblich, in Form einer blutigen Jagd statt, wo die wenigen Teilnehmer der Protestaktion von den Rechten angegriffen und verprügelt wurden. Eher war es eine Manifestation der staatlichen Gewalt. 6500 Polizisten haben eine Schutzgrenze um 1500 Protestierende gebildet. Der zentral gelegene Taras-Schewtschenko-Park, wo sich die Protestierenden versammelt haben, war von der Polizei umkreist.

Wegen den breiten Reihen von Polizisten konnte man von außen nicht die Demonstranten, sondern nur Rechtsradikale sehen, die kraftlos und wütend immer wieder versucht haben, die Grenzlinie zu überwinden.

Das Wetter war schön, es war warm und sonnig, und innerhalb des Polizeirings in dieser kleinen Polizeistadt fühlte man sich sicher.

Man ließ die Teilnehmer der Aktion nur durch Metalldetektoren rein. So konnte man fast sicher sein, dass unter den meist sehr jungen, aufgeregten Leuten keine bewaffneten Rechten durchschlüpfen konnten.

Und doch entdeckte ich im Sonnenschein unter den Demonstranten einige Männer, über die mein Bekannter mir zuwisperte: »Schau sie dir aufmerksam an, siehst du ihre aufgeblähten Hosentaschen? Es sind die Taschenmesser. Ohne ein Messer in der Hosentasche verlassen diese Kerle selten ihre Wohnungen.«

Ich schaute mich um. Unter den lachenden und ruhigen Gesichtern tauchten ab und zu verärgerte auf, manche hatten es angeblich wirklich geschafft, kleine Messer durch den Polizeiring zu schmuggeln.

Nach einem kurzen Warten, einer Protestaktion, begann der Aufmarsch, alles kam in Bewegung und die angeblich empörten Feinde wurden zum Teil der Demonstration. Vielleicht war es ihre gute Laune oder ihr organisatorisches Pech, aber anstatt die Aktion zum Scheitern zu bringen, wurden manche Rechtsradikale zu einem Teil von ihr.

Alles kann passieren, dachte ich im Laufe des Aufmarschs und versuchte, die Leute mit den Messern im Auge zu behalten, aber plötzlich, schon nach dreißig Minuten, war die Demonstration zu Ende. Alle sollten unter der Kontrolle der Polizei den Protestplatz verlassen und aus Sicherheitsgründen mit der U-Bahn in die entfernten Bezirke fahren. Nach einigen Minuten waren die Rechten mit den anderen Demonstranten zusammen in der U-Bahn verschwunden. An diesem Tag fand kein größerer Anschlag statt.

Es sieht wie ein Sieg aus. Ist es einer?

Man wurde praktisch eingesperrt in die Protestaktion. Der ukrainische Staat hat so lange alle Arten fremdenfeindlicher Propaganda zugelassen, so lange die Homophobie inspiriert, dass die ganze Gesellschaft jetzt nicht auf einmal aufhören kann zu hassen. Und der Stillstand des Hasses wird auch ausgenutzt. So muss man sich jetzt um die TeilnehmerInnen so einer Demonstration sorgen, und damit niemand verletzt wird, darf die Aktion nicht mehr als dreißig, vierzig Minuten dauern und muss hinter einer Wand von Polizisten stattfinden, sodass sie unsichtbar bleibt.

Vor einigen Jahren habe ich Fotos gemacht von einigen ukrainischen homosexuellen Familien, die von mir fotografiert werden wollten und hofften, dass diese Bilder etwas in Bewegung setzen würden. Ich war in Wohnungen, wo die Mitglieder einer dieser Familien, von allen Freunden und Verwandten verflucht, vor den Augen der Nachbarn als Geschwister auftreten mussten, um nicht attackiert und geschlagen zu werden. Und ich weiß, nach allem was hier im Laufe der letzten Jahren verändert wurde: Das hat sich nicht geändert.

Ich hoffe, ich habe kein abschreckendes Bild in diesem ersten Brief gezeichnet. Vieles ist und bleibt unklar. Ich weiß, Du bist gerade in der Ukraine, und würde gerne wissen, was Du hier täglich erlebst. Es ist möglich, dass mein Blick zu düster oder zu kritisch ist.

Ich warte auf Deine Worte, Deine Antwort, Deinen Brief,

Yevgenia

Lemberg, 19. 6. 2016

Liebe Yevgenia,

tatsächlich ist dieser Briefwechsel etwas Ungewöhnliches, da wir beide in dem Bewusstsein schreiben, dass unsere Nachrichten auch von anderen, uns unbekannten Menschen gelesen werden. Ich weiß noch nicht, was das für mich bedeutet: Ob es die Intimität infrage stellt, die ein Briefwechsel für gewöhnlich beinhaltet, oder ob es, wie Du schreibst, dazu führt, dass die Grenzen zwischen einer eher persönlichen, nur für eine Person (Dich) bestimmten Mitteilung und einer für ein breiteres Publikum gedachten Mitteilung verschwimmen. Diese von Dir angedeutete Doppeldeutigkeit gefällt mir, wenn ich das recht überlege, sehr gut.

In meiner Arbeit fällt es mir oft schwer, zwischen dem Privaten und dem Öffentlichen zu trennen. Das liegt vermutlich zu einem guten Teil an den Themen, mit denen ich mich beschäftige. Sie sind manchmal sehr privat, aber andererseits auch öffentlich – weil ich darüber in der Öffentlichkeit spreche oder darüber schreibe, und zwar nicht in einem intimen Tagebuch oder in privaten Briefen, sondern in zur Veröffentlichung bestimmten Texten.

Manchmal frage ich mich natürlich, ob das statthaft ist? Darf man das? Ich glaube, dass man das manchmal sogar muss. Du scheinst ähnlich zu empfinden, wenn Du schreibst, dass in der Ukraine das Private gezwungen wird, öffentlich zu sein. Dass man, um zu existieren, von seiner eigenen Existenz Zeugnis ablegen muss. Wie Du das in Deiner Arbeit machst, liebe Yevgenia, finde ich bewundernswert. Und sehr wichtig.

Du schreibst in Deinem Brief über die erste Gay-Parade in Kiew. Und über die gewaltbereiten Rechten, die sich dort versammelt haben, um die Teilnehmer an der Veranstaltung zu verprügeln und auseinanderzujagen, wie sie das schon in früheren Jahren gemacht haben. Solche Exzesse gab und gibt es bekanntlich nicht nur in Kiew und nicht nur in der Ukraine, sondern auch anderswo, in Russland oder in Polen. Gewaltbereite Rechte, die sich nicht scheuen, Blut zu vergießen, sind ein internationales Phänomen, das hat gerade das Massaker von Orlando in den USA auf grausame Weise bewiesen. Aber in Kiew kam es heuer zu keinen Ausschreitungen, weil die Teilnehmer von der Polizei geschützt wurden. Allerdings musste die Parade, wie Du schreibst, auf Anordnung der Behörden nach einer halben Stunde beendet werden. Angeblich aus Sicherheitsgründen.

Also einerseits ein kleiner Sieg, da die Parade überhaupt stattfinden konnte, aber andererseits kann man sich darüber nicht wirklich freuen, weil die staatlichen Organe den gewaltbereiten Rechten entgegenkamen, indem sie die Veranstaltung auf so kurze Zeit beschränkten. Ein kleines Fenster der Freiheit, das gleich wieder zugeschlagen wird. Haben die Behörden Angst vor den Rechten? Oder ist es vielmehr so, dass die meisten Polizisten und Beamten derselben Meinung sind wie die homophoben Randalierer?

Als ich Deine Schilderung las, erinnerte ich mich, dass vor Kurzem auch in Warschau eine ähnliche Veranstaltung stattgefunden hat, die sich Parade der Gleichheit nennt. Zur 16. Parade der Gleichheit kamen, nach verschiedenen Quellen, 10 000 oder vielleicht auch 35 000 Teilnehmer, darunter auch Politiker, sogar aus dem Ausland. In diesem Jahr gab es in Warschau keine nennenswerten Ausschreitungen, die Parade lief friedlich ab. Das klingt gut. Aber gleichzeitig kommt es in Orlando in den USA zu einem blutigen Massaker in einem Gay-Club. Und in einer polnischen Tageszeitung lese ich einen Kommentar, den eine Polin, eine gewisse Anna T., daraufhin im Internet platzierte: »Um diesen Abschaum ist keinem vernünftigen Menschen leid.« Neben diesem Satz sieht man das Bild der Frau mit ihren beiden kleinen Kindern. Eine ganz normale, hübsche polnische Hausfrau.

Es geht nicht darum, dass die Frau, die so etwas gesagt hat, aus Polen stammt. Ich zitiere das nur, weil ich regelmäßig die polnischen Zeitungen lese. Ähnliche Kommentare könnte man wahrscheinlich ohne große Mühe auch anderswo im Internet finden, in Österreich ebenso wie in Schweden oder in Bulgarien. Von Russland wollen wir lieber gar nicht erst reden. Dort sind solche Äußerungen alltäglich, weil die Homophobie alltäglich ist und von führenden Politikern des Landes ganz bewusst gefördert wird.

Wie kommt es, dass es in unseren Gesellschaften so viel Verachtung gegenüber dem Anderen gibt, der anders denkt und anders empfindet, anders betet und anders aussieht? Wir erleben es jeden Tag, dass diese Verachtung hier oder dort, manchmal ganz unerwartet, umschlägt in Hass, der sich in brutaler Gewalt äußert. Manche Menschen scheinen sich ein Leben ohne Hass und Gewalt gar nicht vorstellen zu können, so ein Leben erscheint ihnen offenbar nicht lebenswert. Das erleben wir jetzt während der Fußball-Europameisterschaft in Frankreich, die mich sonst wenig interessiert. Aber das Phänomen, dass sich junge Männer gegenseitig die Köpfe einschlagen, weil der eine aus England und der andere aus Russland kommt, finde ich schon bemerkenswert. Sind das rabiate nationalistische Gefühle, die da zum Ausdruck kommen? Oder ist es vielmehr ein ganz primitives, atavistisches Bedürfnis, sich einmal einem richtigen, ungehemmten Gewaltrausch hingeben zu können? So richtig dreinzuschlagen, bis Blut fließt, ohne jeden vernünftigen Grund und ohne Anlass?

Ein Bekannter, der sich mit dem Phänomen der Gewalt unter Fußballfans beschäftigt, hat mir gesagt, dass dies oft nicht, wie ich eigentlich erwartet hätte, junge Männer aus sozialen Unterschichten sind, die auf diese Weise vielleicht ihre Frustrationen abreagieren. Oh nein, sagte er, in vielen Fällen sind das intelligente Männer aus der Mittelschicht, Bankbeamte oder Computerspezialisten, verheiratet, Kinder, ein guter Job, ein Haus, ein schönes Auto. Aber manchmal brechen sie aus diesem sicheren, bequemen Leben aus und fahren irgendwohin, um sich mit anderen Männern, die vielleicht aus ähnlichen Verhältnissen stammen, zu prügeln, bis einer von ihnen buchstäblich auf der Strecke bleibt. Vielleicht schwer verletzt.

Wenn ich von solchen Ereignissen lese, frage ich mich immer, wie es zu so etwas kommt. Wie kommt es dazu, dass die finster blickenden jungen Männer, von denen Du in Deinem Brief schreibst, mit Messern im Sack zur Gay-Parade in Kiew gehen, um dort Randale zu machen? Was ist es, was diese Leute antreibt? Ist es wirklich ein tief sitzender Hass gegen Homosexuelle als Stellvertreter für alles, was anders ist? Oder ist das nur ein Vorwand? Ich weiß es nicht.

Ich schreibe diesen Brief aus L'viv / Lemberg. Ich war zuerst in Tscherniwzi/ Czernowitz, und fuhr von dort mit dem Auto nach L'viv. Obwohl die Straßen über weite Strecken immer noch schlecht sind, war die Fahrt ein Erlebnis. Sie führt durch eine wunderbare Landschaft, die einen ganz eigenen Reiz ausstrahlt. Irgendwie wirkt sie altmodisch, auf eine angenehme, sympathische Weise. Auf manchen Wiesen sieht man die verschiedensten Haustiere friedlich nebeneinander stehen, Kühe und Pferde, Schweine, Gänse und Ziegen. Das gibt es bei uns längst nicht mehr, leider. Da ist alles wohlgeordnet.

In einem Dorf im Bezirk Ivano-Frankivsk machten wir in einer Gaststätte Halt, um etwas zu essen. Das Dorf heißt Stary Kryvotuly und hat nichts Besonderes zu bieten. Eine große Kirche mit einem neuen, weithin golden glänzenden Blechdach, wie man sie heute in vielen Dörfern sieht, bescheidene Häuser, an der Straße aufgefädelt, in den Gärten Gemüse und Obst. Überall Kirschbäume.

Die Früchte sind gerade reif. Ein herrlicher Anblick. Wir saßen auf einer Terrasse an der Straße und warteten aufs Essen, als vier junge Männer mit schweren Motorrädern ankamen. Einer hatte eine junge Frau auf dem Soziussitz, die anderen waren solo. Sie sahen beinahe bedrohlich aus. Breite Schultern, mächtige Muskeln, runde, kahl geschorene Köpfe. Alle vier trugen Lederjacken mit bunten Symbolen auf dem Rücken, der eine einen Drachen, ein anderer einen Wolf, glaube ich. Du kennst diese Typen so gut wie ich. Einer hatte ein riesiges Messer umgeschnallt. Ich weiß nicht, wozu ein Motorradfahrer ein Messer braucht? Reparieren kann man das Motorrad damit nicht. Aber die Männer waren freundlich, sogar höflich. Als einer eine Zigarette anzündete, stand er auf und ging ein paar Schritte vom Tisch weg, obwohl wir im Freien saßen.

Sie bestellten Kwas, und als sie den bekamen, prosteten sie uns zu. Das fand ich sehr nett. Ich glaube, es tat ihnen leid, dass sie sich nicht mit uns unterhalten konnten. Meine beiden Begleiter kommen auch aus Österreich. Ich habe es polnisch versucht, aber mit magerem Ergebnis. Als wir gingen, winkten sie zum Abschied. Sympathische junge Leute.

Als ich Deinen Brief las, erinnerte ich mich gleich an diese kleine, unbedeutende Episode. Wie würden diese jungen Männer auf Homosexuelle reagieren? Oder auch auf Flüchtlinge, die eine andere Hautfarbe und Religion haben? Wären sie zu denen auch so nett wie zu uns? Leider kann ich nicht fotografieren wie Du. Ich hätte gern Bilder von ihnen gemacht. So kann ich nur versuchen, diese kleine Episode für Dich zu beschreiben.

Ich warte gespannt, was Du zu berichten hast.

Alles Liebe

Martin

Kiew, 28. 6. 2016

Lieber Martin,

danke für den Brief. Nachdem ich ihn bekommen habe, wollte ich dir jeden Tagantworten, aber unwillkürlich habe ich auf ein Ereignis gewartet, mit welchem ich den Brief beginnen konnte.

Es passierte jeden Tag sehr vieles, und gleichzeitig passierte nichts. Ich bemerkte, dass fast alles ein und kein Ereignis sein kann. Vielleicht soll ich die Schreibgelegenheiten einfach aufzählen und dann fast zufällig aufhören?

Es ist sehr heiß geworden. In der Hitze schmelzen die Erinnerungen schnell. Die gelben Blätter liegen auf dem heißen Asphalt und weisen auf den kommenden Herbst hin.

Ich ging wieder in den Schewtschenko-Park, um die sommerlichen Erholungsszenen zu dokumentieren, und befragte manche Passanten über den Krieg, viele Kiewer schienen vergessen zu haben, dass es ihn gibt! Manche wunderten sich über meine Fragen, als ob ich sie zu etwas, was längst vergangen und nicht mit uns passiert ist, befragte. Kein Wunder, dass so ein winziges Krieglein, das sogar im eigenen Land aus dem Blick fällt, in Wien oft gar nicht bemerkt wird.

Nichtdestotrotz brachte vergangene Woche ein Freund von mir Kinder aus den Kriegsregionen nach Kiew, damit sie hier von ihren eigenen Kriegserfahrungen erzählten. Die Aufführung dauerte vierzig Minuten, und es wurde vieles gesagt. Kinder aus Kiewer Schulen durften am Ende Fragen stellen. Nach der Aufführung und einem Spaziergang durch unsere glückliche und ständig feiernde Stadt sollten die Kinder in ihre Heimatorte zurückkehren. Dort ist jetzt ruhig, aber viele Häuser sind ruiniert, und immer wieder tauchen die Schatten der Gefahr auf.

Ich las den Anfang Deines Buches in der ukrainischen Übersetzung nochmals, um über Deine Fragen nachzudenken. *Der Tote im Bunker* beginnt mit Beschreibungen des Lebens in der zu Slowenien gehörenden »Untersteiermark« in den 1920er Jahren. Du berichtest fast entfremdet über ein Leben, das nach nationaler Zugehörigkeit getrennt gelebt wird. Du sprichst über eine deutliche, unsichtbare, aber stets spürbare Grenze zwischen den Deutschen und Slowenen. Wenn ich Dein Buch lese, entsteht ein Bild vor meinen Augen, ein klares Bild wie eine Theaterszene, wie ein Puppenspiel. Die Didaktik des Hasses wird dem Leser fast auf eine brechtianische Weise beigebracht, und es bleibt nichts anderes, als zu verstehen, wohin sich die unschuldigen nationalen Sitten bewegen. Wie in griechischen Tragödien kennen wir längst die Folgen von dem Eifer der »Grenzdeutschen«. Wenn ich Dein Buch lese, beginne ich zu glauben, dass so eine Klarheit nicht nur zum Text, sondern auch zur Realität selbst gehört. Dann schaue ich aus dem Fenster, gehe in die Straßen – und dieses beruhigende Gefühl verschwindet wie ein Windhauch.

Man sieht viele doppeldeutige Kleinigkeiten, die absurden Gesten, auf Schritt und Tritt hört man widersprüchliche Aussagen, ich beginne sogar diese Antwortlosigkeit zu genießen. Gestern spät am Abend traf ich eine merkwürdige Person. Kurz nach zwölf in der Nacht ging ich für einen kurzen Spaziergang an die kühle Luft, und neben der U-Bahn-Station sprach mich eine junge Frau an. Sie langweilte sich und wollte mit jemandem reden. Sie sagte, sie sei neu in Kiew und komme aus dem Donbass, aus der kleinen Stadt Gorlovka. Wir haben einige Worte getauscht, und etwas überraschend behauptete die Frau, sie sei eine Separatistin. Vielleicht hat sie erwartet, dass ich wütend werde, es klang wie eine Herausforderung, als sie das sagte. Als ich neugierig wurde, hat sie sich beklagt, von vielen in Kiew nach so einem Geständnis beschimpft zu werden.

Wir redeten weiter, und sie machte noch ein Bekenntnis, sie will bis in jüngste Zeit in einer Frauenkolonie in Gorlovka als Wächterin gearbeitet haben. Danach hat sie erneut auf meine Abschreckung gewartet. Als ich nach Hause kam, habe ich ihre Angaben überprüft: Es existiert keine Frauenkolonie in Gorlovka. Meine gestrige Bekanntschaft konnte da nicht gearbeitet haben. Vielleicht ist es gar nicht ihre eigene Geschichte, sie hat sich für mich etwas ausgedacht. Warum wollte sie, dass ich denke, sie, eine »Separatistin«, habe so eine Arbeit gemacht? Diese Art der Arbeit in der Strafkolonie, in einem Gefängnis, ist ein sicheres Stigma hier in der Ukraine. Auch in Österreich ist es wohl nicht viel anders? In diesem Beruf trifft sich die allgemeine europäische halbvergessene Vorstellung über die Unberührbarkeit und Exklusion eines Henkers mit dem Kontext des stalinistischen und sowjetischen Repressionssystems. In den *Erzählungen aus Kolyma* von Warlam Schalamow führten die Wächter der Arbeitslager oft die Erschießungen und Folter selbst aus.

Meine Gesprächspartnerin wollte in meinen Augen etwas Feindliches, sogar Verfluchtes darstellen. Wir haben aber sehr nett und spannend die Zeit verbracht, und eine Stunde über Kiew und den Donbass gesprochen.

Sie sich als eine Gefängniswächterin vorzustellen wie auch als eine Separatistin ist nicht besonders romantisch, es wird eher zu einer Version des Protests. Man hat ein Experiment gemacht in der Ukraine, man hat versucht, die Teilung der Gesellschaft, die Du in Deinem Buch so präzis zeigst, hier in aller Eile aus dem Nichts zu initiieren. Niemals existierten hier die richtigen Grenzen zwischen den Sprachen, Religionen, Lebensweisen, Nationalitäten. Es wird immer wieder versucht, diese Grenzen zu bilden. Bis jetzt vergebens. Sie halten nicht und erinnern an stilisierte Theatergrenzen, in denen man spielt, die man imaginiert und wieder leicht vergisst, die nur als eine kleine Provokation für ein nächtliches Gespräch dienen können.

Dennoch, der Zwang, eine Außenseiterin zu sein oder umgekehrt, *angehörig*, hängt in der Kiewer Luft. Nationalisten aller Sorten fühlen sich wie Fische im Wasser der putinistischen Propaganda, die nie aufhört und ungeschickte Antworten von ukrainischer Seite wachruft. Der Verdacht, dass jemand, der in der Ukraine eine scharfe Gesellschaftskritik ausübt, für Russland arbeitet, macht das gesamte Bild noch verwirrender.

In Deinem Brief schreibst Du über eine angenehme Begegnung in einem Dorf neben Ivano-Frankivsk. Du konntest mit den jungen Männern mit Motorrädern nicht wirklich reden, daher weißt du nicht, für wen das riesige Messer hätte bestimmt sein können, das einer von ihnen wie einen Schmuck oder eine Auszeichnung trug. Ich stelle mir vor, wenn man mit einem großen Messer auf einem brüllenden Motorrad herumreist, ist es manchmal sehr angenehm, zu jemandem auch sehr nett zu sein, jemanden anzulächeln und einem ausländischen und wahrscheinlich hoch gebildeten Gast einen schönen Tag zu wünschen. Zeigt nicht auch *Der Tote im Bunker*, dass nationalistisch, von Fremdenhass besessen zu sein, bis zu einem bestimmten Moment nur ein Spiel ist, ein Schmuck, ein Mantel, der, wie Du schreibst, manchmal abgelegt werden kann.

Doch wenn etwas Unerwartetes passiert, zum Beispiel ein spontaner Machtübergriff, fällt plötzlich eine riesige Verantwortung in die Hände der Spielenden und sie werden zu Geiseln ihres eigenen Rollenspiels. Ging es nicht teilweise beim Brexit, dem Referendum, das man in allen russischen Medien gerade feiert, so zu? Während des Jubelns wird der Europäischen Union ein schnelles Ende vorhergesagt.

Hier in der Ukraine erneuern die Online-Zeitungen täglich, wie auch in Österreich oder Deutschland, die Anzahl der Unterschriften, die für ein zweites Referendum in Großbritannien gesammelt werden. Viele meiner Bekannten schütteln den Kopf: Sie haben immer gedacht, dass die aggressive und offensichtlich primitive Propaganda nur in einem Land wie der Ukraine einen beachtlichen Erfolg erzielen könnte. Und jetzt beobachten wir, wie selbst in einem Land mit hervorragenden Zeitungen, Zeitschriften, Fernsehen und Radio, wie selbst da Propaganda und irrationale Ängste Zuspruch bekommen. Jetzt wirst Du lachen, aber so ein Referendum zeigt, dass wir, die Ukrainer, nicht phänomenal dumm sind, sondern nur so dumm wie die anderen! Oh! Wir sind doch Europäer. Wir träumen von Einheit, von etwas Besserem, Demokratie, sozialen Rechten, aber wenn die Populisten uns ansprechen, sind wir sofort ganz Ohr.

Ich verabschiede mich und mit einer großen Neugier und warte auf Deinen Brief,

viele Grüße aus Kiew

Yevgenia

Bocksdorf, 1. 7. 2016

Liebe Yevgenia,
ich bin inzwischen wieder zurück von meiner Reise in die Ukraine. Es war wunderschön, aber auch anstrengend, wie Du Dir vorstellen kannst. Wir sind in neun Tagen viertausend Kilometer gefahren – und über den Zustand der Straßen in der Ukraine brauche ich Dir nichts zu erzählen. Es hat sich aber gelohnt. Jede Minute. Natürlich haben wir (ich war mit zwei Österreichern unterwegs, die einen Fernsehfilm machen wollen) uns unterwegs verirrt und sind auf kleine Nebenstraßen geraten, mit unglaublichen Schlaglöchern, die manchmal die ganze Straße bedecken. Aber dafür war die Landschaft umso

schöner. Die Dörfer. Die Gärten. Und die Menschen, denen wir begegnet sind, waren unglaublich freundlich.

Als ich Deine Beschreibung der Kinder aus den Kriegsgebieten las, die zur Erholung nach Kiew geschickt werden, in diese »glückliche und ständig feiernde Stadt«, wie Du schreibst, musste ich an unseren ersten Abend in L'viv denken. Wir gingen zum Rynok und waren beinahe geschockt über den dort herrschenden Trubel. Ein einziges ausgelassenes Volksfest, ein Karneval, Musikgruppen, lachende, lärmende Jugendliche, Liebespaare, Stände mit Souvenirs und Essen, Cafés, das alles vermischt zu einem lauten, bunten Gewühl, das mir schwer erträglich erschien. Vielleicht bin ich zu alt für so etwas? Aber ich dachte auch daran, dass im selben Land Krieg herrscht – und dass vermutlich viele von denen, die hier Party machen, Verwandte und Freunde haben, die zur selben Zeit im Donbass sind, im Krieg, die dort hungern, sich in ihren zerschossenen Häusern verkriechen. Sind das diese absurden Gesten, von denen Du schreibst?

Aber vielleicht sind das auch ganz banale Feststellungen, typisch für einen Außenseiter wie mich, der sich ein Urteil über andere Menschen anmaßt? Kann man es den Menschen in L'viv und Kiew verübeln, dass sie sich zur selben Zeit, da im Osten gekämpft und gestorben wird, amüsieren, ein normales Leben führen wollen? Mit allem, was dazu gehört. Wahrscheinlich ist es gar nicht verwunderlich, dass sie das Bedürfnis verspüren, die Normalität des Alltags, wie sie ihn gewohnt sind, aufrecht zu erhalten. Vielleicht ist das auch so etwas wie ein Selbstschutz?

Ich denke dabei an eine Szene, die ich vor vielen Jahren im Krieg im ehemaligen Jugoslawien erlebt habe, wo ich als Journalist hinfuhr. Es war in Kroatien, in der Nähe der Stadt Vukovar, die von den serbischen Truppen eingeschlossen und ständig beschossen wurde. Die meisten Menschen waren aus den Frontgebieten geflohen. In einem kleinen Dorf sah ich einen alten Mann in einem Garten arbeiten. Sonst war das Dorf wie ausgestorben. Ich blieb stehen und fragte ihn, ob er keine Angst habe, hier zu bleiben, mitten im Kriegsgebiet? Er schüttelte den Kopf und sagte, er ernte gerade Bohnen, in diesem Jahr seien sie sehr schön geworden, er zeigte mir eine Handvoll, auch die Paradeiser, die Tomaten, seien prächtig geraten, wie könne er da weggehen?

Er konnte sich nicht vorstellen, seinen Garten mit dem herrlichen Gemüse, das er selber gepflanzt hatte, allein zu lassen, obwohl die ganze Welt um ihn herum in Trümmer zu fliegen schien. Sein Garten mit dem Gemüse, das er schon seit Jahrzehnten anbaute, stellte für ihn die Normalität des Lebens dar. Wenn er das aufgab, hätte er sich wohl selber aufgegeben. Und dazu war er nicht bereit.

Wir alle sehnen uns manchmal nach Normalität. Ohne die könnten wir nicht leben, würden wir verrückt werden.

Ich unterhielt mich einige Zeit mit dem alten Mann, er bot mir Paradeiser aus seinem Garten an. Sie schmeckten tatsächlich wunderbar, auch der Wein, den er aus dem Haus holte. Auch den Wein hatte er selber gemacht. Ich nahm mir vor, ihn später noch einmal zu besuchen, um zu sehen, wie es ihm ging, ob er etwas brauchte, aber irgendwie kam es nicht mehr dazu. Ich fuhr nicht mehr nach Vukovar, sondern zu anderen Schauplätzen. Dann vergaß ich ihn. Später habe ich mich oft an den freundlichen Alten mit seinen wohlschmeckenden Paradeisern erinnert und mir Vorwürfe gemacht, dass ich ihn nicht mehr aufgesucht habe. Was wohl aus ihm geworden ist?

Auf unserer Fahrt durch die Ukraine haben wir jetzt überall Kirschbäume gesehen, in jedem Garten und auch neben der Straße. Das hat es früher auch in manchen Gegenden Österreichs gegeben. Man konnte so einen Kirschbaum neben der Straße von der Gemeinde »mieten«, und wenn die Kirschen reif waren, durfte man die ernten. Das gibt es nicht mehr, heute würde sich niemand mehr die Mühe machen, Kirschen neben der Straße zu ernten, die Menschen kaufen sie lieber im Supermarkt, obwohl sie dort wässrig schmecken. Uninteressante Importware. In der Ukraine haben wir viele Kirschen gegessen, die Menschen haben uns aufgefordert, sie zu pflücken. Nehmt, so viel ihr wollt! Deine Landsleute sind ungemein gastfreundlich, liebe Yevgenia.

Deine Erzählung von der jungen Frau, die sich provokant als »Separatistin« zu erkennen gab und dann enttäuscht war, weil Du sie nicht sofort beschimpft hast, hat mich tief berührt. Was kann eine junge Frau dazu bringen, in so eine Rolle zu schlüpfen? Wollte sie Dich schockieren? Wollte sie eine heftige Reaktion provozieren? Aber aus welchem Grund? Wollte sie sich nur interessant machen? Es wäre interessant, das herauszufinden.

Das treibende Moment in diesen Auseinandersetzungen und Konflikten, die teilweise so irrationale Verhaltensweisen hervorrufen, ist ein überspannter Nationalismus, der den Menschen das Denken vernebelt. Dabei hätten sie in der Regel einige Mühe, ihre oft absurden Reaktionen und Hassausbrüche zu erklären und darzulegen, warum sie diesen oder jenen Menschen, diese oder jene Gruppe, diese oder jene Gemeinschaft verachten, warum sie meinen, diese müsse ausgegrenzt, aus dem Land gejagt oder vielleicht völlig ausgemerzt werden. Das war schon immer so. Ich kenne das aus meiner Familie, wo es einen tief sitzenden Antisemitismus und eine ebenso tief sitzende Verachtung für alles Slawische gab, was immer das bedeuten mochte. Mein Großvater, der ein überzeugter Antisemit und »Slawenfresser« war, lebte in einer kleinen Ortschaft im heutigen Slowenien, wo natürlich auch Slowenen zu Hause waren, einige wohnten gleich nebenan. Mit diesen slowenischen Nachbarn kam er gut aus, er saß mit ihnen im Wirtshaus und trank mit ihnen und ging mit ihnen auf die Jagd, die er über alles liebte. Aber das waren in seinen Augen »seine« Slowenen, die waren in Ordnung, obwohl einige von ihnen, wie ich später erfuhr, überzeugte Nationalisten waren und ihrerseits alle Deutschen hassten.

Die scharfe Grenze zwischen den Sprachen und den Kulturen wurde erst ziemlich spät errichtet, vorher existierte sie kaum. Aber mit dem erstarkenden Nationalismus gewann diese Grenze, diese Trennung zunehmend an Bedeutung, bis eine Verständigung scheinbar unmöglich geworden war. Heute ist das wieder anders. Wenn ich nach Slowenien fahre, in den Ort, wo mein Großvater zu Hause war, erinnern sich die Menschen gern an die Vergangenheit. Sie haben zwar die schlimmen Dinge, die Brutalität der Nationalsozialisten, deren Verbrechen (an denen meine Verwandten, mein Großvater und mein Vater beteiligt waren), nicht vergessen, aber die Erinnerungen sind verblasst. Sie denken auch an schöne Dinge, die sie gemeinsam erlebt haben. Aber die Konflikte können jederzeit wieder angefacht werden, wie wir wissen. Dagegen sind wir nie gefeit.

Das macht mich optimistisch, andererseits auch misstrauisch. Wir müssen ständig auf der Hut sein. In Österreich wurde heute bekannt, dass die Präsidentschaftswahl wiederholt werden muss. Nun besteht plötzlich wieder die Möglichkeit, dass Norbert Hofer, ein Vertreter der Rechten, zum Präsidenten gewählt wird. Eine schreckliche Vorstellung. Das wäre nicht das Ende der Welt, aber es wäre ein schlimmes Zeichen. Dabei gibt es auch so schon genügend negative Signale in Europa. Brexit. Der schwelende Konflikt in der Ukraine. Die Nationalisten, die überall stärker werden, auch in den alten, scheinbar gefestigten Demokratien, die gern von oben herab auf Länder wie die Ukraine schauten. Dabei ist es bei uns um keinen Deut besser. Die Menschen sind nicht klüger, sie sind nicht zivilisierter, sie sind nur wohlhabender. Das ist der ganze Unterschied.

Ich schicke Dir mit gesonderter Post ein Gespräch, das ich in L'viv mit einem Journalisten von einem TV-Sender mit dem kuriosen Namen *Espreso-TV* geführt habe. Es war schon ziemlich spät am Abend, ich war müde, aber am nächsten Tag fuhren wir zurück nach Österreich, also blieb nichts anderes übrig, als es an diesem Abend zu machen. Wir saßen in einem winzigen Studio im Zentrum, sehr bescheiden eingerichtet, in dem Tisch, an dem ich saß, war oben ein großes Loch, das man früher einmal gebohrt hatte, um irgendetwas zu montieren. Jetzt war da nur mehr das Loch. Um das zu verdecken, damit es im Fernsehen nicht zu sehen war, bekam ich eine Tasse mit dem Aufdruck *Espreso-TV*, in der Wasser war. Die Leute im Studio baten mich, während der Aufnahme nicht daraus zu trinken, weil man sonst das Loch im Tisch gesehen hätte.

Aber das Interview wurde sehr gut geführt, mein Gesprächspartner war sehr gut vorbereitet, ich kannte ihn schon von einem früheren Aufenthalt. In dem

Gespräch ging es natürlich auch darum, dass Europa sich heute nach rechts bewegt. Ob ich wisse, woran das liege?

Ich kann das auch nicht sagen. Weißt Du eine Antwort?

Und, wichtiger noch: Was können wir dagegen tun? Können wir denn etwas tun, oder sind wir machtlose Zuseher?

Ich erwarte mit Ungeduld und Spannung Deinen neuen Brief.

Alles Liebe

Martin

Kiew, 16. 7. 2016

Lieber Martin,
danke für den schönen Brief. Deine Beschreibung der Reise durch Jugoslawien und der Begegnung mit einem Bauer, der sein Haus auch unter Lebensgefahr nicht verlassen wollte, hat mich sehr berührt, da ich ähnliche Begegnungen im Osten der Ukraine hatte.

Schwarze Ironie der Ereignisse zwingt mich aber, ein anderes Thema anzusprechen. Mit einer wohl naiven Verwunderung las ich, dass das Polnische Kulturinstitut in Wien nicht mehr mit Dir zusammenarbeiten wird. Man versucht also, Dich zum Schweigen zu zwingen.

In Deinem Brief sprichst Du über Deine Reise durch die Ukraine und am Ende über den Nationalismus, Du erwähnst Deine Familiengeschichte, den Hass zwischen den Deutschen und Slowenen, Antisemitismus. Im Alltag funktioniert alles auf ganz andere Art und Weise, es entstehen Freundschaften und Dein Großvater hatte »seine« Slowenen, mit denen er am Abend Bier trank und zur Jagd ging. Vieles im Bereich der Gefühle und Gedanken ist und bleibt ambivalent, aber wenn die widersprüchlichen Ideen in Taten umkippen, wird es plötzlich eindeutiger.

Als wir bereits planten, Briefe miteinander auszutauschen, hast Du mir einen Artikel von Dir geschickt: *Das Freund-Feind-Schema*. Als ich ihn las, wünschte ich mir, dass Du auch Ukrainisch sprechen und Dich zu den Entwicklungen in der Ukraine genauso scharf äußern könntest. Ihn zu lesen, hatte für mich eine heilende Wirkung. Endlich hört man so lange erwartete Aussagen über die anscheinend mehrdeutige oder nicht ganz klare Politik, und alles nimmt auf einmal den Platz ein, an den es gehört.

In der stalinistischen Ära arbeitete in der Sowjetunion ein Dramaturg, Jewgeni Schwarz, und fast in jedem Stück, das er schrieb, ging es mehr oder weniger um die fast kindliche Sehnsucht nach Wahrheit. Wie viele Autoren jener Zeit war er gezwungen, allegorisch zu schreiben, aber in seinen inszenierten Märchen versuchte er immer wieder das aufzuklären, was in den vierziger und fünfziger Jahren unausgesprochen blieb. In seinen dramatischen Stücken sind die autoritären Antiutopien beschrieben, wo Präsidenten und Könige sich weigern, die Verantwortung für die Blutbäder in ihren eigenen Reichen zu übernehmen. So sollte einer dieser Könige sich als Schizophrener ausgeben, der ständig von Manien und Psychosen besessen ist. Diese angebliche Schizophrenie scheint mir eine aktuelle Metapher zu sein. Vielleicht wird immer noch von uns erwartet, dass wir auch so eine Rolle spielen und das Offensichtliche wegen unserer Verdopplung der Persönlichkeit nicht bemerken? Sonst würdest Du für Deinen Artikel, der die wichtigsten Probleme der polnischen Gesellschaft und Politik anspricht, in irgendeiner Form ausgezeichnet.

Du wirst aber dafür bestraft. So ein Versuch aus einem anderen Land, Dich anzugreifen und Dir die virtuelle Faust zu zeigen, ist lächerlich, ja dumm. Aber auch unerträglich. Bedeutet es, dass die Worte immer noch so mächtig sind, dass sie abschrecken und sogar die Politiker, die Demokratie spielen, zwingen können, gegen einen Autor etwas zu unternehmen?

Oder, viel schlimmer, ist es nur ein Ritual der rechten, nationalistischen Regierung, das die Verfolgung Andersdenkender einschließt? Und man nimmt dir das Wort weg, um die eigene nationalistische, politische Identität weiter auszubilden?

Als Du den Artikel verfasstest, der dazu führte, konntest Du da so eine Entwicklung vorhersehen? Kann man noch etwas dagegen unternehmen? Können die solidarischen Stimmen polnischer und internationaler Autoren, die Dich unterstützen, noch etwas ändern?

Im Kontext dieser Angelegenheit las ich auch den Text, der als Antwort auf Dein *Freund-Feind-Schema* geschrieben wurde: der Beitrag *Pollacks Polen* von Jacek Czaputowicz, ein Wissenschaftler, der im Außenministerium Polens für PiS arbeitet.

Das Faszinierendste unter vielen anderen kognitiven Dissonanzen jener Publikation ist die permanente Rechtfertigung des Nationalismus mit »freiem Willen«, »Demokratie«. Flüchtlinge *wollen* nicht in Polen bleiben, warum sollen wir sie zwingen und sie aufnehmen, fragt sich und die Leser der Autor. Und auch belehrend: »Demokratie besteht doch darin, dass die Regierungen sich aufgrund von Wahlen ändern, was manchmal einen Regierungswechsel zur Folge hat, der nicht jedem gefällt.« Es wird höflich verschwiegen, dass solche *demokratischen* Entscheidungen zuletzt aufgrund systematischer Betäubungen und Lügen gemacht werden, wie es in Polen und im Osten der Ukraine passierte, in Russland und auch mit dem Brexit in Großbritannien. Die Massenpropaganda und Faktenfälschung wird von nationalistischen Regierungen und Parteien als eine Art der Freiheit verkauft, die zur Demokratie führen soll.

In so einer Situation, wo die Täuschung langsam zum einzig wirksamen politischen Instrument wird, gibt es da noch eine Möglichkeit, die Leser anzusprechen? Oder werden die Ideen, die Worte, sogar die Logik selber devolviert und man glaubt keinem mehr?

Mit vorhersehbarer Enttäuschung lesen die Ukrainer heute die Nachrichten, insbesondere wenn sie im Osten leben. Die Montage und die Collage, die visuelle Sprache vom Anfang des 20. Jahrhunderts hüllen die verletzten und fragmentierten Beiträge, Analysen, Mitteilungen in einen postmodernistischen Schleier.

Vor einigen Tagen war ich in einer Ausstellung in Kiew, im zentral gelegenen Schewtschenko-Museum. In einem Monat soll da meine eigene Ausstellung stattfinden. Im Moment sind Fotos von Verwundeten ausgestellt: Wir sehen die Aktivisten des Majdan-Aufstands, die wegen ihren Verletzungen nie wieder von den Rollstühlen aufstehen werden, man sieht die Folgen von Granat-, Schrapnell- und Gewehrschussverletzungen im Donbass-Krieg. Die Wunden, die man sieht, so dachte ich beim ersten Blick in die Ausstellung, sind ideologielos, sie sprechen in jedem Fall gegen den Krieg.

Ich habe mich aber geirrt. Wenn man durch diese Bilderreihe wandert und die Kommentare zu jedem Bild liest, entsteht ein merkwürdiger Eindruck, dass nur die »Patrioten der Ukraine« im Krieg verletzt werden. Die »Feinde der Ukraine« dagegen verdienen kein Mitleid und sind fast unverwundbar. Man liest von ihrer finsteren Brutalität, man sieht aber nie ihre Wunden. Die Wunden einer anderen Seite des Konflikts sowie die Wunden von Menschen, die im Donbass leben und zufällig verletzt wurden, bleiben nicht hinter den Kulissen, es ist viel radikaler – im Rahmen so einer Ausstellung existieren sie gar nicht.

Du hast mich gefragt, woher die provokante Stimme einer Frau kommt, die sich »Separatistin« nennt. Ich spüre es, weiß es, bin überzeugt, so eine Stimme wird in solchen Ausstellungen geboren, in der Rhetorik, die dem »Freund-Feind-Schema« entspricht, von dem Du schreibst.

Ich würde sehr gern über diese Ausstellung einen kritischen Aufsatz schreiben. Was mich abhält, sind die menschlichen Schicksale, die da gezeigt werden, der Krieg, der dauert und jede Aussage als Brennstoff benützt. Wie schreibt man über eine Wunde innerhalb einer Wunde?

Gestern spät am Abend ging ich nach Hause, nach einer langen und etwas monotone Arbeit an einer Bilderreihe. Es war sehr warm und hell, nur wenige Passanten kamen mir entgegen. Ich dachte an Frankreich, an die Opfer des Anschlags, an eine Irrationalität der Gewalt, die keine Worte, keine Texte zu akzeptieren scheint. Ein hoch gewachsener Mann kam mir auf einer leeren

Straße entgegen. Schon von Weitem wunderte ich mich über seine Gestalt, da er seine Hand ziemlich seltsam am Mund hielt. Als er näher kam, sah ich, dass es nicht nur die Hand war, sein Gesicht war zur Hälfte hinter dem runden Ausschnitt des T-Shirts versteckt. Ich erinnerte mich sofort an die Kinder, die in Scharen mit kleinen Plastiktüten mit Klebstoff durch Kiew laufen und immer die Päckchen hinter den Krägen verstecken, um am Kleber zu schnüffeln. Wenn sie einatmen, verschwinden ihre Gesichter für einige Sekundenhinter dem Kragen. Man bezeichnet Klebstoff hier als eine Kinderdroge, weil die Halluzinationen oft einen Animationsfilm-Charakter haben und diese ausgesprochen schädliche und günstige Droge für die meisten Erwachsenen kaum erträglich ist. Als der Mann mir ganz nahe kam, sah ich, dass er sehr jung und gerade so ärmlich wie jene Kinder angezogen war, und er hielt ein Plastiksäckchen mit Klebstoff in der Hand. Ich wollte ihn ansprechen, aber er hörte und sah mich nicht. Er lachte jemanden an, der für mich gar nicht anwesend war.

Armut und Ausweglosigkeit verbreiten sich um mich herum. Hier in der Ukraine sind diese Probleme wegen des Krieges und wohl wegen einer Regierung, die nicht viel besser als die vorherige ist, immer wieder stärker zu spüren. Man spricht aber kaum darüber. Vielleicht weil man nicht weiß, was man sagen und unternehmen soll?

Ich selbst suche nach den Worten, die die Armut beschreiben könnten, und finde sie oft kaum.

Lieber Martin, ich sitze jetzt früh am Morgen in einer Bar und beende diesen Brief, ich denke an Dich. In der Nacht soll ohne Erfolg ein Militärputsch in der Türkei stattgefunden haben. Der Barmann spricht mich an: »Haben Sie gehört, dass unser Trottel Petrusha (so nannte er abwertend unseren Präsidenten) Erdoğan sein Mitgefühl ausgesprochen hat? Er weiß wohl, dass auch ihn so etwas erwartet, nicht wahr? Die Menschen werden nicht ewig Geduld haben mit seinen Spielen und diesem Mistleben.«

So sind die Launen in Kiew an diesen Sommermorgen.

Ich schicke Dir viele Grüße und wünsche Dir eine gute Besserung,

Yevgenia

Bocksdorf, 21.7.2016

Liebe Yevgenia,
ich beginne meinen Brief mit einem kleinen Rundgang durch meinen Garten, der für mich sehr wichtig ist, ein unverzichtbarer Teil meines Lebens. Wie du weißt, wohne ich die meiste Zeit des Jahres auf dem Land, in einem kleinen, un-

bedeutenden Dorf im Südburgenland namens Bocksdorf. Ich habe hier ein altes Bauernhaus, ein Stück Land, zwei große Streuobstwiesen mit alten Bäumen, meist Äpfeln, aus denen ich Saft mache. Und dann zwei Gemüsegarten, für den eigenen Gebrauch und für Freunde. In meinem letzten Brief habe ich von einem alten Bauern im ehemaligen Jugoslawien erzählt, der sich im Krieg von seinem Gemüsegarten nicht trennen konnte. Das kann ich gut verstehen. Ich habe mich heuer nicht viel um das Gemüse und die Salate gekümmert, weil ich oft im Spital war, dann wieder verreist. Jedes Mal, wenn ich in den Garten gehe, verspüre ich deswegen ein schlechtes Gewissen. Aber der Garten nimmt das offenbar nicht übel, die Salate (ich habe immer mindestens zehn verschiedene Sorten) wachsen und gedeihen prächtig, sodass wir mehr ernten, als wir essen können, und in diesem Jahr sind die Paradeiser schöner als je zuvor. Obwohl ich sie wirklich vernachlässigt habe. Oder vielleicht gerade deshalb? Das wäre natürlich eine wunderbare Entschuldigung dafür, noch weniger im Garten zu arbeiten und ihn noch mehr sich selber zu überlassen. Wenn Du einmal im Frühjahr oder im Sommer kommst, serviere ich Dir den besten Salat, den Du Dir vorstellen kannst, eine Mischung aus allen verschiedenen Sorten. Ich kaufe überall, wo ich hinkomme, Salatsamen, in Polen, in der Ukraine, in Slowenien, in Italien, in der Schweiz, sogar in Belarus. Ich freue mich schon auf Deinen Besuch.

Aber jetzt zu ernsteren Dingen. Du hast in Deinem letzten Brief ein Thema angesprochen, das mich direkt betrifft: die Entscheidung des Polnischen Instituts in Wien, wegen meiner Kritik an den Zuständen in Polen die Zusammenarbeit mit mir einzustellen. Natürlich hat das nicht der Direktor in Wien entschieden, sondern die Weisung kam aus Warschau. Ich wurde von der PiS-Regierung auf den Index gesetzt. Und natürlich hast Du ganz recht, wenn du schreibst, dass solche Maßnahmen lächerlich und dumm sind. Aber auch unerträglich. Weil sie einen Rückschritt in Zeiten darstellen, die wir für überwunden hielten. Ich war im kommunistischen Polen neun Jahre lang Persona non grata, das heißt, ich durfte nicht hinfahren. Von 1980 bis 1989, faktisch bis zum Ende der kommunistischen Herrschaft. Was jetzt in Polen vor sich geht, erinnert mich in vielem an diese unseligen Zeiten. Auch die jetzigen Machthaber nehmen für sich in Anspruch, dass sie die alleinige Wahrheit besitzen. Alle, die ihnen widersprechen oder sie, noch schlimmer, kritisieren, sind ihre Feinde.

Als meine Frau jetzt von den Maßnahmen der PiS-Regierung gegen mich erfuhr, fragte sie ein wenig erschrocken: »Bedeutet das, dass du nicht mehr nach Polen fahren darfst?« Das glaube ich nicht. So weit sind wir noch nicht, aber wer weiß, was morgen sein wird? Die Richtung, in die Polen steuert, macht mir jedenfalls Sorgen. Andererseits bedeutet es auch, wie Du schreibst, dass Worte immer noch eine gewisse Wirkung haben, sodass die Leute an der Macht glauben, zu solchen Maßnahmen greifen zu müssen. Aber im Grunde ist die ganze Affäre, die ich mit meinem Artikel ausgelöst habe, lächerlich. Und peinlich. Wie eine schlechte, billige Komödie, die irgendwo in der Provinz aufgeführt wird. Von drittklassigen Schauspielern, die furchtbar schlecht spielen. Ich kann das beim besten Willen nicht ernst nehmen. Mir droht ja auch keine Gefahr. Ich darf im Polnischen Institut in Wien keine polnischen Autoren mehr präsentieren. So what? Wenn es weiter nichts ist, kann ich mich nicht beklagen. Ich genieße nach wie vor alle Freiheiten und bin auch materiell abgesichert. Das ist mehr, als viele Autoren in anderen Ländern von sich sagen können. Wir leben in Österreich immer noch auf einer »Insel der Seligen«, wie das ein Politiker einmal genannt hat. Obwohl auch hier das Klima zunehmend kühler wird.

Aber wenn ich lese, dass in der Ukraine gerade der Journalist Pavel Scheremet ermordet wurde, wird mir klar, wie winzig und unbedeutend diese Affäre ist. Eine Lappalie. Dabei ist Scheremet nur einer von vielen, anderswo sind die Verhältnisse noch schlimmer als in der Ukraine, in Russland zum Beispiel muss sich jeder kritische Journalist täglich bewusst sein, dass die Ausübung seines Berufs lebensbedrohlich sein kann. Und trotzdem arbeiten viele unverdrossen weiter, recherchieren, schreiben, berichten. Ich bewundere Menschen, die unter solchen Bedingungen arbeiten, die sich nicht ducken, nicht wegschauen, sich nicht zum Schweigen bringen lassen. Ich bewundere auch Dich, liebe Yevgenia, für das, was Du machst, für Deinen Mut und Deine Integrität als Künstlerin und Autorin.

Wir haben nichts anderes als unsere Integrität, unsere Worte und, in Deinem Fall, die Kunst, die wir den Manipulationen entgegenstellen können. Das klingt pathetisch, aber es ist so. Das Schlimme an der jetzigen Situation ist, dass die Stimmen der neuen Patrioten und Hüter des Vaterlandes, der Verteidiger des wahren Glaubens (was immer das bedeuten mag, wie wir wissen, gibt es ja verschiedene, oft widersprüchliche Formen des »wahren Glaubens«) und einer angeblich christlichen Moral immer lauter und schriller ertönen und dass sie heute über mächtige Medien verfügen, über Zeitungen, aber auch Rundfunk- und Fernsehanstalten, mit deren Hilfe sie jene systematische Betäubung und Täuschung der Menschen betreiben, von der Du schreibst. Tatsächlich hat man manchmal den Eindruck, die Täuschung sei in manchen Ländern bereits so weit perfektioniert worden, dass die Menschen oft meinen, die Scheinwelt, die man ihnen in Medien und politischen Reden vorgaukelt, sei die reale Welt. Sie glauben, die Lügen und Halbwahrheiten, die sie täglich vorgesetzt bekommen, seien die Wahrheit.

Ich finde es interessant, was Du über die Ausstellung in Kiew schreibst, über die unterschiedliche Wahrnehmung der Leiden der Menschen. Nur die wahren Patrioten tragen in den Kämpfen sichtbare Verletzungen davon, die Mitleid erzeugen, während die bösen Gegner unverletzbar erscheinen. Die Propaganda bedient sich der Bilder je nach Bedarf, ja in vielen Fällen bemächtigt sie sich irgendwelcher Bilder, um eine Geschichte zu illustrieren, die mit dem eigentlichen Bild überhaupt nichts zu tun hat. Vor ein paar Jahren hat die polnische Tageszeitung *Gazeta Wyborcza* über einen solchen Fall berichtet. Es ging um ein Foto, das jahrelang von polnischen Nationalisten als Beweis für die Grausamkeit ukrainischer Kämpfer verwendet wurde, die 1943 in Wolhynien Massaker an polnischen Zivilisten anrichteten. Auf dem Bild waren die Leichen von drei kleinen Kindern zu sehen, die mit Stricken oder Draht an einen Baum gebunden wurden. Dieses schreckliche Bild inspirierte sogar einen Künstler, der es für ein Denkmal für die Opfer der Massaker verwendete. Die *Gazeta Wyborcza* fand heraus, dass das Foto zwar zweifellos echt ist, aber mit dem polnischen-ukrainischen Konflikt in den vierziger Jahren nichts, aber schon gar nichts zu tun hat. Es zeigt die Opfer eines Kriminalfalles aus den frühen zwanziger Jahren. Eine Romni, eine Zigeunerin, hatte in einem Anfall von Geistesverwirrung ihre Kinder umgebracht und die Leichen an einen Baum gebunden. Wie das Tatortfoto aus einem historischen Polizeiakt in die verworrene und schmerzliche Geschichte der polnisch-ukrainischen Beziehungen in Wolhynien gelangt war, konnte nicht geklärt werden. Vielleicht hat da jemand bewusst manipuliert, vielleicht war das Bild auch durch irgendeinen Zufall sozusagen in die falsche Geschichte geraten und von der antiukrainischen Propaganda dankbar aufgegriffen worden. Solche Beispiele gibt es bekanntlich viele.

Die Geschichte mit dem Foto ist mir eingefallen, weil die polnisch-ukrainischen Beziehungen sich in letzter Zeit wieder sehr verschlechtert haben. Das ist schade. Da geht es auch um die Einschätzung der Ereignisse in Wolhynien. Ein gefundenes Fressen für Propagandisten und stramme Patrioten auf beiden Seiten. Wenn die solche Themen in die Hände bekommen, besteht immer die Gefahr, dass sie mit einem Schlag kaputt machen, was von beiden Seiten in jahrelanger mühevoller Arbeit aufgebaut wurde: gegenseitiges Vertrauen und die Bereitschaft, ohne Vorurteile über ein schmerzliches Kapitel zu reden. Es ist wirklich ein Jammer.

O je, wenn ich jetzt lese, was ich heute geschrieben habe, habe ich den Eindruck, das klingt schrecklich pessimistisch. Das war nicht beabsichtigt. Denn ich bin, trotz allem, ein Optimist. Auch was meine persönlichen Probleme angeht, meine Krankheit. Aber keine Sorge, darüber werde ich nicht reden. Ich bin gefragt worden, ob ich ein Buch über meine Krankheit schreiben möchte. Das ist jetzt irgendwie Mode. Sogar gute Autoren, wie zum Beispiel der ungarische Autor Péter Esterházy, der vor Kurzem gestorben ist, haben Bücher über ihre Erfahrungen mit Krebs geschrieben. Ich kannte Péter gut und habe ihn sehr gern gehabt. Aber sein Buch über die Krankheit habe ich nicht gelesen. Auch kein anderes. Als meine Krankheit vor drei Jahren diagnostiziert wurde, hat mir meine Frau ein Buch über Krebs gekauft. Von irgendeinem bekannten Autor, dessen Name mir entfallen ist. Ich habe nicht einmal hineingeschaut. Die Krankheit interessiert mich nicht. Jedenfalls nicht mehr, als unbedingt nötig.

Jetzt wollte ich irgendwie einen leichten, beschwingten, lustigen, optimistischen Abschluss finden. Aber das ist mir wohl nicht gelungen? Macht nichts. Das nächste Mal. Versprochen.

Viele liebe Grüße, ich freue mich schon auf Deinen Brief – Deine Briefe sind sehr wichtig für mich geworden,

Martin

Berlin, 27.7.2016

Lieber Martin,

Deine beiden Briefe haben mich sehr gefreut! Ich wollte Dir am selben Tag schreiben, habe mich aber zurückgehalten. Vielen Dank für Deine Einladung, ich hoffe sehr, Salat mit Dir zu essen! Allein der Gedanke fasziniert mich.

Und ich freue mich auch, dass es Dir besser geht, ich hoffe auf die moderne Medizin und Deine persönliche Stärke, die die Krankheit überwinden kann.

Einen Tag bevor ich Deinen Brief bekam, am 21. Juli, früh am Morgen, als ich noch im Bett war, hörte ich eine Explosion, die mich an Granatfeuer erinnerte. Ich dachte, okay, jetzt beginnt es auch in Kiew. Und dann kämpfte ich mit diesen Gedanken, die immer wieder kommen, wenn ich laute Geräusche höre, die ein wenig wie Artilleriegeschoss klingen.

Es erwies sich aber wenige Minuten später, dass die Explosion der Mord an dem Journalisten Pavlo Scheremet war, den ich früher ein paar Mal getroffen habe. Du hast diese traurige und grausame Geschichte auch schon erwähnt.

Seit diesem Tag habe ich das Gefühl, die soziale und gesellschaftliche Situation in der Ukraine hat sich wirklich radikal geändert. So ein demonstrativer politischer Mord, im Zentrum von Kiew, am helllichten Tag, war früher unvorstellbar. Jetzt ist es nicht genug, jemanden zu schlagen oder zu bedrohen, man muss ermorden, damit »etwas« passiert.

Als ich vor vielen Jahren gegen die illegalen Baustellen im Zentrum von Kiew protestierte, habe ich anonyme Drohungen bekommen, man werde mir alle Knochen brechen. Heutzutage wird so eine Bedrohung nicht einmal mehr ernst genommen. Der Grad der Gewalt ist unheimlich gestiegen und er steigt weiter.

Unsere Realität wird aber nicht allein grausam, sie benötigt auch immer komödiantische Elemente. Als ob man einen Killer-Clown angestellt hätte, der ein weites Programm der Ereignisse für Kiew und Umgebung planen soll.

Dieser Tage organisiert die russisch-orthodoxe Kirche einen riesigen Friedens-Kreuzzug durch die Ukraine. Man erwartet »Provokationen« in Form von Explosionen, Morden, Überfallen. Der Orthodoxe Kreuzzug gleicht ohnehin einem Wahnsinnsschiff, weil es gar nicht mehr um Religion geht, sondern um alle möglichen konservativen Werte und politischen Statements, die chaotisch repräsentiert werden: Anti-Nato, Gegen-LGBT, für die traditionelle Familie, Gegen-EU, Gegen-Gender! Anti-Feminismus und alles Mögliche. Es sind Hunderte alte Frauen, die gegen »Gender« protestieren, es sind Tausende von Menschen, die bereit sind, gegen alles zu protestieren, worauf die Kirche ihr Auge fallen lässt. Und die Kirche ist dunkel und düster, fast mittelalterlich.

Ich wollte Dir sofort antworten, aber irgendwie hat mir die Laune Deines Briefes befohlen, abzuwarten. Jetzt bin ich einige Tage in Berlin und genieße die Ruhe, bereite meine Ausstellung vor, die in Kiew bald stattfindet.

Ich schicke Dir viele Grüße,
schreibe mir ein paar Worte, wie es Dir geht,
alles Liebe!
Yevgenia

Bocksdorf, 21. 8. 2016

Liebe Yevgenia,
ich habe meinen letzten Brief mit einem kurzen Rundgang durch meinen Garten eingeleitet, den möchte ich heute fortsetzen. Es geht allerdings nur um eine kleine Geschichte, eigentlich eine lächerliche Episode, die sich zugetragen hat. Seit etwa zwei Wochen wohnt eine Amsel bei uns. Sie ist wohl hier in der Nähe auf die Welt gekommen und scheint ein wenig behindert zu sein, das heißt, sie kann nicht sehr gut fliegen. Anfangs meinten wir, sie könne überhaupt nicht fliegen, weil sie sich nur am Boden fortbewegt hat, aber jetzt fliegt sie bereits, allerdings nicht besonders geschickt. Aber das muss sie auch nicht, weil sie bei uns alles findet, was so ein Vogel für ein bequemes Leben braucht. Futter, Ruhe, Geborgenheit – wir haben keine Katze und keinen Hund, es gibt jede Menge Futter bei uns und wir sind nett zu ihr. Mit einem Wort: Wir haben diesen seltsamen Vogel adoptiert. Ich schaue jeden Morgen, ob er (es ist wohl eher eine Dame, also sie) wie es ihm/ihr geht, wo er/sie sitzt. Ich habe eine große Weinhecke direkt am Haus, und der Wein wird langsam reif. Der Vogel lebt also förmlich im Schlaraffenland.

Ich weiß, wie lächerlich diese Geschichte klingt, wenn man bedenkt, was sich um uns herum zuträgt. In der Ukraine, in Polen, von der Situation der Flüchtlinge und anderen Schrecklichkeiten gar nicht zu reden. Und trotzdem hatte ich das Bedürfnis, Dir diese kleine Episode zu erzählen. Oft sind es solche Kleinigkeiten, solche Lappalien, die uns davor bewahren, zu verzweifeln. Mir jedenfalls geht es so. Ich klammere mich dann an solche Geschichten, obwohl ich natürlich weiß, dass sie am Zustand der Dinge nichts ändern, dass sie die Situation um uns herum – und die ist schlimm genug – nicht besser machen können. Ich schicke Dir sogar ein Foto meines neuen Haustiers, das mich allerdings demnächst wieder verlassen wird. Das hoffe ich jedenfalls, denn ich habe nicht die Absicht, ein frei lebendes Tier zu zähmen, es an mich zu gewöhnen, das widerstrebt mir.

Du fragst in Deinem letzten Brief nach meiner gesundheitlichen Situation. Die Untersuchung, die ich gemacht habe, verlief zufriedenstellend. So sagt jedenfalls mein Arzt. Es gibt nach wie vor (oder wieder?) Metastasen, in den Knochen und in Lymphknoten, aber das ist keine Katastrophe. Sagt der Arzt. Und ich will ihm gern glauben. Wahrscheinlich hat er erwartet, dass das Ergebnis noch schlimmer ausfallen würde. So sind wir alle zufrieden. Der Arzt und ich. Und natürlich auch meine Frau, die das alles hautnah miterlebt. Oft glaube ich, dass sie sich mehr Sorgen macht als ich. Ich lese gerade ein wunderbares Buch. *The Memory Chalet* von Tony Judt. Ich weiß nicht, ob du es kennst? Judt beschreibt darin mit beklemmender Genauigkeit seine Krankheit, englisch heißt sie amyotrophic lateral sclerosis (ALS), die zu einer rasch fortschreitenden Lähmung des ganzen Körpers führte, und am Ende natürlich zum Tod. Dass er es trotzdem zustande gebracht hat, in diesem Zustand – er konnte sich nicht mehr bewegen, nicht mehr schreiben, nicht mehr sprechen, war aber geistig völlig klar – noch Essays und Bücher zu schreiben, wie eben das Chalet der Erinnerung, ist mir unbegreiflich. Wie hat er das gemacht? Offenbar war er nicht nur sehr klug, sondern auch unglaublich mutig. Dass er an dieser Situation nicht völlig verzweifelt ist, finde ich bewundernswert. Wenn ich mir vorstelle, wie Tony Judt auf diese schreckliche Krankheit reagiert hat, schäme ich mich geradezu, meine Krankheit auch nur zu erwähnen. Ich mache mir Sorgen, weil meine Haare nach der Chemotherapie nicht ordentlich nachwachsen wollen. Vor allem der Bart! Ich habe vierzig Jahre lang einen Bart getragen, und jetzt soll ich mein Leben bartlos beschließen? Eine schreckliche Vorstellung. Andererseits könnte man sagen: Wenn du keinen anderen Sorgen hast, geht es dir gut. Es ist wirklich lächerlich, über so etwas auch nur ein Wort zu verlieren. Und trotzdem mache ich mir Gedanken. Und wenn ich in den Spiegel schaue und dort ein bartloses Gesicht sehe, ist mir das geradezu peinlich.

Ist das nicht kindisch? Ich denke dann oft an den Spruch der Tante Jolesch aus dem gleichnamigen Buch des österreichischen Autors Friedrich Torberg: »Was ein Mann schöner is' wie ein Aff', is' ein Luxus.« Die Tante Jolesch war sehr klug und wusste, dass Männer nur in Ausnahmefällen schöner sind als Affen. Und dass diese zweifelhafte Schönheit ein unnötiger Luxus ist. Also kein Wort mehr über die Krankheit und über den Bart, der nicht nachwachsen will.

Oder doch: noch einen abschließenden Satz zu dem Apparat, mit dem ich untersucht wurde. Es handelt sich um einen PET-Scan, was immer das bedeuten mag, für bildgebende Krebsdiagnostik. Ich finde diese geheimnisvollen Abkürzungen eigentlich schön, beinahe lyrisch, obwohl es mir natürlich nicht einfällt, nun ein Gedicht auf dieses Gerät zu schreiben. Aber schließlich habe ich seit meinen frühen Studententagen keine Lyrik mehr geschrieben. Und das ist wahrscheinlich gut so.

Ich lese jeden Tag polnische Zeitungen, im Internet, obwohl ich das mühsam finde, nicht zuletzt weil ich aus denen viel mehr über die Situation in der Ukraine erfahre als aus deutschen oder, noch schlimmer, österreichischen Blättern. Für uns scheint das alles so weit weg zu sein. Wir sind uns gar nicht bewusst, dass die Entfernung trügerisch ist: In Wahrheit geht uns das, was dort geschieht, natürlich alle an. Aber wir schauen lieber weg, wenn sich die Krisen dort verschärfen, wenn Putin immer neue Provokationen setzt, auf der Krim, aber auch in Moldawien. Kommt dieses kleine, bitter arme, von Korruption und anderen postkommunistischen Übeln (natürlich gibt es diese Übel auch anderswo, das weiß ich) geschüttelte Land als Nächstes an die Reihe? Ausgeschlossen ist das nicht. Und der Westen zuckt gleichgültig die Achseln.

In Deinem letzten Brief schreibst Du über Deine Ausstellung in Kiew. Wie gern würde ich sie sehen. Und Du äußerst Zweifel, ob wir mit unserer Arbeit, mit unseren Bildern, unseren Texten etwas bewirken, etwas ändern können. Das ist eine Frage, die mich auch ständig beschäftigt: Macht das überhaupt Sinn, was wir tun? Oft zweifle ich daran. Aber heißt das, dass wir aufgeben, unsere Arbeit einstellen sollen? Natürlich nicht. Ich habe Deine Ausstellung nicht gesehen, aber ich kenne Bilder, Texte von Dir. Und ich weiß, welche Wirkung die auf Menschen ausüben. Erinnerst Du Dich an unseren gemeinsamen Abend in Wien? An die Diskussion mit Jaroslav Hrytsak im Kasino am Schwarzenbergplatz? Da haben Schauspieler vom Burgtheater einen Text von Dir gelesen, und dazu wurden Fotografien von Dir gezeigt. Nachher sind viele Menschen zu mir gekommen und haben mir gesagt, wie tief sie der Text und die Bilder beeindruckt haben. Besonders gefreut hat mich, das von den beiden Schauspielern zu hören, die Deinen Text vorgetragen haben. Sie haben den Text sehr genau durchgearbeitet, wie Schauspieler das nun einmal machen, wenn sie mit einem Text arbeiten, und sie haben mir unabhängig voneinander gesagt, dass

Deine Worte sie wirklich berührt haben. Vor einiger Zeit habe ich Philipp Hauß, den Burgschauspieler, der damals dabei war, wieder getroffen, und er hat mich gefragt, wie es Dir geht, was Du machst …

Das fand ich schön, ich habe das als Bestätigung genommen, wie wichtig Deine Arbeit ist, liebe Yevgenia,

alles Liebe

Martin

Berlin, 3.10.2016

Lieber Martin,

jetzt bin ich zeitlich von Deinen letzten Briefen so weit entfernt, dass ich mit der Amsel anfangen sollte, die auf ihren kleinen Flügel mich hoffentlich über die Tage und Minuten wieder zu Dir bringt.

Zuerst möchte ich fragen, wie es Dir gerade geht?

Ich dachte sehr oft an Dich, konnte aber auf den letzten Brief einige Wochen lang nicht antworten. Warum? Vielleicht bin ich zu tief in fremde Geschichten eingedrungen, die mir keine schnelle Lösung angeboten haben, ich wollte eine Weile gar nicht mehr reden, besonders in der schriftlichen Form. Oder ich wollte etwas sehr Hellem, Hoffnungsvollem begegnen, um wieder an Dich schreiben zu können?

Eigentlich verstehe ich nicht, warum ich einen Monat warten und an den Brief denken sollte, ohne ihn zu schreiben.

Es gibt manche Themen und Ereignisse, die scheinen zu explodieren, und dann braucht man etwas Zeit, um sie zu zähmen.

Inzwischen, im August und September, hatte ich eine große Ausstellung in Kiew mit einem Diskussionsprogramm. Es ging um die Arbeit im Territorium des Krieges, meistens um die Bergwerke, und die Ausstellung war eine sehr schöne Gelegenheit, um an Dich zu schreiben, ich hatte sogar einen Brief schon im Kopf, als etwas Unerwartetes passierte. Einige Tage vor der Ausstellungseröffnung hat sich ein Bergarbeiter inmitten von Kiew angezündet, und er kam gerade aus der Gegend, wo ich als Fotografin gearbeitet hatte.

Diese Selbstverbrennung führte nicht zu seinem Tod, er wurde aber stark verletzt, wird nie mehr sehen können und muss Monate im Krankenhaus verbringen.

Das alles erwies sich als eine Einführung in die Ereignis- und Informationskette, die mich seit August begleitet, und erst jetzt beginne ich mehr oder weniger den Abstand zu den Geschehnissen wiederzufinden. Für eine Woche sollte ich nach Berlin kommen, um über die Ukraine nachdenken und schreiben zu können.

Jetzt kehre ich zu all Deinen E-Mails zurück und schreibe meine Antworten und erzähle einige Geschichten.

Ich freue mich sehr darauf und vermisse Deine Briefe.

Viele Grüße aus Berlin!

Yevgenia

Wrocław, 16. 10. 2016

Liebe Yevgenia,

ich schreibe dir aus Wrocław, wo ich am Bruno-Schulz-Festival teilgenommen habe, auf Einladung von Olga Tokarczuk, die ein Gespräch mit mir geführt hat. Wir haben allerdings nicht über Bruno Schulz gesprochen, dafür über alle möglichen anderen Dinge und Fragen, nicht zuletzt über die gegenwärtige Situation in Polen. Ich weiß nicht, wie weit Du die verfolgst? Für mich ist es erstaunlich und zugleich erschreckend, wie rasch sich die Situation in Polen verändert hat. Manchmal glaube ich, in einem anderen, mir unbekannten Land zu sein. Dieser überdrehte, überhitzte Patriotismus, der einem von allen Seiten entgegenweht und nichts anderes ist als ein rabiater Nationalismus, der alles Fremde und alle Fremden am liebsten aus dem Land verbannen möchte. *Polskadla Polaków! Polen für die Polen*, lautet die nicht besonders originelle Losung. Das klingt manchmal fatal nach Tönen, wie sie in den dreißiger Jahren zu hören waren. Dazu passen auch die jungen Leute, die in irgendwelchen Pseudo-Uniformen durch die Straßen marschieren oder wenigstens in T-Shirts mit patriotischen Losungen und Symbolen herumlaufen, um ihr Liebe zu Polen und zur polnischen Geschichte zum Ausdruck zu bringen. *Żołnierze wyklęci* (das bezieht sich auf die polnischen Soldaten, die noch nach 1945 gegen die Kommunisten gekämpft haben – sie sind heute die großen Helden), *Wielka Polska katolicka* usw. Dahinter steckt eine Ideologie, die man ohne Übertreibung als das verbindende Element für diese *Wir leben in einem Irrenhaus* betrachten kann, sagte mir unlängst eine polnische Freundin. Aber dann trifft man wieder Freunde und Bekannte, die einem das Gefühl vermitteln, dass doch vieles gleich geblieben ist.

Ich habe in den letzten Tagen viel mit Freunden über die Stimmung in Polen gesprochen. Was können wir Autoren tun? Was können überhaupt die Intellektuellen tun? Können wir etwas tun, oder sind wir dazu verurteilt, stumm und tatenlos zuzuschauen, wie die Situation sich von Tag zu Tag verschlimmert? Nicht nur in Polen, auch in Österreich und anderswo. Wie sieht es in der Ukraine aus?

Was Du schreibst, klingt nicht gerade optimistisch. Der Bergarbeiter, der sich selber angezündet hat. Wir kennen diese Form des politischen Protests.

Ich erinnere mich an Jan Palach, den tschechischen Studenten, der sich im Jänner 1969 in Prag, am Václavske náměstí (Wenzelsplatz) aus Protest gegen die Niederschlagung des Prager Frühlings durch Truppen des Warschauer Paktes selber verbrannt hat. Es gab damals einige Nachahmer, die seinem Beispiel folgten. Der Name von Palach wurde zu einem Symbol für den tschechischen Widerstand gegen das kommunistische Regime. Und jetzt zündet sich ein Bergarbeiter in der Ukraine an. Es hat manchmal den Anschein, als hätte sich in Europa wenig, viel zu wenig geändert. Wie ist es sonst zu erklären, dass ein junger Mensch –ich weiß nicht, wie alt der ukrainische Bergarbeiter ist? – sich zu so einer Verzweiflungstat entschließt.

Wie gern würde ich Deine Ausstellung, Deine Bilder aus den umkämpften Gebieten im Osten sehen. Die Gesichter der Menschen. Es sind ja immer die Gesichter einzelner Menschen, die uns die interessanten Geschichten erzählen. Von Freude und Hoffnung, aber auch von Ängsten und Hoffnungslosigkeit. Von völliger Verzweiflung angesichts der Zerstörungen ringsum. Wie kann man in solchen Bedingungen leben? Ich frage mich oft, warum diese Menschen nicht weglaufen. Warum sie dort ausharren, obwohl ein normales Leben (andererseits: Was heißt das schon, ein normales Leben? Was ist normal?) kaum mehr möglich scheint. Und trotzdem bleiben sie, gehen ihrer Arbeit nach, arbeiten im Bergwerk, machen Einkäufe, bringen die Kinder zur Schule ... Wir wissen nichts von diesen Menschen. Darum wäre es so wichtig, Deine Ausstellung überall zu zeigen. Ich würde auch gern wissen, wie die Diskussion verlaufen ist. Was die Menschen gefragt, was sie gesagt haben. Bist Du dabeigesessen? Hast Du mit ihnen geredet, hast Du über Deine Arbeit, Deine Begegnungen erzählt?

Als ich zuletzt in L'viv war, hatte ich den Eindruck, der Krieg sei sehr weit entfernt. Es herrschte eine regelrechte Karnevalsstimmung, Ausgelassenheit, Fröhlichkeit. Überall Musik. Das wirkte fast übertrieben, gekünstelt. Aber ich kann da kein Urteil abgeben, weil ich nur ein Beobachter von außen bin. Ein Tourist, der auf Besuch ist und genau weiß, dass er in ein paar Tagen wieder zu Hause sein wird. Zu Hause, wo alles ruhig ist. Wo das Leben normal verläuft. Wo man nicht an den Krieg zu denken braucht, weil der woanders ist. In Syrien. Im Irak. Irgendwo in Afrika. Und in der Ukraine. Weit, weit weg.

Du schreibst, dass Du einen Abstand brauchst, um über manche Dinge reden und schreiben zu können. Das ist auch meine Erfahrung. Man kann im Moment nur Notizen machen, einzelne Worte notieren, Stichworte, wie man das auf Deutsch nennt. Ein seltsamer, beinahe bedrohlicher Ausdruck: Stichwort. Ein Wort, das sticht, wie ein Messer. Ich weiß nicht, woher dieser Ausdruck kommt ... Egal, jedenfalls kann ich oft nicht mehr tun, als kurze Bemerkungen aufzuschreiben, kleine Beobachtungen. Oft wünsche ich mir, ich könnte fotografieren. Das kann ich leider nicht. Ich bin schrecklich unbegabt, was das angeht. Ein völliger Versager als Fotograf. Das tut mir oft leid. Umso mehr bewundere ich Menschen wie Dich, die mit Fotos Geschichten erzählen können. Wichtige Geschichten.

Zurück zu Wrocław: Gestern war ich bei der Verleihung des Angelus-Preises. In diesem Jahr hat ihn ein rumänisch-armenischer Autor bekommen, Varujan Vosganian. Für sein *Buch des Flüsterns*, das die Tragödie der Armenier im zwanzigsten Jahrhundert erzählt. Angefangen vom Genozid in der Türkei bis zum tragischen Schicksal der nach Rumänien geflüchteten Armenier, die nach dem Einmarsch der Roten Armee neuen Verfolgungen und Deportationen ausgesetzt waren. Ein wunderbares Buch, obwohl beklemmend. Es ist bemerkenswert, dass eigentlich in allen sieben Büchern, die es auf die Shortlist für den Angelus schafften, die Erinnerung eine zentrale Rolle spielt. Oft die Erinnerung an die blutige Geschichte Europas. Darüber habe ich auch mit Olga Tokarczuk gesprochen, die mich nach Wroclaw eingeladen hat: Über die Kraft der Erinnerung, aber auch die Notwendigkeit, zu vergessen.

Wie lang wird es dauern, bis wir davon sprechen können, dass die Ereignisse in der Ukraine einen Platz in unserer Erinnerung haben? Zehn Jahre? Zwanzig Jahre? Oder werden wir, die nicht direkt davon betroffen sind, die keine Opfer zu beklagen haben, sie bis dahin verdrängt und vergessen haben?

Ich schreibe das, während ich auf das Auto warte, das mich zum Flughafen bringen soll. Liebe Yevgenia, pass auf Dich auf!

Alles Liebe

Martin

Kiew, 17. 10. 2016

Lieber Martin,

in Kiew ist es sehr sonnig und auch unerwartet kalt, in einem Buch über Bäume lese ich über die Baumgesellschaften, die sehr harmonisch zu funktionieren scheinen. Die Bäume sind selten rassistisch, sie entwickeln manchmal erstaunliche Versionen des Zusammenlebens.

Der ukrainische Karneval der politischen Realität kann sich mit Polen geistig verwandt fühlen. Vorgestern fanden in Kiew ein Fackelzug und »der Marsch der Nation« statt, der vom Rechten Sektor und dem Bataillon Azov organisiert wurde. Zehntausend Menschen haben an diesem lächerlichen, unnötigen und dummen Marsch teilgenommen.

So was Idiotisches passiert in der Ukraine immer wieder, nicht nur weil rechte politische Initiativen offensichtlich von Oligarchen finanziert werden, sondern auch weil die ganze ermüdete, hungrige und überforderte Öffentlichkeit diesen Ereignissen keine Bedeutung zumisst.

Zehntausend Menschen gehen durch die Straßen von Kiew mit nationalistischen Parolen auf den Plakaten, das macht aber keinem echte Sorgen, und viele, viele ukrainische Schriftsteller versuchen in diesem Sumpf sogar eine gewisse Poesie zu entdecken.

Ein klarer Blick, eine Ernüchterung würden wohl solchen Aktionen im Wege stehen. Ich glaube daran, ich bin überzeugt, dass die systematische öffentliche Kritik etwas verändern kann.

Eine andere Frage ist, wie man in einem Land wie der heutigen Ukraine so eine Kritik ausüben kann. Irgendwie hat man hier ein Gefühl, dass wir uns in einem fast anarchischen Chaos befinden, wo niemand geschützt ist, wo man sehr vorsichtig sein muss.

Nicht nur die Angst, in Konflikt mit den Rechten zu geraten, bremst die Kritikversuche, man versteht auch – und das ist eher mein Fall –, dass, so verrückt es auch sein mag, noch tiefere Probleme existieren und der rechte Populismus im Fall der Ukraine nur die Folge dieser Probleme ist.

Die Armut bei jedem Schritt, die Schwäche des Staates, die Menschen, die seit drei Monaten ihren Lohne nicht kriegen und nicht mehr wissen, was sie morgen essen werden. Ich finde, dass diese Fragen, wenn sie ignoriert werden, in Abgründe führen, wo die verrücktesten aggressiven Ideen die Macht übernehmen.

Die postsowjetischen Intellektuellen schaffen es nur selten, die Gefahr des Nationalismus zu sehen, weil sie den Hass gegen den Kommunismus zu ihrem Hauptinstinkt entwickelt haben. Sie schaffen es noch seltener, die sozialen Probleme kritisch zu betrachten und darüber zu reden.

Es ist leider so. Und ich denke, die Verantwortung der Schreibenden in der Ukraine ist sehr groß und sie könnten viel tun, wenn, wenn sie oder wir es nur wollten.

Oder irre ich mich und lege zu viel auf zu schwache Schultern?

Lieber Martin, es ist sehr interessant, was Du über die Erinnerungen schreibst. Ich denke, in der Ukraine geht vieles vergessen. Die Ereignisse werden zu einem fiktionalen literarischen Text, den man liest, nicht um ihn zu kennen, sondern um ihn in eigenen Gedanken zu zerstreuen, um ihn aufzulösen.

Ich arbeite gerade an einer kleinen Textsammlung, die aufgrund der Gespräche mit unterschiedlichen Menschen, meistens waren es Frauen, entsteht. Jeder Text ist so gebaut, dass man aus einer scheinbar ausweglosen Situation doch einen Ausweg findet, auch wenn das absurd zu sein scheint. Wegen der Ausstellung habe ich mit dem Schreiben aufgehört, und jetzt habe ich plötzlich Angst vor allen bereits geschriebenen Texten. Es scheint mir, ich finde nicht mehr den Weg zu ihnen und werde sie nicht fortsetzen können, obwohl ich das wirklich möchte. Was tut man in solchen Fällen? Wie komme ich durch so eine Wand, die plötzlich zwischen mir und dem Geschriebenen steht?

Vor einiger Zeit habe ich begonnen, auf Deinen letzten Brief zu antworten, dann wurde meine Antwort wegen der Reise in ein Flüchtlingslager unterbrochen, und jetzt, heute, finde ich Deinen Brief nicht mehr. Der vierte ist wie ein Gespenst verschwunden aus meinem Briefkasten. Ich möchte ihn aber wieder lesen und eine neue Antwort schreiben. Ich bitte um Entschuldigung wegen der Verspätung und ersuche Dich, mir den Brief wieder zu schicken. Ich vermute, dieser Brief versteckt sich in einem der Ordner und wird noch auftauchen, er lässt sich aber selbst beim Suchen nicht finden, was sehr schade ist.

Ich freue mich für dich, dass Du in Polen bist und alles mit Deinen eigenen Augen sehen und einschätzen kannst. Du hast ein Bild der Veränderung von Polen darlegt, dass sehr anschaulich ist, anschaulicher als viele Fotos. Komischerweise denke ich, dass, wenn in der Ukraine so eine wahnsinnige Aktion wie »Der Marsch der Nation« stattfinden würde, sie das Leben hier weder verändern noch beeinflussen würde. Der Krieg, die soziale Fragen machen die Menschen sehr misstrauisch gegenüber dogmatischen Ideen, die die Wirklichkeit interpretieren. Vielleicht wird so ein Misstrauen uns retten?

Wie kann es sei, dass es das in Polen nicht gibt? Man braucht doch eine Dosis infantiler Naivität, um wieder echt rechts und nationalistisch zu werden, heute, nach allem.

Viele Grüße!

Y.

Katharina Schultens — Cristina Ali Farah

Mich interessieren die Texte von Cristina Ali Farah und ihre Perspektive sowohl als italienische als auch als somalische Schriftstellerin. Ich finde es unabdingbar, eine zweifache Stimme wie die ihre in einer Diskussion über das europäische Projekt oder über Europa (... was auch immer Europa ist, sein oder werden soll ...) zu hören.

Katharina Schultens

Los Angeles, den 17.9.2016

Liebe Cristina,
ich habe Dir schon längst schreiben wollen – ich weiß, ich hätte das tun sollen, und ich bin sehr froh, dass Du zugesagt hast, an diesem Projekt teilzunehmen. Ich hoffe, Du willst es noch immer wollen, obwohl ich nicht früher geschrieben habe.

Abgesehen davon, dass ich seit dem frühen Sommer in viel zu viel Arbeit untergegangen bin – keine Entschuldigung, ich weiß –, habe ich vor einer Weile erfahren, dass der Übersetzer, den sie hatten (Deutsch-Italienisch), gekündigt hat. Ich hatte mich darauf gefreut, Dir auf Deutsch zu schreiben, es hätte sich besser angefühlt, weil es meine Sprache für Poesie und Freunde und Gedanken ist, und deshalb war ich etwas enttäuscht, auf Englisch schreiben zu müssen. Obwohl ich Englisch täglich bei der Arbeit benutze.

Englisch ist die Sprache, die ich in einem sehr spezifischen Kontext spreche; Englisch ist auch die Sprache, in der ich die meisten Nachrichten lese, diese beunruhigenden und traurigen Nachrichten ..., ja, es war eine Hürde, dass ich Dir auf Englisch schreiben muss.

Trotzdem passt Englisch. Ich bin gestern in Los Angeles angekommen und sitze an einem alten Schreibtisch in Lion Feuchtwangers Haus in Pacific Palisades, der angeblich Franz Werfel hat sterben sehen. Während ich weder Feuchtwanger noch Werfel in ausreichendem Maße gelesen habe, um diese Tatsachen angemessen zu würdigen, schätze ich durchaus den Luxus, in einem Haus mit Blick auf den Pazifik zu wohnen.

Das Haus heißt jetzt *Villa Aurora* und beherbergt eine deutsche Künstlerresidenz und ein Stipendienprogramm. Es wäre schön, wenn ich die üblichen drei Monate bleiben könnte, aber ich bin nur zwei Wochen mit meinem Freund hier, Alexander Gumz. (Er ist auch Lyriker. Wir sind beim selben Verlag, und unsere nächsten Gedichtbände sollten eigentlich nächstes Jahr zur selben Zeit erscheinen … aber während er etwa 250 Gedichte hat und nur auswählen muss, habe ich im Moment 50, von denen ich 40 nicht mag.)

Ich schreibe immer Gedichte und habe fast nie Prosa geschrieben, aber seit 2015 habe ich für zwei Buchprojekte Prosatexte verfasst, einen poetologischen Essay über Geld und Poetik und eine persönliche Annäherung an Marina Zwetajewa. Beide Texte haben mich einiges gekostet – es war schwer, danach wieder in Gedichten zu denken. Das ist auch ein Grund, warum ich mich gleichzeitig gefreut und auch etwas Bedenken hatte, als es darum ging, Dir zu schreiben – ich habe immer gern Briefe geschrieben, aber ich weiß noch nicht, wie es meine Gedichte beeinflussen wird. In Zeiten, in denen ich überhaupt keine Briefe schreiben konnte, war Lyrik immer ein verlässliches Ventil.

Wie auch immer, ich hoffe, Du willst immer noch schreiben, und ich wollte etwas vorschlagen, über das ich während des ganzen langen Sommers nachgedacht habe. Tatsächlich bin ich seit 16 Jahren ziemlich besessen von der amerikanischen Präsidentschaftswahl. Alle vier Jahre lasse ich mich völlig davon absorbieren, ich lese alles an Nachrichten und Stellungnahmen, was ich zur Wahl finden kann. Jetzt bin ich hier in dieser entscheidenden Zeit, direkt vor der Wahl, und dieser »orange moron«, der orange Idiot, wie sie ihn so treffend nennen, scheint erstmals einen Vorsprung vor Clinton zu bekommen. Der Gedanke, dass dieser Haarmopp ohne Verstand drunter das mächtigste Amt der Welt füllen könnte … weckt eine Angst, die nur vergleichbar ist mit der, die ich vor Putin in Russland, Orban in Ungarn, Le Pen in Frankreich, Wilders in den Niederlanden und dem neuen Nationalismus in Polen und an so vielen anderen Orten habe.

Ich finde es empörend, ich finde diese Leute empörend. Aber darüber hinaus beunruhigen mich auch zunehmend manche Tendenzen in populistischen Bewegungen der Linken, die manchmal Stimmen gewinnen, die vorher an rechte Nationalisten gegangen sind (denk an Eribons Kritik an Podemos in Spanien, Beppo Grillo in Italien, die Überschneidungen in den Wählerpotenzialen von Sanders und Trump) und die ein ganz anderes, aber ähnliches »wir gegen die« verkünden – »die« wären also etwa europäische Institutionen, die ausschließlich als Unterstützer einer gefährlichen kapitalistischen Agenda wahrgenommen werden. Widerstand gegen diese Institutionen ist verständlich und nicht verkehrt, siehe TTIP und CETA oder die Tatsache, dass nichts gegen Monsanto etc. unternommen wird, ganz zu schweigen davon, wie man die Flüchtlinge elend im Stich gelassen und die Menschen in Syrien sterben lässt. Trotzdem glaube ich, nur diese europäischen Institutionen können uns noch davor bewahren, dass zu viele europäische Länder in eine rein nationalistische Agenda zurückfallen. Ich glaube wirklich, dass man den europäischen Gedanken retten und erneuern kann, dass wir das Gefühl einer europäischen Gemeinschaft stärken und uns vor der amerikanischen Version des Kapitalismus retten können, vielleicht kann man durch das Pariser Abkommen sogar etwas gegen den Klimawandel tun; und dennoch fürchte ich, wir schaffen es nicht.

Also mache ich mir schreckliche Sorgen, wenn ich überall Vollidioten auf dem Vormarsch und vernünftige Menschen in der Defensive sehe – und Leute mit wirklich guten Ideen (d.h. die Linke) aufgrund ihrer nachvollziehbaren Abneigung dem amerikanischen Hyperkapitalismus gegenüber teilweise eine schwierige Art der Rückbesinnung fördern.

Ich dachte also, ich würde gern mit Dir über das alles reden. Ich würde gern Deine Gedanken und Deine Stimme hören. Ich habe 2003 ein Jahr in Italien gelebt und bin dieses Frühjahr zum ersten Mal wieder nach Süditalien gereist, und ich liebe es, dieses Land überhaupt nicht zu verstehen. Es ist mir immer ein Rätsel geblieben. Es wäre mir lieb, Deine Perspektive auf das in vielerlei Hinsicht wirklich einzigartige Italien kennenzulernen. Es wäre mir lieb, Deine italienische Perspektive auf Europa zu verstehen. Ich werde Dir gern von hier zu schreiben versuchen, über die amerikanische Wahl und die besorgniserregenden Ähnlichkeiten oder besser die aufkommenden Analogien in der politischen Kommunikation und darüber, wie Europa hier wahrgenommen wird (wird es das überhaupt?).

Ich bin bis zum 2. Oktober hier und werde ab übermorgen reisen. Wir fahren in die Wüste, dann hinter der Sierra hoch, durch den Yosemite-Nationalpark und an der Küste entlang wieder zurück. Es sind 2000 Meilen, und es wird wahrscheinlich ziemlich anstrengend, aber ich freue mich sehr. Ich werde versuchen, im kalifornischen Hinterland Lokalzeitungen zu kaufen, um ein wenig von den Ansichten der Leute hier mitzubekommen (das Hinterland ist sehr konservativ und überhaupt nicht liberal wie zum Beispiel Los Angeles oder San Francisco, soweit ich weiß).

Ich hoffe, Du kannst mir verzeihen, dass ich nicht eher geschrieben habe. Und ich hoffe, Du willst unseren Briefwechsel noch machen und hast Zeit dafür. Bitte lass mich wissen, was Du denkst.

Meine besten Wünsche an Dich (Wo bist Du gerade? Wie war Dein Besuch in Somalia zum ersten Mal nach so langer Zeit?)

Katharina

Liebe Katharina,
ich möchte Dir noch einmal dafür danken, dass Du mich in dieses Projekt einbezogen hast: Genau wie Du liebe ich nämlich das Briefeschreiben, und selbst wenn es in der heutigen Zeit meist durch schnellere Formen der Kommunikation ersetzt wird, widme ich meinen Mitteilungen immer viel Zeit.

Deine Enttäuschung darüber, mir nicht auf Deutsch schreiben zu können, kann ich gut verstehen, obwohl die englische Sprache ja eine entscheidende Rolle in Deinem Alltag spielt. Sich im Gewirr der Sprachen zurechtzufinden, ist eine wertvolle Erfahrung, die wir den Lebensumständen verdanken; dennoch stelle ich fest, dass wir uns letztendlich bei der Sprache, die wir beim Schreiben verwenden, unserem Arbeitswerkzeug, am sichersten fühlen.

Ich weiß noch, dass mir damals, als ich Anfang der neunziger Jahre nach Italien kam und mir die Welt um mich herum fremd und mitunter sogar bedrohlich erschien, gerade die Sprache, die ich in der Schule und von meiner Mutter gelernt hatte, zu jenem Fundament wurde, auf dem ich Stück für Stück alles neu aufbauen konnte. Beim Schreiben hat mir dann das gelegentliche Vermischen von Somali und Italienisch, also der Versuch, meine beiden sprachlichen Identitäten zu vereinigen, ermöglicht, ein Universum aus Bedeutungen und Verbindungen wiederherzustellen, von dem ich gefürchtet hatte, es wäre durch den Krieg verloren gegangen.

In solch einem kosmopolitischen Umfeld zu arbeiten, muss für Dich wirklich sehr anregend sein. Ich würde mich sehr freuen zu erfahren, auf welche Weise sich Deine beiden Arbeitswelten überschneiden, die Poesie und die Universität, und da ich ja leider kein Deutsch spreche, würde ich mich vor allem darüber freuen, Dein Werk zu lesen. Ich nehme an, dass es auf Englisch übersetzt wurde, stimmt das?

Es ist schön, dass Du mir das erste Mal vom Meer aus geschrieben hast. Ich habe den Pazifik zwar noch nie gesehen, aber ich habe die ersten achtzehn Jahre meines Lebens in Mogadischu verbracht. Der Pazifische Ozean, das Strandgut, das je nach Jahreszeit an Land gespült wird, haben einen unauslöschlichen Eindruck in meiner Erinnerung hinterlassen. Obwohl ich jetzt mehr am Mittelmeer bin und nicht am Ozean, übt das Meer nach wie vor eine unendlich wohltuende Wirkung auf mich aus.

Ich teile Deine Ansicht, dass es extrem schwer ist, die poetische Sprache mit der erzählerischen in Einklang zu bringen. Als ich Mogadischu verließ, war ich nicht einmal achtzehn Jahre alt, und mein erster Sohn ist gerade in den Tagen auf die Welt gekommen, als die Unruhen ausgebrochen sind. Viele Jahre lang konnte ich über das, was passiert war, weder schreiben noch sprechen. Ich fand nicht die richtigen Worte und schämte mich irgendwie sogar dafür, dass meine

Erfahrungen so anders waren als die der meisten Mädchen in meinem Alter und der anderen Leute um mich herum. Ich fürchtete, dass meine Geschichten zu fremd, zu direkt, zu verstörend für sie sein würden. Viele Jahre nach meiner Ankunft in Italien bin ich nach Holland gereist, um meinen Vater sowie viele Freunde und Verwandte zu treffen, die ich seit Langem nicht gesehen hatte und die alle in derselben Stadt wohnten: Zeist, in der Provinz Utrecht (in jenen Jahren nahm Holland viele somalische Kriegsflüchtlinge auf).

Mein Besuch dauerte nicht länger als eine Woche, aber er bedeutete einen entscheidenden Wendepunkt oder gar Neubeginn für mich. Als ich zurückkam, fing ich an zu schreiben, als ob ich nie aufgehört hätte. Ich schrieb fast ausschließlich in Versen. Die knappe, kryptische und trockene Sprache der Poesie schien mir die geeignetste Sprache für mich. Ich wollte von der Diaspora erzählen, von den tausend Geschichten, die ich gehört hatte und die meiner ähnelten, ich wollte die wesentlichen Worte finden. Leider zwangen mich die Umstände dann dazu, die Lyrik aufzugeben zugunsten der Arbeit an zwei Romanen. Ich glaube heute noch, dass sie die Ausdrucksform ist, die mir am meisten liegt, aber es gelingt mir einfach nicht, mich beiden Formen gleichzeitig zu widmen.

Du wirst mir von Deiner Reise erzählen und von Deinen Eindrücken anlässlich der Wahlen in den USA. Ich war schon immer allergisch gegen Politik, vielleicht weil mich die Banalität und die Heuchelei, die sie mit sich bringt, abstößt, vielleicht auch, weil ich mich immer wundere über die Leute, die der Demagogie dieser monströsen Witzfiguren tatsächlich auf den Leim gehen. Ich habe mir die erste Fernsehdebatte zwischen Trump und Clinton angesehen und war entsetzt. Dabei ist mir klar, dass man so etwas nicht einfach ignorieren kann, und dass bloßer Zynismus keine Lösung ist.

Vor einigen Tagen habe ich einen sehr interessanten Artikel über das »Phänomen Grillo« gelesen (Beppe Grillo ist ein früherer Komiker, der heute die »Fünf-Sterne-Bewegung« anführt, eine Partei, die bei den letzten Wahlen triumphiert hat). Es ist die Analyse eines Psychotherapeuten, der behauptet, dass Grillo sich durch die besessene Suche nach Reinheit auszeichnet, die typisch ist für Jugendliche und den Grundstein jeglicher Form von Totalitarismus bildet. Der totalitäre und anarchistische Führer proklamiert seine absolute Andersartigkeit gegenüber den Unreinen, also jenen, die dem System angehören, den Institutionen und den Medien, und begründet so einen demagogischen Kult, in dem es keinen Platz mehr für Meinungsfreiheit und individuelle Subjektivität gibt. Die Geschichte ist voll von abschreckenden Beispielen. Warum fallen die Leute immer wieder auf dieselben Tricks herein? Diese verrückten Demagogen appellieren an die düstersten und primitivsten Gefühle, sie ersticken die Empathie, die für uns Menschen doch den höchsten Stellenwert haben sollte.

Ich bin sehr gespannt auf Deine Eindrücke von Italien: Wo bist Du in diesem Sommer gewesen? Bevor ich nach Rom zog, habe ich drei Jahre lang in Verona gelebt, der Geburtsstadt meiner Mutter. Bologna mag ich besonders gern, weil es die Stadt »auf halber Strecke« war, in der ich mich immer mit meinem Freund getroffen habe, deshalb hat sie für mich immer noch diese romantische Aura. Später sind wir nach Rom, wo wir fünfzehn Jahre lang zusammen lebten, und dann weiter nach Brüssel gezogen. Italien ist sehr vielfältig, komplex und von geradezu überwältigender Schönheit, doch in den letzten Jahren ist die Stimmung sehr drückend geworden, vor allem für junge Leute. Nächste Woche fahre ich nach Palermo, zum Festival der Migrantenliteratur, ich werde Dir erzählen, wie es war. Wie Du Dir vielleicht denken kannst, ist Migration zurzeit das zentrale Thema aller kulturellen und politischen Debatten in Italien, doch frustrierenderweise werden seit zwanzig Jahren dieselben Phrasen wiederholt, ohne dass es jemals zu wirklichen Fortschritten kommen würde. Es ist ein komisches Gefühl für mich, im Ausland die Berichterstattung über Italien zu lesen, über dieses Land im Mittelpunkt Europas. Nicht, dass Belgien oder Brüssel weniger komplex wären: Die Geschichte der Attentate im letzten Jahr war, trotz aller Tragik, geradezu grotesk.

Bevor ich in diesem Sommer nach Somalia gereist bin, habe ich einige Tage in Molenbeek verbracht. Ich hatte davor keine Gelegenheit dazu gehabt. Brüssel ist in sogenannte *communes* aufgeteilt, die mehr oder weniger unabhängig voneinander sind. Ich lebe in der *communed'Ixelles*, in der Nähe eines sehr schönen Viertels, das *Matonge* heißt und der Mittelpunkt der örtlichen afrikanischen Gemeinde ist. Molenbeek ist eine Insel für sich, in gewisser Weise durchaus faszinierend. Der Hauptgrund für mich, dorthin zu fahren, war, passende Kleider für meine Reise zu kaufen. Weißt Du, während der Diaspora hatte ich von vielen Seiten gehört, dass jetzt alles anders sei, als ich es in Erinnerung hatte: Die arabischen Länder haben das Leben am Horn von Afrika massiv verändert und eine sehr radikale Form des Islam eingeführt. Als ich jung war, hatte man sich in Somalia an bestimmte Regeln zu halten, man durfte nicht in Miniröcken oder ärmellosen T-Shirts herumlaufen, aber man wurde nicht schief angesehen, wenn man die Haare offen trug, und in jedem Fall trug man weite und farbenfrohe Kleidung. Trotz meiner »guten« Vorsätze ist es mir nicht gelungen, irgendetwas in Molenbeek zu kaufen. Alles war zu schwarz, zu streng: eine Negierung der Schönheit.

In den zwei Wochen vor der Reise habe ich kaum geschlafen, Du kannst Dir vielleicht vorstellen, wie aufgeregt ich war. Es war eine Rückkehr, aber nur teilweise, weil ich noch nie im Norden gewesen war, von wo mein Vater stammt. Es ist kein Zufall, dass ich offiziell ausgerechnet zur Garowe Book Fair eingeladen wurde, in der Region Puntland. Nach dem Bürgerkrieg wurden alle Einwohner gezwungen, in ihre Ursprungsgebiete zurückzukehren, und Mogadischu, eine Stadt mit heterogener Bevölkerung, ist nach wie vor extrem gefährlich.

Garowe ist im Gegensatz dazu relativ sicher. Vor allem abends gibt es Polizeisperren, die verhindern, dass Kriminelle in die Stadt gelangen, aber man darf sich frei bewegen. Man verbringt viel Zeit draußen, trinkt Säfte und Tee, ein typisch mediterraner Lebensstil! Ein somalischer Freund, der nach vielen Jahren aus den USA hierher zurückgekehrt war, hatte mir die Gegend so beschrieben: »Denk einfach an eine reaktionäre Kleinstadt im Mittleren Westen Amerikas.« Ich kenne die Vereinigten Staaten zwar nicht besonders gut, aber ich denke, ich kann mir vorstellen, was er damit meinte.

Obwohl die meisten Frauen (und vor allem junge Mädchen) die *Purdah* trugen, habe ich einen Kompromiss gefunden. Das verdanke ich vor allem den Ermutigungen einer befreundeten Feministin, die nach vielen Jahren in Europa nach Somalia zurückgekehrt war, um dort als Richterin zu arbeiten. Der springende Punkt ihrer Argumentation war: »Welches Signal senden wir den jungen Mädchen, die meinen, keine Wahl zu haben, wenn selbst wir, emanzipierte Intellektuelle, uns dieser Form von Erpressung beugen?« Es handelt sich um ein komplexes Problem, aber ich habe eine ziemlich klare Haltung dazu. Ich verstehe die Forderung der muslimischen Frauen im Westen nach der Freiheit, sich zu verschleiern, ohne dafür diskriminiert zu werden. Aber dennoch kann ich nicht umhin, die *Purdah* als eine Form der Unterdrückung zu sehen. Vielleicht willst Du mir auch dazu Deine Meinung schreiben?

Der »unterdrückenden« Kleidung gelang es jedoch nicht, die Farbigkeit zu ersticken: Dächer, Tore, Wände, selbst Lkws und Autos waren eine Symphonie aus Malerei und Licht. Und außerhalb der Stadt, in der Savanne, sah man oft Wirbelwinde, die in den Himmel stiegen: Ein Junge sagte mir, dass der Wind sich wie ein Rad in die Erde bohrt und dort nach Wasserquellen für die Menschen sucht.

Einen ganz lieben Gruß an Dich, Du Reisende. Ich kann es kaum erwarten, Deine Erzählungen zu lesen.

Ubah Cristina

Den Brief von Cristina Ali Farah übersetzte Viktoria von Schirach aus dem Italienischen.

Irena Brežná — Anna Schor-Tschudnowskaja

Die Wahl von Anna Schor-Tschudnowskaja hängt mit unseren Berührungspunkten zusammen: Interesse für Russland, Sozialisierung im Realsozialismus, Leben im Exil sowie Sorge um Europa. Ich wusste, Anna würde in unseren Briefen kluge Gedanken zur Einwanderungsgesellschaft äußern wie auch die aktuelle russische Lügenpolitik differenziert entlarven. Einen ungetrübten, kenntnisreichen Blick auf den Kreml halte ich im heutigen Europa für nötiger denn je. Ich war lange Journalistin mit Schwerpunkt Osteuropa und schätze eine Mischung aus harten Fakten, Analyse und Atmosphäre. Annas Schreibstil kannte ich aus unserer jahrelangen Mail-Korrespondenz, die wir auf Russisch führen. Wie oft wünschte ich mir, ihre Briefe voller Schmunzeln, Wissen und menschlicher Wärme könnten auch andere lesen.

Irena Brežná

Wien, den 2. Mai 2016

Meine liebe Irenotschka!

Im Frühling, wenn die Natur erwacht, voller Kraft und Selbstvertrauen, wenn sogar die Luft wie verjüngt erscheint, will man gerne glauben, dass alles auf der Welt richtig und sicher ist. Doch vor zwei Jahren wurde einem ausgerechnet im Frühling angst und bange. Auf den Majdan in Kiew, wo Scharfschützen mehrere Dutzend unbewaffneter Männer und Frauen getötet hatten, folgte die Annexion der Krim. Mut wurde mit Niedertracht vergolten. Ich verfolgte die Ereignisse auf dem Majdan, sah zu, wie sie sich mit bloßen Händen gegen Maschinengewehre stellten – und siegten. Und während sie noch ihre Toten begruben, schnitt sich der bis an die Zähne bewaffnete Nachbar, der sich von Finnland bis nach Japan erstreckt, grinsend und sich im Eifer der Selbstverliebtheit die Hände reibend, ein Stück ukrainischen Staatsgebietes ab – bemäntelt von einer ohrenbetäubenden, unverfrorenen Lüge. Wissenschaftler und Journalisten wählten für diese Lüge den sonderbaren Begriff »Informationskrieg«. Auf diesen folgte der »hybride Krieg« im Osten der Ukraine. Beide Kriege dauern bis heute an, täglich hören wir von neuen Opfern. Haben wir etwas gelernt in diesen zwei Jahren? Schwer zu sagen. Erinnerst Du Dich noch an unser Buch zum Tschetschenienkrieg, Irenotschka, das ich vor zehn Jahren mit Martin Malek herausgegeben habe: *Europa im Tschetschenienkrieg. Zwischen politischer Ohnmacht und Gleichgültigkeit*? Mir ist bis heute nicht klar, was angesichts von »Informations-« und

»Hybridkriegen« überwiegt – Gleichgültigkeit oder Ohnmacht. Oder ist das am Ende ein und dasselbe?

Nadeschda Mandelstam, die Witwe des Dichters Ossip Mandelstam, hat einmal geschrieben: »Einsamkeit bedeutet nicht, dass Freunde und Bekannte fehlen würden – davon gibt es immer jede Menge –, sondern das Leben in einer Gesellschaft, die keine Warnungen hört und mit geschlossenen Augen weiter den Weg des Brudermordes geht, alle und jeden mit sich ziehend.« Diese Worte waren auf die UdSSR der Stalinzeit gemünzt, aber sie weisen, so denke ich, darüber hinaus und haben bis heute von ihrer bestechenden Wahrheit nichts verloren. Meine Ängste betreffen exakt diese Form der Einsamkeit.

Mag sein, dass meine Herkunft mich für solch warnende Stimmen besonders sensibilisierte. Nicht von ungefähr ist mir Dein Buch *Die beste aller Welten*, diese unschätzbare künstlerische Erkundung einer von einer Scheinwelt vereinnahmten, von ideologischem Nebel durchtränkten kindlichen Seele, so lieb und teuer. Es ist mir nicht zuletzt deshalb so wertvoll, weil ich mich in der Hauptfigur selbst erkannt habe. Ich irre doch nicht in der Annahme, dass wir eine vergleichbare Herkunft teilen? Dass weit hinter uns eine längst vergangene, doch vergleichbare Erfahrung liegt? Ein vergleichbares Fundament? Und dieses Fundament wirkte so stabil, nicht wahr?

Mein Leben gründet auf einer Kindheit in der Sowjetunion. In einer Welt, von der alle denken sollten, sie sei für die Ewigkeit gemacht. Nein, so sollte man nicht nur denken, aber so dachten tatsächlich alle, denn sogar diejenigen, die sie bekämpften und die Zerstörung des Monstrums herbeisehnten, fürchteten bis zur Verzweiflung, dass es ewig leben würde. Diese sonderbare Welt der alles überstrahlenden Utopie und des massiven Staatsterrors hielt sich für die Krönung der Geschichte, für endgültig und damit für unsterblich. Zukunftsangst kannte man nicht. Was für eine Freude! In dieser Atmosphäre verlief meine Kindheit, wir wuchsen auf mit der Überzeugung, allzeit festen Boden unter den Füßen zu haben. Selbst während der *Perestroika* wäre niemand auf den Gedanken gekommen, dass die UdSSR sterblich sein könnte. Und der Erfahrung der Unerschütterlichkeit des Daseins und der nostalgischen Rückbesinnung konnten seltsamerweise weder der Fall der Berliner Mauer noch die rapide fortschreitende Auflösung des Sowjetregimes, ja nicht einmal der Zerfall der Sowjetunion etwas anhaben.

Wir haben nun bald drei postsowjetische Jahrzehnte der bitteren »Entzauberung« dieser sowjetischen Stabilitätsillusion hinter uns. Und immer noch wissen wir kaum etwas über diese Entzauberung. *Wie lebt es sich nach der Illusion von Stabilität und Langlebigkeit?* Nach dem Traum, die zwischenmenschlichen Beziehungen und das soziale und politische Leben um alle Misstöne und alles

Inhumane zu bereinigen, der in Massenterror umgeschlagen ist und Millionen Menschen das Leben gekostet hat? Nach dem geplatzten Traum von der Errichtung einer neuen, nie dagewesenen, »grundgerechten« Gesellschaft mit einer »grundsoliden« Zukunft, gemacht für die Ewigkeit? Das kindliche Gefühl der unbedingten Stabilität eines sinnreichen Lebens ist nicht nur im individuellen Gedächtnis verankert, sondern auch im kollektiven. Als ich im Januar dieses Jahres eine Petersburger Studentin, die in der nachsowjetischen Zeit geboren ist, fragte, was die Sowjetunion für sie wäre, antwortete sie nach kurzem Nachdenken: »Etwas ungeheuer Stabiles, das zerbrochen ist.« Der unübersehbare Widerspruch in ihrer Antwort störte sie dabei nicht im geringsten. Im Gespräch mit jüngeren Menschen kann ich oft einen gewissen Neid heraushören. Denn die russische Gesellschaft hat immer noch kein Ziel, keine Vision, keine klar formulierte Langzeitperspektive – weder im Privaten, Zivilen, noch auf staatlicher Ebene. Ihr fehlt die berückende Zukunftsvision, die sinnstiftend für die Gegenwart wirken könnte.

Doch auch in der westlichen Kultur ist dieser Blick in die Zukunft heute mühsam. Anstatt Hoffnungen zu wecken, lösen Zukunftsversprechen eher Argwohn als Vorfreude aus. Zu beiden Seiten der Berliner Mauer wurde der Glauben an eine »lichte Zukunft« schwer erschüttert. Und wenn ich in Österreich oder Deutschland, in England oder Frankreich die vielen begeisterten Anhänger des Putin-Regimes sehe, wird mir klar, dass diese schmerzliche Glaubenserschütterung nicht nur ein russisches oder osteuropäisches Problem ist, sondern zumindest ein gesamteuropäisches. Deshalb ist der ukrainische Majdan für Europa so eminent wichtig – er hat in aller Deutlichkeit offenbart, wie klein Europas Glaube an sich selbst und an die eigene Zukunft geworden ist. Eben diesen Schwachpunkt des modernen Europas, der vielleicht sein gravierendster ist, macht sich Putin so erfolgreich zunutze, indem er mit seinem »Informationskrieg« das Primat des Faktischen und der Bedeutung zu untergraben sucht.

Wie der britische Journalist Peter Pomerantsev in seinem Buch *Nichts ist wahr und alles ist möglich* (2015) erklärt, hat sich die russische Gesellschaft in den letzten Jahren zu einer »fragilen Realityshow« gewandelt, in der Worte und Taten nur noch Verwirrung stiften und jeden Realitätsbezug verloren haben. Pomerantsev vertieft sich zwar nicht in die Geschichte der Sowjetunion, aber es scheint durchaus plausibel, dass die komplette Beseitigung der Grenze zwischen Wahrheit und Lüge die Traditionslinie des sowjetischen Terrors fortschreibt. Da fällt mir ein, wie der Lyriker Naum Korshawin von einem deutschen Kommunisten erzählte, der sowohl bei den Nazis als auch bei den Sowjets im Gefängnis sitzen musste. Korshawin wiederholte, was der Deutsche gesagt hatte, und diese Worte prägten sich mir tief ein. Wenn sie schlugen, sagte er, schlugen sie hier wie dort, ohne Unterschied. »Aber bei der Gestapo schlugen sie mich, damit ich die Wahrheit sagte, und beim NKWD, damit ich log.« Korshawin ergänzte: »Diese Pathologie war unser Leben. [...] Den Menschen wurde jahrzehntelang eingeredet, sie wüssten, was sie nicht wussten, und sie dächten, was sie nicht dachten.« Da ließe sich noch anfügen: Die sowjetische Geheimpolizei redete den Menschen jahrzehntelang ein, getan zu haben, was nicht der Fall war, und die Menschen gingen für das, was sie nicht getan hatten, ins Lager oder wurden erschossen.

Du wirst mir zustimmen, dass diese Haltung zur Wirklichkeit, die über Jahrzehnte hinweg gepflegt wurde und auf der der sowjetische Staatsterror basierte, nicht spurlos an den Menschen vorbeigehen konnte. Aber welche Spur hinterlässt eine derartig enthemmte Lügenorgie? Was, wenn die Menschen mit der Zeit gar nicht mehr nach dem Unterschied zwischen Wahrheit und Lüge fragen? Was, wenn schon die Frage diskreditiert wird, weil eine Weltsicht, in der es per definitionem weder Wahrheit noch Lüge gibt, so praktisch ist? Das Putinregime manipuliert sämtliche Wahrheiten und Lügen, entstellt sie bis zur Unkenntlichkeit und führt so beide ad absurdum. Der gewohnheitsmäßige Lügner lügt ja, weil er weiß, wie es in Wirklichkeit ist. Und die Lügner, die die Wirklichkeit nur auslachen? Die mit geheimnisvollem Lächeln jede Moral und jeden Sinn verstümmeln, verdrehen und nach Gutdünken ersetzen und dabei auch die Bedeutung von Wörtern und Begriffen zerstören, die Sprache selbst als Grundlage menschlicher Kultur? Wie kann es sein, dass diese Absurdität Millionen Europäern so attraktiv erscheint?

Der sowjetische Traum von der »Gesellschaft für die Ewigkeit« ist gescheitert. Vielleicht ist ja Putins Absurdistan nur die zerstörerische Rache der Putins (von denen es so viele gibt!) für den geplatzten Traum von der Erschaffung der grundsoliden Gesellschaft und ihres Staates? Oder vielleicht nicht nur die Rache, sondern gleichzeitig der Versuch, das illusorische stabile Weltbild mit allen Mitteln wieder ins Werk zu setzen? Ja, genau so: die stabile Illusion wiederbeleben durch die Abschaffung von Wahrheit und Lüge. Aber was soll dieser Stabilität zu Grunde liegen?

In einer modernen Welt ohne Autoritäten, ohne verbindliche Geschmacks- und Qualitätsstandards, in einer Welt, in der alle Kunstrichtungen krampfhaft nach einer neuen Sprache suchen und wo alles, flexibel und subjektiv, immer eine Frage der Perspektive ist – in einer solchen Welt findet man schwerlich Halt. So feiern zahllose Menschen in Russland und darüber hinaus den Triumph von Putins Absurdistan, in dem sie keine raffinierte Form von Gewalt und Terror erkennen wollen, sondern eine neue Ordnung. Diese Ordnung erscheint ihnen deutlich attraktiver als die langweilige, mühselige und hoffnungslos veraltete Freiheit, zwischen Wahrheit und Lüge zu unterscheiden und für beide, Wahrheit wie Lüge, die Verantwortung zu übernehmen. In Regimen wie dem Putins ist diese Verantwortung nicht vorgesehen, dort regiert die eigenartige Freiheit, sich vor niemanden für nichts rechtfertigen zu müssen, die Freiheit für Rechtlosigkeit und nackte Gewalt sowie Chaos und Manipulation, die sich nicht mit der Beachtung von Begriffsinhalten oder Gesetzen der Logik aufhalten. Stell Dir nur vor – genau so eine Ordnung prophezeit der oben erwähnte Peter Pomerantsev auch Europa!

Für Pomerantsev hat das Putinregime den »Informationskrieg« bereits gewonnen. Ich möchte jetzt noch keine endgültigen Schlüsse ziehen. Lieber erinnere ich daran, dass diese politische Ordnung ihren Ursprung im kriminellen Milieu der sowjetischen Straflager hat. Völlige Rechtlosigkeit und der Triumph willkürlicher, nackter Gewalt, die sich über alle Gesetze und Vereinbarungen stellte, kannten bereits die Sowjetbürger; sie bezeichneten sie mit dem unübersetzbaren Jargonausdruck *bespredél*. Allerdings konnte damals niemand ahnen, dass sich die Gepflogenheiten der sowjetischen Straf- und Arbeitslager dereinst in Russland und darüber hinaus derartiger Beliebtheit erfreuen würden!

Der Zustand des *bespredél* ist ein Ausdruck tiefster Verachtung für die Welt, ein zerstörerischer Zustand, der dem Kreativen, dem Schöpferischen diametral entgegensteht. Kompensieren wir vielleicht mit dieser zerstörerischen Verachtung den Verlust unserer Träume und Hoffnungen? Mir ist schon klar, weshalb das kriminell grundierte Putinregime so viel Energie darauf verwendet, den europäischen Rechtsstaat zu ruinieren. Doch weshalb eilt dieser ihm auch noch selbst so beflissen zu Hilfe, um die eigenen Grundfesten zu unterminieren, weshalb verstümmelt er die eigenen Prinzipien? Hat die moderne europäische Kultur der zerstörerischen Kraft der Verachtung wirklich nichts entgegenzusetzen? Das scheint mir eine der entscheidenden Fragen zu sein. Alle Aufregung der vergangenen Jahre geht mit der Suche nach entsprechenden Antworten einher.

Im Frühling, wenn die Natur erwacht, hält nicht nur die Freude über den selbstbewussten Auftritt des Lebens Einzug. Mit dem Frühling kommt auch die wunderbare, andächtige Einsicht in die Zerbrechlichkeit des Lebens. Im Unterschied zu Peter Pomerantsev sieht die Lyrikerin Olga Sedakova gerade in der Erkenntnis der Fragilität den Nährboden für die Entwicklung einer neuen Zukunftskultur, einer Kultur im weitesten Sinne dieses Wortes. Sie geht davon aus, dass die allgegenwärtige Fragilität der Welt noch nie so deutlich spürbar und damit auch die Verbundenheit aller Dinge noch nie so einleuchtend waren wie heute. Wenn wir uns diese Einsicht bewusst machen, werden wir, davon ist Olga Sedakowa überzeugt, zu neuen Formen solidarischen politischen Handelns finden. Dem möchte ich mich von Herzen anschließen.

Aus eigener Erfahrung weiß ich seit Langem, dass nichts kostbarer ist als die Gabe, Freude und Licht »aus dem Nichts« zu gewinnen, aus der kaum wahrnehmbaren Schönheit alter Dächer, dem unscheinbaren Busch am Wegrand, ein freundlicher, zotteliger Hund, den man zufällig auf der Straße trifft … Wer ein Gefühl für die Schönheit und Zerbrechlichkeit des Lebens entwickelt, ist der Welt in Dankbarkeit fest verbunden. Dieses Gefühl mag flüchtig sein, aber sind wir im Grunde nicht ständig auf der Suche nach ihm? Und ist so eine Seelenregung der Dankbarkeit nicht der Quell alles wahrhaftigen Tuns, der Quell des Kreativen, Schöpferischen, im Kleinen wie im Großen? Das ist wohl die einzig mögliche »Stabilität für die Ewigkeit«. Die einzig erstrebenswerte und schutzbedürftige.

Sei umarmt von
Deiner Anna

Basel, 9. Mai 2016

Liebe Annočka,
Du schreibst von der institutionalisierten Lüge, mit der ich mich gerade ganz konkret befasse.

Vor ein paar Tagen verkündete nämlich am Basler Appellationsgericht der Gerichtspräsident mit undurchdringlicher Miene, die Pappel vor meinen Fenstern, für deren Recht auf Leben ich mich zwei Jahre lang durch verschiedene Instanzen hindurch eingesetzt hatte, müsse gefällt werden, denn der Beweis sei erbracht, dass sie den Menschen bedrohe. In dem Moment dachte ich nicht mehr interkulturell, es überfiel mich nicht der antrainierte Reflex: Ach klar, ich erkenne sie, die Schweiz mit ihrem übersteigerten Sicherheitsbedürfnis, und wie verblendet war ich gewesen, den hiesigen hohen Wert untergraben zu wollen. Zwar schmerzt die Niederlage, doch sie versetzt mich wenigstens nicht in die altbekannte Ohnmacht, ewige Ausländerin zu sein, die in eine gemütliche Inzucht vordringt und dann per Paragraph daraus verstoßen wird.

Am Vorabend war ich vom Literaturfestival in Chiasso zurückgekehrt, wo ich den Sammelband meiner Kriegsreportagen aus Tschetschenien auf Italienisch vorgestellt hatte, und danach lauschte ich dem kongolesisch-belgischen Schriftsteller In Koli Jean Bofane, wie er in einem vollen Kinosaal so traditionell afrikanisch, wie ich es kenne, und so utopisch zeitgemäß sagte, wir seien eins, es gebe keine Grenzen, und der 62-Jährige behauptete, er könne sich auch in die Innenwelt einer jungen, blonden Jacqueline hineinversetzen. Und wenn er Männer gehört habe, die damit geprahlt hätten, Dorfbewohner niedergemetzelt zu haben, habe er vor Absurdität lachen müssen. Ja, er lache jedes Mal, wenn er von Gewalt erfahre, und am kühlen 1. Mai führte er uns vor, wie gut er es kann. Seine konsequente Nonchalance euphorisierte mich, und ich nahm sie zum Anlass, meinen Beruf zu wechseln.

Wie bin ich es leid, als professionelle Fremde an Schulen, in Literaturhäusern, in Kirchgemeinden der Schweizer Städtchen und Dörfer aus meinem Emigrationsroman vorzulesen. Keine Fremdin-Folklore mehr. Noch im Kinosaal sitzend, verbrannte ich im Geist das interkulturelle Fähigkeitszeugnis, das ich mir selbst ausgestellt hatte. Es hat mich jahrzehntelang dazu befähigt, im wohligen Schwebezustand zwischen Kulturen zu navigieren, Mentalitätsunterschiede aufzuspüren und zu benennen. Wie viel intellektuelle Kraft habe ich dafür verwendet!

Ab sofort verordnete ich mir einen anderen Blick – bei der Rückfahrt aus dem Tessin über den Gotthard beglückte mich die Berglandschaft umso mehr, da ich sie nicht als zu einem Land gehörig, sondern als ein Prachtstück unseres Planeten anschaute. Kaum hatte ich die »Nationaladjektive« aus meinem Vokabular gestrichen, überwand ich die Forderung meiner Romanheldin nach dem Recht auf Fremdheit. Diese Erfindung war in Wirklichkeit Schutz – definiere ich mich nämlich gleich selbst als fremd, erübrigt es sich, dass die anderen mich dazu abstempeln und so verletzen. Doch wo es keine eingegrenzte Heimat gibt, wohnt auch keine Fremdheit.

Mit derselben Konsequenz betrachtete ich die Gegner im Gerichtssaal. Sie mutmaßten mit tragischen Gesichtern, dass unsere Pappel spielende Kinder erschlagen könnte, ja auch Blinde, die sich voller Vertrauen darunter setzen würden. Unbegreiflich verantwortungslos seien jene, Öko-Terroristen sozusagen, die Bäume über das Leben eines Kindes stellten. Der Gerichtspräsident zuckte bei dem Szenario zusammen. Ob er es als theatralische Geste einsetzte, um seinem Urteil, das wir dank den voreingenommenen Fragen von Anfang an kannten, Gewicht zu verleihen, oder ob dieser von Berufs wegen misstrauische Geselle sich der Täuschung hingab, er lausche der Verkündung der Wahrheit, nichts als der Wahrheit? 366 Jahre nach Déscartes' Tod, der Skepsis forderte: »Nichts für wahr halten, was nicht so klar und deutlich erkannt ist, dass es nicht in Zweifel gezogen werden kann.«

Müßig hinzuzufügen, dass sich weder Kinder noch Blinde unter der Pappel aufhalten, nur Autos parken etwas abseits. Ein halbes Dutzend Amateurschauspieler verfolgte in Schweizer Dialekten redend verbissen sein Ziel und zog dafür alle Register. Zwar in helvetischem Lokalkolorit (Du magst staunen, aber in der Deutschschweiz kann auch ein Gerichtsurteil in Dialekt verkündet werden), doch nachvollziehbar als allmenschliches Phänomen.

Zuerst wurde der Feind mit üblen Eigenschaften versehen. Eine Funktionärin von der Stadtgärtnerei hielt eine theorienreiche Rede, in der sie die Säulenpappel an sich als ein unverschämtes Wesen darstellte – deren flache Wurzeln schlängelten sich weit über ihren Lebensraum hinaus und gierten nach Wasser, das durch den Klimawandel ohnehin immer knapper werde. Und diese unberechenbare Wiederholungstäterin neige zum sogenannten Grünastabbruch bei völliger Windstille, und alt sei sie, bald würde sie degeneriert sein, also lieber gleich fällen, weg damit, samt den Insekten, die daran klebten.

Unsere Nachbarin Silvia, die nie ohne Lupe spaziert, war von der abschätzigen Haltung ihren summenden Lieblingen gegenüber entsetzt. Entomologen beklagen schon lange, dass das dramatische Insektenartensterben seitens der Politik kaum wahrgenommen wird. Die kleinen Lästigen haben keine Lobby wie die Pandabären, dabei vollbringen sie Großes. Der polnische Schriftsteller Sławomir Mrożek ließ in seinem Theaterstück *Emigranten* zwei Einwanderer aus der polnischen Pampa in einem Pariser Kellerloch Katzen- und Hundefutterkonserven verspeisen und sich dabei über die Abwesenheit von Fliegen wundern. Die Dörfler kommen zum Schluss, dass Gott Paris verlassen hat. Mrożek spottete über seine gottesfürchtigen Landsleute, deren Einsicht aus den achtziger Jahren des vorigen Jahrhunderts heute geradezu prophetisch anmutet. Eine Insekten verachtende Stadtgrünfunktionärin wirkt jedenfalls veralteter.

Der allgemeine Fällungsfuror war so stark, dass der Experte von der Baumschutzkommission sich einschüchtern ließ, im Flüsterton bescheinigte er dem Baum ausgezeichnete Gesundheit, eine Gefahr gehe von ihm nicht aus, er solle erhalten bleiben. Als ich ihm für seinen Mut dankte, murmelte der Ausländer (deutsche Fachleute sind hier eher geduldet als beliebt), er dürfe mit mir nicht reden, schließlich arbeite er mit diesen Leuten zusammen. Dabei schaute er so gequält, als könnte ihn im kantonalen Baudepartement für die Äußerung nonkonformen Fachwissens etwas Mächtigeres erschlagen als ein Baum.

Die Verhandlung war ein einziger Verrat an den für die Demokratie so notwendigen helvetischen Tugenden, auf die meine Romanheldin ein Loblied singt: Sachlichkeit, Genauigkeit, Unbestechlichkeit, begründete Kritik. An meinen hohen Erwartungen an das Gericht merkte ich, dass ich eine verblendete Schweizer Patriotin geworden war. Mein Glaube, in der Schweiz müsse es gerechter zugehen als anderswo, demütigte mich jetzt und half mir zugleich, die mitgeschleppte interkulturelle Altlast abzuwerfen.

Der Gerichtspräsident schickte seinem Urteil voraus, laut Gesetz dürfe es nicht die Regel sein, einen schützenswerten Baum zu fällen, sondern es müsse die Ausnahme bleiben, wofür es Beweise bedürfe. Doch statt der Unschuldsvermutung zu folgen, plapperte er die vagen Thesen der Gegenseite nach, die wir als unhaltbar entlarvt hatten – mein jüngerer Juristensohn Kai und ich hatten uns in unzähligen Stunden in Dendrologie und Rechtswissenschaft vertieft. Pappeln gehören nicht in die Stadt, nacheinander lassen wir alle fällen, redete sich die Abgesandte vom Stadtgrün leidenschaftlich in ihre Vision einer pappelfreien Stadt hinein, als sei Basel samt unserer Hinterhofoase ihre persönliche Länderei.

Doch das Übelste an der Schmierentragikomödie kommt erst. Im letzten Sommer heulten eines Morgens Sägen auf, junge Männer waren angeseilt auf die Pappel hochgeklettert. Ich rief die Polizei, denn ein Rückschnitt war während des laufenden Verfahrens verboten. Doch als die Polizisten kamen, war die Verstümmelung vollbracht. Die kenntnisreiche Funktionärin, immerhin im Besitz eines Doktortitels, hatte es in ihrer Stellungnahme beschwichtigend als eine übliche Pflegemaßnahme bezeichnet, aber in der Verhandlung drehte sie es routiniert ins Gegenteil um. Der Baum sei nach dem massiven Sicherheitsschnitt nicht mehr schön und daher nicht erhaltenswert. Und der Gerichtspräsident wiederholte ihren Zynismus als triftigen Fällungsgrund. Wurde die Pappel etwa mit voller Absicht arglistig ihrer Schönheit beraubt?

Ob den Blinden – das Grundstück, auf dem die Pappel steht, gehört dem Schweizerischen Blindenverband – die Hässlichkeit besonders ins Auge sticht? Aber nicht nur der Schönheitsverlust, auch das liebe Geld wurde bemüht. Eine geschundene Pappel zu pflegen, das koste viel, an den wunden Stellen würden Äste wachsen, die leicht abbrächen. Und der Gerichtspräsident stutzte nicht bei dem Widerspruch, dass der sogenannte Sicherheitsschnitt noch mehr Unsicherheit verursache.

Unser dendrologischer Zeitvertreib kostet uns übrigens über viertausend Schweizer Franken für Gerichts- und auch Anwaltskosten der Gegenpartei. Als ich davon meiner tschetschenischen Freundin Zainap erzählte, die als verfolgte Menschenrechtlerin in Bern lebt, lachte sie schallend. Sie beglückwünschte mich dazu, dass mein Anliegen von fünf Richtern, zwei Praktikanten und einem Gerichtsschreiber angehört wurde – wie ungeheuer! –, und ich solle mich glücklich schätzen, denn ich müsse mich nicht fürchten, nachts von Maskierten verprügelt zu werden, weil ich einen Behördenentscheid angefochten hatte.

Sie war überwältigt vom Beweis des Rechtsstaates, während ich das Vertrauen in ihn eingebüßt hatte. In Tschetschenien verschwänden weiterhin Menschen spurlos, und deren Familienangehörige wagten nicht einmal darüber zu sprechen, geschweige denn dagegen vor Gericht zu gehen. Wollen wir Basel mit Putins kaukasischem Hinterhof vergleichen, wo seine pathologische Marionette Ramsan Kadyrow wütet, und müssen froh sein, dass uns die Behörden für das Ausüben unserer Rechte nicht foltern lassen?

Nach dem Urteil brach im Gerichtssaal Freude aus. Obwohl taktile Nähe in dieser Gegend eher unüblich ist, betätschelten sich unsere Gegner gegenseitig mit gelösten Gesichtern, lachten, nur Lachsbrötchen und Sekt haben gefehlt. Sie waren allzu trunken vom Sieg, um sich ein Wort des Bedauerns abzuringen, dass sie immerhin einen ehrwürdigen Baum fällen. Als ich Zainap von der Ausgelassenheit erzählte, wurde sie ernst: »Das ist dieselbe Mentalität, die uns bombardiert hat, bloß hat sie hier nicht so viel Macht. Es gibt aber immer wieder Zeiten, in denen sie die Oberhand gewinnt.«

Sie haben die Säge, ich habe das Wort. Deshalb schreibe ich über meine Erschütterung, auch wenn sie nur eine Pappel betrifft. Ich habe in die Machtfratze geblickt, sah Lüge und Kleinmut. Respektlos ist die fehlende Sorgfalt und Unabhängigkeit des Gerichtes und dreist, diese Farce als Rechtsprechung zu verkaufen.

Wenn es Dir nicht als zu gewagt erscheint, vergleiche ich meinen Pappeleinsatz mit dem für die tschetschenischen Kriegsopfer. Damals, vor zwanzig Jahren, als ich in den russischen Kolonialkrieg fuhr, wollte ich ihn zusammen mit Zainap beenden. Ich traf sie in den Ruinen, wie sie heimlich halbverbrannte Leichen filmte, um Zeugnis abzulegen. Das Morden, das Verstümmeln haben wir nicht aufhalten können, doch etwas gelang uns: Wir fanden überall Mitfühlende, Mitwütende. Du hast damals mein Porträt von Zainap in der *Berliner Zeitung* gelesen und mich besorgt angerufen. Ich war einer Russin gegenüber skeptisch, zu gut kannte ich viele deiner Landsleute mit deren notorischem Kolonialreflex. Wie beglückt war ich dann, in Dir eine Gleichgesinnte zu erkennen.

Während der beiden Kriege hatte ich Zainap zu Veranstaltungen nach Westeuropa geholt, sie berichtete von Gräueln, ich dolmetschte sie und schrieb darüber. Menschen, die nichts von Tschetschenien wussten, öffneten ihre Herzen, gründeten Gruppen, spendeten Geld, fuhren in den Nordkaukasus. Und wir begriffen, dass wir nicht nur an der Ostfront, sondern auch an der Westfront kämpfen müssen.

Auch in unserem Hinterhof regte sich vor zwei Jahren Widerstand. Nik, ein Nachbar, der in der ganzen Welt Schweizer Uhren verkauft, sammelte damals über hundert Unterschriften von Anwohnern gegen den Fällentscheid. Wie viel Prozent der Bevölkerung lassen sich für eine Sache mobilisieren? Auf unseren letzten Aufruf zum Mitmachen, den wir in 180 Briefkästen eingeworfen hatten, meldeten sich zwei Nachbarn. Nik ist zerknirscht: »Sie wollen zwar Bäume vor ihren Fenstern haben, aber wenn es darum geht, etwas dafür zu tun, kriechen sie nicht heraus.« Würde ich die Passivität in Mittelost- oder Osteuropa antreffen, könnte ich es bequem abtun: Ach, diktaturgeschädigt. Wie viele Dissidenten protestierten offen in der Sowjetunion? 30 auf fast 300 Millionen?

Jetzt kommt ein halbes Happy End – eine von zwei todgeweihten Pappeln darf weiterrauschen, denn eine Vorinstanz hatte meinem Einspruch vor einem Jahr zur Hälfte entsprochen. Hätte ich mich nicht gewehrt, wäre die Entwurzelung doppelt so groß. Nik und Silvia gehören zum harten Pappelkern, und Kai hat das Plädoyer im geschliffenen Paragraphendeutsch gehalten. Zainap erzählte mir, dass nach der Niederlage, als Grosny ein Trümmerhaufen war, ein tschetschenischer Kämpfer gesagt hätte: »Wir haben gewonnen, denn wir haben gekämpft.« Ist das nur Trost? Einsatz für eine Sache ist Bewegung, ich will in Bewegung bleiben. Überall in der fragilen Welt finden sich ein paar Mitbewegte und geben mir Zuversicht, auf festem Boden zu stehen – über dem Abgrund.

Obnimaju Irena

Der Brief von Anna Schor-Tschudnowskaja wurde von Thomas Weiler aus dem Russischen übersetzt.

Carmen-Francesca Banciu — Mirela Ivanova

Als ich die Einladung für dieses Projekt bekam, war es mein Wunsch, mit jemandem ins Gespräch zu kommen, der oder die, so wie ich, im Osten den Kommunismus und die großen politischen Veränderungen in Europa miterlebt hatte, aber weiter in dem Land geblieben war. Ich bin nach Deutschland gekommen kurz nach der Revolution. Für ein Jahr. Da begann ein neues Leben. Ich mag Entscheidungen treffen. Aber ich mag es auch, dem Leben zuzuhören und mich führen lassen. Mir vom Leben Hinweise geben lassen. Nennt man das Synergie? Oder Fügung?

Es war ein Tag, an dem mir Mirelas Name zweimal begegnete. Ich arbeitete an einem Text in einem meiner Lieblingscafés, im Café Bilderbuch, als ich in einer Schreibpause hochschaute zu den Bücherregalen, die das Café schmücken. Ich sah einen grünen Band und las den Namen Ivanona. Es war Mirelas Band Versöhnung mit der Kälte. *Ich las mich durch das Buch und verließ das Café erst, als ich es fertig gelesen hatte.*

Mirelas Gedichte und die Zeit des Umbruchs hallten noch in meiner Erinnerung nach, als ein Freund ihren Namen erwähnte. Ich dachte, das könnte eine Hinweis des Lebens sein. Und so entschied ich mich, sie besser kennenzulernen.

Carmen-Francesca Banciu

Stoupa, 17. Mai – 7. Juni 2016

Liebe Mirela,
ich halte den Atem an und warte. Jeden Tag wird meine Zukunft neu entschieden. Meine Zukunft und Deine. Und die unserer Kinder. Und die der Kinder der Kinder der Kinder. Meine Enkeltochter spürt meine Spannung und hält den Atem an, ohne sich dessen bewusst zu sein. Sie ist erst drei Jahre alt. Meine Enkeltochter weiß nicht, was Europa bedeutet. Und doch werden die nächsten Wochen ihr weiteres Leben prägen. Entscheiden.

Ich schreibe Dir aus der Nachbarschaft. Aus Griechenland. Nein, nicht aus dem Griechenland, das in den Schlagzeilen steht. Nicht aus dem unruhigen. Aus dem anarchischen Athen der Protestierenden. Nicht aus dem aufgelösten Camp in Sechovo / Idomeni an der bulgarischen Grenze. Nicht aus der Gegend, die mit Stacheldraht Europa von Europa trennt.

Ich schreibe Dir aus einer Gegend, die schon seit der Antike besteht. Und davor. Über die schon Homer geschrieben hat. Eine Landschaft, über die die Mani-Türme wachten und Schutz boten gegen Eindringlinge. Eroberer. Plünderer. Piraten. Und wo heute Orte sind, deren Schönheit und Umgebung bewundert werden kann.

Ich schreibe Dir aus einer Gegend mit Menschen, die Europa lieben und ihm gleichzeitig skeptisch gegenüber stehen. Weil sie Europa nicht mehr verstehen. Eine Region zu Füßen der Berge und gleich am Meer, die überlebt hat, weil Meer und Gebirge hier so nah beieinander liegen. Weil es das Meer mit seiner nicht endenden Bewegung gibt. Weil es die Sonne gibt. Den Sand. Und den Fisch. Die Olivenhaine. Die Zitronen. Den Feta, den Wein. Die wunderbaren Tomaten. Und den menschlichen Zusammenhalt.

Noch gibt es Fisch. Und den ganzen Reichtum, den man in Nordeuropa Armut nennt, der aber die Menschen hier überleben lässt. Und solange es das alles gibt, wird Griechenland überleben. Das alte und das neue Griechenland. Das ewige Griechenland. Es wird mit oder ohne Europa überleben. Wie die Berge und das Meer. Und der Kreis der täglich neu geborenen Sonne.

So lange wird Griechenland überleben. Und das gibt mir bei den täglichen Herausforderungen unserer Zeit ein Gefühl von Erleichterung. Von Hoffnung, von Schutz.

Ich schreibe Dir am Anfang eines sich heiß ankündigenden Sommers. Inzwischen geht es gar nicht mehr oder gar nicht mehr nur um Griechenland. Inzwischen ist der Grexit die kleinere Bedrohung.

In Österreich waren Wahlen. Und die Rechten haben nur sehr knapp verloren. *La Mustatză*, würde man auf Rumänisch sagen. Am Schnurrbart vorbei ist die Schere gehuscht und hat ihn knapp verpasst. Verschont? *La Mustatză* haben die Rechten verloren. Und wir alle fürchten, das ist eher ein Aufschub als ein Sieg.

Eine Warnung für uns alle. Für Europa. Für die Welt.

Wellenwolken hängen über Europa. Und bringen alles durcheinander. Sogar das Wetter ist durcheinandergeraten.

Das ist kein Wetter. Es ist Unwetter. Gewaltig. Zerstörerisch. Es überkommt einen. Überfällt. Bricht über uns herein, bricht über unsere Länder herein. Über Deutschland, Frankreich, Rumänien, Bulgarien. Fast über ganz Europa.

Ein Wetter wie in den rumänischen Balladen, wo die Naturgewalt die Stimmung der Menschen ausdrückt und das Unglück der Protagonisten ankündigt.

Aber ich glaube nicht an die Aussagekraft der rumänischen Doinen und Balladen mit ihrer fatalistischen Botschaft und den Menschen belehren wollenden Schicksalsergebenheit. Trotzdem würde ich es gerne wissen: Übt das Wetter einen Einfluss auf die Menschen aus und lässt sie in die Irre gehen? Lässt sie panisch unter der Droge der Angst reagieren?

In Frankreich wird gestreikt, was das Zeug hält. Und die Briten werden in einigen Wochen wählen. Und viel zu viele sprechen von Brexit. Und sie machen so viel Stimmung gegen Europa, dass man sich fragt, ob die Briten verstehen, was sie sich selbst antun, bevor sie Europa überhaupt etwas antun werden. Sie glauben, sich von einem sinkenden Schiff zu retten. Sie werden Schottland und Irland und Wales verlieren und sich zu einer kleinen Provinz degradieren. Meine britischen Freunde hier in der Mani sagen, sie werden einen griechischen Pass beantragen, sollte das passieren. Sie wollen Europäer bleiben. Sie wollen die Vorzüge des vereinten Europa nutzen. Sie hoffen, wie ich, auf einen Funken Verstand.

Einen Funken Verstand werden einige der Briten haben, und die EU-Befürworter werden *La Mustatză* gewinnen. Und sie werden es schaffen, England in der EU zu halten. Ein Funke Verstand kann vieles retten. Wird das aber ein Sieg sein, oder bloß ein Aufschub?

Ausstrittssehnsüchtige gibt es überall! Sie überraschen mich immer wieder. Es überrascht mich zu sehen, wie Errungenschaften für selbstverständlich gehalten werden. Manche wollen alles zerstören und wegradieren, verschwinden lassen. Andere glauben, sie müssten zerstören, um neu und besser aufzubauen.

Wie fragil das europäische Gebilde ist, und wie sehr uns dies jetzt bewusst wird!

Ich frage mich und Dich, wie die Stimmung in Bulgarien ist.

~~Gruß nach~~

Ich schreibe Dir in der Hoffnung, dass bei Euch in Wirklichkeit die Nachrichten besser sind und die Zukunft hoffnungsvoller aussieht als das, was ich in den Zeitungen lese. Bulgarien und Rumänien werden immer wieder in einem Atemzug genannt, und oft in einem negativen Zusammenhang.

Ich bin nicht die Einzige, die sich fragt, ob wir vor den Trümmern Europas stehen. Und doch bin ich voller Hoffnung, dass ein Wunder geschieht.

Ist es so weit gekommen, dass man nur noch auf Wunder hoffen kann? Dass nur noch ein Wunder dieses Gebilde retten kann? Man nennt es oft schlicht Europa. Aber ich selbst bin damit nicht zufrieden. Wo waren wir vor der Wende? Und vor dem Beitritt zur EU, wir Rumänen und Bulgaren? Waren wir nicht auch in Europa, in einem geteilten Europa?

Und wieder ist Europa geteilt. In pro und contra EU. Und wieder soll Europa geteilt werden: Für und gegen Flüchtlinge. Pro und contra Integration. Pro und contra Islam. An all dem kann Europa zerbrechen. Zersplittern. Zerfallen. Pro und contra Griechenland. Pro und contra Schengen-Öffnung. Pro und contra Türkei-Deal. Pro und contra Türkei-EU-Beitritt.

Auch die, die für die EU sind, sind untereinander geteilter Meinung. Pro und contra Hilfe für Syrien. Pro und contra Waffenembargo für Syrien. Pro und contra Verlängerung der Sanktionen für Russland.

Ich trete einen Schritt zurück und betrachte das Bild vor mir. Es sieht erschreckend aus. Ich will nicht sagen, hoffnungslos. Dabei hatte es für uns Osteuropäer vor mehr als einem Vierteljahrhundert so hoffnungsvoll angefangen.

Ich wollte Dir über dieses Gefühl zur Zeit des Umbruchs schreiben. Über die berauschende Zeit nach der Revolution. Über dieses Gefühl, alle Türen und Tore stehen weit offen. Einladend. Und alles ist möglich.

Ich habe dieses Gefühl nie vergessen. Und manchmal, wenn ich nicht weiß, wie es weitergehen soll, nähre ich mich aus diesem Gefühl.

Vielleicht werde ich Dir doch noch irgendwann darüber schreiben. Jetzt beschäftigt mich die Gegenwart viel zu sehr.

Nicht nur Osteuropa war voller Begeisterung. Wie konnte es kommen, dass die Europa-Euphorie sich ins Gegenteil verkehrt hat? Und immer weniger Unterstützer sie für wünschenswert halten? Wie konnte es so weit kommen, dass man bei aller Unvollkommenheit nicht die Vorteile und die Bedeutung des Ganzen sehen kann?

Ich weiß nicht, ob mein Brief Dich entmutigen wird. Oder aufregen. Dich auf mich wütend machen wird.

Ich bin keine Pessimistin. Ich bin nicht katastrophengeil. Ich klage ungern. Ich spreche eher mit mir selbst. Ich weiß nicht, ob ich Dir den Brief überhaupt schicken soll. Vielleicht schlafe ich erst einmal darüber.

Liebe Mirela,
wieder habe ich Deinen Brief nicht abgeschickt. Ich breche immer wieder ab, weil mein Brief nur einen Teil meiner Gedanken ausdrückt.

Ich bin heute am frühen Morgen aufgewacht. Viel zu früh. Ich hätte lange schlafen wollen, da ich bis tief in die Nacht hinein gearbeitet habe. Aber ich gehöre einfach nicht zu den Tagschläfern.

Ich bin heute viel zu früh aufgewacht. Der Himmel war blau und lichtvoll. Und das Meer funkelte. Und ich hatte jeden Grund, mich von dieser unsagbaren Schönheit erfüllen zu lassen. In ihr aufzugehen. Und doch war mein Herz wie von Nebel verhüllt, unter einem unsichtbaren Stein liegend. Etwas Gewichtiges erschwerte meinen Atem. Seit einiger Zeit passiert mir das immer öfter. Ich ertappe mich dabei, mich zu fragen, wohin kannst du gehen, sollte es schlimm werden in Europa. Mit jüdischen Familiensträngen und mit einer halb afrikanischen Enkeltochter. Mit Ansichten, die in keine Schublade passen. Und einem Konto, das bei Weitem nicht überbordend ist.

Ich habe meinen Brief schon so oft angefangen. Aber jeden Tag brechen neue Nachrichten herein. Immer erschreckender, sodass ich erst einmal durchatmen muss, bevor ich weitermache. Am liebsten will ich warten, in der Hoffnung, am nächsten Tag wird der Schrecken bloß ein Alptraum gewesen und der Schaden behoben sein. Die Welt, soll ich sagen: wieder in Ordnung? Oder soll ich sagen: wieder beim Alten? (Ich bin ja grundsätzlich nicht gegen Veränderung und Fortschritt.)

Die Geschwindigkeit, mit der die Bedrohung wächst, lässt mir gar keine Zeit, meine Gefühle zu zähmen. Meine Gedanken zu ordnen. Jeder Tag, an dem ich Deinen Brief nicht zu Ende bringe, macht den Brief zur Geschichte. Macht die Ereignisse, die mich bedrücken, zu einem Teil unserer Geschichte. Macht den Brief zur Chronik einer Zeit, die in die Geschichte eingehen wird.

Und ich frage mich, wie es Dir geht, wenn Du morgens aufwachst und die Nachrichten hörst. Ich frage mich, wie es Euch da oben geht. Mit Bulgarien, das an Griechenland grenzt, ein zweifach von der Krise geplagtes Land. Mit einer Grenze zur Türkei, die uns allen inzwischen große Sorgen macht. Mit einer Grenze zu Rumänien, dem von Russland zum neusten Feind auserkorenen Land. Ich frage mich, wie es Euch geht, als Mitglied der EU und der Nato unter diesen Umständen. Und wie das Weltgeschehen von Euch her betrachtet aussieht. Wie groß Eure Angst ist, die Welt könnte bald wieder aus den Fugen geraten.

Es gibt immer öfter Momente, in denen ich mich frage, ob wir die Büchse der Pandora geöffnet haben, als wir im Osten Europas nach Freiheit und Selbstbestimmung, nach freier Meinungsäußerung gestrebt und in unseren Ländern vor einem Vierteljahrhundert die Diktatur abgeschafft haben. Ich will nicht diskutieren, ob es Revolutionen waren. Um mir selbst diese Frage zu beantworten, habe ich darüber ein Buch geschrieben: *War es ein Putsch, eine Revolution oder war es gar Kitsch?*

Haben wir die Büchse der Pandora geöffnet? Haben wir 1989 selbstsüchtig die Welt endgültig aus dem Gleichgewicht gebracht, wie mein Vater »mich und meinesgleichen« bis zu seinem Tod beschuldigte?

Was wäre aus uns geworden, wenn Rumänien und Bulgarien immer noch unter der Knute der Sowjets stünden? Was wäre aus unseren Ländern geworden, und wie hätte die Lage im Europa des Jahres 2016 ausgesehen? Hätte sich England überhaupt den Gedanken eines Brexit geleistet? Hätte sich Erdoğan getraut, Deutschland zu drohen?

Aber vielleicht hätte es Erdoğan gar nicht gegeben. Und die EU wäre nicht in der Krise. Und der IS wäre gar nicht entstanden. Weil niemand ein Interesse daran gehabt hätte, diese Bande heranzuzüchten.

Und Russland würde es auch nicht geben, sondern immer noch unseren übermächtigen Bruder, mit seiner unbesiegbaren Roten Armee. Der über uns wacht, mit Zähnen und mit Dornen.

Jeder Tag, an dem ich meinen Brief nicht beende, macht die Entscheidung schwieriger, Dir zu schreiben. Besser gesagt, das Geschriebene loszuschicken, loszulassen.

Ich möchte mich nicht erschrecken lassen von Nachrichten. Von politische Analysen, Prognosen. Von der Angst vor dem politischen Kalkül und der Bedrohung durch die Herrschsüchtigen, die Gierigen, die Geldgeier. Die Machthungrigen. Die rechthaberisch Besessenen. Ich will nicht glauben, dass alles, was uns Hoffnung gemacht hat während der letzten Jahrzehnte, wie ein Kartenhaus zusammenstürzt. Wie eine Sandburg implodieren oder explodieren kann. Und doch weiß ich, dass wir alle Teil eines Ganzen sind, und was immer passiert, es wird unser Leben nicht unberührt lassen. Es trifft uns alle.

Ich schreibe Dir aus Griechenland. Aus dem Griechenland, das es weiterhin geben wird. Ich schaue aufs Meer. Auf das Meer, das immer da sein wird. Solange es die Welt gibt. Und schöpfe Kraft, um weiterzumachen. Schöpfe Kraft, um davon etwas weiterzugeben.

Ich bin neugierig auf Deine Antwort. Auf Deine Sicht der Dinge. Auf Deine Hoffnungen und/oder Ängste.

Ich hoffe, dass wir uns auch begegnen werden.

Und noch mehr hoffe ich, dass meine Fragen sinnlos, alle meine Sorgen unbegründet und bald Vergangenheit sein werden.

Deine
Carmen-Francesca

P. S. Ich schicke Dir noch ein paar Bilder von hier. Und es beruhigt mich sagen zu können: Das Meer ist das Meer ist das Meer. Das Unendliche. Das unendlich Wechselhafte. Die einzige Konstante in diesem Ozean von Unsicherheiten.

P. P.S. Ein kleines Video habe ich noch für Dich aufgenommen. Über den nie endenden Zauber des Meeres. Ich will diesen Zauber in mir aufbewahren, um weiter leben zu können.

Das Video kommt mit der nächsten Post.

Sofia, den 29. 6. 2016

Liebe, verehrte Carmen-Francesca,
obwohl Du Dich in einer märchenhaften Bucht Griechenlands aufhältst, steckt Dein Brief voller Besorgnis, voll gespannter Erwartung, was mit Europa werden wird. Und mit uns – *in* Europa! Während wir alle noch schwankten, was wir vom Grexit halten sollten, kam der Brexit. Die Abspaltung Großbritanniens von der EU fördert die Polarisierungen innerhalb des Vereinigten Königreichs zutage: Junge gegen Alte, Schottland und Nordirland gegen England und Wales, jeder gegen jeden … Das gleicht einem erbitterten politischen Zweikampf, einem Fußballspiel voller Fouls und fanatischer Parteilichkeit.

Ich stelle mir diese entfesselte Polarisierung auch in Griechenland vor: Hier die rebellische Stimmung auf den Plätzen der Städte, da die inselhafte Ruhe; die Streikenden, die das Leben lähmen, und die Arbeitenden, die es voranbringen. Doch auf meine Gedanken zu Griechenland will ich später kommen.

Hier erst einmal zu Europa. Findest Du nicht auch, dass wir uns immer weiter von dessen Geist entfernen, wenn wir beim Stichwort Europa nur noch an Politik und Wirtschaft denken, an Strukturfonds und Regelwerke, Angleichung von Gesetzestexten und Vereinheitlichung von Prozeduren? Hat Europa nicht auch noch eine andere, wesentlichere Dimension: als Zivilisation, Werteverbund? Ich finde, wir entfernen uns von seinen Idealen und Symbolen durch den zwar verlockenden, aber auch alles verschlingenden Konsumstrudel, wir versinken, ja ertrinken fast in der Flut der Informationen, die uns umwerben mit der Beschreibung von Möglichkeiten, zu Wohlstand zu kommen, und so die kaum geschlossene Wunde der sozialen Ungerechtigkeit wieder aufkratzen.

Du bist jetzt in Griechenland, am endlosen Blau des Meeres, der Unbekümmertheit des Horizonts – doch Deine Psyche spürt die Ufer der praktischen, alltäglichen Sorgen. Überquellend vor so vielen Fragen im Land, dessen antike

Kultur den Geist Europas in der Renaissance erleuchtete, wirkst Du auf mich wie eine Waage, die unruhig ausschlägt auf der Suche nach einem Gleichgewicht zwischen Vergangenheit und Gegenwart, dem Andenken an die geistigen und moralischen Utopien und das zerstörerische Rumoren, zu dem die Unzufriedenheiten über das heutige Leben sich sammeln, weil Wunsch und Wirklichkeit so eklatant auseinanderklaffen.

Liebe, verehrte Carmen-Francesca,
erlaube mir, von dem Griechenland zu erzählen, wie ich es zum ersten Mal sah mit unerfahrenen, durstigen Augen, kaum ein halbes Jahr vor dem Fall der Mauer. Griechenland war das erste westliche Land, das zu besuchen mir erlaubt wurde – ein wenig zufällig, sozusagen, in einer Gruppe des Übersetzerverbandes und begleitet von der üblichen »Aufsichtsperson« in Gestalt eines Geheimdienstoffiziers. Aber lassen wir die Spitzel beiseite, die sich in Bulgarien sehr gut neu aufgestellt und sich das Land erneut angeeignet haben und es bis heute fest im fast tödlichen Klammergriff ihrer unsichtbaren Hand halten. Kehren wir zurück zur Mitte des Jahres 1989, als mir die ersehnte Reise in den Westen, ins benachbarte Griechenland bevorstand. Woran erinnere ich mich von damals? An Weite, Farbigkeit und Freiheit. Die Insel Thassos kam mir wie das Paradies vor, das mir für einige Stunden geschenkt worden war, und mein Hotelzimmer in Kavalla, das wie ein Balkon über dem Meer hing, konnte lange auf mich warten, da ich die ganze Nacht die Stadt durchstreifte. Sie leuchtete und sang, vergnügte sich und tanzte. Die Früchte, die überall auf den Märkten aufgehäuft strahlten, verlockten mich weder kulinarisch, noch überwältigten sie mich durch ihre Menge, sondern durch ihre Farbenvielfalt. Ich spürte, wie das Grau von mir abfiel und ich frei zu atmen begann, frei mit Menschen kommunizierte, mich frei fühlte …

Genau so habe ich mir Europa immer vorgestellt. Als unauslöschliches Bild funkelnder Vielfalt stelle ich es mir auch jetzt vor, einer Vielfalt, in der Du atmen, kommunizieren und Dich frei fühlen kannst. Ich spreche nicht von Geld, denn damals durften wir ohnehin nur 30 Dollar umtauschen, und als Dichter bist Du ja sowieso ein geborener Habenichts; nein, ich spreche von der Inspiration, vom Begeisterungstaumel, vom Verlieben in die Ahnung einer möglicherweise unbegrenzten Freiheit. Du erinnerst Dich vielleicht, wie wir, die in der Falle des sozialistischen Lagers mit ihrem auf die Seele drückenden Grau Eingepferchten, uns ein Gefühl von Freiheit verschafften, uns für sie bereit hielten: durch viel lesen, durch eine unbändige Neugier auf Kunst und ungezügelte Phantasie.

Warum verschmolz ich denn gleich so mit »meinem« Griechenland damals, Mitte 1989? Weil die Dichtung von Kavafis, Seferis und Sikelianos, die Helden und die Sprache von Kazantzakis mich bereits im Voraus eingestimmt hatte, mich in meinen hohen Vorstellungen vorgeprägt und zusammen mit den Hunderten weiterer gelesener Bücher unaufhaltsam eine ungeheure Weite in meinem Geist und meinen Durst nach fernen Horizonten und erhabenen Träumen geschaffen hatten.

Liebe, verehrte Carmen-Francesca,
damals, bei meiner ersten Begegnung mit Griechenland, das für mich zugleich Westen und Europa bedeutete, hätte ich auch sehr viel kleinlicher und unpathetischer sein können und den Nachbarn, die so laut und wild gestikulierend redeten, mit arroganter Skepsis begegnen können, doch meine Entscheidung fiel anders aus. Ich fuhr später ja oft nach Griechenland und weiß inzwischen, dass es eine Frage der Wahl ist, was wir sehen wollen, was wir verstehen und was wir den anderen und uns selbst verzeihen wollen. Ich finde, so ist das auch mit Europa: unmöglich, es zu denken außerhalb ihrer funkelnden Vielfalt von Menschen, Geschichte, Lebensformen und Charakteren, es zu versimpeln zu administrativen Klischees und Zahlen. Es ist eine Frage der Wahl, ob wir den Menschen in seiner Vielfalt und Einzigartigkeit in den Mittelpunkt stellen und im glühenden politischen Sommer des Brexit dem Hauch der Renaissance gestatten, unseren Intellekt und unser Gemüt zu erhellen, uns wieder an den symbolischen und normativen Kapitellen der Eckpfeiler Europas zu orientieren und unser Europa wieder zu errichten.

Morgen oder übermorgen schreibe ich Dir wieder, wie lang ich an meinem Kontinent des Geistes und der Worte gearbeitet habe.

Deine Mirela

Carlo Ihde — Dana Grigorcea

Auf der Suche nach einem Gegenüber für meine Briefe beriet ich mich mit Ulrika Rinke vom Literaturhaus Rostock. Sie schlug mir Dana Grigorcea vor, die sie aus Klagenfurt kannte. Nachdem ich mich in das Werk von Dana Grigorcea eingelesen hatte, war ich mit dieser Wahl sehr einverstanden.

Carlo Ihde

Schwerin, den 30.11.2016

Liebe Dana Grigorcea,
mein Name ist Carlo Ihde, ich wurde 1986 in Schwerin geboren, in der damaligen DDR. Schon allein über dieser Formulierung entzweien sich manchmal die Geister. Kann man sagen die »damalige«? Dann müsste es auch eine »heutige« geben. Kann man schreiben: »ehemalige« DDR? Dann wäre sie heute noch existent, hieße nur anders. Mein weitestgehend reibungsloses Aufwachsen nach der politischen Wende verdient kaum Erwähnung, auch nicht meine in Rostock an der wunderschönen Ostseeküste abgeschlossenen Studien der Germanistik, Philosophie und nun des Journalismus, den ich noch nebenberuflich an der etwas weniger schönen Ostseeküste in Kiel studiere. Ich arbeite seit dem vergangenen Sommer als Redakteur bei der *Schweriner Volkszeitung*, einer großen Tageszeitung in Norddeutschland, bin daher viel unterwegs und im dauernden Gespräch mit Menschen unterschiedlichster Herkunft. Diese Dinge musste ich vorwegschicken, denn man kann meine Biografie nicht bei Wikipedia nachlesen, dafür bin ich zu klein und unbedeutend.

Kürzlich las ich Ihr Buch *Das primäre Gefühl der Schuldlosigkeit* und habe es als ein schillerndes Mosaik aus Stadterfahrungen und traumhaften Vergegenwärtigungen erlebt. Der Titel ist etwas sperrig, auch wenn er ein Zitat aus dem Text ist. Bukarest als Schauplatz ist mir ebenfalls etwas sperrig vorgekommen, vielleicht nur mir, denn ich weiß nichts über die Stadt. Der Blick in meiner Generation, der zuletzt im vermeintlich sozialistischen Teil Deutschlands Geborenen, ging wie selbstverständlich nicht mehr in den Osten. Unsere Eltern wollten mit dem Osten nichts mehr zu tun haben und schenkten uns diese Haltung genauso wie den Atheismus. Es wandelt sich wieder. Heute gucken Leute zwischen 20 und 30 Jahren zum Beispiel auf Städte wie Warschau, Sofia oder Herrmannstadt und sehen unterschätzte Zentren der europäischen Kultur in ihnen. Und wir lernen hoffentlich dabei, unseren hochmütigen Glauben zu verlernen, dass wir das Zentrum seien. Das ist gut so. Was ich über Rumänien weiß, ist nicht viel. Außer dass das politische und auch persönliche Ende von Ceaușescu und seiner Frau ein interessantes Medienereignis war. Der Ostblock machte auf einmal selber Schluss mit sich. Meine Eltern berichten noch heute von ihren unmittelbaren Eindrücken aus dieser Zeit, wie sie am Fernseher der Hinrichtung zweier seltsamer alter Leute beiwohnten. Was ich über Rumänien weiß, ist daher leider immer noch und nur die obszöne Geltungssucht eines Despoten, der sich einen Palast des Volkes hinstellte und damit die Blaupause für moderne Prunksucht geliefert zu haben scheint, wie sie etwa kürzlich ein Präsident Erdogan aktualisiert. Ceaușescu verstand damals die Welt nicht mehr, ich glaube, er ist bis zuletzt aus seinem Traum nicht erwacht.

Sie leben in Zürich? Ich komme aus einer Verlegenheit in die andere, denn zugegebenermaßen weiß ich auch über die Schweiz nicht viel und gerate selten an jemanden, der authentisch aus der Innenperspektive über dieses Land reden kann. Ich finde, es gibt in Deutschland eine gigantische Armut an Nachrichten von unserem Nachbarn Schweiz. Man weiß außer bei diversen Wahlen, außer bei der Käseherstellung, Banken und Bergsteigern – oder vielleicht mal einem Tunnel – kaum etwas Gescheites zu berichten. Ich glaube, den Medien in Deutschland entgleitet die Schweiz als Thema. Sie gehört nicht in das Staatenbündnis EU, von der wir Berichtsimpulse fraglos akzeptieren. Die Schweiz findet praktisch nicht statt. Man kann sie sich nur gegen diesen Widerstand selber auf die Agenda holen. Es gibt einen Schweizer, den ich schon vor vielen Jahren sehr liebgewonnen habe, als Leser seiner Kolumnen zumindest: den Schriftsteller Peter Bichsel. Aber durch ihre Bedächtigkeit, Einfachheit und unpädagogische Gelehrtheit dürften seine Texte es immer schwerer haben, geneigte Leser zu finden.

Sehnen Sie sich nach Rumänien? Schmieden Sie sich manchmal Phantasien, wie das Land sich entwickeln sollte? Ich frage mich oft, ob es Ländern wie Moldawien helfen würde, wenn die gut ausgebildeten Exilanten der mittleren und jüngeren Generationen sagen würden: Wir kommen wieder und machen Schluss, Schluss mit Korruption, mit Nationalismus und allem, was das gesellschaftliche Klima vergiften kann. Die Mobilität der jungen Nomaden führt sie eher in den Westen. Wer da bleibt und den harten Wandel gestaltet, ist oft umgeben von Leuten, die gegen ihre eigenen Interessen stimmen. Selbst in einem wohlhabenden Land wie Großbritannien kennen unzählige junge Leute, auch Studenten, ihre Zukunftsperspektiven nicht mehr, entscheiden sich mit dem Brexit für geschlossene Schranken. Sie gehen einem Kampf auf den Leim, den man als Rückzugsgefecht beurteilen muss. Sie kapitulieren und ertrinken in Komplexität. Wir alle schwimmen in ihr, kommen da nicht raus. Nicht jeder aber muss daraus die Konsequenz ziehen, sich in Scheingefechten an den Problemen der schlechten Welt von gestern abzuarbeiten. Das müssen nur manche. Vorrangig Populisten. Und es sind die Populisten, die gerade Europa auf den kleinsten aller kleinen gemeinsamen Nenner bringen wollen. Ich kann mir nur wünschen, dass sie scheitern.

Das Konfliktbewusstsein von Populisten mag partout nicht aufwachen, nicht erwachsen werden, nicht in der Gegenwart ankommen. Apropos »partout«: Ich weiß doch noch etwas mehr von der Schweiz: Toblerone und Dreisprachigkeit. Lassen wir die Schokolade beiseite, dann bleiben der deutschsprachige Norden, der französische Westen und der ins Italienische wechselnde Süden. Ganz grob. Sprechen Sie Französisch oder Italienisch? Ich habe mich mal bemüht, aber *je ne l'ai pas appris* … Glaube ich. Vielleicht hat mich auch immer eine gewisse Phantasie vom wirklichen Erlernen einer weiteren Sprache außer Englisch ferngehalten. Meine latente Angst ist wohl, sollte ich eines schönen Tages Französisch auf so gutem Umgangsniveau sprechen, dass ich dort ohne weiteres Leben könnte, dann würde ich wohl nicht mehr länger in Deutschland bleiben. Ja wirklich befürchte ich manchmal, eine neue Sprache zu haben, könnte heißen, sich in der alten hoffnungslos deplatziert zu fühlen. Albern eigentlich als Idee, wenn man sie auf ihren Wirklichkeitsgehalt abklopft, aber poetisch vielleicht, wenn man sie als Möglichkeit durchspielt. Vielleicht habe ich mich an der Universität deshalb so gerne ins Althochdeutsche vertieft, denn ein wirkliches Exil im 9. Jahrhundert finden zu können, gehörte zweifellos ins Reich der Märchen.

Ich wollte Ihnen diesen Brief nicht geschrieben haben, ohne nicht zugleich auf meine Empörung hinzuweisen. Meine Empörung hat keinen vernünftigen Adressaten. Es beschämt mich täglich aufs Neue, was ich in sozialen Netzwerken lesen muss. Was da stehen bleibt, offensichtlich unbehelligt stehen bleiben kann. Jeder darf sich mal aussprechen, in Tonfällen und Worten, die kein Ohr hören sollte. Ich bin empört. Ich weiß im Moment nicht mehr so richtig, wohin mit meiner Empörung. Die Gründe werden zahlreicher, sich gehörig über den sich immer ungenierter gebärdenden politischen Rollback zu empören. Und viele Länder der Europäischen Union betreiben gerade eine Rückabwicklung der europäischen Ideen. Wir wissen, dass das EU-Recht rein rechtssystematisch über nationalem Recht steht. Nun könnte die EU zum Beispiel mit Blick auf Polen und andere Länder befehlen: »Sorgt für die umfangreiche Sicherstellung der Pressefreiheit.« Aber die EU macht es nicht. Sie verzichtet auf die konsequente Anwendung ihrer Kompetenzen. Klar hat sich Deutschland seinerzeit führend am Dublin-Abkommen beteiligt. Als größter Stimmenhalter in der Europäischen Union ist ein Abkommen, dass die Aufnahme von Flüchtlingen in dem Erstankunftsland gewährt, besonders günstig für ein Land, bei dem keine Landesgrenze eine EU-Außengrenze ist. Zwar ist uns diese Scheinheiligkeit – dieses Ausnutzen von Europa zum eigenen Vorteil oder das Umgehen von Europa für den Nationalismus – auf die Füße gefallen. Ich bin aber empört, dass die Schuld zunehmend individualisiert und einer Wortäußerung unserer Kanzlerin Angela Merkel zugeschrieben wird. Je flacher das Weltbild, desto lieber glaubt man an die echte Magie von Worten. Magisches Denken ist ganz offensiv gegen-aufklärerisch. Die politische Kultur verroht, gerät auf die schiefe Ebene. Ich bin auch darüber empört, dass Empörung heutzutage sich häufig von denen angeeignet wird, die keine Argumente, sondern nur »postfaktische« Emotionen die politische Agenda bestimmen lassen wollen. Wohin mit dieser Empörung, ohne dass sie nur an den Wänden der eigenen Filterblase widerhallt?

Eine Antwort könnte sein: Journalismus in aller Ernsthaftigkeit, aber dennoch humorvoll betreiben. Wir brauchen mehr davon. Mehr Fakten, die uns mit dem Ernst konfrontieren, aber auch mehr kritische Positionen zu unserer eigenen Haltung. Wie sind Sie zum Journalismus gekommen? Den Journalistenberuf ergreift wohl nur jemand, der aus seinem kritischen Geist das Bedürfnis nach Aufdeckung und Entlarvung ableitet. Journalisten sind als Zeitschreiber oder auch Chronisten wahrscheinlich nicht geeignet, einen übermäßigen Bedarf nach Übereinstimmung zu entwickeln, der sie zu Gefälligkeitsporträts verleitet. Und auch wenn in Deutschland eine lautstarke Minderheit gerade meint, auf kritischen Journalismus, so er ihre Kreise zu sehr stört, verzichten zu können, stehen die Zeiten besser denn je für den Journalismus. Er muss die Mechanismen sichtbar machen, die gerade jetzt für argumentative Zugeknöpftheit werben, die bloße Emotionen zur politischen Agenda machen wollen. Er muss zeigen, dass aus der komplexen Welt auch mit keinem schwarz-weißen Kopfkino zu entrinnen ist. In letzter Zeit wird öfter argumentiert, dass es die Arroganz der politischen Linken gewesen sei, die zum Erstarken der Rechten führte. Das ist wieder typisches Schwarz-Weiß-Denken. Die Linke wurzelt in dem Bewusstsein, dass zur Veränderung der Gesellschaft das Aufdecken ihrer Funktionen »unter« der Oberfläche der sichtbaren Erscheinung gehört. Daher ist es soziologisch gar nicht verwunderlich, dass sich Journalisten häufiger selbst links verorten. Mit der Angst, mit der die Rechten operieren, dringt man nicht unter die Oberfläche, sondern man spielt weiterhin »auf« ihr. Es ist nicht die Arroganz der Linken, sondern die Unfähigkeit der flachen Geister, sich in der Komplexität zurechtzufinden. Besonders scheint mir das für Deutschland auf dem Gebiet der ehemaligen DDR der Fall zu sein. Die DDR sei ein verlängerter Nachkriegszustand gewesen, sodass man auf den Zweiten Weltkrieg noch 40 Jahre künstliche Paralyse draufschlagen müsse, »das Erwachen daraus ist sogar im Märchen nicht unbefleckt«, schrieb 1992 Irina Liebmann, als

Schriftstellerin aus der DDR ausgereist und kurz vor der politischen Wende in Klagenfurt beim Bachmann-Wettbewerb ausgezeichnet. Wie lange dauert so ein Aufwachen aus der Paralyse, wenn man Strategien zur Willkommenheißung der Freiheit nie gelernt hat? Wie wach ist Rumänien, wie wach die Schweiz? Wir leben irgendwie in einem verlängerten Aufwachzustand, es ist ungefähr so, als würden die Kräfte, die am geistigen Rollback arbeiten, glauben, wir wären auf dem Wege der Besserung, wenn wir es verstehen, das Koma der Humanität zu verlängern. Jetzt müssen Kunst und Journalismus mehr denn je praktische Bewahrer der Humanität sein. Verzeihen Sie mir, wenn ich mich hauptsächlich solchen Fragen widme. Ich kann nur so ganz bei dem bleiben, was mir in Europa gerade das Dringlichste scheint.

Apropos, wo wir mit Irina Liebmann schon mal beim Bachmann-Preis waren: Freuen würde ich mich über Schilderungen Ihrerseits, wie Sie Ihre damalige Lesung vor laufenden Kameras in Klagenfurt erlebt haben. Oder auch den Betrieb jenseits der Scheinwerfer. Ich erinnere mich noch gut an die Übertragung im Fernsehen, ohne damals zu wissen, dass ich mal in die Verlegenheit komme, Ihnen einen Brief zu schreiben. Wie wird man eigentlich zu so einem Spektakel eingeladen? Wie kamen Sie dazu? Mit freundlichen Grüßen aus einem Alltag, der gerade in verlässlicher Dunkelheit zwischen Nachtfrösten und Nieselregeln schwankt …

Carlo Ihde

Zürich, den 20.12.2016

Lieber Carlo Ihde,
das Lesen Ihres Briefs, für den ich Ihnen danke, war für mich eine dieser Tätigkeiten im Advent, die im geeichten und randvollen Alltag zunächst kaum machbar scheinen – und einen dann doch auf Themen bringen, die wesentlich sind.

Am Anfang war ich nämlich etwas irritiert über das ausgestellte Unwissen, mit dem Sie mich konfrontieren: Ich verstehe nichts von Ihren Romanen, ich kenne Rumänien nicht, ich kenne die Schweiz nicht, von der Schweiz kenne ich nur Toblerone und die Dreisprachigkeit (die Schweiz hat vier offizielle Landessprachen). Was sollte ich darauf antworten? Ich war versucht, den Brief beiseite zu legen.

Ich habe ihn aber gelesen. Vielleicht, weil ich ein Leser bin, wie ihn Peter Bichsel definiert hat, ein zwanghafter Allesleser. Und weil ich mich an Franziska Henn erinnert habe: Sie war meine erste Brieffreundin und kam aus der damals gerade frisch untergegangenen DDR.

Sie beschäftigen sich mit dem Wort »ehemalig«, weil es kein Pendant mehr zu dem gibt, was es benannte, nichts in der Gegenwart, was das »ehemalige« Gleichgewicht wiederherstellen könnte. Hat aber nicht die kommunistische Diktatur die Gesellschaft aus dem Gleichgewicht gebracht? Und entsteht Gleichgewicht nicht doch besser aus der Beseitigung des Ungleichgewichts? Natürlich, als rein sprachwissenschaftliche Frage käme die Antwort ohne »ehemalig« aus. Denn die DDR gibt es so, wie man sie kannte, nicht mehr.

Zurück zu Franziska Henn. Wir hatten ganz unterschiedliche Handschriften. Ich schrieb mit dunkelgrüner Tinte und hatte da schon eine gleichmäßige, längliche, nach rechts geneigte Handschrift, während Franziska mit hellblauer Tinte schrieb, mit breiter Federspitze und großen, klobigen Buchstaben. Mein R glich ihrem N, und ihr R meinem I. Franziskas Handschrift war für mich ein Faszinosum; über die Banalitäten, über die wir uns als Elfjährige austauschten, hinaus, war sie die eigentliche Erkenntnis, dass es so was wie den Anderen gibt.

Wo Franziska Henn heute wohl ist? Zu meinem Erstaunen findet sich ihr Name auf Facebook gleich ein Dutzend Mal, und ich habe gestern die Falsche angeschrieben.

Diese Neugierde, was aus den Bekannten von früher geworden ist, hatte ich auch beim Schreiben meines zweiten Romans. Da hatte ich nach meinen rumäniendeutschen Lehrern aus Bukarest gesucht und nach alten Schulkameraden. (Gibt es denn auch »neue« Schulkameraden?, könnten Sie hier fragen und im Chat auch ein Smiley hinzufügen.)

Ich wurde im Internet fündig. Die eine Schulkameradin aus Bukarest, Ileana, die Enkelin eines kommunistischen Ministers, hat sich nach der Wende mit ihrer Familie nach Australien abgesetzt. Sie ist jetzt Opernsängerin, und es gibt auf YouTube ein wunderbares Konzert von ihr in Japan zu sehen. Eine riesige blonde Walküre ist sie geworden, und doch habe ich sie gleich erkannt. Glauben Sie an Entelechie, Herr Ihde?

In der Schule hatten wir alle gedacht, Ileana hätte deutsche Vorfahren, weswegen sie auch zuvorderst, in der ersten Bank, sitzen durfte. Unsere Lehrer mochten uns nämlich nach dem Prozentsatz deutschen Bluts in die Bänke setzen, je dunkler man war, desto weiter hinten wurde man platziert. Um überhaupt in die Deutsche Schule aufgenommen zu werden, musste man die Existenz eines deutschstämmigen Familienmitglieds belegen. Ein Name mit Doppel-T in meiner Familie hatte ausgereicht. Und auch die anderen Kameraden wurden mit lächerlichen Argumenten durchgeschmuggelt, so viele deutsche Nachkommen hätte es in Bukarest gar nicht geben können.

Die Deutsche Schule war damals die einzige Schule, an der man zweisprachig unterrichtet wurde, also äußerst begehrt. Hier muss ich Ihnen sagen, Herr Ihde, dass in Rumänien die Zweisprachigkeit, und die Vielsprachigkeit sowieso, erster

Hinweis für eine gute Bildung ist. Zu Hause zu sein in mehreren Sprachen gehört zum Ziel des Lehrlings schon seit dem Mittelalter eigentlich, wenn man die alten Chroniken aus Moldawien heranzieht. Mein Vater hatte die Französische Schule besucht, aber die war dem kommunistischen Regime zu bourgeois und wurde geschlossen, wie auch die anderen Fremdsprachschulen. Übrig blieb nur die Deutsche Schule, die der deutschen Minderheit Rumäniens vorbehalten blieb.

Außer mir hat in unserer Familie nur noch meine Großmutter Deutsch gesprochen, sie hat es im Internat der Englischen Fräulein gelernt. Meine Mutter zum Beispiel, die wegen ihrer »ungesunden Herkunft« keine europäische Sprache studieren durfte, hat Arabisch studiert. Sie behauptet, dass sie die Sprachen, die sie anschließend gelernt hat – Englisch, Französisch und Ungarisch –, über das Arabische gelernt hat.

Sie schreiben, dass Sie Angst davor haben, Sie könnten sich mit dem Erlernen einer neuen Sprache in der alten »hoffnungslos deplatziert« fühlen. Bei mir ist es umgekehrt: Ich fühle mich wenn, dann nur beim Erlernen, also beim noch nicht Beherrschen einer Sprache, deplatziert. Das Eigene und alles zu eigen Gemachte kann mir nicht mehr fremd werden, wie sollte es auch?

Die rumänische Sprache ist mir aber nach der Wende deshalb fremd geworden, weil ich verstanden habe, dass Worte und Ausdrücke verbraucht waren, dass man vieles gar nicht mehr in gleicher Weise sagen konnte wie zuvor. Manches hat man dann weiterhin gesagt, aber ohne es zu meinen. Eine neue Ironie kam auf, die eigentlich eine Verschleierung der Unfähigkeit war, den richtigen Ausdruck zu treffen. Es war die Abkopplung der Sprache vom Individuum. Dieser Hang zur Ironie und zum Gespött ist dann zum Wesenszug der rumänischen Gesellschaft geworden und hat viele gesellschaftliche und politische Entwicklungen gehemmt.

Da hat mir nur die Literatur geholfen, das Lesen von Büchern aus der Zwischenkriegszeit und das Lesen von Lyrik. Ich halte Lyrik für die Urzelle der Sprache. Und dann haben auch die anderen Sprachen geholfen, das Hin- und Her-Übersetzen, denn das Übersetzen lehrt einen Akribie. Während der Studienzeit in Bukarest war ich Simultanübersetzerin im Kunstkino.

Und dann war auch ich wie Sie begeistert vom Althochdeutschen, später mehr noch vom Mittelhochdeutschen, etwa vom *Parzival*. Das Elsterngleichnis musste ich damals immer wieder zitieren, Parzivals Schluss, dass es eben nicht nur Schwarz und Weiß gibt, Gut und Böse, sondern dass alles in der Welt ineinander geht wie im Gefieder einer Elster.

Sie fragen, ob ich mich nach Rumänien sehne. Das ist eine Frage, die man sonst Exilautoren stellt, und ich bin jünger, lebe in einer anderen Zeit, habe –

um es mit Helmut Kohl zu sagen – die Gnade der späten Geburt erfahren. Ich bin auch keine junge Nomadin, wie Sie schreiben, sondern eine Flaneurin. Ich lebe in der Schweiz, könnte aber jederzeit wieder in Rumänien leben. Überhaupt ist Rumänien nur einen Klick weit von mir entfernt, denn ich informiere mich über Politik und gesellschaftliche Entwicklungen, gehe immer abstimmen und schreibe auch über Rumänien. Ja, dies war ein Grund meiner Irritation beim Lesen: Sie sind sehr grundsätzlich im Formulieren und benutzen manche Begriffe, die von unserer Gegenwart überholt worden sind.

Die Gefahr, in überholten Begrifflichkeiten zu erstarren, ist übrigens mein Grund, um nicht mehr hauptsächlich als Journalistin zu arbeiten. Im Journalismus wird eine gehetzte Art kultiviert, die einen davon abhält, über den Alltag hinaus zu reflektieren. Die Literatur hingegen kultiviert den Müßiggang, und Müßiggang braucht auch unsere Demokratie. Diese so schöne Aussage gehört eigentlich nicht mir, sondern dem Schriftsteller Martin Prinz, den mein Mann und ich für unseren Literaturblog www.neue-telegramme.ch interviewt haben. Dort sagt Martin sehr treffend, dass ein Gutteil der Krise unserer Welt den Verkürzungen, der Atemlosigkeit und der Marktschreierei unserer Gesellschaft geschuldet ist.

Ich verstehe nicht recht, was Sie mit humorvollem Journalismus meinen.

Ich verstehe, dass Sie als Journalist arbeiten. In welchem Bereich? Wie sieht Ihr Arbeitsalltag aus?

Ich habe meinen zweiten Master in Journalismus gemacht, in Österreich, wo dieser Studiengang »Qualitätsjournalismus« genannt war. Danach habe ich beim Fernsehen gearbeitet, beim Radio, bei der Zeitung und auch Online. Journalismus habe ich auch unterrichtet, habe bei einer Schweizer Hochschule den Bereich Fernsehen aufgebaut und verantwortet. Am schönsten war es, Medienethik zu unterrichten: Wir haben uns anhand von aktuellen Fällen über den angemessenen Umgang mit Information unterhalten. Es war ein Kurs, bei dem niemand doziert hat, wir haben den Weg durch Dialog gefunden.

Sie fragen, wie wach die Schweiz sei und wie wach Rumänien. Nun, dem immer besseren Bildungsstand der Schweiz nach zu urteilen, bin ich sehr zuversichtlich für die Zukunft der Schweiz. Die Schweiz hat mündige Bürger und eine Zivilgesellschaft. Die Abstimmungssonntage hier sind ein wahres Fest: Die Abstimmungsvorlagen zu lesen, die Initiative, den Gegenvorschlag, darunter säuberlich aufgelistet, von wem was stammt, welche Interessen was unterstützen und was Bundesrat und Nationalrat dazu sagen, ist eine schöne Bestätigung, dass es doch noch Orte gibt, an denen Bürger mündig sein können und Wahlen und Abstimmungen im Großen und Ganzen zivilisiert ablaufen.

Zu Rumänien kann man nicht viel Erfreuliches sagen, weil das Land tief in einer Bildungskrise steckt, vor allem in den ländlichen Gegenden die Menschen wenig Chance auf eine gute Ausbildung haben und somit periodisch, zu den Wahlen, in die Fänge der alten Nomenklaturisten geraten. (Ob es neue Nomenklaturisten gibt, könnten Sie hier fragen. Ja, es gibt sie leider: Die neuen sind immer noch die alten und deren Zöglinge, eine Fortführung derselben mafiösen Mentalität.) Menschen mit wenig Bildung bilden eine manipulierbare Masse, die den gesellschaftlichen Impetus des Landes hemmen. Sie haben wahrscheinlich mitbekommen, wie die letzte Parlamentswahl in Rumänien ausgegangen ist. Eine Schweizer Zeitung hat sehr treffend getitelt: »Die Renaissance der Schamlosen.« Es sind wieder jene an der Macht, die sie schon vor der Wende innehatten.

Im November war ich für zwei Wochen in Rumänien, da mein zweiter Roman ins Rumänische übersetzt worden ist und mich der rumänische Verlag auf Lesereise geschickt hat. Vom Publikum der Literaturveranstaltungen ausgehend wähnt man sich in einem Land mit sehr hohem Bildungsniveau und blühender Kultur. Im Vergleich zu Deutschland beispielweise sind die Leser in Rumänien durchschnittlich gebildeter und auch kritischer, dies aber, weil Lesen kein Massenphänomen ist, sondern nur einem verschwindend kleinen Teil der Bevölkerung »vorbehalten« ist. Es lesen also wenige, aber die Lesenden suchen nach anspruchsvoller Literatur, nach Sprachexperimenten und nach Themen, die sie mit Fragen entlassen und nicht nach solchen, die sie bestätigen. Als Autor auf Lesereise ist man da im Paradies.

Überhaupt waren in Rumänien seit der Wende die Autoren hoch angesehen, denn sie waren ein Sprachrohr der Gesellschaft. Nicht wenige haben regelmässig Zeitungskolumnen geschrieben und sich laufend zur Tagespolitik geäussert. Nun aber ziehen sich die Autoren zurück, enttäuscht von der quälenden Langsamkeit des so heiß ersehnten gesellschaftlichen Fortschritts. »N-ai cu cine«, »Du hast nicht mit wem« ist ein sehr geläufiger Ausdruck in Rumänien, ebenso geläufig ist die Bezeichnung »prostime« für die Gemeinschaft der Dummen und Ungebildeten. Die intellektuellen Eliten ziehen sich zurück ins Private und überlassen das Feld den Manipulatoren und ihren Parolen.

Es mag entmutigend sein, in einer Welt zu leben, die an Selbstgefälligkeit krankt, an einem Verharren im Grundvokabular und im Halbwissen. Es wird mit Parolen gewedelt, die im Flug aufgegriffen und mit großem Pathos zu eigen gemacht werden. Man hinterfragt sich immer weniger in unserer Gesellschaft, man hat keine Fragen, man hat nur Gewissheiten. Ich vermisse heutzutage den Diskurs, die Ruhe im Diskurs, ja immer mehr fehlt mir eine Kohärenz im Diskurs und überhaupt der Wille zu Kohärenz.

Ein Rückzug der Eliten wäre aber das falsche Signal für eine Gesellschaft im

Aufbau, überhaupt für jede Gesellschaft und für unser Europa, das noch lernen muss, an seinen humanistischen Werten festzuhalten, sowieso.

Es braucht Bildung, mehr Bildung durch die schulischen Institutionen und mehr Bildungswillen überhaupt. Bildung an sich, die humanistische Bildung soll wieder ein Wert sein.

Haben Sie Kinder, Herr Ihde?

Ein Kind im Alter unserer Tochter hatte in der Krippe eine Beiß-Phase. Es hat alle Kinder, die ihm in die Quere kamen, gepackt und gebissen. Und wenn ihm kein Kind in die Quere kam, ist es einem hinterhergelaufen, um es zu beißen. Die Eltern waren sehr besorgt über sein Verhalten, haben Fachliteratur gelesen und sich professionell beraten lassen. Es sei der große Druck der Sprachlosigkeit: Sobald das Kind anfangen würde zu reden, würde es aufhören zu beißen. Und so ist es dann gewesen. Es hat niemanden mehr gebissen, denn es konnte sagen, was es bewegt.

Schöne Grüße von der Limmat-Stadt,

Ihre Dana Grigorcea

Die Autoren & Übersetzer

Sabine Adatepe, geb. 1963 in Hamburg, studierte Turkologie, Iranistik und Germanistik in Hamburg, wo sie nach einigen Jahren in Istanbul als Autorin und Literaturübersetzerin heute auch wieder lebt. Sie arbeitet als Übersetzerin aus dem Türkischen, als Herausgeberin zeichnet sie verantwortlich für *Gezi – eine literarische Anthologie* (2014). Sie schreibt Romane, zuletzt erschien *Kein Frühling für Bahar* (2015) und Essays, führt ein literarisches Blog (*Literarisches Strandgut & mehr*) und moderiert, liest und dolmetscht bei literarischen Veranstaltungen.

Cristina Ali Farah, geb. 1973 in Verona, Italien, als Tochter eines Somalis und einer Italienerin geboren. Aufgewachsen in Mogadischu, floh die Familie bei Ausbruch des Bürgerkriegs nach Italien. Cristina Ali Farah unterrichtete in Rom somalische Sprache und Kultur an der Roma Tre Universität. Inzwischen lebt sie als Dichterin und Autorin in Brüssel. Zu ihren Veröffentlichungen zählen Gedichte und Erzählungen in verschiedenen Anthologien sowie der Roman *Madre piccola* (2007), für welchen sie den renommierten Vittorini Preis erhielt. Er wurde ins Englische und Niederländische übersetzt. 2006 wurde sie mit dem Lingua Madre National Literary Prize geehrt. Zuletzt erschien im Herbst 2014 der Roman *Il comandante del fiume*.

Lena Andersson, geb. 1970 in Stockholm, Schweden, wo sie heute noch lebt. Sie studierte dort Amerikanistik, Politikwissenschaft und Deutsch. Seit 1995 arbeitet sie als Autorin, Essayistin und Kritikerin und hält Vorträge. Auf Deutsch erschienen ihre Romane *Die Idylle von Stensby* (Var det bra så?, 1999, dt. 2001) und *Widerrechtliche Inbesitznahme* (Egenmäktigt förfarande, 2013, dt. 2015), sowie 2017 *Unvollkommene Verbindlichkeiten* (Utan personligt ansvar, 2014).

Carmen-Francesca Banciu, geb. 1955 in Rumänien, lebt seit 1991 in Berlin. Studium der byzantinischen Kirchenmalerei in Arad und Fachhochschule für Außenhandelswirtschaft in Bukarest, jetzt freie Schriftstellerin, Autorin für Verlage, den Rundfunk und Zeitungen, Mitherausgeberin und Stellvertretende Direktorin des transnationalen, interdisziplinären und mehrsprachigen E-magazins *Levure Litteraire*. Erste Veröffentlichungen auf Rumänisch. 1985 Internationaler Kurzgeschichten Preis der Stadt Arnsberg / BRD, gefolgt von einem fünfjährigen Publikationsverbot im eigenen Land. 1991 Einladung nach Berlin als Stipendiatin des Künstlerprogramms des DAAD. Seit 1996 schreibt sie auf Deutsch. *Vaterflucht* (1998) ist ihr erster auf Deutsch geschriebener Roman. Zuletzt erschien 2015 *Fenster in Flammen*.

Yevgenia Belorusets, geb. 1980 in Kiew, Ukraine, Autorin und Fotografin. Sie lebt und arbeitet in Berlin und Kiew. Sie ist die Mitbegründerin der Zeitschrift für Literatur und Kunst *Prostory* (seit 2008) und seit 2009 Mitglied des Kuratorengruppe *Hudrada*. Sie arbeitet mit Texten, Fotografie, Installationen an der Schnittstelle von Kunst, Literatur und sozialem Aktivismus. Sie hat international an Ausstellungen zur Sozialkritik und sozial engagierter Kunst teilgenommen. Ihre letzten Arbeiten sind dem Konflikt im Osten der Ukraine gewidmet. Ein Fotoessay erschien 2014 in dem Band *Euromaidan. Was in der Ukraine auf dem Spiel steht*, hrsg. von Juri Andruchowytsch.

Björn Bicker, geb. 1972 in Koblenz, studierte Literaturwissenschaft, Philosophie und Allgemeine Rhetorik in Tübingen und Wien. Danach arbeitete er am Wiener Burgtheater. Von 2001 bis 2009 war er als Dramaturg an den Münchner Kammerspielen engagiert. Seit 2009 arbeitet er als freier Autor, Künstler und Kurator. Er schreibt Prosa, Theaterstücke, Hörspiele und Essays und entwickelt viel beachtete, theatrale Stadtprojekte, angesiedelt auf der Grenze zwischen künstlerischer und politischer Praxis. Meistens geht es dabei um Gegenwart und Zukunft der europäischen Einwanderungsgesellschaft. Für die Architekturbiennale 2016 entstand im Auftrag des Goethe Instituts die mehrtägige Performance *THE VEDDEL EMBASSY: Representing Germany*. Zuletzt erschien im Frühjahr 2016 sein Buch *Was glaubt ihr denn. Urban Prayers*. Er lebt in München.

Irena Brežná, geb. 1950 in Bratislava, Tschechoslowakei, 1968 Emigration in die Schweiz. Slawistin, Journalistin, Psychologin, Dolmetscherin, Menschenrechtlerin und Schriftstellerin. Sie wurde vielfach geehrt, u. a. mit dem Theodor-Wolff-Preis für eine Kriegsreportage aus Tschetschenien (2002) und dem Schweizer Literaturpreis für ihren Roman *Die undankbare Fremde* (2012). Sie lebt in Basel.

Karl-Markus Gauß, geb. 1954 in Salzburg, Österreich, wo er heute als Autor und Herausgeber der Zeitschrift *Literatur und Kritik* lebt. Seine Bücher, Essays und Reiseberichte wurden in viele Sprachen übersetzt und oftmals ausgezeichnet, darunter mit dem Prix Charles Veillon (1997), dem Georg-Dehio-Preis (2006) und dem Johann-Heinrich-Merck-Preis (2010). Zuletzt erschienen *Das Erste, was ich sah* (2013), *Lob der Sprache, Glück des Schreibens* (2014) und *Der Alltag der Welt* (2015).

Dana Grigorcea, geb. 1979 in Bukarest, Rumänien, studierte Deutsche und Niederländische Philologie in Bukarest und Brüssel. Mit einem Auszug aus dem Roman *Das primäre Gefühl der Schuldlosigkeit* wurde Dana Grigorcea in Klagenfurt beim Ingeborg-Bachmann-Wettbewerb 2015 mit dem 3sat-Preis ausgezeichnet. Ihr Erstling *Baba Rada. Das Leben ist vergänglich wie die Kopfhaare* ist im Oktober 2015 ebenfalls im Dörlemann Verlag neu erschienen. Sie lebt mit Mann und Kindern in Zürich.

László Győri, geb. 1954 in Budapest, Ungarn, ist Übersetzer und Kulturjournalist. Zwischen 1974 und 1979 Studium an der Budapester Eötvös-Loránd-Universität (Geschichte, Germanistik und Nordistik). Seine erste Übersetzung erschien bereits während seiner Studienzeit. Von 1981 bis 2011 war er Mitarbeiter des Ungarischen Rundfunks und arbeitete auch fürs Fernsehen sowie für diverse kulturelle Zeitschriften. Während seiner letzten Jahre beim Rundfunk war er verantwortlicher Redakteur des Literaturmagazins *Irodalmi Újság* sowie des täglichen Kulturprogramms *Társalgo*, machte Dokumentarprogramme und adaptierte literarische Werke fürs Radio. Nach den Parlamentswahlen 2010 wurde er im Laufe der politischen Säuberungen bei den ungarischen öffentlich-rechtlichen Medien entlassen. Zurzeit ist er als Redakteur der Musikzeitschrift *Muzsika* tätig. Neben seiner journalistischen Arbeit ist László Győri auch als Übersetzer aus dem Deutschen und Englischen tätig. Für seine Grass-Übersetzungen (*Beim Häuten der Zwiebel* und *Die Box*) erhielt er 2009 den Wessely-Preis.

Ingo Herzke, geb. 1966 in Alfeld (Leine), hat in Göttingen und Glasgow Anglistik und Geschichte studiert und arbeitet seit 1999 in Hamburg als Literaturübersetzer. Er hat außer A. L. Kennedy unter anderem Aravind Adiga, Alan Bennett, A. M. Homes, Nick Hornby und Gary Shteyngart ins Deutsche übertragen.

Carlo Ihde, geb. 1986 in Schwerin, nach Abitur, Zivildienst und Theaterpraktikum Studium der Germanistik und Philosophie an der Universität Rostock, sowie aktuell Journalismus und Medienwirtschaft an der FH Kiel. Arbeitet als Journalist bei der Schweriner Volkszeitung. Veröffentlichungen von Erzählungen und Gedichten (unter anderem in *RISSE*, Zeitschrift für Literatur in Mecklenburg und Vorpommern) sowie zahlreiche Bühnenauftritte (u. a. 2015 im Berliner Quatsch Comedy Club). 2008 wurde er als Landeslyrikmeister Mecklenburg-Vorpommern gekürt, 2014 errang er den zweiten Platz beim Philosophie-Slam der Phil.Cologne.

Mirela Ivanova, geb. 1962 in Sofia, Bulgarien. Dichterin, Schriftstellerin, Journalistin. Besuch des Deutschen Gymnasiums in Sofia, Studium der bulgarischen und russischen Philologie in Plovdiv. Der erste Gedichtband *Steinerne Flügel* erschien 1985. Seither sind sieben weitere Bände erschienen, zwei davon auch auf Deutsch, *Einsames Spiel* (2000) und *Versöhnung mit der Kälte (2004)*, außerdem Erzählbände sowie Essayistik. Mirela Ivanova arbeitet für die Deutsche Welle und schreibt Drehbücher. Sie wurde mit dem Hermann-Lenz-Preis ausgezeichnet (2002) sowie mit dem Bulgarischen Nationalpreis »Hristo G.Danov« (2003).

Dževad Karahasan, geb. 1953 in Duvno, Jugoslawien, Erzähler, Dramatiker und Essayist. Die Belagerung Sarajevos war Thema seines in zehn Sprachen übersetzten Tagebuchs der Aussiedlung und seiner Romane *Schahrijars Ring* und *Sara und Serafina*. Zuletzt erschien *Der Trost des Nachthimmels* (2016). Sein Werk wurde mit zahlreichen Preisen ausgezeichnet. Er lebt in Graz und Sarajevo. Dževad Karahasan erhielt 2003 den Buchpreis für Europäische Verständigung.

A. L. Kennedy, geb. 1965 in Dundee, Schottland, gehört zu den meistbeachteten Autorinnen in Großbritannien. Sie hat mit ihren Short-Story-Sammlungen und Romanen mehrere Preise gewonnen, darunter den Somerset-Maugham-Award. Für ihren Roman *Day* (Day, 2007, dt. 2007) erhielt sie den COSTA Book Award in der Sparte Novel. Zuletzt erschienen der Roman *Das blaue Buch* (The Blue Book, 2011, dt. 2012) und *Serious Sweet* (2016). 2016 wurde sie mit dem Heinrich-Heine-Preis der Stadt Düsseldorf geehrt. A. L. Kennedy lebt als Autorin, Filmemacherin und Dramatikerin in Glasgow.

Georg Klein, geb. 1953 in Augsburg, studierte Germanistik, Geschichte und Soziologie. Sein Debüt, der Agentenroman *Libidissi*, wurde 1998 als eines der besten deutschsprachigen Bücher des Jahres gefeiert und 1999 mit dem Brüder-Grimm-Preis geehrt. Es folgten u. a. die Romane *Barbar Rosa* (2001), *Sünde Güte Blitz* (2007) und *Die Zukunft des Mars* (2013) sowie die Erzählbände *Anrufung des Blinden Fisches* (1999) und *Von den Deutschen* (2002). 2000 wurde Georg Klein der Ingeborg-Bachmann-Preis verliehen; für den *Roman unserer Kindheit* (2010) erhielt er den Preis der Leipziger Buchmesse.

Nikola Madzirov, geb. 1973 in Mazedonien, hat drei Gedichtbände veröffentlicht, auf Deutsch erschien zuletzt *Versetzter Stein* (2011). Er war Stipendiat in Berlin, an der University of Iowa und Gast in der Villa Waldberta in München. Er lebt in Mazedonien und ist als Lyriker, Essayist und literarischer Übersetzer tätig. 2016/2017 ist er zu Gast im Künstlerprogramm des DAAD in Berlin.

Nathalie Mälzer, geb. 1970 in Berlin, studierte Allgemeine und Vergleichende Literaturwissenschaft sowie Theater- und Filmwissenschaft an der FU Berlin und der Sorbonne III Paris. Seit 2000 arbeitet sie als literarische Übersetzerin und hat inzwischen über 40 Romane, Sachbücher und Theaterstücke aus dem Französischen übertragen, darunter Maurice Blanchot, Cécile Wajsbrot, Marcel Aymé und Céline Minard. Neben zahlreichen Arbeitsstipendien hat sie den Stefan-George-Preis erhalten. Seit 2012 ist sie Heyne-Juniorprofessorin für Transmediale Übersetzung.

Viktor Martinowitsch, geb. 1977 in Belarus, wurde in Kunstgeschichte promoviert und lehrt heute Geschichte und Politikwissenschaften in Vilnius. Sein Roman *Paranoia* (2010; dt. 2014) wurde in Belarus verboten, auf Deutsch erschien zuletzt *Mova* (2014, dt. 2016).

Martin Pollack, geb. 1944 in Bad Hall, Oberösterreich,studierte Slawistik und osteuropäische Geschichte. Er ist Übersetzer u. a. von Ryszard Kapuściński, Mariusz Wilk, Daniel Odija. Bis 1998 Redakteur des *Spiegel* in Wien und Warschau. 2007 erhielt er den Ehrenpreis des österreichischen Buchhandels für Toleranz in Denken und Handeln. 2010 wurde er mit dem Georg-Dehio-Hauptpreis des Deutschen Kulturforums östliches Europa ausgezeichnet. 2011 erhielt er den Leipziger Buchpreis zur Europäischen Verständigung, 2012 den Stanislaw-Vincenz-Preis und 2015 den Oberösterreichischen Landeskulturpreis. Zuletzt erschien *Topographie der Erinnerung* (2016).

Mirjam Pressler, geb. 1940 in Darmstadt, studierte an der Akademie für Bildende Künste in Frankfurt, Sprachstudium in München. Sie lebte für ein Jahr in einem Kibbuz in Israel. Heute lebt sie als freie Autorin und Übersetzerin bei München. Mirjam Pressler hat mehr als 30 Kinder- und Jugendbücher verfasst, für welche sie vielfach geehrt wurde. Zuletzt erschien der Roman *Wer morgens lacht* (2013). Außerdem hat sie zahlreiche Bücher aus dem Niederländischen, Englischen und Hebräischen übersetzt, darunter auch die Romane von Uri Orlev und Zeruya Shalev. Für ihre »Verdienste an der deutschen Sprache« wurde sie 2001 mit der Carl-Zuckmayer-Medaille ausgezeichnet, für ihr Gesamtwerk als Übersetzerin mit dem Sonderpreis des Deutschen Jugendliteraturpreises und für ihr Gesamtwerk als Autorin und Übersetzerin 2004 mit dem Deutschen Bücherpreis, sowie u. a. mit der Corine (2009) und der Buber-Rosenzweig-Medaille (2013).

Antje Rávic Strubel, geb. 1974 in Potsdam, wo sie auch lebt. Sie veröffentlichte die Romane *Offene Blende* (2001), *Unter Schnee* (2001), *Fremd Gehen. Ein Nachtstück* (2002), *Tupolew 134* (2004), *Vom Dorf. Abenteuergeschichten zum Fest* (2007). Ihr Werk wurde mit zahlreichen Preisen geehrt, ihr Roman *Kältere Schichten der Luft* (2007) war für den Preis der Leipziger Buchmesse nominiert und wurde mit dem Rheingau-Literatur-Preis sowie dem Hermann-Hesse-Preis ausgezeichnet, der Roman *Sturz der Tage in die Nacht* (2011) stand auf der Longlist des Deutschen Buchpreises. Antje Rávic Strubel wurde mit einem Stipendium in die Lion-Feuchtwanger-Villa in Los Angeles eingeladen sowie als erster Writer in residence 2012 an das Helsinki Collegium for Advanced Studies. Zuletzt erschien 2016 der Episodenroman *In den Wäldern des menschlichen Herzens*.

Annika Reich, geb. 1973 in München, lebt mit ihren beiden Kindern in Berlin. Sie ist Schriftstellerin, Essayistin, Dozentin und Aktivistin. Sie lehrt an der Kunstakademie Düsseldorf und der Bayerischen Akademie des Schreibens. Mit anderen Autorinnen betreibt sie die *Zeit-Online* Kolumne »10nach8« und ist Mit-Initiatorin des Aktionsbündnisses »Wir machen das« (www.wirmachendas.jetzt). Zuletzt erschienen ihr Roman *Nächte auf ihrer Seite* (2015) und 2016 ihr Kinderbuchdebüt *LOTTO macht was sie will*.

Kathrin Röggla, geb. 1971 in Salzburg, Österreich, lebt als freie Schriftstellerin in Berlin. Sie veröffentlicht Prosa (u. a. *die alarmbereiten*, 2010) und Essays, zuletzt *Die falsche Frage. Über Theater, Politik und die Kunst, das Fürchten nicht zu verlernen* (2015). Zudem verfasste sie Hörspiele und Theatertexte und führte Regie in einem Dokumentarfilm über Risikomanagement. Für ihre literarischen Arbeiten wurde sie mit zahlreichen Literaturpreisen ausgezeichnet, zuletzt mit dem Arthur-Schnitzler-Preis (2012). Sie ist Mitglied der Darmstädter Akademie für Sprache und Dichtung, sowie der Akademie der Künste in Berlin, deren Vizepräsidentin sie seit 2015 ist. Zuletzt erschien *Nachtsendung. Unheimliche Geschichten* (2016).

Viktoria v. Schirach, geb. 1960, hat Italianistik und Literaturwissenschaften studiert und lebt in München und Rom. Sie hat zahlreiche Autoren übersetzt (Maraini, Ortese, Carofiglio) und arbeitet auch als Scout und Lektorin.

Anna Schor-Tschudnowskaja, geb. 1974 in Kiew, Ukraine, aufgewachsen in St. Petersburg. Sie schloss 2001 den Diplomstudiengang Psychologie und 2003 den Magisterstudiengang Soziologie an der Universität Gießen ab. Promotion zu Deutungsmustern »eigen«, »unser« und »fremd« in Russland. 2003 bis 2007 Doktorandin und wissenschaftliche Mitarbeiterin an der Hessischen Stiftung für Friedens- und Konfliktforschung (Frankfurt/Main, Deutschland). Journalistische und wissenschaftliche Publikationen zu Russland. Seit 2007 wissenschaftliche Mitarbeiterin und Projektleiterin für Russland und die Ukraine an der Fakultät für Psychologie an der Sigmund Freud Privatuniversität in Wien.

Katharina Schultens, geb. 1980 in Kirchen (Sieg), studierte Kulturwissenschaften in Hildesheim, St. Louis und Bologna und arbeitet seit 2006 an der Humboldt-Universität zu Berlin. Dort ist sie seit 2012 Geschäftsführerin der School of Analytical Sciences Adlershof (SALSA). Sie veröffentlicht seit 1998 Lyrik sowie poetologische Texte in Zeitschriften und Anthologien und übersetzt englischsprachige Lyrik. Seit 2004 erschienen drei Lyrikbände (*Aufbruch; gierstabil; gorgos portfolio*) und ein Essayband. Ihre Arbeiten wurden vielfach ausgezeichnet, zuletzt mit dem Schweizer Spycher: Literaturpreis Leuk.

Ingo Schulze, geb. 1962 in Dresden, Studium der Klassischen Philologie und Germanistik, das er 1988 mit dem Diplom und einer Arbeit über Euripides' *Bakchai* abschloss. Sein erstes Buch *33 Augenblicke des Glücks* erschien 1995. Es folgten die Romane *Simple Storys* (1998), *Neue Leben* (2005) und *Adam und Evelyn* (2008), die Erzählbände *Handy* (2007), *Orangen und Engel* (2010) sowie Aufsätze und Reden, zuletzt *Unsere schönen neuen Kleider* (2012). Seine Bücher wurden in mehr als 30 Sprachen übersetzt. Seit September 1993 lebt Ingo Schulze mit seiner Frau Natalia Schulze und den beiden Töchtern als freier Autor in Berlin.

Ruth Schweikert, geb. 1964 in Lörrach, ist in der Schweiz aufgewachsen. Heute lebt sie mit ihrer Familie in Zürich und ist als Schriftstellerin und Theaterautorin tätig. 1994 debütierte sie mit dem viel beachteten Erzählband *Erdnüsse. Totschlagen*, es folgten die Romane *Augen zu* (1998), *Ohio* (2005) und *Wie wir älter werden* (2015). Für ihre Arbeit wurde sie u. a. beim Ingeborg-Bachmann-Wettbewerb mit dem Bertelsmann-Stipendium (1994), mit dem Preis der Schweizerischen Schillerstiftung (1999), als Stadtschreiberin von Bergen-Enkheim (2015) und 2016 mit dem Solothurner Literaturpreis und dem Schweizer Literaturpreis ausgezeichnet.

Zeruya Shalev, geb. 1959 in einem Kibbuz am See Genezareth, gehört zu den bedeutendsten Erzählerinnen unserer Zeit. Sie studierte Bibelwissenschaften und lebt mit ihrer Familie in Haifa. Ihre vielfach ausgezeichnete Trilogie über die moderne Liebe – *Liebesleben*, *Mann und Frau*, *Späte Familie* – wurde in über zwanzig Sprachen übertragen. Zuletzt erschien *Schmerz* (Ke'ev, 2015, dt. 2015).

Alexander Sitzmann, geb. 1974 in Stuttgart, Studium der Skandinavistik und Slawistik in Wien, forscht und lehrt an der dortigen Universität. Seit 1999 ist er freiberuflich als literarischer Übersetzer aus dem Bulgarischen, Makedonischen und den skandinavischen Sprachen sowie als Gutachter tätig. Er ist Autor zweier sprachwissenschaftlicher Monographien und eines Wörterbuchs sowie Herausgeber mehrerer Anthologien (u. a. *Europa Erlesen Plovdiv*, 1999; *Europa Erlesen Kopenhagen*, 2004), Sammelbände und Zeitschriftenschwerpunkte; zahlreiche Stipendien und Veröffentlichungen, u. a. wurde er 2016 mit dem Österreichischen Staatspreis für literarische Übersetzung geehrt.

Ece Temelkuran, geb. 1973 in Izmir, Türkei, ist Juristin, Schriftstellerin und Journalistin. Texte von ihr sind bereits in *The Guardian*, *New Statesman*, *New Left Review*, *Le Monde Diplomatique*, *Frankfurter Rundschau*, *Der Spiegel* und der *Berliner Zeitung* erschienen. Aufgrund ihrer oppositionellen Haltung und Kritik an der Regierungspartei verlor sie ihre Stelle bei einer großen türkischen Tageszeitung. Ihr Roman *Was nützt mir die Revolution, wenn ich nicht tanzen kann* (2012, dt. 2014) wurde in zweiundzwanzig Sprachen übersetzt. Sie lebt in Istanbul und Zagreb.

Jan Wagner, geb. 1971 in Hamburg, lebt in Berlin. Übersetzer englischsprachiger Lyrik, freier Literaturkritiker und bis 2003 Mitherausgeber der internationalen Literaturschachtel *DIE AUSSENSEITE DES ELEMENTES*. Neben sieben Gedichtbänden – darunter *Die Eulenhasser in den Hallenhäusern. Drei Verborgene* (2012), *Regentonnenvariationen* (2014) und *Selbstporträt mit Bienenschwarm*. Ausgewählte Gedichte 2001–2015 (2016) – sowie den Essaysammlungen *Die Sandale des Propheten. Beiläufige Prosa* (2011) und *Der verschlossene Raum. Beiläufige Prosa* (2017) veröffentlichte er mit Björn Kuhligk die Anthologien *Lyrik von Jetzt* (2003) und *Lyrik von Jetzt zwei* (2008) sowie das Buch *Der Wald im Zimmer* (2007). Er erhielt u. a. den Friedrich-Hölderlin-Preis der Stadt Tübingen (2011), den Kranichsteiner Literaturpreis (2011), den Paul-Scheerbart-Preis (2013), den Mörike-Preis (2015), den Preis der Leipziger Buchmesse (2015) und den Samuel-Bogumil-Linde-Preis (2016).

Cécile Wajsbrot, geb. 1954 in Paris, studierte Romanistik und Komparatistik an der Sorbonne, arbeitete als Französischlehrerin und Literaturredakteurin. Seit 1989 ist sie freie Schriftstellerin und Übersetzerin. Zuletzt erschienen von ihr *Totale Éclipse* (Zyklus *Haute Mer IV*, dt. Éclipse, 2016) und *Une autobiographie allemande*, 2016. Sie wurde u. a. mit dem Eugen-Helmlé Übersetzerpreis (2014) und dem Prix de l'Académie de Berlin (2016) geehrt.

Thomas Weiler, geb. 1978 im Schwarzwald, lebt mit seiner Familie in Markkleeberg bei Leipzig; Übersetzerstudium in Leipzig, Berlin und St. Petersburg, seit 2007 freier Übersetzer aus dem Russischen, Polnischen und Belarussischen in den Bereichen Prosa, Kinderliteratur, Essayistik und Publizistik; Nachdichtungen erschienen u. a. in den Zeitschriften *Akzente*, *Sinn und Form*, *Literatur und Kritik*, *Ostragehege* und bei *lyrikline*. Mitherausgeber der Anthologie *PARTISANEN. Kultur_Macht_Belarus*, (edition.fotoTAPETA 2014) und des »Dossier Belarus« in *Literatur und Kritik* Nr. 460/461, 2012.

Katharina Wolf-Grießhaber, geb. 1955 in Stuttgart, Studium der Slavistik und Osteuropäischen Geschichte in Heidelberg und Bochum, Promotion in Bielefeld mit einer Arbeit über Danilo Kiš. Von 1983 bis 1986 Aufenthalt in Belgrad. Lebt und arbeitet als freie Übersetzerin in Münster. Übersetzte u. a. Bora Ćosić, Dževad Karahasan und Danilo Kiš.

Interessante Zeiten, könnte man sagen erscheint begleitend zum Projekt *Fragile. Europäische Korrespondenzen* des Netzwerks der Literaturhäuser literaturhaus.net.

Für die großzügige Unterstützung des Projektes danken wir der Robert-Bosch-Stiftung.

Redaktion für diesen Band: Ursula Steffens, Werner Irro und Jürgen Krätzer

Robert Bosch Stiftung

literaturhaus.net

Belletristik im Frühjahr 2017

Hermann Peter Piwitt

Drei Freunde

Erzählungen

141 S., geb., Schutzumschlag
18,00 € (D); 18,50 € (A)
ISBN 978-3-8353-1979-0 E

Helmut Böttiger

Celan am Meer

144 S., geb., Schutzumschlag
20,00 € (D); 20,60 € (A)
ISBN 978-3-8353-3043-6 E

Doris Runge

man könnte sich ins blau verlieben

Gedichte

88 S., geb., Schutzumschlag
18,00 € (D); 18,50 € (A)
ISBN 978-3-8353-3044-3

Safiye Can

Kinder der verlorenen Gesellschaft

Gedichte

96 S., geb., Schutzumschlag
18,00 € (D); 18,50 € (A)
ISBN 978-3-8353-3048-1